高等职业教育财经大类专业基础课程教材

财政与金融

（第二版）

CAIZHENG YU JINRONG

主　编　董云展
副主编　金克明　潘卫红

中国教育出版传媒集团
高等教育出版社·北京

本书另配：教学资源

内容提要

本书是高等职业教育财经大类专业基础课程教材。

本书主要介绍财政、金融的基本理论和基本方法,共十一章,分别是财政与财政部门、财政支出、财政收入、政府预算、财政体制、货币与信用、金融机构与金融业务、金融市场、国际金融、货币供求与货币均衡、财政政策与货币政策。本书采用理论与实际紧密结合的写作思路,在理论清晰、适度的基础上,充分反映当前财政、金融工作及其改革的成果。本书内容重点突出,语言流畅简练,深度融入职业素养元素,实现专业教育与素质教育的有机结合。为了增强教材的趣味性和实践性,各章增加了引例、小资料、引例解析等,为便教利学,部分学习资源以二维码的形式提供在相关内容旁,可扫码获取。此外,本书另配有教学资源,可供教师教学使用。

本书既可作为高等职业本科院校、高等职业专科院校财经商贸大类相关课程教材,也可作为社会相关从业人员参考用书。

图书在版编目(CIP)数据

财政与金融 / 董云展主编. -- 2 版. -- 北京:高等教育出版社,2025.1. -- ISBN 978-7-04-062810-4

Ⅰ.F8

中国国家版本馆 CIP 数据核字第 2024GL7027 号

| 策划编辑 | 钱力颖 宋 浩 | 责任编辑 | 宋 浩 | 封面设计 | 张文豪 | 责任印制 | 高忠富 |

出版发行	高等教育出版社
社　　址	北京市西城区德外大街 4 号
邮政编码	100120
印　　刷	浙江天地海印刷有限公司
开　　本	787mm×1092mm　1/16
印　　张	24.25
字　　数	575 千字
购书热线	010-58581118
咨询电话	400-810-0598
网　　址	http://www.hep.edu.cn
	http://www.hep.com.cn
网上订购	http://www.hepmall.com.cn
	http://www.hepmall.com
	http://www.hepmall.cn
版　　次	2018 年 2 月第 1 版
	2025 年 1 月第 2 版
印　　次	2025 年 1 月第 1 次印刷
定　　价	53.00 元

本书如有缺页、倒页、脱页等质量问题,请到所购图书销售部门联系调换
版权所有　侵权必究
物 料 号　62810-00

第二版前言

本书是高等职业教育财经大类专业基础课程系列教材之一。

本书始终围绕应用型、技术技能型人才培养的目标要求,坚持教学内容紧密结合社会经济生活实际。本书内容体系完整,内容简明,表现形式丰富多样,自2018年出版以来受到了读者的广泛好评。近几年来,我国社会经济和财政金融的理论实践都发生了较大变化,特别是互联网等现代信息技术广泛应用于教育教学,引发了新一轮的教学教材革新。为了反映这些变化和最新技术成果,有必要对第一版进行修订。在修订时,我们也充分吸收了实际教学中任课教师和学生所提出的合理化意见和建议。本次修订除了保留原教材的特色外,突出了以下几点:

1. 素养引领,立德树人

根据党的二十大精神,本书紧密结合社会经济现实的特征,充分运用数字、图表等形式来反映在党的领导下,我国在财政、金融领域改革、发展所取得的巨大成就,帮助学生树立正确的人生观、价值观,为祖国培养思想过硬、高素质的社会主义建设者。

2. 资源丰富,利教便学

本书根据每一章内容特点,增加若干小视频、知识文档等,并利用现代信息技术,制成二维码,在拓展教材知识的广度和深度的同时,努力打造立体化新形态教材。

3. 与时俱进,案例新颖

对书中的数据、案例等进行了更新,使之更能反映社会最新的发展情况;对部分文字进行了修改,使之更加规范、科学。

本书由河南财政金融学院董云展担任主编,金克明、潘卫红担任副主编。河南测绘职业学院毛雨婷、柳州城市职业学院潘结华参编。

鉴于编者水平所限,书中内容难免存在疏漏和不足之处,敬请读者批评指正。

编 者
2025年1月

目 录

第一章　财政与财政部门 ………………………………………………………… 001
第一节　公共需要与公共产品　001
第二节　市场失灵与政府干预　007
第三节　公共财政　012
第四节　财政职能　015
第五节　财政部门　024
思维导图　032

第二章　财政支出 …………………………………………………………………… 033
第一节　财政支出概述　033
第二节　购买性支出　041
第三节　转移性支出　053
第四节　政府采购与国库集中支付制度　064
思维导图　078

第三章　财政收入 …………………………………………………………………… 079
第一节　财政收入概述　079
第二节　税收收入　091
第三节　非税收入　109
第四节　公共债务收入　115
思维导图　126

目 录

第四章 政府预算 ... 127
第一节 政府预算概述 127
第二节 政府预算制度 139
第三节 部门预算改革 144
思维导图 152

第五章 财政体制 ... 153
第一节 财政体制概述 153
第二节 分税制财政体制 159
第三节 政府间转移支付制度 168
思维导图 173

第六章 货币与信用 ... 174
第一节 货币与货币制度 174
第二节 信用与信用工具 186
第三节 利息与利息率 199
思维导图 209

第七章 金融机构与金融业务 ... 210
第一节 金融机构体系概述 210
第二节 中央银行 219
第三节 商业银行 226
第四节 保险、信托与租赁 234
思维导图 244

第八章 金融市场 ... 245
第一节 金融市场概述 245
第二节 货币市场 250
第三节 资本市场 256
第四节 金融衍生品市场 268
思维导图 280

第九章 国际金融 ……………………………………………………………… 281
第一节 国际收支 *281*
第二节 外汇与汇率 *290*
第三节 国际金融机构 *300*
思维导图 *313*

第十章 货币供求与货币均衡 ……………………………………………… 314
第一节 货币需求 *314*
第二节 货币供给 *321*
第三节 货币均衡 *331*
第四节 通货膨胀与通货紧缩 *335*
思维导图 *348*

第十一章 财政政策与货币政策 …………………………………………… 349
第一节 财政政策 *349*
第二节 货币政策 *360*
第三节 财政政策与货币政策配合 *369*
思维导图 *375*

主要参考文献 ……………………………………………………………… 376

资源导航

033	财政支出去哪儿了
079	我们要交多少税
127	有关预算的小故事
144	某部门收支预算总表
153	中国曾推分级财政体制致地方财政压力加大
180	数字人民币应用场景多样化 多地公布成绩单
192	金融力量助力新能源汽车消费
260	三分钟轻松看懂融资融券
262	新三板改革与北京证券交易所设立
266	利用ETF基金分散风险
288	外汇储备：一种重要的国际收支调节措施
329	轻松秒懂货币供应量
338	1948年上海通货膨胀影像

第一章 财政与财政部门

 学习目标

知识目标

1. 了解公共产品的定义。学会判断哪些产品是私人产品,哪些产品是公共产品。
2. 了解市场失灵的原因与领域。熟悉政府干预市场的原理与手段。
3. 熟悉政府干预经济的货币表现,掌握财政的基本内涵。
4. 掌握财政职能及在社会经济领域发挥的作用。
5. 熟悉各级财政部门设置,明确财政部门的工作岗位和职责。

能力目标

1. 能根据统计资料正确分析政府干预经济的过程及对宏观经济、微观经济的影响。
2. 能运用公共产品理论和市场经济的基本原理,分析社会中的公共问题。

素养目标

认真履行工作职责,养成良好的职业素养、勤奋的工作态度和清正廉洁的道德情操。

第一节 公共需要与公共产品

• 引 例 •

灯 塔 的 故 事

"灯塔问题"是经济学上的一个里程碑。一提起这个诗意盎然的例子,经济学者都知道所指的是收费困难的问题,这种困难使灯塔问题成为一种非政府亲力亲为不可的服务。

1848年,英国经济学家米尔对灯塔问题进行了分析,要使航海安全,灯塔的建

造及维修就需要政府亲力亲为。虽然,海中的船只可从灯塔的指引而得益,但若要向他们收取费用,就办不到了。除非政府用强迫收税的方法,否则就会因无私利可图,以至于无人愿意建造灯塔。

在支持政府干预的经济理论中,"公共产品"概念占据了一个极重要的地位。在灯塔的例子中值得注意的是,灯塔的经营者不能向得益的船只收取费用,这使灯塔宜于被作为一种公共事业。但就算是灯塔的经营者以雷达侦察的方法,成功地向每一条船收取费用,从社会利益考虑,要像私人物品一样以市价收费,其结果不一定是理想的。因为对全社会而言,向多一条船服务的额外费用等于零。因为这样的缘故,任何船只因收费而不用灯塔的服务,对社会都是一种损失——虽然这种收费不足以维持灯塔的经营费用。假若灯塔对社会是有所值的,一个比较高深的理论可以证明这对社会有益的服务应该是免费供应的。

"公共品"理论奠定了财政学基本理论,请思考灯塔为什么需要政府来建造?政府通过征税融资或者收费融资建造灯塔各有什么不同?市场可以通过哪些安排来提供"公共品"?

一、公共需要

人类的生存、繁衍和发展对资源的需要是无限的,但是能够满足人类需要的资源却是有限的,因此,探讨如何利用有限的资源来更好地满足人类无限的需要,就逐步发展成为一门重要的学科——经济学。在现代经济学的分析视野中,人类的需要基本分为两类:私人需要和公共需要。私人需要是指个人独自拥有、独自享用的需要。例如,获得并享用食品、衣服等物品的愿望。公共需要是指能够与别人共同享用的需要。例如,道路与公园的使用、警力与国防的保护等需要。

用来满足私人需要的社会产品是私人产品。私人产品供给可以经由市场活动,凭借价格机制的运作来达到圆满的解决,这是私人部门经济学研究的核心。用来满足公共需要的社会产品是公共产品。公共产品则很难借助市场机制的运作达成,它一般需要通过政府财政机制来实现,这是财政学研究的核心。

(一)社会公共需要的特征

社会公共需要是指社会安全、公共秩序、公民基本权利的维护和经济发展的条件等公众共同利益的需要。其需要的特征包括公众性、整体性、无偿性、历史性。

(1)公众性。公共需要反映全体社会成员的共同利益,是全体社会成员在生产、生活、工作中的共同需要,而不是哪一个或哪一些社会成员单独或分别提出的,也不是私人需要的简单的数学相加。

(2)整体性。公共需要是不可分割的,是公众意志的整体体现,只能由整个社会集中执行和组织,而不能由哪一个或哪一些社会成员通过分散的活动来加以满足。

(3)无偿性。公共需要不以人们的地位和收入为界限。社会成员满足公共需要并非按市场规则进行等价交换,或无须付任何费用,或只支付与提供少量费用。

(4) 历史性。社会公共需要在任何社会形态下都是存在的,但公共需要的范围并没有一个固定的模式。决定公共需要范围的物质力量首先是生产力发展水平,其次是社会生产关系状况和社会制度。

(二) 社会公共需要的内容

社会公共需要的内容必然会随着历史的变化而不断变化。但就我国目前的生产力和生产关系状况而言,基本上可以分为以下几大类。

一是典型的公共需要。也称纯公共需要,主要是执行国家职能的需要,如国防、外交、政法、行政管理、基础教育、公共卫生、环境保护等。

二是准公共需要。公共需要与私人需要之间在性质上难以严格划分的一些需要,如高等教育、医疗事业等。

三是再生产的共同外部条件,或者说是公共工程性的公共需要,主要是大型公益性基础设施,如铁路、电力、航空等。

(三) 我国社会公共需要的变化

1. 公共需要结构的升级化

我国社会成员从追求温饱到追求小康、从追求小康到追求共同富裕,社会成员从基本生存的公共需求到全面发展的公共需求,整个需求结构在不断升级。处于不同收入阶层的群体对公共需要的要求是不同的。中高收入群体更多地要求政府提供公共安全等服务;而中低收入群体则更多地要求政府提供公共医疗、义务教育等公共服务。随着经济发展和居民收入的增长,公共需要结构也在不断升级。

2. 公共需要数量的增长化

伴随社会经济的快速发展,公共需求的增长也在不断加快。广大居民在公共安全、公共医疗、义务教育、社会保险等方面需求的增长速度越来越快。我国这些年财政支出数量和结构的变化显示了这一特点。

3. 公共需要主体的多样化

一是城镇中低收入群体成为公共需要的主体之一。二是广大农民开始成为公共需要的重要主体。由于历史原因,我国的广大农民长期以来基本被排除在享受公共服务的主体之外。随着财政体制改革和农村经济体制改革的不断深化,公共财政的阳光逐渐普照中国大地。

4. 公共需要提供者的选择化

政府不可能也不需要永远作为公共需要的唯一提供者。有些事情虽然一般可以归类为公共需要,但只要民间可以办,又愿意办,而且也不妨碍社会公共利益,这就并不一定非得由政府提供,完全可由市场提供。有些事情虽然一直由民间举办,但只要这些事情民间办不了、民间不愿办,而社会又特别需要,这就可由政府提供。随着我国市场经济体制的不断完善,在公共需要提供方面,以履行公共管理职能为己任的政府主体、以追求利润最大化的企业为代表的市场主体、以非营利性的非政府组织为代表的民间主体等都将发挥各自独特的作用,特别是政府利用市场力量间接地提供公共需要的数量将会不断增加。

二、公共产品

(一) 公共产品的性质

人类的生存、繁衍和发展,需要消耗大量的社会产品。社会产品从其形态上划分,可分为有形的商品和无形的劳务;从其性质上划分,可分为私人产品和公共产品。公共产品,是指具有非排他性和非竞争性的产品。

1. 公共产品的特征

公共产品是与私人产品相对称的,其主要区别是性质上是否具有竞争性和排他性,公共产品与私人产品的本质区别如表1-1所示。

表1-1　　　　　　　　　　公共产品与私人产品的本质区别

产品类型	消费的排他性	取得的竞争性
私人产品	是	是
公共产品	否	否

除以上两个本质的区别外,公共产品与私人产品还有其他的不同,如在效用上,私人产品具有可分割性。例如,可以把一大袋粮食分成若干中袋,中袋粮食分成若干小袋,粮食的效用仍然不变;又如,可以把一个居民小区的房屋分成若干栋,每栋楼房又可分成若干套,而房屋的效用不变。公共产品具有不可分割性。例如,不能将城市马路分成一段一段、把公园分成一块一块,如果真的这样做,那马路、公园的效用就没有了,马路也就不是马路了,公园也就不是公园了。

总之,公共产品是指消费上具有非排他性、取得方式上具有非竞争性的产品。

2. 公共产品的进一步说明

(1) 公共产品包括有形产品和无形产品。有形的公共产品,如马路、公园、学校、广场等;无形的公共产品,如治安、消防、社会公正、分配公平、经济稳定等。

(2) 公共产品具有历史性。随着社会、经济和技术的发展,社会产品的性质在发生变化,原属私人产品可能转化为公共产品,原属公共产品可能转化为私人产品。例如,在小农经济时期,教育不是社会生产所必需的,属私人产品性质。因为人们的生产技能主要来源于父辈的言传身教,不需要多少知识,教育只是个人考取功名、升官发财、光耀门楣的手段。但到了工业化社会,教育是社会生产的必备条件,基础教育由过去的私人产品转化为公共产品。在一个小村庄里,道路、用水、污水排放可能是私人产品,当小村庄发展成城镇后,这些私人产品就转化成了公共产品;电视节目过去无法做到排他性,也不会因为多一个用户收看而成本增加,不存在竞争性,是典型的公共产品,但随着技术的发展,通过对电视信号加密,做到了排他性,使一部分电视节目由公共产品转变为私人产品,特别是有线电视和数字电视的出现,更加快了这种转化的进程。

(3) 公共产品具有层次性。按公共产品的地域划分,可将公共产品分为全国性公共产品、区域性公共产品和地方性公共产品。全国性公共产品是指一国公民都能毫无例外地享用的公共产品,如一国的国防、法律制度等。区域性公共产品是指某一地区的居民能够享用的公共产品,如"三峡工程"的建成使整个长江流域特别是靠近三峡的几个省市受益。地方性公共产品是指某一地方(城镇、街道等)的居民能够享用的公共产品,如路灯使附近居民受益等。

(4) 公共产品的提供与生产。公共产品的提供,是指公共产品的决策层面,即公共产品的总量、结构、水平以及如何融资、由谁生产等的决定;而公共产品的生产,是指公共产品的技术层面,即公共产品的设计、施工、监理、验收等工作。公共产品主要由政府提供。由政府提供的公共产品,可以由政府直接生产,如国防、基础教育等,也可以由私人生产,如马路、公园等。

(二) 公共产品的分类

根据社会产品是否同时具备的非排他性与非竞争性以及具备的程度不同,可以进一步对社会产品进行分类,可分为以下四种不同类型:一是完全并同时具有非排他性与非竞争性的纯公共产品;二是完全并同时具有排他性与竞争性的纯私人产品;三是不同时具有非排他性与非竞争性的公共资源和俱乐部产品;四是不完全具有非排他性与非竞争性的混合产品。社会产品的进一步分类如表1-2所示。

表1-2　　　　　　　　　　　社会产品的进一步分类

性　质		排　他　性	
		有	无
竞争性	有	(1) 私人产品	(2) 公共资源
	无	(3) 俱乐部产品	(4) 纯公共产品

1. 完全具有非排他性与非竞争性的纯公共产品

同时具有排他性和竞争性的第一类物品是经济学中一直在研究的可由竞争市场有效提供的私人产品。除此之外的三类物品都可以视为公共产品,有"纯粹"与"不纯粹"之分。纯公共产品为第四类产品,如前述,该产品同时具有非排他性和非竞争性。虽然有人说,这种纯粹的东西少而又少,但仍可找到例子,例如国防带给人们免遭入侵的无形收益就是一种纯公共产品,它没有南北地域之分。类似例子还有:公平的收入分配;有效率的政府或制度;以及货币稳定、环境保护等。

位于纯公共产品与私人产品之间的第二类和第三类产品为不纯粹的公共产品。

2. 不同时具备非排他性与非竞争性的公共资源(俱乐部产品)

第二类公共产品的特点是消费上具有非竞争性,但是却可以较轻易地做到排他,即不付费者可以被排除在消费之外。如高速公路、公路桥、公共动物园、博物院,等等。可以把这类产品命名为俱乐部产品,这是由于该种产品的使用者数目总是有限的,而在人们印象中,消费同一产品的数目有限的个人恰与同一俱乐部的成员相仿,所以,可将他们所消费的产品形象地称为俱乐部产品。至于该产品的使用者数量为什么总是有限的,可以从以下两方面理解:一方面,由于俱乐部成员的数量超过一定标准后会发生拥挤问题,从而破坏非竞争性的特征,所以应该限制其使用者数量;另一方面,由于该产品具有排他性,又能够采取措施限制使用者数量。因此,总可以保证该产品具有非竞争性与排他性。

第三类公共产品的特点与俱乐部产品正好形成对照,它在消费上具有竞争性,但是却无法有效地排他,即不付费者不能被排除在消费之外,如公共渔场、公共牧场等。可以把这种产品命名为公共资源。为什么将这类产品视为一种不纯粹的公共产品,主要原因有:第一,它与纯公共产品一样,总量既定,不归任何人专有,且具有向任何人开放的非排他特点,这些特点决定了在其消费中会出现不合作问题,即每个参与者都按自身的理性行事,但结果却是集体的非理性。在纯公共产品的情况下,会导致过少提供公共产品;在共同资源的情况下,则会导致过多提供公共劣等产品。这一特征显示出它与私人产品完全不同,而与公共产品相同。第二,该物品的竞争性导致新增的使用者在给他人带来负外部效应的同时,自己也陷入其中,如在公共牧场,某人的过度放牧导致牧场退化、沙化、荒漠化,不仅影响他人的利益,自己的利益也受到损失。这种情形是与俱乐部产品的例子中出现拥挤问题之后的情形完全相同,即事实上共同资源的使用在超过一定限度之后也会遇到拥挤问题。

3. 部分具有非排他性与非竞争性的混合产品

混合产品是指同时具有公共产品和私人产品性质的产品。例如,私人接受疫苗注射,首先受益的是接受注射者本人,但同时也为所有他可能接触到的人带来了正向外部效应;又如,个人接受良好的教育,首先是该人自己得益,如可以找到好工作、更具判断力等,但同时,也可使其他人受益,如可能使劳动生产率更高,等等。对于这类物品,由于个人只考虑私人受益的大小,所以总是供给不足。

公共资源、俱乐部产品与混合产品可统称为准公共产品。概括地说,公共产品由纯公共产品和准公共产品组成。

(三) 公共产品的提供方式

私人产品主要由市场来提供,而公共产品主要由政府来提供。这是由市场运行机制和政府运行机制的不同决定的。市场是通过买卖提供产品和服务的。在市场中,谁有钱谁就可以购买商品或享用服务,钱多多买,钱少少买,无钱就不能买。由于公共产品具有非排他性和非竞争性的特征,它的需要或消费是公共的或集合的,如果由市场提供,每个消费者不会自愿掏钱去购买,而是等着他人去购买自己顺便享用它所带来的利益,这就是经济学所称的"免费搭车"现象。从一定意义上说,因为"免费搭车"问题的存在,所以需要政府来提供公共产品。

政府主要是通过征税来提供公共产品。但是,征税是可以精确计量的,如按率征收或定额征收,而公共产品的享用一般是不可以分割和无法量化的,因此每个人的纳税额与他对公共产品的享用量是不对称的。不能说多纳税就可以多享用,少纳税就少享用,不纳税就不能享用。也就是说,相对于市场买卖中利益边界的精确性而言,纳税人负担与公共产品享用之间的关系缺乏精确的经济依据。

由以上分析可以得到结论:市场只适用于提供私人产品和服务,对提供公共产品是失灵的,而提供公共产品恰恰是政府活动的领域,是政府的首要职责。

因为公共产品可以分为纯公共产品和准公共产品,所以公共产品的提供方式是有区别的。纯公共产品一般同时具备非排他性和非竞争性,其主要提供者应为政府;而准公共产品一般不同时具备非排他性与非竞争性,可能是非排他性与竞争性并存,也可能是非竞争性与排他性并存,对于这类产品应该是一部分由政府提供,一部分由市场提供。政府供给的三种方式,如表 1-3 所示。

表 1-3　　　　　　　　　　　政府供给的三种方式

产品名称	纯公共产品	准公共产品	私人产品
支付方式	全额负担	部分负担	少量补贴

小 思 考

三个和尚没水喝

一个和尚挑水喝,两个和尚抬水喝,三个和尚没水喝。为什么三个和尚没水喝?你如何帮助三个和尚解决喝水问题?

引例解析

1. 灯塔作为公共品,私人提供难以收回成本,故需政府承担。
2. 政府提供灯塔这一类公共品,一般是通过征税来融资。
3. 政府也可以通过制度安排,由市场提供公共品,如私人建造加政府补贴、私人建造加使用者付费、公益捐赠等。

第二节 市场失灵与政府干预

引 例

5.2亿元!全国污染环境"最严罚单"已全额履行

负责处理污水的公司却偷排污水,将其通过暗管排入长江,还人为篡改监测数据。2023年1月6日,南京市中级人民法院公布了这起年度典型案件。被告单位南京胜科水务有限公司领到国内污染环境"最严厉罚单",被判处罚款加环境修复费共计5.2亿元,被告人最高获刑6年。

刑事裁定书显示,2014年10月至2017年4月,被告单位南京胜科水务有限公司在高浓度废水处理系统未运行的情况下,多次接收排污企业的高浓度废水,并利用暗管违法排放至长江。

同时,南京胜科水务有限公司还人为篡改在线监测仪器数据,逃避环保部门监管,致使二期废水处理系统长期超标排放污水。

经统计和鉴定,南京胜科水务有限公司节省成本加违法所得共4 000多万元,但造成的生态环境损害数额达2.5亿元,后者是前者的6倍多。

南京市玄武区法院对上述污水处理公司及12名被告人作出一审判决:涉事污水处理公司犯污染环境罪,判处罚金5 000万元,违法所得予以追缴上交国库;被告人郑某等12人犯有污染环境罪,分别被判刑6年至1年不等,并处200万元至5万元不等罚金。被告人不服,上诉至南京中级人民法院。二审裁定驳回上诉,维持原判。

南京检察机关还对该污水处理企业提起刑事附带民事公益诉讼,要求涉事污水处理公司赔偿4.7亿元环境修复费用,获得法院支持。

最终,这家污水处理公司的罚款金额加上环境修复费用达5.2亿元。据办案法官介绍,截至目前,这是国内开出的污染环境"最严厉罚单"。

该案主审法官表示,负责处理污水的污水处理公司偷排污水,性质极其恶劣。案件的审判只有体现从严从重的原则,方能达到惩罚和震慑的目标,用最严格的制度、最严格的法治,来保护生态环境。

(资料来源:南方都市报)

请思考政府为何要对污染企业进行罚款?

一、市场失灵

市场是高效率的,但并不是说市场就是完美无缺的,现实的市场有其失灵的领域,主要包括资源配置失灵、收入分配不公平和宏观经济波动三个方面。

(一)资源配置失灵

1. 外部性与公共产品

外部性或外部效应,是指一个经济单位的活动所产生的对其他经济单位的有利或有害的影响。当外部效应为正或者说存在外部经济时,造成外部效应一方的活动总是供给不足,如桥梁、道路建设等;而当外部效应为负或者说存在外部不经济时,又总是出现供给过多,典型的例子是与环境污染有关的产品生产。之所以如此,症结就在于有关方面只按自己的边际收益等于边际成本的原则行事,而并不考虑其外部性行为之下的社会边际收益和社会边际成本。

帕累托最优

帕累托最优是指资源分配的一种理想状态,即假定固有的一群人和可分配的资源,从一种分配状态到另一种状态的变化中,在没有使任何人境况变坏的前提下,也不可能再使某些人的处境变好。换句话说,就是不可能再改善某些人的境况,而不使任何其他人受损。

在分析竞争市场的帕累托最优时,将外部效应排除了,任何消费者的偏好次序是独立的,与任何生产过程以及任何其他人的决策无关;同时,任何生产者的选择也是独立的,与任何其他生产过程无关。之所以这样要求是因为外部效应的最主要的特点是它不但存在于有关当事人决策的"外部",而且存在于市场定价制度之外。也就是说,"一手交钱,一手交货"的市场交易是与外部效应无关的,外部效应所指的仅仅是那些无法通过市场交易为其付费的收益或无法通过市场交易获得补偿的损失。由于这一特征,造成外部效应的当事方,没有动力将其给其他人带来的收益或损失纳入其自身决策时的理性考虑之中,结果就是导致两方面的低效率或是市场失灵。

福利经济学第一定理

福利经济学第一定理是指,经济主体的偏好被合理定义的条件下,带有再分配的价格均衡都是帕累托最优的。而作为其中的特例,任意的市场竞争均衡都是帕累托最优的。

2. 信息不充分和不对称

信息不充分是指决策者无法经济地取得决策所需的所有信息。信息不对称是指交易中的一方掌握的信息多于另一方。帕累托最优中的市场,是一个完全竞争的市场,完全竞争市场要求消费者和厂商享有充分的信息,但是在现实生活中,信息不充分、不对称的现象在商品市场、劳动市场以及资本市场中普遍存在。在信息稀缺的情况下,投机的冲动使得信息垄断者不会按竞争规则行事,市场参与者也不可能做出符合实际的最大化决策,因此资源不能被最有效地利用。为了保证竞争规则不被违反,政府只能根据事后的判断,利用法律措施对违反规则者进行惩罚,规范信息市场,以信息公开来增大其来源,但不可能完全消除这个市场的不完全性。因此,信息问题是阻碍现实经济生活中实现资源最优配置的根本性原因之一。

3. 自然垄断和产品差别

因为每一种商品都是有差异的,所以每一个厂商都具有某些垄断因素。在规模报酬递增而扩大生产经营规模受到阻碍的条件下,市场竞争者就会减少。如果市场上无论卖者或买者都只有一家,就会产生卖方或买方的完全垄断;如果市场上仍然存在有多家卖者或买者,这种市场被称为垄断竞争市场。在现实生活中,多数市场接近于这种类型,即市场竞争是不充分的,市场是不完全竞争的市场。

垄断与不完全竞争存在以下几方面的效率损失:① 产量受到限制,产品的消费者的福利受到额外损失;② 垄断行业由于存在垄断利润,缺乏尽可能降低成本的竞争压力;③ 垄断者可能不那么积极地推动技术进步;④ 垄断者追求超额收入的寻租活动本身会造成资源浪费。

对不完全竞争造成的市场失灵,政府可以根据不同的原因来采取相应的对策,如对自然垄断行业实行国有化、管制和定价措施等,对于垄断竞争行业则实行反托拉斯政策,利用反垄断法来促进竞争的公平程度;为了鼓励技术创新,政府可以颁布专利法,等等。

(二) 收入分配不公平

在帕累托最优完全竞争的市场经济中,企业应用生产要素,必须使不同生产要素的边际替代率都相等,才能使资源达到最优配置,此时的要素收入是由最优状态下的要素价格决定的。因此,个人的收入分配取决于初始的要素禀赋分配,而这种初始禀赋的分配状况并不公平,长期累积的结果则更不公平。而且在现实经济生活中,由于不完全竞争和垄断的存在,以及各种社会因素如社会上惯用的薪资结构以及家庭关系、社会地位、性别种族差异等因素,使得利润、工资等收入并不完全取决于完全竞争条件下的要素价格。因此,政府必须担当起收入再分配的重任,从一定的、合理的社会公平准则出发,通过较大规模地调节收入与支出途径来落实再分配政策。

(三)宏观经济不稳定

在20世纪30年代的大萧条以前,主流经济学家相信完全竞争相当完善地描述了经济运行状态。因此,古典经济学家的政策处方可以归结为"自由放任",即政府干预应尽量避免,市场力量会引导经济正常运行。

然而,经济周期的变化是不以人们意志为转移的,大萧条的深度、广度及时间上的长度,动摇了人们对古典经济理论观点的信心。事实证明,市场不是万能的,在边际消费倾向递减、资本的边际效率递减和流动性陷阱的共同作用下,将产生有效需求不足,使总需求小于充分就业状态下的总供给,导致存货积压,价格下降,产出减少。

二、政府干预

市场缺陷的存在使人们设想另一条通往理想状态的途径——政府计划,即社会生产什么,怎样生产,以及为谁生产的问题由政府计划来决定的经济运行机制。在纯粹的计划体制中,整个社会仿佛是一个有机的整体,所有社会成员就好像是这一整体中的细胞,完全服从于政府计划这一"大脑"的支配。整个经济按计划有序地运转,绝大部分生产资料和财富归政府所有,没有了外部性,没有了个人的垄断,公共产品的提供也没有了免费搭车,没有了一部分人利用信息优势去损害另一部分人的行为。同时又消灭了剥削,消灭了收入的分配不公,消灭了经济危机,消灭了经济的周期性波动,消灭了几乎所有的市场失灵,国民经济在和谐的社会基础上稳定快速地增长。

要完全通过计划来调节国民经济,政府必须具备以下几个条件:

(一)充分掌握信息

政府必须事前全面、准确、及时地了解影响和决定资源配置效率。这些因素包括以下内容:

1. 资源种类和数量

只有了解现有一切资源的种类以及各种资源的数量这些信息,计划者才能划定资源配置的选择空间。

2. 所有不同产品的生产技术

了解在各种不同的产出水平上各种可行的要素组合方式,计划者才能得出各种产品的合理产量比例,并确定符合生产效率的要素组合。

3. 所有不同个人的偏好

所有不同个人的偏好是指不同个人对不同产品基于不同效用评价下的不同消费需求。只有具备这一信息,计划者才能设计出符合交换效率的资源配置方案。

4. 各人在生产过程中所作的贡献大小

在生产过程中每个人做出的贡献大小不同,只有了解这一信息,计划者才能设计出符合分配效率的资源配置方案。

只有了解了以上四个方面的信息,政府才有可能知道怎样的资源配置是符合效率的,才能够制订出与效率目标相一致的计划。

（二）正确决策

充分掌握信息只是计划机制实现有效资源配置的条件之一。在所有信息都已获得的情况下，还必须能够根据这些信息做出正确的决策，才能使计划与效率目标相一致。正确决策是指要根据公众的要求和愿望来决定产品的结构，按各人对生产的贡献来决定收入分配。如果政府的计划决策偏离这一要求，就势必会损害一部分人的生产积极性，使得资源配置影响生产效率。

（三）有效管理

政府计划者取得充分信息，并依据这些信息做出正确决策，可以制订出与效率目标相一致的计划，但计划的实施和落实还得依靠有效的管理；否则，无论是宏观计划还是微观计划，都可能在执行过程中走样，所产生的结果就会与预期结果不一致。

三、政府干预失效

正如现实中的市场不是理想中的完全竞争市场一样，现实中的政府也不完全具备理想化政府的条件。政府的不完善之处称为政府干预失效，它主要表现在以下几个方面：

（一）信息失灵

信息失灵是指即使政府计划者精明强干，掌握了现代化的管理技术，实际上还很难达到理想化的、无所不知的境界，原因如下：

（1）在现实生活中，生产和产品的种类多得难以计数。

（2）每一种产品都存在着运用许多种技术的可能性。

（3）生产的技术是不断发展的，随着技术的发展，可运用的资源组合空间也在不断地变化。

（4）如果不通过买卖交换，很难了解人们对不同产品的偏好，更何况这种偏好在不断地变动。

（5）由于情况是在不断地变化，信息具有很强的时效性，而在计划经济机制中，信息从基层单位传到中央计划者通常需要一个过程，在这一过程中信息的有效性将会损失。

（二）决策失误

信息不灵往往是决策失误的一个重要原因，不全面或失真的信息会导致错误的决策，但决策失误还可能产生于同信息失灵无关的另一个原因——目标选择的失误。计划者可能不是按照公众的愿望和要求来制定计划，而是以自己认为好的某一个目标来制定计划。这样就可能使计划违背公众的利益从而抑制了人们发展生产的积极性，使得资源配置不能实现生产效率。

（三）管理失控

政府计划的贯彻要依靠政府的有关机构，而这些机构都是由个人组成的，一方面他们是政府政策的执行者，拥有一定的行政权力；另一方面他们又是具有自身利益和偏好的个人。虽然在实践中可以通过思想政治教育来使政府工作人员克己奉公，但是计划的贯彻执行仍有赖于政府的有效监督。政府监管能力的有限往往使得政府管理人员中的行业垄断、寻租行为、以权谋私、假公济私等行为不能得到有效的控制，在政府活动范围较大的经济领域里往往表现得更加突出。

> **引例解析**
> 1. 污染问题是典型的外部性不经济,市场自身的缺陷之一。
> 2. 政府通过对污染企业罚款是将企业外部不经济内在化,弥补市场缺陷。
> 3. 政府也可以通过制度安排,如碳排放权交易,通过市场来解决污染问题。

第三节 公共财政

引 例

2023年11家药企收反垄断罚单,总金额超17亿元

国家市场监管总局发布2023年民生领域反垄断执法专项行动第三批典型案例。其中5家医药企业被点名,包括上海上药第一生化药业有限公司(以下简称上药生化)、武汉汇海医药有限公司(以下简称武汉汇海)、武汉科德医药有限公司(以下简称武汉科德)、湖北民康制药有限公司(以下简称民康制药)、江西祥宇医药有限公司(以下简称江西祥宇)等。据新京报记者不完全统计,2023年,医药行业共收到7张反垄断罚单,金额超过17亿元,涉及医药企业11家。本次曝光的涉及医药行业的案例,均为滥用市场支配地位案件。其中,上药生化、武汉汇海、武汉科德、民康制药4家企业因滥用市场支配地位被罚12.19亿元。

2017年12月以来,上述4家企业分工协作、密切配合,滥用市场支配地位,以2 303~2 918元/支的价格销售注射用硫酸多黏菌素B,构成以不公平的高价销售商品行为。一是注射用硫酸多黏菌素B价格与生产成本的比值明显高于同一生产线所产其他制剂。二是将从国外进口73~94元/克的原料药,通过安排38家医药经销公司流转过票、层层加价,逐步推高至1.8万元~3.5万元/克,造成注射用硫酸多黏菌素B价格高是因为原料药价高导致的假象。三是注射用硫酸多黏菌素B价格远超国外同类产品23~183元/支的销售价格。

上海市市场监管局认为,上述行为违反《中华人民共和国反垄断法》的相关规定,于2023年12月13日,对上药生化、武汉汇海、武汉科德和民康制药滥用市场支配地位案作出行政处罚决定。责令上述4家企业停止违法行为,对上药生化没收违法所得3.38亿元,并处其2022年度销售额3%的罚款1.24亿元;对武汉汇海没收违法所得4 758.02万元,并处其2022年度销售额8%的罚款1 110.92万元;对武汉科德没收违法所得6.16亿元,并处其2022年度销售额8%的罚款7 252.43万元;对民康制药没收违法所得204.57万元,并处其2022年度销售额3%的罚款743.98万元。上述4家企业罚没款合计12.19亿元。

江西祥宇则是通过与国内唯一一家碘化油原料药生产企业签订合作协议、大量购买该企业生产的碘化油原料药等方式,基本控制了碘化油原料药货源,在中国

碘化油原料药销售市场具有支配地位。2020年11月16日,上海市市场监管局对江西祥宇涉嫌实施垄断行为进行立案调查。2023年11月17日,对江西祥宇滥用市场支配地位案作出行政处罚决定,责令江西祥宇停止违法行为,并处其2019年度销售额4‰的罚款156.36万元。

(资料来源:新京报)

请思考,政府为什么要对市场的垄断进行罚款?

一、混合经济

由于市场失灵和政府失效的存在,单纯的市场机制或单纯的计划机制都无法实现理想目标。实际上,世界上还未曾有过纯粹依靠市场机制或纯粹依靠计划机制的经济。即使在最为依赖市场的国家里,人们也可以看到政府在许多方面起着积极的作用;而在高度集中的计划经济中,某些生产或消费领域依然游离于计划之外。客观地看,市场机制和计划机制都不是完美无缺的,但同时它们又是不可或缺的,两者都有其特殊的优点,都是经济正常运转的必要组成部分。

从这一意义上来说,现代国家所有的经济在机制上都属于混合经济。各国在经济体制上的千差万别,全部表现在计划与市场、公共部门与非公共部门分工的具体形式上。现在所说的市场经济,实质上是指以市场机制为基础、为主体的经济。在现代市场经济里,市场是基础,是第一位的,是主体。政府的经济活动是第二位的,是为了弥补市场失灵而存在,是补充。

二、政府弥补市场失灵的机制

市场机制存在的上述缺陷,自身是无法克服的,这些缺陷所产生的矛盾累积到一定程度必然引发经济危机,通过经济危机来强制纠正市场机制的缺陷。但是,经济危机会严重影响一国经济的正常运行与发展,并进一步影响到整个社会的政治生活和社会生活的安定,危害是很大的。所以,在现代社会中,人们通常借助于政府的力量,通过运用各种政策和措施来干预经济的运行,以弥补市场机制的缺陷。可以说,正是由于存在上述的"市场失灵"现象,政府介入或干预市场才有了必要性和合理性。

针对具体的市场失灵表现,政府通常采用以下手段进行干预:

(一)弥补市场资源配置的失灵

1. 解决自然垄断

自然垄断行业通常是与人们的生活息息相关的行业,如城市中的供水、供电、公共交通、邮电通信等。自然垄断者通过垄断价格获取超额利润,致使全体社会成员的利益遭到损失。这不但危害了经济效率,而且还加重了社会分配的不公。既然市场自身无力解决这一问题,那么政府必须以非市场的手段来进行干预。通常政府采用的手段如下:

(1)公共生产。政府通过自身生产产品和服务来直接配置资源,并从福利或效率角度而非营利角度规定价格,如将垄断企业国有化。

(2) 规定价格。政府通过规定价格或收益率来管制垄断。

2. 提供公共产品

公共产品是国民经济发展和人民生活中必不可少的。既然它的性质决定了私人部门不愿提供或很少提供该类产品和服务,那么,为了维持社会再生产活动的正常进行,政府有必要介入。政府可以运用其政治权力强制征收税收,并用税收的一部分向全社会有效地提供社会所需的公共产品。

3. 矫正外部效应

无论是正外部效应还是负外部效应,都使资源配置效率降低。为此,政府通常需要采用一般手段来进行干预。例如,对于产生正外部效应的行为主体来说,政府采取鼓励措施,使其获得部分补偿;对于产生负外部效应的行为主体来说,政府采取矫正性措施,使其承担全部社会机会成本。具体来说,政府可以经济手段对外部效应问题进行矫正。例如,政府通过征税或收费、补贴改变交换的价格,以减少产生负外部效应的产品和服务的生产和消费,增加产生正外部效应的产品和服务的生产和消费,这就是典型的经济手段的运用。

庇 古 税

根据污染所造成的危害程度对排污者征税,用税收来弥补排污者生产的私人成本和社会成本之间的差距,使两者相等。该观点由英国经济学家庇古(Arthur Cecil Pigou, 1877—1959)最先提出,这种税被称为"庇古税"。

4. 解决信息不充分

政府所要做的就是提供公共社会服务,向社会提供有关商品的供求状况、价格趋势、宏观经济运行和前景预测资料等各种信息,以便使非政府部门和个人据此做出正确的经济决策。与此同时,政府还要加强对市场秩序的规范和管理,以减少或纠正信息的一些偏差。

(二) 调节收入分配不公

由于市场初次分配是不公平的,因此政府可以实施强制性再分配措施,如通过采用累进税率从高收入者身上征收个人所得税,再将税收收入以转移支付的方式,例如,提供社会保障,补贴给低收入人群和弱势群体,使全体公民都能获得基本的生活保障,并进而缩小收入分配上的两极分化现象。

(三) 调节宏观经济

当经济运行出现大量失业、经济陷入衰退时,政府可以采取适当的措施解决失业问题:首先,可以采用扩张性财政政策,刺激总需求,以增加市场对劳动力的需求;其次,利用各种收入政策,直接或间接地调控工资水平,消除由真实工资水平过高引起的失业;再次,为劳动力直接提供就业信息,为再就业培训投资。治理通货膨胀,政府可以根据具体情况采用相应的财政政策。

三、公共财政的进一步分析

(一) 政府弥补市场失灵的机制就是公共财政机制

政府解决垄断的方法有：第一，政府通过自身生产产品和服务来直接配置资源，进行公共生产，政府直接配置资源就是财政支出中的财政投资。第二，规定价格。而政府定价就是财政收费。政府矫正外部负效应问题，主要通过征收排污税费，将外部成本转化为内部成本；矫正外部正效应问题，主要是通过财政补贴措施，使其在经济上得到补偿。政府调节收入分配不公，主要是通过采用累进税率从高收入者身上征收个人所得税，再通过财政转移支付的方式转移给低收入者来进行的。政府调控宏观经济，主要是通过财政政策来进行的。政府为弥补市场失灵而从事的经济活动就是公共财政。

(二) 市场失灵的领域就是公共领域

如果进一步扩展"公共产品"概念的外延，政府弥补市场失灵也是公共产品问题。例如，政府通过累进税制和转移支付制度，提供一个公平、公正的社会，每个人都身受其利，具有非排他性。一个公平的社会，不会因为多增加一个人而使政府调控收入的成本增加，具有非竞争性；政府通过财政政策，稳定经济，推动经济增长，增加就业机会，每个人都身受其利，具有非排他性。也不会因为增加一个人而使政府财政政策实施成本增加，具有非竞争性；外部性是准公共产品，所谓外部性，是指除厂商自己承担部分成本或取得部分收益外，其他部分的成本或收益非排他地由他人来承担或得到；政府收集和发布公共信息，打击假冒伪劣，净化市场同样具有非排他性和非竞争性，是公共产品。因此，市场失灵和公共产品是同一经济现象的两面，是人们从不同的角度看同一经济问题，而市场失灵的领域就是公共领域。

因此，公共财政就是政府为满足公共需要，在市场失灵的领域进行的资源配置和收入再分配的经济活动。

引例解析

1. 市场自然形成垄断，但垄断让资源无法有效配置；
2. 政府有责任进行反垄断；
3. 政府反垄断的方式，除了对垄断企业罚款这一经济手段外，还有法律手段，如制定反垄断法；行政手段，如强令垄断企业拆分等。

第四节　财政职能

引例

扩大内需、促进经济发展的十项措施

时任国务院总理温家宝2008年11月5日主持召开国务院常务会议，研究部署进一步扩大内需促进经济平稳较快发展的措施。

会议认为,近两个月来,世界经济金融危机日趋严峻,为抵御国际经济环境对我国的不利影响,必须采取灵活审慎的宏观经济政策,以应对复杂多变的经济形势。当前要实行积极的财政政策和适度宽松的货币政策,出台扩大国内需求更加有力的措施,加快民生工程、基础设施、生态环境建设和灾后重建,提高城乡居民特别是低收入群体的收入水平,促进经济平稳较快发展。

会议确定了当前进一步扩大内需、促进经济发展的十项措施。

一是加快建设保障性安居工程。加大对廉租住房建设支持力度,加快棚户区改造,实施游牧民定居工程,扩大农村危房改造试点。

二是加快农村基础设施建设。加大农村沼气、饮水安全工程和农村公路建设力度,完善农村电网,加快南水北调等重大水利工程建设和病险水库除险加固,加强大型灌区节水改造。加大扶贫开发力度。

三是加快铁路、公路和机场等重大基础设施建设。重点建设一批客运专线、煤运通道项目和西部干线铁路,完善高速公路网,安排中西部干线机场和支线机场建设,加快城市电网改造。

四是加快医疗卫生、文化教育事业发展。加强基层医疗卫生服务体系建设,加快中西部农村初中校舍改造,推进中西部地区特殊教育学校和乡镇综合文化站建设。

五是加强生态环境建设。加快城镇污水、垃圾处理设施建设和重点流域水污染防治,加强重点防护林和天然林资源保护工程建设,支持重点节能减排工程建设。

六是加快自主创新和结构调整。支持高技术产业化建设和产业技术进步,支持服务业发展。

七是加快地震灾区灾后重建各项工作。

八是提高城乡居民收入。提高明年粮食最低收购价格,提高农资综合直补、良种补贴、农机具补贴等标准,增加农民收入。提高低收入群体等社保对象待遇水平,增加城市和农村低保补助,继续提高企业退休人员基本养老金水平和优抚对象生活补助标准。

九是在全国所有地区、所有行业全面实施增值税转型改革,鼓励企业技术改造,减轻企业负担1 200亿元。

十是加大金融对经济发展的支持力度。取消对商业银行的信贷规模限制,合理扩大信贷规模,加大对重点工程、"三农"、中小企业和技术改造、兼并重组的信贷支持,有针对性地培育和巩固消费信贷增长点。初步匡算,实施上述工程建设,到2010年年底约需投资4万亿元。为加快建设进度,会议决定,今年四季度先增加安排中央投资1 000亿元,明年灾后重建基金提前安排200亿元,带动地方和社会投资,总规模达到4 000亿元。

(资料来源:新华社)

请思考上述措施哪些是财政政策?哪些是货币政策?财政具有什么样的功能?

第四节 财政职能

财政职能是指财政内在的、客观具有的经济功能。财政职能是由财政本质决定的,它是不以人的意志为转移的客观存在。财政主要有资源配置职能、收入分配职能和稳定增长职能。在财政职能中,配置资源职能和收入分配职能是财政的基本职能,而稳定增长职能是在配置资源职能和收入分配职能的基础上派生出来的职能,属于派生职能。

一、资源配置职能

(一)资源配置职能的含义

资源即生产资源,也叫生产要素,通常包括人的体力、智力等人力资源;土地、矿藏、森林、水域等自然资源;以及由这两种资源产出的可用于生产过程的资本财货,即财力资源。资源是稀缺的。这里所说的生产资源的稀缺性,既不是指这种资源是不可再生产的或可以耗尽的,也与这种资源的绝对量的大小无关,而是指在给定时期内,与需要相比较,其供给量是相对不足的,是稀缺的。正是生产资源的稀缺性构成了经济学研究的"经济问题",即怎样使用有限的、相对稀缺的生产资源来满足无限多样化的需要问题。

用稀缺的资源生产什么,怎样生产,涉及如何使用现有资源,用这些资源生产哪些产品,提供哪些服务,以及每一种产品或服务生产或提供多少,如何将不同种类的资源用于不同的产品或服务。一个社会使用资源的方式称为资源配置。政府的财政活动会对一个社会生产什么、怎样生产产生影响,这种影响称为财政的资源配置职能。

财政的资源配置职能是指政府财政对社会资源进行直接配置和间接引导的功能。对财政资源配置职能的理解应注意两个问题:一方面,资源配置职能涉及内容广泛,不仅包括财政对自身掌握资源的直接配置,而且还包括财政对整个社会资源流向的合理引导;另一方面,市场配置资源可以实现高效率,财政资源配置追求的同样是高效率,是资源的最优配置。

如前所述,根据福利经济学第一定律,在一个完全竞争的市场经济下,市场是可以实现资源的最优配置,即资源配置能达到帕累托标准。但现实的市场经济不是一个完全竞争的市场经济,它存在着缺陷和不足,即市场失灵,主要有:市场垄断、外部性、信息不充分、信息不对称、公共产品等,市场失灵导致市场机制在有些领域不能配置或不能有效地配置资源,这就需要政府通过财政机制来进行资源配置,来弥补市场资源配置的失灵。

(二)资源配置职能的内容

1. 调节资源在部门和产业之间的配置

资源在部门和产业之间配置状态如何,直接关系到国民经济结构是否合理及其合理化程度。部门之间的资源配置及其调整,主要是依靠两个途径:一是调整投资结构,二是调整资产存量结构及资源使用结构。财政对资源在产业部门之间的配置和调节,也是通过两个相应途径,采取两个相应的手段来实现的。一方面,通过调整国家预算支出结构,例如增加对基础产业和基础设施投资,相应减少对加工工业部门投资等,达到合理配置资源的目的;另一方面,则是通过制定财政、税收政策和投资政策,来引导和协调社会资源的流动,达到调节现行资源配置结构的目的。

2. 调节资源在地区之间的配置

由于历史的、地理的和自然条件方面的差异,导致在一个国家地区之间经济发展的不平衡,如我国的西部、中部和东部地区。而这种不平衡,市场资源配置机制不仅不能很好地解决,反而会使这种不平衡进一步加剧。市场机制导致资源往往向经济发达地区单向流动,从而使落后地区更落后、发达地区更发达,从整体上看,这样既不利于经济长期均衡稳定的发展,也不利于社会的和谐。财政资源配置职能的一个重要内容,就是通过财政分配,即财政补贴、税收、财政政策与财政体制等手段,实现资源在各个不同地区之间的合理配置。

3. 调节资源在政府与非政府之间的配置

政府部门是指政府及其机构,包括中央政府和地方政府,还包括政府设立的行政机构和事业机构。政府部门掌握着大量的公共资源,主要表现为财政资金及财政资金的积累。凡不在这个范围之内的,为非政府部门,主要包括企业部门和家庭部门。财政对政府与非政府部门之间的资源配置的调节,主要是通过它在国民生产总值或国民收入中集中的比重实现的。而这个比重又取决于必须由政府通过财政提供的社会共同需要规模的大小。而社会共同需要的规模并不是一成不变的,它要随着社会经济制度和经济发展阶段、社会政治、文化条件的变化而发生相应变化,与此同时,政府部门所支配的资源,即财政资金规模也发生相应的变化。因此,调整资源在政府部门与非政府部门之间的配置要符合优化资源配置的要求,便是财政资源配置职能的一项重要内容。

确定政府支配的资源规模以后,财政还将把这些资源在政府部门内部进行分配,财政支出项目的安排也就是在政府部门内部配置资源的过程。在政府内部配置资源,也即确定财政支出项目的优先次序问题,根据厉行节约的原则,保证政府活动的必要开支,同时把更多的资金用于发展经济和提高人民的物质文化生活水平。

(三) 资源配置职能的主要工具

1. 直接工具

直接工具是指政府直接配置资源的工具,主要有:① 财政支出。政府通过对财政支出规模的调整,来调节社会资源在政府部门与非政府部门之间的配置;通过对财政支出结构的调整,来调节资源在地区之间、部门和产业之间的配置。② 政府间财政转移支付。政府通过政府间财政转移支付,将从一个地区集中的资源转移到另一个地区,从而调节资源在地区之间的配置。

2. 间接工具

间接工具是指政府引导社会资源流向的工具,主要有:① 税收。政府通过税收优惠,如税收减免等,来引导社会资源向经济欠发达地区,向国民经济薄弱的部门和产业流动。② 国债。政府可以通过国债融资规模的调整和国债资金的安排,来引导社会资源的流向。③ 财政补贴。政府可以通过财政补贴,来引导社会资源的流向。

财政具有资源配置的功能,但在整个国民经济中,市场配置资源是第一位的,是主要的,财政资源配置是第二位的,是对市场的补充。同时,财政资源配置与市场资源配置一样,也必须注重资源配置的效率。因为检验资源配置是否合理,其基本标准就是资源配置的效率高低,资源配置是否优化。

如果说通过市场配置资源重点是解决私人产品的提供问题,那么通过财政配置资源的重点则是解决公共产品的提供问题。

二、收入分配职能

（一）收入分配职能的含义

1. 收入分配

这里的收入是指一个国家生产成果的份额,即一国的国民总收入。收入分配是指社会成员在这一总额中所占有或享有的份额状况。在一般情况下,市场会根据社会成员对生产所作的贡献大小将社会总收入在社会成员之间进行分配,形成一种收入分配格局,这是市场的收入分配职能。而政府的财政活动也会决定和影响各社会成员在社会总收入中所占有的份额的多少,这就是财政的收入分配职能。

收入分配的目标是实现公平分配,而公平分配包括经济公平和社会公平两个层次。经济公平是市场经济的内在要求,强调的是要素投入和要素收入相对称,它是在公平竞争的环境下由等价交换来实现的。在个人消费品的分配上,按劳分配,即个人的劳动投入与劳动报酬相对称,既是效率原则,又是公平原则。但在市场经济条件下,由于个人所提供的生产要素不同、资源的稀缺强度不同以及各种非竞争因素的干扰,各经济主体获得的收入会出现较大的差距,甚至和要素投入不相称,而过分的悬殊将涉及社会公平问题。社会公平是指将收入差距维持在现阶段社会各阶层居民所能接受的合理范围内。

2. 财政公平分配的必要性

在社会主义市场经济条件下,我国个人收入分配坚持的是以按劳分配为主体,多种分配方式并存的制度,在劳动者个人收入分配中引入竞争机制,主要通过市场分配而获得。因此,在国家调整分配状态的措施出台以前,收入与财富的分配是在市场机制的作用下,通过市场竞争而形成的,个人之间的收入分配主要视其要素的供给与要素的定价而定,这种由市场机制形成的收入与财富的分配,可能与社会公认的公平或公正状态一致,也可能不一致。但应看到,由于市场失灵的存在,很容易造成分配的不公平。其主要原因表现如下：

（1）人们收入能力的差别很容易导致分配不公。对于有收入能力的人来说,由于收入能力的差异,很容易导致他们之间的分配不公。人们的收入能力是由多方面因素决定的,主要取决于自身的素质、拥有财富的多少、提供劳动的数量与质量等。这些方面的差别决定了收入能力强的人能够获得较高收入,收入能力弱的人获得较少收入,甚至不能维持正常生计。尽管这种差距从他们获得收入的依据来看是公平的,即人们的收入同其向社会的贡献是对称的,但是从社会的角度来看,这种收入差距过分悬殊又是不公平的,容易影响社会的安定。所以,运用财政手段调节收入分配很有必要。

（2）市场分配并不能照顾无收入能力者。市场分配既然以人们的收入能力或向社会所作贡献为依据,那么必然把无收入能力者排除在收入分配之外。但是,这部分人也有生存的权力,也要维持必要的生计,这就需要政府承担起责任,将一部分收入单方面转移给无收入能力者,使整个分配在有收入能力者和无收入能力者之间达到公平。

（3）经济机会不均等导致分配不公。市场的自由竞争以及政府的保护很容易在某些行业和产业形成垄断,垄断势力的存在,使人们即使在收入能力同等的条件下,也会导致经济机会的不均等。再加上社会关系、家族等方面的因素,更加剧了机会不均等的状况,从而也导致了人们收入分配的不公平。

为了解决上述一系列因素引起的分配不公平问题,就有必要运用政府部门的力量,充分发挥财政的公平分配职能。

马 太 效 应

马太效应(Matthew Effect)来自《圣经·马太福音》中的一句话。在《圣经·新约》的"马太福音"第二十五章中说道:"凡有的,还要加给他,叫他有余;没有的,连他所有的也要夺过来。"社会学家从中引申出了"马太效应"这一概念,用以描述社会生活领域中普遍存在的富者越富、穷者越穷的两极分化现象。

(二) 收入分配职能的主要内容

1. 调节企业的利润水平

企业的税收负担,即国家集中多少,给企业留多少,这主要取决于各个时期的经济体制和财政体制。在市场经济条件下,合理的税收负担应当是,既能满足国家实现其职能的财力需要,又要使作为经济活动主体的企业具有自我积累、自我发展和自我改造的能力。

企业的利润水平要能反映企业的经营管理水平和主观努力状况,即要为企业的利润水平创造一个公平竞争的外部环境,一个重要的办法就是通过税收剔除客观原因对利润水平的影响,使企业在大致相同的条件下获得大致相同的利润。

2. 调节居民个人收入水平

市场是根据社会成员对生产所作的贡献大小进行分配,在收入水平上,既要合理地拉开收入差距,又要防止贫困悬殊,坚持共同富裕,在促进效率提高的前提下体现社会公平。对过高的或过低的个人收入,要采取有效措施进行调节,主要通过个人所得税和各项转移性支出来实现。

(三) 收入分配职能的目标

收入分配职能的目标是实现社会公平,即把收入差距维持在社会各阶层能接受的范围内。公平不等于平均,"共同富裕"并不等于所有的人拥有均等的财富,收入分配要克服平均主义做法,在国家政策法规允许的范围之内以正当的手段通过诚实劳动获得较多收入,使一部分人先富起来,是符合公平要求也符合效率要求的;但也不是收入差距越大就说明效率越高,差距过大会影响社会安定,也不利于提高效率。

分析收入差距最常用的技术方法是洛伦兹曲线和基尼系数。

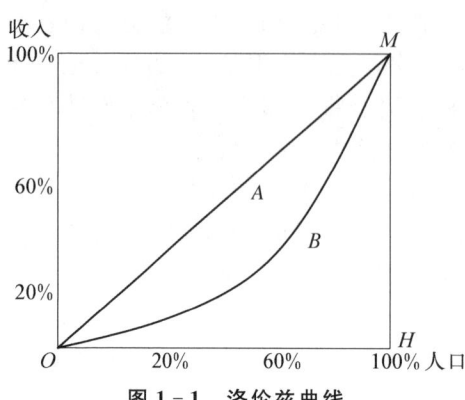

图 1-1 洛伦兹曲线

洛伦兹曲线是指描述一国或一区域财富和收入分配性质的一种曲线,如图 1-1 所示。横轴表示人口的百分比,纵轴表示收入的百分比。如果收入绝对公平,即每个人得到同等数量的收入,则洛伦兹曲线表现为一条呈 45°角的直线(OM);如果收入绝对不公平,则洛伦兹曲线将与正方形的底边和右边重合(OHM)。任何实际收入都介于这两种极端情况之间,表现为向横轴突出的弧线。

基尼系数用来测定收入分配的公平程度,是

用实际的洛伦兹曲线与绝对公平线之间的面积(A)除以绝对公平线与绝对不公平线所构成的三角形的总面积($A+B$)所得到的比值即$A\div(A+B)$。基尼系数越小,收入分配越公平。国际上通常认为基尼系数在0.3左右为最佳状态,0.3~0.4为正常状态,超过0.4为警戒状态。

(四)收入分配职能的主要工具

1. 税收

税收是政府执行收入分配职能的主要工具之一。通过税收,可以在相当大的范围内实现对收入的调节。例如,通过个人所得税,调节个人的劳动收入和非劳动收入;通过农村税费改革,降低或直接取消农业税,增加农民的收入等,使城乡之间、城市个人之间的收入水平的差距维持在一个合理范围内;通过企业所得税,调节企业的收入水平;通过财产税和遗产税,调节个人之间的财富分布;通过资源税,调节部门、地区由于资源条件和地理环境不同而形成的级差收入;等等。

2. 转移支付

转移支付是指通过资源在不同所有者间的转移而实现的支付,一般是指以政府为中介的资源转移与支付活动,包括对个人的转移支付和政府间的转移支付两部分。

对个人的转移支付包括养老保险支出、医疗保险支出、失业救济支出、生活困难补助,等等,通过这些支出,实现收入在全社会范围内向低收入、无收入的困难家庭转移,从而使每一个社会成员得以维持基本的生活水平和福利水平。

政府之间的转移支付又进一步分为中央政府对地方政府的转移支付和地方上级政府对下级政府的转移支付两部分,主要包括中央对地方的各种财政补贴和税收让与,以及地方上级政府对下级政府的各种财政补助。通过政府间的转移支付,可以实现城市收入向乡村转移,富裕地区的收入向贫穷地区的转移,从而缩小地区之间、城乡之间的收入差距。

3. 购买支出

政府购买支出是指政府支出中用于支付购买物品和劳务的支出,前者直接影响企业收入,间接影响个人收入,后者则直接影响个人收入。

4. 各种收入政策

各种收入政策,主要指工资政策,具体包括有关的工资制度(如规范政府公职人员和其他靠财政拨款的事业单位工作人员工资)和税法中有关工薪收入中的扣除项目规定等。通过工资政策和其他有关收入政策,政府也可以实现对部分国民收入分配的调节。

5. 财政补贴

财政补贴是指对低收入者或无收入者能够获益的项目提供资金支持或进行补贴。例如,为扶贫项目、廉租房建设、农业基础设施建设等提供资金支持,对低收入者或无收入者消费的物品给予必要的补贴。

三、稳定经济职能

(一)稳定经济职能的含义

1. 经济稳定的内容

衡量经济是否稳定的指标主要有:① 充分就业。充分就业是指有工作能力而且愿意工作的劳动者都可以得到一份自己的工作。经济学中的就业,系指一切用自己的劳动维持自己生活的活动。由此可见,在我国各种所有制企业,各行各业从事劳动,包括从事个体经营都属于就业范畴。但是也应注意,充分就业并不是指百分之百的就业,而是指就业率达到某一社会公认的比较高的比率。② 物价稳定。物价稳定是指物价总水平的基本稳定,货币购买力不发生剧烈变动。在市场经济条件下,物价会随着经济周期性变化而上下波动,但只要波动幅度在人们可以容忍的限度内,都可视为物价稳定。物价稳定并不等于物价上涨率为零。③ 经济稳定发展。经济稳定发展是世界上任何一个国家的任何一届政府都要追求的目标。因为只有经济发展,才有人民生活水平的提高;因为只有经济发展,才有国家实力的增强;因为只有经济发展,才能提高该国国际竞争力和国际地位。尤其像我国这样一个发展中国家,又是一个人口大国,要赶超世界先进水平,就更应该保持一个较高的经济发展速度。在高速增长中,保持经济的持续稳定、和谐地发展,就显得更加重要。④ 国际收支平衡。国际收支平衡是指一个国家或地区在与其他国家或地区进行经济交往时,其经常项目和资本项目的收支大体保持平衡。在经济全球化过程中,各国经济日益成为国际经济的有机组成部分,国民经济要受到国际经济交往的多方面影响。因此,国民经济稳定客观上要求国际收支不要出现大的逆差和顺差。

2. 财政稳定经济职能

财政稳定经济职能是指当经济出现非均衡时,财政通过对自身收支的调整来影响社会总需求,从而实现宏观经济稳定或推动经济发展的功能。财政稳定增长职能的客观必要性主要来自市场机制的缺陷。经济稳定和增长取决于社会总供求的均衡状态,如果社会总供给和社会总需求是均衡的,则经济就会出现稳定的增长;如果社会总供给大于社会总需求,则会出现生产过剩的经济危机,失业大幅度增加,经济发展减缓,甚至出现负增长;如果社会总供给小于社会总需求,则会出现通货膨胀,物价上涨。在市场经济中,国民经济处于周期性波动之中,社会总供求的均衡是相对的,不均衡是绝对的。当国民经济处于非均衡状态时,就需要政府运用财政机制来调节社会总需求和社会总供给,以实现国民经济的均衡,保证经济的稳定,推动经济的增长。

(二) 稳定经济职能的影响

1. 对需求侧的影响

社会总需求是指一个社会在一定时期内能够并且愿意支付的货币购买能力总量。社会总需求由消费、投资和政府购买三大部分组成。政府的财政活动能对总需求产生影响的原因:一方面,财政支出形成的政府购买作为社会总需求中的一个组成部分,它直接影响总需求;另一方面,政府的税收、转移支出、公债、公共定价政策等也会影响私人消费和投资,从而间接影响总需求。

2. 对供给侧的影响

一个社会在一定时期内所能够提供的产品总量或产出总量,称为总供给。社会总供给由资源、技术和生产组织方式决定。影响或决定总供给的资源主要包括劳动力、资本和土地。政府的财政活动对总供给的影响,主要通过政府税收、转移支付、政府支出对个人在劳动与休闲、消费与储蓄、消费与投资等方面作出选择的影响来间接影响社会总供给。

3. 对国际经济交往的影响

在一个开放的经济社会中,由于商品、要素在国际上的流动,经济交流已打破了一个国家的地理界限。总需求既包括本国需求,也包括外国对本国的需求(即出口);而总供给既包括本国提供的产品,也包括外国对本国提供的产品(即进口)。政府的财政活动对国际经济的影响主要通过税收、补贴等方式对进出口贸易、国际投资、国际劳务等产生影响。

(三)稳定发展职能的主要工具

1. 财政政策的相机选择

减税和增加预算支出,可以扩大社会总需求;增税和减少预算支出,便可相应减少社会总需求。在预算收支政策中,就其对社会总需求的影响而言,通常认为预算赤字是扩张性的,而预算结余则具有紧缩性。这里的预算赤字是指政府预算执行的结果出现的支出大于收入的差额。与之相对应,预算结余是指国家预算执行结果收入大于支出的余额,而预算平衡是指预算收入与支出在数量上大体相等。一般认为,当预算平衡时,对社会总需求的影响是中性的,因此通常被称为"中性"财政政策。当政府判断当前的经济的主要问题是经济发展与就业问题时,政府就会选择赤字预算政策,通过减税和增加预算支出,来扩大社会总需求,拉动经济的增长,创造更多的就业机会;当政府判断当前经济的主要问题是物价问题时,政府就会选择结余预算政策,通过增税和压缩预算支出,来减少社会总需求,使物价逐步回落。

2. 财政制度的内在设计

作为经济自动稳定器的财政制度主要有:① 累进税制。当社会总供给小于社会总需求,出现通货膨胀,物价上涨时,在累进所得税制下,应税所得额越高,其适用的税率也越高,这样必能对过高的需求起到一种自动的抑制作用。相反,当社会总供给大于社会总需求,出现生产过剩的经济危机时,在以累进所得税为主体的税制体系条件下,由于应税所得额减少,其适用的税率也就更低,这样实际会对社会总需求不足起到一种刺激作用。② 转移支付制度。在经济繁荣时期就业率提高、个人收入水平提高,通过私人部门增加的社会需求急剧增加,这种条件下,转移支付的失业救济金和福利水平必然下降,也就是通过财政支出而形成的需求水平下降,这实际会对过热的社会需求水平起到一种抑制作用。相反,在经济发展衰退时期,由于失业率上升,个人收入水平下降,私人部门的需求水平也随之下降,出现需求不足问题。这时转移支付的失业救济金和福利就会增加,也就是在私人部门的需求减少的同时,公共部门的需求却增加了,这必然对整个社会的需求起到刺激的作用,从而使整个社会保持适度的需求水平。

引例解析

1. 从扩大内需、促进经济发展的十项措施看,主要是财政政策与货币政策,其中1~9项为财政政策,第10项为货币政策。

2. 从第1~9项看,当出现世界性金融危机时,政府可以通过财政来扩大内需、促进经济发展,即当经济不稳定时,财政具有稳定经济并推动经济增长的功能。

3. 从第8和第9项看,财政具有调节城乡居民收入、影响企业收入的功能。

4. 从第1~7项看,财政具有将资源配置到国民经济薄弱部门和薄弱环节的功能。

第五节 财政部门

> **引 例**
>
> **A县进一步推进乡镇财政机构改革**
>
> 2018年年底,A县县委下发了《关于印发深化完善乡镇行政管理体制方案的通知》,明确乡镇财政所为乡镇5个内设机构之一,负责乡镇财政预决算、农村集体资金、资产、资源的核算、监督、管理;负责政府采购、国有资产交易等工作。明确"公共财政服务中心"为乡镇3个直属事业单位之一,与财政所合署办公。将财政所事业编制与乡镇农经站编制划入公共财政服务中心管理,全县公共财政服务中心核编78名。明确公共财政服务中心职责为:受理各项惠农补贴资金的申请、审核、上报、兑现以及业务咨询等工作;征收行政审批有关税费;农经管理及村级财务代理;涉及资金管理的其他公共服务项目。明确乡镇统一设置便民服务大厅,厅内进驻公共财政服务中心。实现窗口集中服务,建立并执行首问服务承诺制、首办负责制、责任追究制、一次性告知制、限时办结制、AB岗等制度,确保平台高效运行。

> 请思考该项改革的意义是什么?

一、财政部门主要职能(以市财政为例)

(1)拟定和执行全市财政税收的发展战略、中长期规划、改革方案及有关政策;参与制定各项宏观经济政策;提出运用财税政策实施宏观调控和综合平衡社会财力的建议;拟定和执行市与县(市)区、国家与企业的分配政策。

(2)拟定全市财政、国有资产、财务、会计管理规范性文件并组织实施;组织参加市政府债务的谈判与磋商,并草签有关协议。

(3)编制年度市级预决算草案并组织实施;受市政府委托,向市人民代表大会报告全市预算及其执行情况向市人大常委会报告决算;管理市级各项财政收入、预算外资金和财政专户;管理有关市级政府性基金;会同有关部门办理行政事业性收费、政府性基金申报工作。

(4)根据市级预算安排,确定财政税收收入计划。

(5)管理市级财政公共支出;拟定和执行政府采购办法;管理财政预算内行政机构、事业单位和社会团体的非贸易外汇和财政预算内的国际收支;制定需要全市统一规定的开支标准和管理办法;监督执行《行政单位财务规则》《事业单位财务规则》。

某市财政局服务四项承诺

（1）廉政勤政，依法理财，按章办事，简便高效，为服务对象和纳税人提供优质服务。

（2）文明办公、热情接待、真诚服务，耐心听取意见，精心体察所需，细心解决所急，让服务对象和纳税人来时高兴、走时满意。

（3）正常的财政拨款，自己调度和审批事项，严格在承诺的时限内办结，不推诿、不拖拉、不刁难。

（4）依法行政，清正廉洁，坚决杜绝"门难进、脸难看、话难听、事难办"的现象和"吃拿卡要"行为，严肃查处违规违纪者。

（6）负责行政、事业单位国有资产管理工作。

（7）负责全市企业财务制度的制定、监督和管理，监督执行《企业财务通则》；拟订国有资负责市属企业国有资产收益的收缴和使用。

（8）指导全市乡镇财政建设工作。

（9）拟订全市基本建设财务制度，管理市级财政基本建设支出；负责小城镇建设资金与财务管理。

（10）拟订和执行社会保障资金的财务管理制度，管理市级财政社会保障支出；组织实施对社会保障资金使用的财政监督。

（11）执行国家国内、国外债务管理的方针政策和国债发行计划，拟订地方性有关政策与配套办法，组织参加政府外债的谈判与磋商，管理政府债务。

（12）参与全市住房制度和土地使用制度改革，拟订并监督执行住房资金、国有土地出让金收益财务管理、会计核算办法，指导监督有关部门管理住房资金。

（13）管理全市会计工作，监督执行会计规章制度（企业会计准则），监督执行政府总预算、行政和事业单位及分行业的会计制度；指导和监督注册会计师和会计师事务所的业务；指导和管理社会审计。

（14）监督财税方针政策、法律法规、行政规章的执行情况；检查反映财政收支管理中的重大问题；提出加强财政管理的政策建议；负责对经中介机构审计的国有企业年度会计报表的核查工作；负责会计信息质量检查。

（15）制定全市财政科学研究和教育规划，组织财政人才培训，负责财政信息和财政宣传工作。

（16）承办市政府交办的其他事项。

"财政"一词的由来

财政活动是一种历史悠久的经济现象。纵观我国几千年留存下来的古籍，可以看到"国用""国计""度支""理财"等一类用词，都是关于当今的财政即政府理财之道的记载，还有"治粟内史""大农令""大司农"一类用词,则是有关当今财政管理部门的记载。我国使用"财政"一词并出现在中文词汇中至今却只有百年的历史。据考证,清朝光绪二十四年即公历1898年,在戊戌变法"明定国是"诏书中有"改革财政,实行国家预算"的条文,这是在政府文献中最初启用"财政"一词。

二、科室设置及职责范围

(一)办公室

办公室负责政务和有关事务的综合协调工作;负责文电、会务、机要、档案等工作;承担综合性文稿起草、政策研究、信息、新闻、安全、保密、信访、政务公开等工作;负责重大政策、局内重要工作和领导交办重要事项等的督办工作;承担机关和部分直属单位的财务、政府采购、国有资产管理工作。

(二)人事教育科

人事教育科负责机关和直属单位的人事和机构编制管理工作;负责职工考勤、工作纪律等工作;调查研究全市财政系统干部队伍建设状况;制定并组织实施全市财政系统的教育培训规划,指导全市财政系统干部教育工作。

(三)综合科(清理规范津贴补贴办公室)

综合科承担国土资源、住房公积金等方面的部门预算有关工作,研究提出相关财政政策,审核批复所联系部门(单位)的年度决算;分析预测全市宏观经济形势并提出宏观调控政策建议;研究提出有关收入分配政策和改革方案;管理住房改革预算资金;会同有关方面拟订土地、矿产等国有资源收入政策;拟订政府非税收入管理制度和政策;管理政府性基金,编制年度市级政府性基金预算草案,汇总年度全市政府性基金预算;监管彩票市场;承担清理规范公务员津贴补贴的相关工作。

(四)预算科

预算科研究提出财政政策、财政体制、预算管理制度和中长期财政规划的建议;负责全市收支预算编制的指导、监督和管理;编制年度市级预算草案和办理预算追加事宜;承担市直部门预算审核、批复、调整工作;承担市直部门支出标准体系建设及项目库管理工作;负责业务科室分管单位以外的、经政府确认的专项支出的审核与管理;承担市对县(市、区)的转移支付工作,汇总全市财政预算,负责编制全市年度财政决算草案并报市人大常委会审查;负责全市财政预算内行政、事业单位和社会团体的非贸易外汇管理。财政资金拨付管理流程如图1-2所示。

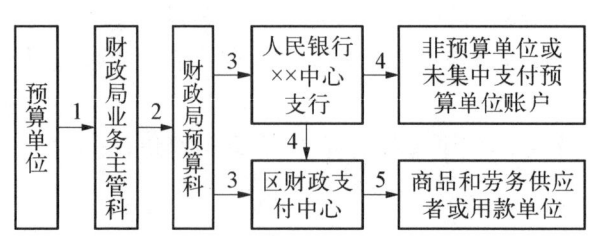

图1-2 财政资金拨付管理流程

(五)国库及支付科

国库及支付科组织全市财政收支预算执行及分析预测;拟订全市总预算会计、行政单位会计及政府会计制度;组织制定全市国库管理制度、国库集中收付制度,指导和监督县级国库业务;制定和完善资金支付监督管理制度,管理财政和预算单位账户及总会计核算;负责审核汇总全市和市级年度财政总决算和部门决算;负责市级财政资金调度;承担国库现金管理的有关工作;归口统一管理同级财政资金专户,负责财政专户资金的日常核算和对账工作;负责管理市级财政国库单一账户体系,为预算单位设立支出总账及分类账管理系统;审核预算单位支付申请,办理和监督财政资金支付业务并进行相关的会计核算;处理和反映预算支出信息;配合推进财政国库集中支付改革。

（六）行政政法科

行政政法科负责制定行政、政法、党派、群团等部门（单位）行政性经费的财务管理制度;制定联系部门（单位）和项目资金使用的财务管理办法;研究提出行政性经费开支标准定额;研究提出联系部门（单位）年度预算和专项资金支出预算建议;审核和批复所联系部门（单位）的年度决算;负责监督联系部门（单位）预算的执行;负责对所联系部门（单位）专项资金的使用情况进行跟踪问效和监督管理;承担全市统一着装管理工作;负责市直行政事业单位车辆定点维修和定点饭店管理等。

（七）教科文科

教科文科承担教育、科技、文化广电新闻出版、体育等方面的部门预算有关工作,研究提出相关财政政策,审核批复所联系部门（单位）的年度决算;拟订事业单位通用的财务管理制度,拟订新闻、出版和电影行业的财务制度;按规定管理科技专项资金;负责对所联系部门（单位）专项资金的使用情况进行跟踪问效和监督管理;承担市级国有文化企业资产与财务管理的有关工作。

（八）经济建设科

经济建设科承担发展和改革、城乡规划、住房和城乡建设、交通运输等部门的有关预算工作,研究提出相关财政政策,审核批复所联系部门（单位）的年度决算;参与拟订市本级建设投资的有关政策;拟订基本建设财务管理制度;审批市级政府投资基本建设项目竣工财务决算;负责对所联系部门（单位）专项资金的使用情况进行跟踪问效和监督管理。市财政预算内基本建设投资资金管理流程,如图1-3所示。

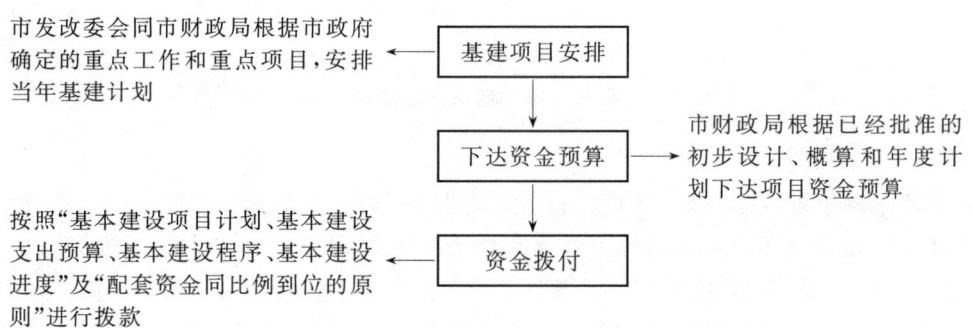

图1-3 市财政预算内基本建设投资资金管理流程

（九）农业科

农业科承担农业、林业、水利等方面的部门预算有关工作,研究提出相关财政政策,审核批复所联系部门（单位）的年度决算;拟订财政支农资金管理办法和有关行业事业、企业财务管理制度;管理支农专项资金和财政扶贫资金;负责对所联系部门（单位）专项资金的使用情况进行跟踪问效和监督管理。

(十) 社会保障科

社会保障科承担人力资源和社会保障、民政、卫生、老干部、残联等部门的有关预算工作,研究提出相关财政政策,审核批复所联系部门(单位)的年度决算;会同有关方面拟订和执行有关资金(基金)财务管理制度;监督管理市级财政社会保障、就业及医疗卫生支出;负责对所联系部门(单位)专项资金(基金)的使用情况进行跟踪问效和监督管理;编制市级社会保障预决算草案;审核全市社会保险基金预决算草案。

(十一) 政府采购监督管理科

政府采购监督管理科拟订政府采购的有关政策、制度和中长期规划;确定并调整市级集中采购目录和公开招标采购范围的限额标准;管理和监督全市政府采购活动;负责审核监督市级部门政府采购预算;受理市级政府采购活动中的投诉事项;负责全市政府采购代理机构日常监督管理工作。政府招标采购流程,如图1-4所示。

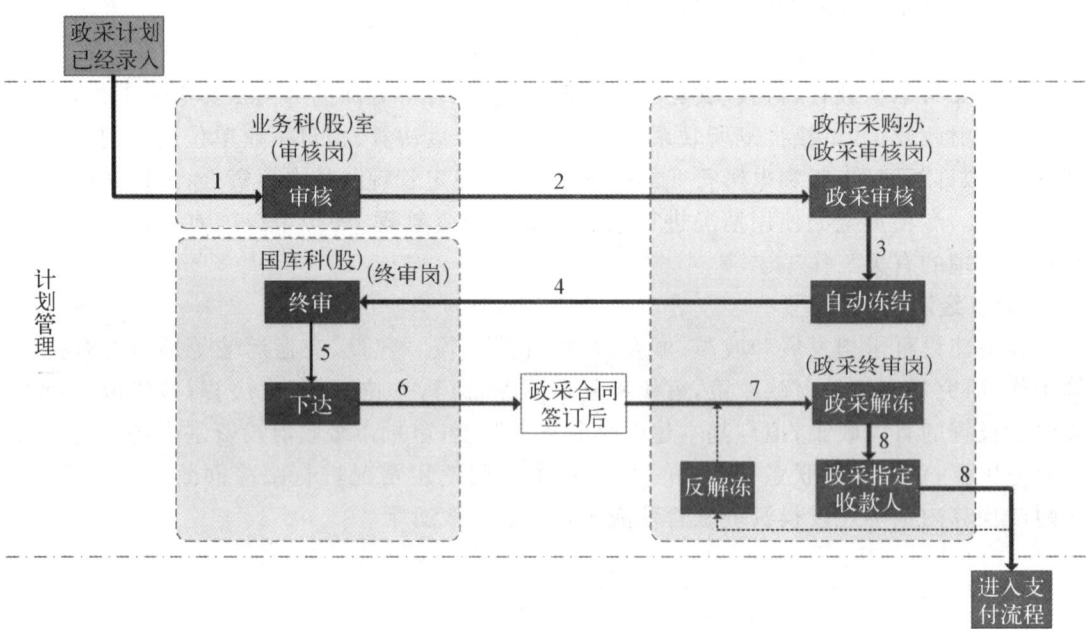

图 1-4 政府招标采购流程

(十二) 税政条法科

税政条法科组织或参与地方财政、税收规范性文件的调研、起草工作;审核本局拟订的规范性文件和其他部门拟订的规范性文件中有关财税条款;负责财政依法治理的有关事项,监督检查财政、税收法律、法规、规章及政策的实施;按照有关规定办理财政行政复议、行政诉讼、国家赔偿及行政处罚案件有关事宜,负责国家赔偿费用的管理;负责调解裁定涉及市级单位的产权纠纷;承办市政府交办的税收政策和财税协调事项;负责全市"发票有奖"工作,参与办理中央政策统一规定的税收返、退工作;审核办理地方税款退库;指导全市财政普法工作。

(十三) 企业科

企业科承担国有资产监督管理、工业和信息化、环保、安全生产等方面的部门预算有关工作,负责对所分管的各项专项资金使用情况进行跟踪问效和监督管理,审核批复所联系部门（单位）的年度决算；研究提出支持全市企业改革和发展的财政政策；负责制定国有资本经营预算制度，编制市级国有资本经营预算，审核和汇总编制全市国有资本经营预决算草案，收取市本级企业国有资本收益；研究提出市级财政支持有关行业的政策；组织实施企业财务制度及企业财务会计报告编制办法；参与拟订企业国有资产管理相关制度；承担全市资产评估机构日常监督管理工作。

（十四）服务贸易科

服务贸易科负责粮食、物资、供销等方面的部门预算有关工作，负责对所联系部门（单位）专项资金的使用情况进行跟踪问效和监督管理，审核批复所联系部门（单位）的年度决算；研究提出支持服务业发展和促进消费的财政政策；负责商业流通、外贸、粮食、物资、供销企业的财务和资产管理；负责有关政策性补贴的发放和监督管理工作；负责粮食、食用油、化肥等物资专项储备补贴资金的管理工作。

（十五）地方金融科

地方金融科承担财政政策与货币政策协调配合的研究工作；拟订地方金融类企业财务管理制度和地方政策性保险有关政策，管理地方政策性金融业务；代表政府履行出资人对地方金融类企业资产、财务的监管职责，拟订地方金融类企业国有资产管理办法，负责地方金融类企业国有资产的清产核资、资本金权属界定和产权登记、资产评估、产权转让和划转管理；组织实施地方金融类企业国有资本绩效考核评价，收取国有资本经营收益；负责对地方金融类企业国有资产保值增值和财务制度执行情况进行监督；统计、汇总和分析地方金融类企业国有资产状况；制定地方担保行业财政、财务和资产管理的有关政策、制度并组织实施。

（十六）市政府债务管理办公室

市政府债务管理办公室负责市投融资决策委员会日常工作，制定政府投融资、债务管理政策；负责编制和下达政府投融资年度计划，编制年度政府债务收支预决算；负责各融资单位债务规模的确定及全市融资规模的汇总报批工作；监督管理债务资金，按规定管理政府各类偿债资金；建立偿债制度，监督部门（单位）落实还款资金，按时偿还到期债务本息；负责管理上级财政借款；负责拟订地方投融资平台财务管理制度，管理地方投融资业务；负责市级投融资平台产权转让和资产划转管理；组织实施市级投融资平台绩效考核评价；负责对地方投融资平台财务制度执行情况进行监督；负责拟订国际金融组织和外国政府贷款、赠款管理制度；负责国际金融组织和外国政府贷款、赠款的全过程管理，承担项目申请、评审、对外谈判、磋商、签约、转贷（赠）以及贷（赠）款资金管理与监督工作；承担政府国外贷款资金的回收、偿还和还贷准备金的管理工作；对项目执行机构实施项目的工作进行监督管理；研究分析国际财经问题，承办涉外经济合作与交流事务；负责地方债务风险防范制度的制定和实施；承担商务、外事侨务等方面的部门预算有关工作，研究提出相关财政政策，审核批复所联系部门（单位）的年度决算。

（十七）基层财政管理科

基层财政管理科负责指导乡镇财政对各项惠农补贴和农村基础设施、公益事业发展财政投入的监督管理；负责全市耕地占用税、契税征收管理工作；宣传落实有关政策并拟订具体实施办法；编制税收收入计划；办理税收减免等事宜。

（十八）会计科

会计科组织实施国家会计法律、法规、规章、制度；管理全市会计从业资格；按规定承担会计专业技术资格管理工作;负责会计人员的业务培训和后续教育工作;负责会计师事务所、代理记账机构的日常监督管理工作;组织实施会计信息化标准,指导全市会计电算化、信息化工作。附会计科——"初级会计资格证书核发"办理流程,如图1-5所示。

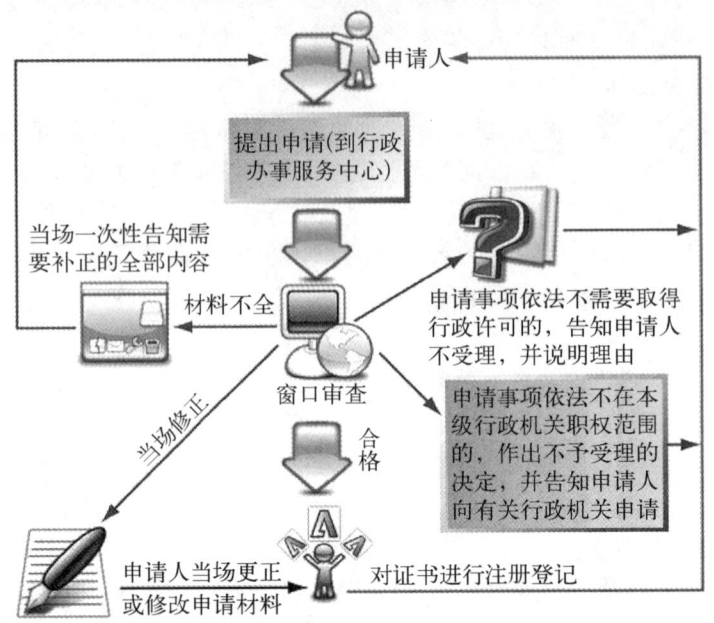

图1-5　会计科——"初级会计资格证书核发"办理流程

(十九)行政事业资产管理科(市政府清产核资办公室)

行政事业资产管理科负责制定全市行政事业单位国有资产管理制度,并对执行情况进行监督检查;负责市本级行政事业单位国有资产配置、处置、调剂、出租、出借、对外投资的审批和监督管理;制定资产配置标准和相关费用标准,审核编制资产购置预算和审批购置事项;负责市本级行政事业单位产权登记、产权界定、产权纠纷调处、资产清查等工作;指导全市行政事业单位国有资产及城镇集体资产的监督管理工作;负责全市公务用车定编管理工作;负责市直行政事业单位公务用车的编制、计划、配备、更新,并按规定处置等工作;研究建立财政支出绩效评价制度和评价体系;负责拟订公共资源统计评价的具体办法,建立公共资源统计报告制度和统计评价指标体系;负责公共资源的统计分析,建立公共资源数据库;贯彻清产核资制度、办法,负责全市清产核资工作;承办全市事业单位改制有关事项。

(二十)市农村综合改革工作办公室

市农村综合改革工作办公室负责贯彻执行中央、国务院和省委、省政府及市委、市政府有关农村综合改革的方针、政策,起草农村综合改革规划、方案和重大政策措施;研究解决有关农村税费改革遗留问题;研究提出完善乡镇财政职能以及建立健全乡村政权组织运转经费保障机制的意见;研究制定化解乡村债务的措施,组织开展化解乡村债务工作;负责国有农场税费改革;负责村级公益事业建设有关工作;负责全市农村税费改革转移支付资金落实情况的监督检查;配合有关部门深化农村义务教育管理制度改革,加强涉农收费管理,提出建立减轻农民负担长效机制的政策建议等。

(二十一)非税收入管理办公室

非税收入管理办公室负责贯彻落实国家有关行政事业性收费、国有资产经营收益、专项收入、罚没收入、彩票公益金、捐赠等政府非税收入和政府性基金的法律、法规、规章和政策;制定市直非税收入征管制度、规定;负责市本级非税收入征缴、稽查和数据信息汇总、分析;负责受理政府非税收入减、免、缓、返项目的审查;负责财政票据的印制、发放、使用、审验、核销、保管等工作;负责制定有关票证管理制度、办法;负责部分自收自支单位部门预决算和财务监管;指导全市非税收入征收管理工作。非税收入缴款流程,如图1-6所示。

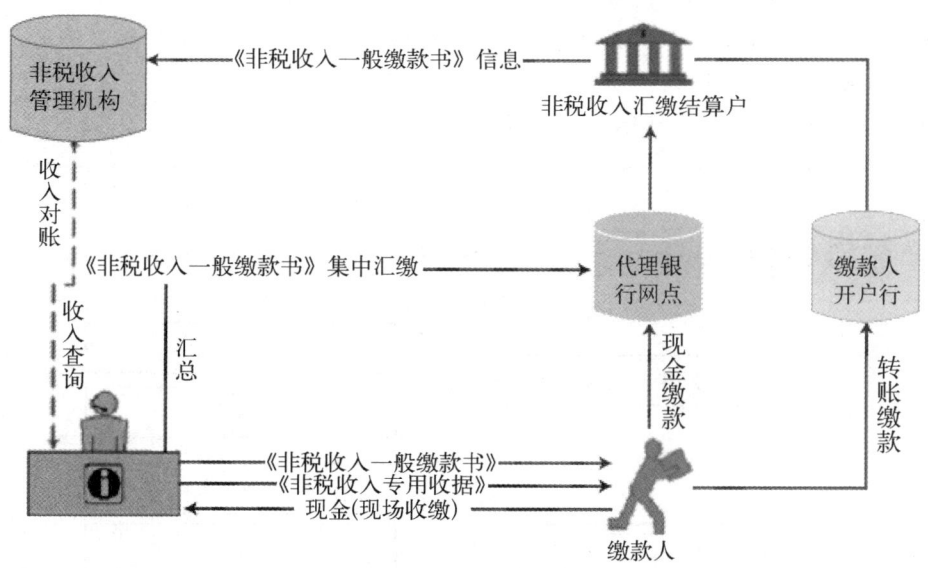

图1-6 非税收入缴款流程

(二十二)财政监督检查办公室

财政监督检查办公室贯彻执行财政监督检查的政策和制度,负责统一组织全市财税法规、政策和资金、账户等财政财务管理制度执行情况的监督检查;依法纠正和查处违反财政、财务、会计法律、法规、制度的行为;监督本级财政资金的使用效益;反映财政收支管理和重要财政政策执行中的重大问题,提出加强财政管理的政策建议;监督本级预算收入征收部门征收、退付预算收入情况及本级国库办理预算收入的收、纳、划分、留解、退付和预算支出的拨付情况;负责全市会计信息质量和注册会计师行业执业质量的行政监督检查和行政处罚工作。

(二十三)农业综合开发办公室

农业综合开发办公室负责贯彻落实国家农业综合开发的方针、政策,统一管理全市农业综合开发工作;拟订农业综合开发的政策及项目、资金、财务管理制度;编制农业综合开发规划;负责中低产田改造规划和年度实施计划编制工作;管理土地治理和产业化项目、资金、财务管理制度;编制农业综合开发规划;负责中低产田改造规划和年度实施计划编制工作;管理土地治理和产业化项目;统筹安排市级财政农业综合开发资金及用于农业综合开发项目的外资;组织实施农业综合开发项目并检查项目实施情况等。

三、机关下属事业单位

机关下属事业单位,具体包括:会计核算中心、经济技术开发公司(经开集团)、财政监督检查中心、非税征收中心、财政税收征收办公室、财政信息中心、农业综合开发办公室、财政科研所、注册会计师协会、行政事业单位资产管理中心、政府采购中心、市财政局投资评审中心、财政局干部教育中心、机关事务服务中心、文化产业投资有限公司。

引例解析

1. A县乡镇财政机构改革,明确乡镇财政所为乡镇内设机构,符合我国财政机构设置"一级政府,一级财政"的原则,也说明财政是为政府服务的。
2. 从A县乡镇财政机构改革表明我国财政机构正从管理型向服务型转变。
3. A县乡镇财政机构改革,将乡镇财政机构与乡镇农经站合并,有利于精简机构,统筹政府支农资金,更好地为三农服务。

思维导图

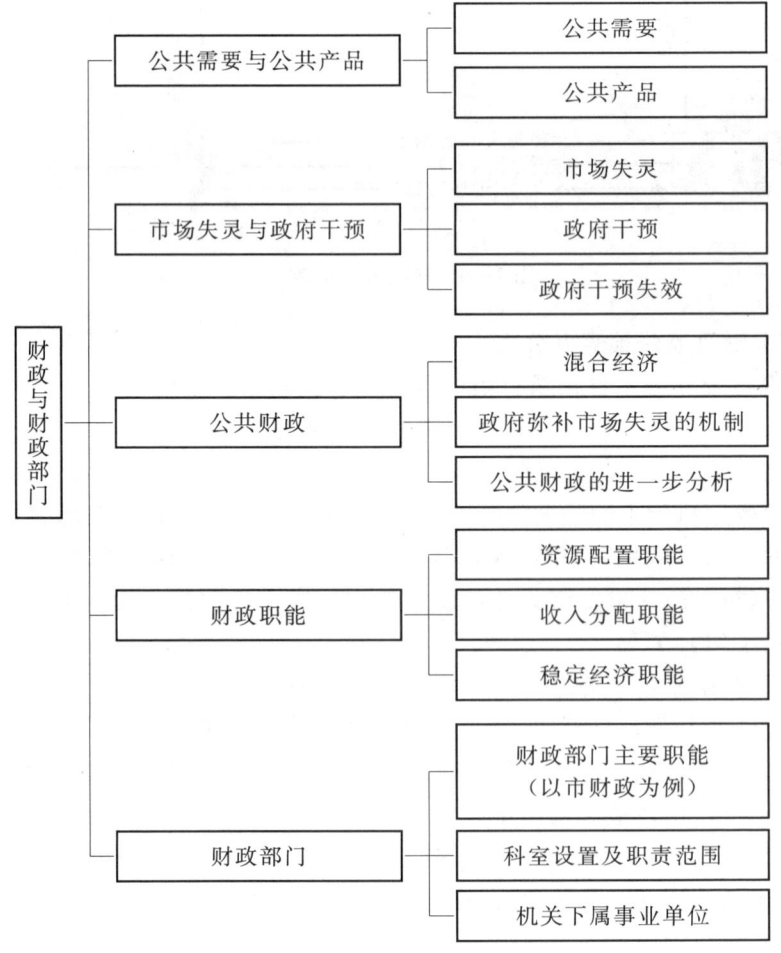

第二章 财政支出

学习目标

知识目标

1. 掌握财政支出的基本含义、财政支出分类。
2. 了解财政支出的各类指标。
3. 熟悉购买性支出的性质和特征。
4. 掌握转移性支出的性质和特征。
5. 熟悉政府采购与国库集中支付制度的方法、程序和政策。

能力目标

1. 能够运用财政支出指标,对我国或某一地区的财政支出规模和结构进行分析。
2. 能够根据政府采购与国库集中支付制度的方法和政策,正确处理不同政府采购与国库集中支付业务。

素养目标

结合财政在经济和民生等方面的支出,充分认识财政在社会经济中的重要作用,深入理解党的执政理念和政策导向,认识到财政支出的背后是党和政府对人民福祉的关心和承诺。

第一节 财政支出概述

引例

全国 2023 年财政支出情况

2023 年,全国一般公共预算支出 274 574 亿元,同比增长 5.4%。分中央和地方看,中央一般公共预算本级支出 38 219 亿元,同比增长 7.4%;地方一般公共预算支出 236 355 亿元,同比增长 5.1%。

财政支出去哪儿了

> 全国政府性基金预算支出 101 339 亿元,同比下降 8.4%。分中央和地方看,中央政府性基金预算本级支出 4 851 亿元,同比下降 12.5%;地方政府性基金预算支出 96 488 亿元,同比下降 8.2%,其中,国有土地使用权出让收入相关支出 55 407 亿元,同比下降 13.2%。
>
> 全国国有资本经营预算支出 3 345 亿元,同比下降 1.5%。分中央和地方看,中央国有资本经营预算本级支出 1 451 亿元,同比下降 12.7%;地方国有资本经营预算支出 1 894 亿元,同比增长 9.2%。
>
> (资料来源:财政部网站)

请思考,从 2023 年全国财政支出中可以看出什么变化?

一、财政支出的含义

财政支出是指政府为实现其职能的需要在一个财政年度内耗费的资金总和。从性质上说,它既是政府行为的政府成本,也是实现政府职能的主要手段,是组织财政收入的直接目的。

(一)财政支出是政府职能和政策的最直接反映

政府为了实现其政治、经济和社会方面的职能,必须动用一定的社会资源,政府占有资源的过程就是财政收入行为,而使用这些资源的过程就是财政支出。因此,取得财政收入的直接目的是满足财政支出的需要,而财政支出的目的是实现政府职能。在不同历史时期,政府权力来源可能有差异,政府职能也可能有不同的内容,从而使财政支出的受益对象、财政支出的规模和结构有所不同。因此,财政支出直接反映了政府职能和政策选择。

(二)财政支出是政府行为的社会成本

在政府履行其职能的过程中,社会将消耗一定的资源,这构成了政府行为的社会成本。但是,这种社会成本并非全部由政府承担,政府行为的某些成本可能是由国民间接承担的(这不同于公民直接纳税),因此,财政支出只是政府行为的部分成本,即政府(承担的)成本。这进一步说明,财政支出只是政府实现其职能的主要手段而不是全部手段。

二、衡量财政支出规模的指标

财政支出的规模通常由两类指标来反映:绝对指标和相对指标。

(一)绝对指标

绝对指标是指一定时期内财政支出的绝对额。为了准确反映政府行为的成本,也为了便于公众对政府行为的全面监督,所有为履行政府职能的公共部门支出都应计入财政支出当中,并经过法定的预算程序。财政支出的绝对指标的优点:一是直观,二是便于纵向比较,将财政支出实际执行数与预算数比较,可以反映预算执行情况,将财政支出实际执行数与前期实际执行数比较,可以反映财政支出增长情况及增长趋势;其缺点是不便于横向比较。因为国与国之间、地区与地区之间大小不同,发展水平不同,绝对指标比较没有多大意义。

(二)相对指标

相对指标是指将特定时期的财政支出绝对额与其他相关经济变量进行对比,如财政支出占GDP比重(财政支出率)。反映一定时期内在全社会创造的财富中由政府直接支配和使用的数额,全面衡量政府经济活动在整个国民经济活动中的重要性。相对指标便于横向比较,可以将小国与大国比较、小县与大县比较,还可以将一个县与全省甚至全国比较。

绝对指标比较直观,而且它是计算相对指标的基础。但由于它不能反映财政支出与国民经济其他变量之间的变动关系,也不便于进行历史比较。因此,在进行理论分析时,人们通常更注重相对指标。财政支出的相对指标是判断政府规模大小以及政府对社会经济生活介入程度的一个重要指标。

(三)瓦格纳法则

德国经济学家阿道夫·瓦格纳最早注意到财政支出增长速度超过经济增长速度这一现象。早在19世纪80年代,他在对西方工业化国家的工业化过程进行考察后认为,工业化经济的发展伴随着公共部门特别是国家活动的扩张,这就要求保证行使这些国家职能的财政支出不断增加,即随着人均收入提高,财政支出相对规模相应提高。这一论断被称为"瓦格纳法则"。后来发展的有关财政支出增长理论几乎都是基于对"瓦格纳法则"的验证和补充。

瓦格纳法则的含义如下:

第一,工业化的发展使得社会分工和生产的专业化日益加强,正在扩展的市场与这些市场中的当事人之间的关系会更加复杂,市场关系的复杂化引起了对商业法律和契约的需要,并要求建立司法组织执行这些法律,需要更多的资源用于提供治安和法律设施,要求更多的公共管制和保护活动,从而导致政府行政支出的增加。

第二,进入工业化发展阶段之后,具有外部性特征的行业越来越多,为了克服由于外部性而导致的资源配置效率降低和收入分配的不公平,政府需要更加直接地参与生产性活动,从而导致政府经济性支出的扩大。

第三,随着人们收入水平的提高,在需求的收入弹性的作用下,人们对教育和公共福利的需求也会扩大,从而造成政府社会性支出的增长。

近年来,我国财政支出占国内生产总值的比重如表2-1所示。

表2-1　　　　　　　　　中国财政支出占国内生产总值的比重

序号	时间(年)	国家财政支出(亿元)	国内生产总值(亿元)	比重(%)
1	2022	260 609.00	1 210 207.00	21.53
2	2021	246 322.00	1 143 670.00	21.54
3	2020	245 588.00	1 015 986.20	24.17
4	2019	238 858.37	986 515.20	24.21

(续表)

序　号	时间(年)	国家财政支出（亿元）	国内生产总值（亿元）	比重(%)
5	2018	220 904.13	919 281.13	24.03
6	2017	203 085.49	832 035.95	24.41
7	2016	187 755.21	746 395.06	25.15
8	2015	175 877.77	688 858.22	25.54
9	2010	89 874.16	401 202.00	22.4
10	2005	33 930.28	184 937.37	18.35
11	2000	15 886.50	98 562.20	16.12

（资料来源：宏观数据）

三、财政支出分类与结构

财政支出结构是指财政支出具体项目的构成比例。为了了解支出的构成，有必要对财政支出进行分类。

（一）按经济性质分类

财政支出经济性质分类是指按照是否能直接得到等价补偿，可以划分为购买性支出和转移性支出。

1. 购买性支出

购买性支出是指政府按照有偿原则，在市场上购买商品和劳务的支出。一般用于维持国家机器运转和其他行政事业开支。这类支出反映了公共部门占用社会资源的要求，公共部门运用了这部分社会资源，就排除了私人部门运用这部分资源的可能性。购买性支出包括政府部门的消费支出和投资支出，前者如国防支出、行政支出，后者如各级政府的固定资产投资支出。政府在付出这类支出的同时，获得了相应商品和劳务的所有权。政府只有购买这些商品和劳务，才能生产出公众所需要的公共产品和劳务（包括混合品）。购买性支出对政府与微观经济组织产生硬性的约束作用。政府用财政资金在商品、劳务市场上购买商品或劳务时，必须遵循等价交换的原则。

购买性支出的经济效应主要体现在以下两个方面：

一是"挤出效应"。由于购买性支出占用了一定的经济资源，从而排除了私人部门使用这些资源的可能性。特别是，如果政府支出是依靠税收筹资，政府支出规模的扩大必然意味着私人部门税负加重，从而使他们可支配的收入减少。

二是"拉动效应"。由于私人投资的大小取决于预期利润率的高低，当政府扩大购买性支出，尤其是投资支出时，由于投资环境的改善和有效需求的扩大，会提高私人投资的预期收益，从而刺激和带动私人投资的扩大。

政府的购买性支出主要影响的是资源配置。一方面，政府购买的商品和劳务的种类不同，生产的公共产品也就不同，从而对资源配置的结构产生的影响不同；另一方面，由于政府购买性支出直接成为一种有效需求，其支出的大小必然影响经济总供给和总需求的平衡状况。

购买性支出对收入分配会产生一定的影响。例如,政府购买性支出的具体结构不同,必然影响相关商品和劳务提供者的收入水平,只不过这种影响是通过对资源配置的影响间接实现的。

2. 转移性支出

转移性支出是指政府单方面、无偿地支付给其他经济主体的财政资金,包括各种财政补贴支出、社会保障支出和利息支出等。政府在付出资金时,并没有相应地获得任何回报。这时,政府所扮演的是一个"中间人"的角色,将一部分人(纳税人)的收入转移给支出的接受者。

转移性支出对社会经济的影响主要体现在收入分配上。由于它是政府的一种无偿性支出,因此,转移性支出的规模和对象不同,所形成的收入分配格局也就不同。具体来说,这种经济效应也体现在两个方面,即收入效应和替代效应。转移性支出所产生的收入效应和替代效应与税收的收入效应和替代效应的作用方向正好相反。

转移性支出同样会间接影响资源配置。一方面,政府对企业的转移性支出(补贴)会影响企业的资源配置行为,如支持正外部性物品的提供;另一方面,政府对个人的转移性支出也会由于改变了消费者的消费行为而间接影响资源配置。

在财政支出结构中,购买性支出比重越大,政府执行资源配置的功能就越强,而转移性支出比重越大,政府执行收入再分配的功能就越强。在不同经济发展时期政府职能的重点不同,财政支出结构也会不同。一般来说,在经济发展水平较低时,财政支出中购买性支出比重较高,转移性支出的比重较低;在经济发展水平较高时,购买性支出的比重会有所降低,而转移性支出的比重会明显上升。

目前,我国支出经济分类是按支出的经济性质和具体用途所作的一种分类。在支出功能分类明确反映政府职能活动的基础上,支出经济分类明确反映政府的钱究竟是怎么花出去的。我国政府支出经济分类设置工资福利支出、商品和服务支出等大类,类下设款级科目。财政部印发的《2023年财政收支分类科目》中,财政支出按经济分类的类级科目包括:机关工资福利支出、机关商品和服务支出、机关资本支出(一)、机关资本支出(二)、对事业单位经常性补助、对事业单位资本性补助、对企业补助、对企业资本性支出、对个人和家庭的补助、对社会保障基金补助、债务利息及费用支出、债务还本支出、转移性支出、预备费及预留、其他支出等15类。从各国实际情况来看,购买性支出和转移性支出占财政总支出的比重,各个国家以及一个国家在不同的发展时期都是不同的。但是一般来说,在经济发达的国家,由于政府较少参与经济活动,财政职能侧重于收入分配公平与经济的稳定增长,且财政收入相对较充裕,所以转移性支出所占比重较大;而在发展中国家,由于政府较多地参与经济活动,而财政收入相对较少,所以购买性支出所占比重较大。发达国家与发展中国家购买性支出和转移性支出所占比重的差异如表2-2所示。

表2-2　　　　　　　　　两类国家购买性支出和转移性支出占比重

类　　别	发达国家(%)	发展中国家(%)
购买性支出	45.2	61.5
其中:经常性支出	34.9	50.1
资本性支出	10.3	11.4

(续表)

类　　别	发达国家(%)	发展中国家(%)
转移性支出	41.0	22.5
其中：国债利息	5.6	5.5
补助金	35.4	17.0
其他	13.8	16.0
合计	100.0	100.0

资料来源：陈共，财政学，中国人民大学出版社 2003 年出版。

(二) 按支出功能分类

按照目前我国财政支出功能分类方法，具体包括以下 17 类。

1. 一般公共服务

分设 32 款：人大事务、政协事务、政府办公厅（室）及相关机构事务、发展与改革事务、统计信息事务、财政事务、税收事务、审计事务、海关事务、人事事务、纪检监察事务、人口与计划生育事务、商贸事务、知识产权事务、工商行政管理事务、食品和药品监督管理事务、质量技术监督与检验检疫事务、国土资源事务、海洋管理事务、测绘事务、地震事务、气象事务、民族事务、宗教事务、港澳台侨事务、档案事务、共产党事务、民主党派事务、群众团体事务、彩票事务、国债事务、其他一般公共服务支出。

2. 外交

分设 8 款：外交管理事务、驻外机构、对外援助、国际组织、对外合作与交流、对外宣传、边界勘界联检、其他外交支出。

3. 国防

分设 3 款：现役部队及国防后备力量、国防动员、其他国防支出。

4. 公共安全

分设 9 款：武装警察、公安、国家安全、检察、法院、司法、监狱、国家保密、其他公共安全支出。

5. 教育

分设 10 款：教育管理事务、普通教育、职业教育、成人教育、广播电视教育、留学教育、特殊教育、教师进修及干部继续教育、教育附加及教育基金支出、其他教育支出。

6. 科学技术

分设 9 款：科学技术管理事务、基础研究、应用研究、技术研究与开发、科技条件与服务、社会科学、科学技术普及、科技交流与合作、其他科学技术支出。

7. 文化体育与传媒

分设 6 款：文化、文物、体育、广播影视、新闻出版、其他文化体育与传媒支出。

8. 社会保障和就业

分设 17 款：社会保障和就业管理事务、民政管理事务、财政对社会保险基金的补助、补充全国社会保障基金、行政事业单位离退休、企业关闭破产补助、就业补助、抚恤、退役安置、社会福利、残疾人事业、城市居民最低生活保障、其他城镇社会救济、农村社会救济、自然灾害生活救助、红十字事业、其他社会保障和就业支出。

9. 社会保险基金支出

分设6款：基本养老保险基金支出、失业保险基金支出、基本医疗保险基金支出、工伤保险基金支出、生育保险基金支出、其他社会保险基金支出。

10. 医疗卫生

分设10款：医疗卫生管理事务、医疗服务、社区卫生服务、医疗保障、疾病预防控制、卫生监督、妇幼保健、农村卫生、中医药、其他医疗卫生支出。

11. 环境保护

分设10款：环境保护管理事务、环境监测与监察、污染防治、自然生态保护、天然林保护、退耕还林、风沙荒漠治理、退牧还草、已垦草原退耕还草、其他环境保护支出。

12. 城乡社区事务

分设10款：城乡社区管理事务、城乡社区规划与管理、城乡社区公共设施、城乡社区住宅、城乡社区环境卫生、建设市场管理与监督、政府住房基金支出、土地有偿使用支出、城镇公用事业附加支出、其他城乡社区事务支出。

13. 农林水事务

分设7款：农业、林业、水利、南水北调、扶贫、农业综合开发、其他农林水事务支出。

14. 交通运输

分设4款：公路水路运输、铁路运输、民用航空运输、其他交通运输支出。

15. 工业商业金融等事务

分设18款：采掘业、制造业、建筑业、电力、信息产业、旅游业、涉外发展、粮油事务、商业流通事务、物资储备、金融业、烟草事务、安全生产、国有资产监管、中小企业事务、可再生能源、能源节约利用、其他工业商业金融等事务支出。

16. 其他支出

分设3款：预备费、年初预留、其他支出。

17. 转移性支出

分设9款：返还性支出、财力性转移支付、专项转移支付、政府性基金转移支付、彩票公益金转移支付、预算外转移支出、预算单位间转移支出、调出资金、年终结余。

支出功能分类的类、款、项科目主要根据政府职能，按由大到小、由粗到细分层次设置。其中，类级科目反映政府主要职能，包括一般公共服务、国防、教育、公共安全等；款级科目反映政府履行某项职能所要从事的主要活动，如教育类下的普通教育、特殊教育等；项级科目反映某活动下的具体事项，如普通教育下的小学教育、初中教育等。三级科目在使用中是相互交叉、紧密联系的，它们之间的关系是：前者是后者的概括和汇总，后者是前者的分析和具体化。

采用这种分类方法，主要目的是便于对财政资金的管理。这种分类使财政资金使用方向一目了然，一方面，它有利于政府部门依据国家在不同时期的方针政策编制预算，合理安排财政支出结构，以及进行支出的具体核算；另一方面，它也有利于立法机关和社会公众对政府支出进行监督。

（三）按政府级次划分

现代世界各国均依照国家政权的级次设置相应级次的财政支出。基本上每个级次的财政都有其本级次的支出范围，从事本级次相对独立的财政活动。根据支出级次对支出分类也是一种重要的分类方法。例如,美国是一个联邦制国家,其政权由联邦政府、州政府和地方政府组成,与之相适应,财政支出由联邦财政支出、州财政支出和地方财政支出3个级次构成;日本是单一制国家,政府机构分为中央、都道府县和市町村3级。相应地,其支出由中央支出、都道府县支出和市町村支出组成,后2项也称为地方支出;我国政权级次由中央、省(自治区、直辖市)、市(自治州、地区行署)、县(不设区的县级市、自治县)和乡(镇)5级构成,与之相对应,我国财政支出由中央支出、省级支出、市级支出、县级支出和乡级支出5个级次组成。其中,省及省以下的财政支出统称为地方财政支出。我国中央和地方财政支出及比重如表2-3所示。

表2-3 我国中央与地方财政支出及比重

年 份	全国财政支出(亿元)	金额(亿元)		比重(%)	
		中 央	地 方	中 央	地 方
2022	260 609.00	35 570.00	225 039.00	13.6	86.4
2021	246 322.00	35 050.00	211 272.00	14.2	85.8
2020	245 679.03	350 95.57	210 583.46	14.3	85.7
2019	203 743.2	35 115.15	203 743.22	14.7	85.3
2018	188 196.3	32 707.81	188 196.32	14.8	85.2
2017	173 228.3	29 857.15	173 228.34	14.7	85.3
2016	160 351.4	27 403.85	160 351.36	14.6	85.4
2015	150 335.6	25 542.15	150 335.62	14.5	85.5
2014	151 785.56	22 570.07	129 215.49	14.9	85.1
2013	140 212.1	20 471.76	119 740.34	14.6	85.4
2012	125 952.97	18 764.63	107 188.34	14.9	85.1
2011	109 247.79	16 514.11	92 733.68	15.1	84.9
2010	89 874.16	15 989.73	73 884.43	17.8	82.2
2005	33 930.28	8 775.97	25 154.31	25.9	74.1
2000	15 886.50	5 519.85	10 366.65	34.7	65.3
1995	6 823.72	1 995.39	4 828.33	29.2	70.9
1990	3 083.59	1 004.47	2 079.12	32.6	67.4
1985	2 004.25	795.25	1 209.00	39.7	60.3
1980	1 228.83	666.81	562.02	54.3	45.7

(资料来源:宏观数据)

财政支出按支出级次分类,反映了中央和地方在财政资源配置中的地位和相互关系。从我国历年的改革实践来看,在财政体制中,中央与地方之间的财政分配关系,一直是财政体制的核心问题。这一问题的焦点,又主要表现在中央与地方支出关系的处理上。

引例解析

1. 财政支出有广义和狭义之分,广义财政支出(379 258亿元)包括一般公共预算支出(274 574亿元)、政府性基金预算支出(101 339亿元)和国有资本经营预算支出(3 345亿元)。狭义的仅指一般公共预算支出(274 574亿元)。一般所说的财政支出是指狭义的财政支出。

2. 从2023年广义财政支出来看,财政支出在向地方预算倾斜。

第二节 购买性支出

引 例

人民日报:政府支出问绩问效,"三公"经费越管越严

经过多年努力,中央部门"三公"经费管理制度日益健全,约束力度明显提升,有效遏制了无实质内容出国、超标准超编制配备公务用车、公务接待铺张浪费等行为,中央本级"三公"经费预算由2011年的94.28亿元下降到2018年的58.8亿元。2018年机构改革后,将税务等部门原列地方的"三公"经费纳入中央部门管理,基数相应调整,2019年中央本级"三公"经费预算81.07亿元。

2020年以来,在严格控制的基础上,叠加疫情等因素影响,中央本级"三公"经费预算进一步下降到2022年的53亿元。2023年中央本级"三公"经费预算64.96亿元,比上年有所增长,主要是前几年受疫情影响,因公出国(境)费预算压减较多、基数较低,今年恢复性增加,主要用于支持中国特色大国外交,保障中央部门开展对外交往、参加重要双边多边会议等,同时继续严控一般性出国团组。

2023年,公务用车购置及运行费、公务接待费从严控制,均不超过上年水平。与疫情前的2019年相比,2023年中央本级"三公"经费预算减少约16亿元。

(资料来源:北京日报)

"三公"经费是指公款招待费、公务用车购置和维护费、公费考察费。请思考国家为什么要严控"三公"经费?对控制"三公"经费你有什么好的建议?

一、社会消费性支出

社会消费性支出包括财政社会消费性支出和财政投资性支出。

相对于同属购买性支出的投资性支出而言,社会消费性支出的最大特点是非生产的,它的使用并不形成任何资产,满足的是社会共同需要。社会消费性支出提供的服务可为全体公民共同享受,具有突出的外部效应。

社会消费性支出是国家执行政治职能和社会职能的保证。提供行政管理和社会服务是政府合法性的基础,是政府取得公民支持和承认的前提。一国政府不仅要为公民提供国家防务和公共安全,保证国土和主权不受外来侵犯,公民的人身安全不受威胁,还要通过法律、行政和社会管理,处理和协调公民之间的相互关系,维系正常的社会关系以及商务关系。随着经济的不断增长,政府还必须保证各项社会事业的相应发展,扩展社会发展空间,不断提高居民的生活质量。为了满足这些社会公共需要,必然形成许多财政支出项目。

在不同时期,社会消费性支出的规模不同。自由资本主义时期,强调市场的自由竞争,靠"看不见的手"调节经济,提倡廉价政府,因此当时的财政支出主要是社会消费性支出,而且规模较小。随着市场经济的不断发展,国家对经济的干预加强,政府产生了一些新的政治职能和社会职能,社会消费性支出项目不断增加,规模不断扩大。从世界各国的一般发展趋势来看,社会消费性支出的绝对规模呈现一种扩张的趋势,相对规模在一定发展阶段内也是扩张趋势,达到一定规模则相对停滞。其中,有些项目增长较快,相对规模上升,而有些项目增长较慢,相对规模下降。

社会消费性支出根据支出项目的不同,分为行政管理支出、国防支出和事业性支出。

(一) 行政管理支出

行政管理支出是指政府为维持社会秩序和提供公共服务而进行的支出。主要包括行政事务支出、公安支出、国家安全支出、司法检察支出和外交支出。

1. 行政管理支出的特点

第一,提供的是纯公共产品,具有非排他性和非竞争性。

第二,消费性。行政支出资金一旦投入,只能引起社会物质产品的消耗和价值的丧失,而不能实现价值的补偿和增值。

第三,低收入弹性,行政管理支出提供的是社会必需品,人们对它的需求一般不随收入增长而同比例增加。

第四,连续性,行政支出是连续的,只要行政机关和国家权力机关存在,就需要不断的行政支出予以保证。

2. 行政管理支出的影响因素

影响行政管理支出的因素很多,主要包括政府承担的公共事务、政府机构规模、行政人员数量和行政机关效率、内部的激励约束机制和外部监督体系等。

行政管理支出的规模是由多种因素形成的,而且具有历史延续性。直接的影响因素主要有经济总体增长水平、财政收支规模、政府职能及其相应的机构设置和行政管理支出本身的使用效率。因此,控制行政管理支出的规模和加强管理必须从多方面着手。从长期观察,前两个因素与行政管理支出规模应呈正相关和比较稳定的关系;否则,对资源配置和收入分配都将产生不利的影响。

政府职能范围及其相应的机构设置与行政管理支出的使用效率有直接关系。行政管理支出是由人员经费和公用经费两部分组成的。政府职能范围的大小,机构设置的多少,以及由此而决定的机关工作人员的多少、经费开支标准等,是决定行政管理支出规模的关键因素。

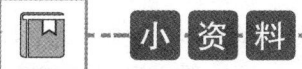

"三公"消费

"三公"消费是指政府部门人员因公出国(境)经费、公务车购置及运行费、公务招待费产生的消费,是当前公共行政领域亟待解决的问题之一。2023年中央经济工作会议提出,党政机关要习惯过紧日子。2024年中央部门"三公"经费财政拨款预算安排64.46亿元,比上年年初预算减少0.5亿元。具体包括:一是因公出国(境)费16.23亿元,比上年减少2.43亿元。二是公务用车购置及运行费45.08亿元,比上年增加1.49亿元。其中:运行费33.5亿元,比上年减少1.04亿元;购置费11.58亿元,比上年增加2.53亿元,主要是集中配备应急救援保障车辆和更换疫情期间超期服役公务用车。三是公务接待费3.15亿元,比上年增加0.44亿元,主要是接待国外访华团组任务增加。

(资料来源:金融时报)

(二)国防支出

国防支出是指为满足全体社会成员安全需要的军费支出。主要包括:军队支出、预备役经费、国防科研事业费和防空经费等。

1. 国防支出的特点

首先,国防支出具有纯公共产品属性;其次,国防支出具有需求的外生性与供给的内生性。决定国防需求的因素主要是国防安全风险的大小,即被侵略的概率和侵略力量的大小,而对于国防的供给来说,主要受其国力、财力的制约;再次,国防服务属于资本密集型行业,国防装备的投入随着科学技术的发展而显得日益重要。

2. 国防支出的影响因素

(1)政治因素。政治因素包括国内政治因素和国际政治因素。国防支出主要是用于防御外敌,因而同国内政治并无直接关系。但是,国内政局是否稳定,各地区之间是否协调,各民族之间是否团结等,同样会间接地影响国防支出的规模。至于国际局势对国防支出的影响,则是不言而喻的。20世纪50年代,第二次世界大战虽已结束,但战争的危险依然存在,因为"热战"虽已停止,"冷战"却仍在进行。处在这样紧张的国际环境中,各国无疑都要做好准备,准备侵略或准备反侵略,许多国家都在搞军备竞赛,军费开支自然居高不下。20世纪60年代末期以后,虽然局部战争仍然存在,但战争的危险减少,尤其是进入20世纪80年代以后,国际上有不少国家曾发起了几次规模较大的裁军活动,国际形势大趋缓和。在这样的背景下,世界各国的军费支出相对减少。如果国际局势缓和,军费支出可能进一步减少;反之,军费支出则可能急剧增加。

(2)经济因素。国防支出是财政通过对国民收入的再分配形成的。因此,国防支出规模首先受国家财政状况的制约。国家财政状况越好,国防支出的规模也就有可能越大。国家财政的状况,最终又受经济发展水平的制约。经济发展速度越快,效益越高,用于国防支出的资金就可以更多一些。有两个重要的指标:一是国防支出占财政支出的比重;二是国防支出占GDP的比重。在比重一定的情况下,国内生产总值或财政支出的规模越大,国防支出的规模也就越大。

(3) 兵员制度。一国政府在动员兵力时,可以采取强制性的办法,即义务兵役制;也可以采取完全自愿的办法,即自愿兵役制。义务兵役制可以有效地保证兵员供给,有助于人民承担保卫国家的义务,激发爱国主义精神;军事人员的薪金常常低于劳动力市场均衡的"影子工资"水平,有助于减少直接的军事开支费用。但国家相应地更多承担他们复员后的基本生活保障性需求,从而增加社会保障方面的支出。自愿兵役制可以给每一个适龄公民平等选择的机会,有助于入伍选择与机会成本的协调,也可相应减少退伍军人的生活保障开支。但自愿兵役制通过市场机制实现兵力动员,这不仅会增加军费开支的需要,而且作为国防特殊公共产品,其公民权利与义务常常难以通过市场机制完全实现。

(4) 效率因素。国防公共产品的生产虽不像私人商品可以进行直接的成本收益考察,但也是有效率可言的。私人商品效率考核重点放在既定成本下的利润最大化,而公共产品的效率衡量则重点放在既定目标下的成本最小化。在国防目标已定的情况下,经费使用的效率越高,国防支出的规模就可以越小;反之,则相反。

(5) 地域因素。地域越是广大,国家用于保卫疆土的防护性开支就越多。一个大国有漫长的边境线,会增加该国的国防开支。

(三) 事业性支出

事业性支出是指政府为满足劳动力再生产和劳动能力提高的需求,以及精神文化消费需求而安排的,用于文化、教育、科学和卫生等事业方面的支出。

1. 事业性支出的特点

(1) 事业性支出需求的收入弹性较高。事业性支出不是基本需求,而是一种发展性需求,是为了提高居民的生活质量水平,满足更高层次的需求,其增长速度一般快于人们收入的增长速度。

(2) 事业性支出具有部分的投资性质。事业性支出是一种社会人力资本投资,它是获取未来的人力资本收益。

(3) 事业性支出有助于实现社会公平。事业性支出可以弥补公共产品的供给不足,补偿公共产品的成本消耗。同时,文教科卫事业基本属于社会公共需要,但它又不是完全意义上的社会公共需要,因为它部分存在价格排他和利益私有的性质,是对混合商品中的公共产品部分的成本补偿。

2. 事业性支出的意义

文化、教育、科学和卫生支出,是指财政用于文化、教育、科学、卫生等事业单位的经费支出。其用途上仅指财政用于文化、教育、科学、卫生等部门的经常性支出,即用于支付这些单位工作人员的工资和公用经费,属于社会消费性支出;因使用此项支出的部门是非物质生产部门,因此其属于非生产性支出。此项支出是社会再生产正常运行所必需的开支,文化、教育、科学和卫生等事业的发展与物质财富的生产有着密切的关系。

文化、教育、科学和卫生事业的发展在现代经济发展中发挥着越来越大的决定作用,已成为现代经济发展的重要推动力和保障。根据马克思关于生产劳动和非生产劳动的划分,文化、教育、科学和卫生支出应属于非生产性支出。将文教科卫支出归入非生产性范畴,只有某种静态的、相对的意义,它只是说用于这些事业的支出不能对当年的物质财富的生产作出明显的贡献。在动态的意义上,文教科卫事业的发展将不断提高劳动者、劳动工具和劳动对象的素质并改善三者的结合方式,对物质财富生产的贡献越来越大。邓小平同志曾提出"科学技术就是生产力"的观点。在安排财政支出时,应全面考虑生产的当前的需要和为了发展的需要,让文教科卫支出占一个适当的比例,随着劳动生产率的提高和GDP的增长,要让这一支出的比例不断提高,甚至超过GDP的增长速度。

教育是人们作为现在或未来的劳动力接受知识的行为。教育支出一直是各国财政支出中的重要方面,从经济学的角度上说,教育是一种人力资本投资行为——人们通过投资教育,提高其人力资本的未来生产率。当教育存在正外部性时,市场将导致投资不足。对不同收入水平的家庭来说,教育的投入不但存在不同的直接成本,而且还存在不同的机会成本,低收入家庭往往比高收入家庭有更高的机会成本,这就使得处于不同收入水平家庭的子女在教育市场中会得到不同的教育服务。另一方面,教育又影响一个人未来的收入水平,这会使收入分配差距产生累积效应。因此,政府对教育的资助有助于在一定程度上促进机会的平等,从而缓解收入分配差距的矛盾。受教育者与提供教育服务的机构之间存在信息不对称,当消费者对其将要接受的教育质量感到不确定时,会产生次优水平的消费,即投资不足;相反,当消费者对自身能力水平不确定时,他们往往会在提供者的劝说下接受更长时间的教育,这会导致投资过剩。

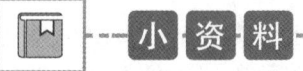

知识经济

知识经济是指"以知识为基础的经济",是相对于现行的"以物质为基础的经济"来说的。工业经济和农业经济虽然也离不开知识,但总的来说,经济的增长取决于能源、原材料和劳动力,即以物质为基础。知识经济建立在知识和信息的生产、分配和使用基础上,是人类知识特别是科学技术方面的知识积累到一定程度,以及知识在经济发展中的作用增加到一定阶段的历史产物,又是新的信息革命导致知识共享以高效率产生新知识时代的产物。

教育是科技的源泉和基础。首先,前人积累起来的科技成果唯有通过教育才能一代一代继承下来,新的科学知识也唯有通过教育才能传播开来。其次,教育是劳动力再生产的重要条件。在现代生产条件下,劳动者的科学文化知识、劳动技能和管理技能,主要是通过教育获得的。劳动者的素质主要取决于其受教育的程度,而劳动者的素质又会直接关系到劳动生产率的高低。此外,教育还是解决经济发展过程中因结构变化而导致的结构性失业问题的最主要手段。

教育分为基础教育和高等教育。根据基础教育和高等教育的具体特征,基础教育关系到一个国家和一个民族的素质和发展,应属纯公共产品,应由政府投资;高等教育属混合公共产品,其经费应由受益者首先负担,不足部分再由政府投资。

科学技术是经济发展的重要推动力量。人类社会发生巨大变革的直接动因是生产技术的变革,而生产技术的变革则以科技进步为基础。

在现代市场经济条件下,人们的健康水平日益显示出对国民经济发展的重要性。现代社会化大生产条件下的高度紧张的生产活动,非有健康的体魄不能胜任,非有振奋的精神不能承担,而这些都需要有良好的医疗卫生设施才能保证。

农林水事业支出和气象事业支出等,关系到农业的稳定与发展、水利资源的利用与治理、生态环境的保护、人民生活质量的提高,关系到社会经济的可持续发展,因而也日益引起人们高度的关注。

3. 事业性支出的资金来源

在文教事业方面,政府应当为那些有助于普遍提高全民文化素质的教育和文化事业出资;在科学研究方面,应当主要为基础科学研究出资;在医疗卫生事业方面,则应主要为卫生事业出资;除此之外的文化、教育、科学和卫生事业,可以由社会公众出资。

总之,为了促进文教科卫事业的发展,政府和社会公众应当共同出资。我国20世纪90年代以前基本上由政府出资兴办。20世纪90年代以后,我国逐渐多渠道筹措文教科卫事业所需资金以及多层次兴办文教科卫事业。

(1) 教育方面。教育事业并不专属于社会共同事务,而应由家庭、企业和政府共同负担全社会的教育费用。20世纪90年代以来,教育支出的来源渠道逐步多元化,但国家财政性教育经费仍旧是教育经费的最主要来源。

(2) 科技方面。20世纪90年代以来,科技经费来源结构发生很大变化,上级拨款占总经费比重逐年减少。自筹资金、银行贷款、其他投入等各项均有所增加,其中自筹资金增长最快。

(3) 卫生方面。20世纪90年代以来,政府预算卫生支出、社会卫生支出占卫生总费用的比例均逐年下降;与之相反,居民个人卫生支出占卫生总费用的比例逐年上升。引起这"两降一升"趋势的一个重要原因是公费医疗制度的改革。

法 定 支 出

"法定支出"是财政管理中的习惯概念,一般是指有关法律法规对某一支出项目规定的支出比例、增长幅度等。法定支出中,主要有教育、科技、农业等方面的支出必须符合国家规定的要求。

《中华人民共和国教育法》第55条、第56条规定:"国家财政性教育经费支出占国民生产总值的比例应当随着国民经济的发展和财政收入的增长逐步提高。具体比例和实施步骤由国务院规定。全国各级财政支出总额中教育经费所占比例应当随着国民经济的发展逐步提高。""各级人民政府教育财政拨款的增长应当高于财政经常性收入的增长,并使按在校学生人数平均的教育费用逐步增长,保证教师工资和学生人均公用经费逐步增长。"《中华人民共和国义务教育法》第42条规定:"国务院和地方各级人民政府用于实施义务教育财政拨款的增长比例应当高于财政经常性收入的增长比例,保证按照在校学生人数平均的义务教育费用逐步增长,保证教职工工资和学生人均公用经费逐步增长。"

到2021年我国财政性教育经费支出占GDP比例连续10年在4%以上。这十年尤其是2020年以来的近几年,我国经济下行压力逐年加大,财政收支矛盾非常突出,但对教育的财政投入始终坚持逐年只增不减。国家财政性教育经费十年累计支出33.5万亿元,年均增长9.4%,高于同期GDP年均名义增幅(8.9%)和一般公共预算收入年均增幅(6.9%)。尽管这一比例不同年份有高有低,但始终没有低于4%。更为重要的意义在于,4%带动教育投入基数持续加大,不管是总投入,还是财政性、一般公共预算、非财政等渠道用于教育的钱,十年都翻了一番。概括起来是"四个翻番":第一个翻番是"总收入"。全国教育经费总投入2011年是2.4万亿元,2021年达到5.8万亿元,是2011年的2.4倍,年均增长9.3%。第二个翻番是"财政性"。国家财政性教育经费,2011年不到2万亿元,2021年达到4.6万亿元,是2011年的2.5倍,年均增长9.4%。第三个翻番是"一般公共预算"。全国一般公共预算教育支出,2011年是1.6万亿元,2021年达到3.7万亿元,是2011年的2.3倍,年均增长8.8%。第四个翻番是"非财政"。全国非财政性教育经费,2011年只有不到6 000亿元,2021年达到1.2万亿元,是2011年的2.3倍,年均增长8.6%。

二、财政投资性支出

投资是经济发展的重要引擎,投资可以刺激需求的增长,又可以增加未来的供给。社会总投资按投资主体可以分为财政投资和非财政投资两部分。由于社会经济制度和社会发展阶段的差异,这两部分的投资在社会总投资中的比重也存在着较大差异。影响财政投资性在社会总投资中所占比重的因素主要有两个:一是社会经济制度的差异,二是经济发展阶段的差异。一般来说,推行市场经济的国家,财政投资所占比重较小,在实行计划经济的国家,财政投资所占比重较大,经济发达国家非财政支出所占比重较大,发展中国家财政投资性支出占社会总投资的比重较大。

(一)财政投资性支出的特点

财政投资性支出是指政府为购置满足公共需求所必需的资产而花费的财政支出。财政投资性支出的范围包括:基础设施、基础产业投资涉及国家安全的行业、自然垄断性行业、关系到国家综合实力和国际竞争力的高新技术产业,正在成长为新经济增长点的支柱产业。

与非政府部门投资相比,财政投资性支出具有以下特点:

(1)政府居于宏观调控主体地位,可以从社会效益和社会成本的角度来安排自己的投资。财政投资可以没有利润或微利,甚至可以亏损,只要其对国民经济和社会发展是有效益的。

(2)政府资力雄厚,而且资金来源又多半是无偿的,可以投资于大型项目和长期项目。

(3)政府可以从事社会效益好而经济效益一般的投资。

由于政府在国民经济中居于特殊地位,应该而且能够将其投资集中于农业、能源、交通、通信等关系到国计民生的重要领域;否则,就会出现基础设施投资不足,经济和社会发展的基础设施短缺,经济发展就会受到约束从而步入瓶颈期。

(二)基础产业投资

基础产业是支撑一国经济运行的基础部门,它决定着工业、农业、商业等直接生产活动的发展水平。基础产业越发达,国民经济运行越顺畅、有效,人民生活水平越高。基础产业的内涵,有广义和狭义之分。狭义的基础产业,是指经济社会活动的基础设施和基础工业。基础设施主要包括交通运输、机场、港口、桥梁、通信、水利、城市供排水、供气、供电等设施;基础工业主要是指能源工业和基本原材料(包括建筑材料、钢材、石油化工材料等)工业。广义的基础产业,除了上述基础设施和基础工业外,还包括一些提供无形产品或服务的部门,如科学、文化、教育和卫生等部门,这些部门提供服务所需的固定资产,通常归于广义的基础设施之列。

1. 基础产业投资的意义

基础产业与其他产业相比,具有不同特征。从整个生产过程来看,基础设施为整个生产过程提供"共同生产条件"。即作为共同生产条件的基础产业,如固定资产投资,不能被某个单个生产者独家使用,它不是独占性地处在某个特殊的生产过程中,不能被卖者当作商品一次性整体出售给使用者。它具有公用性、非独占性和不可分性,这些特性决定了它具有公共产品的一般特性。

无论是基础设施还是基础工业,大都属于资本密集型行业,需要大量的资本投入,建设周期一般也比较长,投资形成生产能力和收回投资往往需要数年时间,基础产业的这些特点决定了它很难由个别企业独立投资来完成,特别是在经济不够发达的国家,没有政府的资金支持,很难有效地推动基础设施和基础工业的发展。正因为如此,在经济发展过程中,各国政府均对基础设施和基础工业实行干预政策,但其干预的程度在经济发展的不同时期有较大差别。通常,经济发达的工业化国家干预的程度比欠发达国家要弱一些;而发展中国家在经济发展过程中,经常受到基础产业发展滞后的困扰,基础设施和基础工业发展的压力一般都较大,由于民间财力有限,政府对基础产业的投资一般都比较大,以加快基础产业的发展。

2. 基础设施的项目融资方式PPP

(1) PPP的含义。

PPP(public-private-partnership),即公私合作模式,是指公共基础设施中的一种项目融资模式。在该模式下,鼓励私营企业、民营资本与政府进行合作,共同参与公共基础设施的建设。

广义的PPP是指政府公共部门与私营部门合作过程中,让非公共部门所掌握的资源参与提供公共产品和服务,从而实现合作各方达到比预期单独行动更为有利的结果。与建设-经营-转让(build-operate-transfer,BOT)相比,狭义的PPP的主要特点是,政府对项目中后期建设管理运营过程参与更深,企业对项目前期科研、立项等阶段参与更深。政府和企业都是全程参与,双方合作的时间更长,信息也更对称。

(2) PPP的特征。

第一是伙伴关系,公共部门之所以和私营部门合作并形成伙伴关系,核心问题是存在一个共同的目标:在某个具体项目上,以最少的资源,实现更多更好的产品或服务的供给。私营部门是以此目标实现自身利益的追求,而公共部门则是以此目标实现公共福利和利益的追求。

第二是利益共享。需明确的是,PPP中公共部门与私营部门并不是简单分享利润,还需要控制私营部门可能的高额利润,即不允许私营部门在项目执行过程中形成超额利润。其主要原因是,任何PPP项目都是带有公益性的项目,不能以利润最大化为目的。如果双方想从中分享利润,其实是很容易的一件事,只要允许提高价格,就可以使利润大幅度提高。不过,这样做必然会带来社会公众的不满,甚至还可能会引起社会混乱。既然在形式上不能与私营部门分享利润,那么,如何与私营部门在实际上共享利益呢?在此,共享利益除了指共享PPP的社会成果,还包括使作为参与者的私营部门、民营企业或机构取得相对平和、长期稳定的投资回报。利益共享显然是伙伴关系的基础之一,如果没有利益共享,也不会有可持续的PPP类型的伙伴关系。

第三是风险共担。伙伴关系作为与市场经济规则兼容的PPP机制,利益与风险也有对应性,风险分担是利益共享之外伙伴关系的另一个基础。如果没有风险分担,也不可能形成健康而可持续的伙伴关系。无论是市场经济还是计划经济、无论是私营部门还是公共部门、无论是个人还是企业,没有谁会喜欢风险。即使最具冒险精神的冒险家,其实也不会喜欢风险,而是会为了利益千方百计地避免风险。

在PPP中,公共部门与私营部门合理分担风险的这一特征,是其区别于公共部门与私营部门其他交易形式的显著标志。例如,政府采购过程之所以还不能称为公私合作伙伴关系,是因为双方在此过程中是让自己尽可能小地承担风险。而在公私伙伴关系(PPP)中,公共部门却是尽可能大地承担自己有优势方面的伴生风险,而让对方承担的风险尽可能小。一个明显的例子是,在隧道、桥梁、干道建设项目的运营中,如果因一段时间内车流量不够而导致私营部门达不到基本的预期收益,公共部门可以对其提供现金流量补贴,这种做法可以在"分担"框架下,有效控制私营部门因车流量不足而引起的经营风险。与此同时,私营部门会按其相对优势承担较多的,甚至全部的具体管理职责,而这个领域却正是政府管理层"官僚主义低效风险"的易发领域。由此,风险得以规避。

如果每种风险都能由最善于应对该风险的一方承担,毫无疑问,整个基础设施建设项目的成本就能最小化。在PPP管理模式中,更多是要突破简单化的"融资模式"理解,上升到从管理模式创新的层面上理解和总结。

(3) 主要优点。

第一,消除费用的超支。公共部门和私营部门在初始阶段共同参与项目的识别、可行性研究、设施和融资等项目建设过程,保证了项目在技术和经济上的可行性,缩短前期工作周期,使项目费用降低。

第二,有利于转换政府职能,减轻财政负担。政府可以从繁重的事务中脱身出来,从过去的基础设施公共服务的提供者变成一个监管的角色,从而保证质量,也可以在财政预算方面减轻政府压力。

第三,促进了投资主体的多元化。利用私营部门来提供资产和服务能为政府部门提供更多的资金和技能,促进了投融资体制改革。同时,私营部门参与项目还能推动在项目设计、施工、设施管理过程等方面的革新,提高办事效率,传播最佳管理理念和经验。

第四,政府部门和私营部门可以取长补短,发挥政府公共机构和民营机构各自的优势,弥补对方的不足。双方可以形成互利的长期目标,可以以最有效的成本为公众提供高质量的服务。

第五,风险分配合理。与建设-经营-转让(BOT)等模式不同,PPP在项目初期就可以实现风险分配,同时由于政府分担一部分风险,使风险分配更合理,减少了承建商与投资商风险,从而降低了融资难度,提高了项目融资成功的可能性。政府在分担风险的同时,也拥有一定的控制权。

第六,应用范围广泛。该模式突破了引入私人企业参与公共基础设施项目组织机构的多种限制,可适用于城市供热等各类市政公用事业及道路、铁路、机场、医院、学校等。

(4) 广义PPP的形式。

广义PPP形式,还包括BOT、TOT、BT等形式,其中建设-经营-转让(BOT),是指私人团体或国际财团同意提供资金,进行建设和经营,并在一定时期内负责设施的维修,然后将这些设施转让给政府部门或其他公共机构。

BOT 运作程序包括:项目确定阶段(政府或私人提出)、项目准备及招标阶段、合同谈判签订阶段(项目的经营期限,风险分担,政府的经济支持和行政支持,政府授予的特许权)、项目设计建设和运营和移交阶段(经营届满,无偿移交)。

移交-经营-移交(TOT),是指通过出售现有投产项目在一定期限内的产权,获得资金建设新项目的一种融资方式。

政府把已经投产运营的项目在一定期限内的特许经营权交给外资或民间企业经营,以项目在该期限内的产权或现金流量为标的,一次性地从外商或民营企业那里融得一笔资金,用于建设新项目,特许经营期满,政府收回项目所有权。

TOT 的特点是移交已建好的项目,减少风险,降低壁垒,因此对民间资本吸引力最大。既可以民有民营,也可以国有民营,提高基础设施的经营效率,使经营业绩与利益挂钩,达到有效激励,并提高有限财政资金建设基础设施的功效,经营期满归还政府,还可以保证政府实施基础设施的调控权。

资产证券化融资(asset-backed securities,ABS),是指以目标项目所拥有的资产为基础,以该项目未来的收益为保证,通过在国际资本市场上发行债券,来筹集资金的一种项目证券融资方式。

建设-移交(BT)。BT 是英文 build(建设)和 transfer(移交)缩写形式,意即"建设-移交",是政府利用非政府资金来进行非经营性基础设施建设项目的一种融资模式。BT 模式是 BOT 模式的一种变换形式,指一个项目的运作通过项目公司总承包,融资、建设验收合格后移交给业主,业主向投资方支付项目总投资加上合理回报的过程。目前,采用 BT 模式筹集建设资金成了项目融资的一种新模式。

BT 运作:第一,政府根据当地社会和经济发展需要对项目进行立项,完成项目建议书、可行性研究、筹划报批等前期工作,将项目融资和建设的特许权转让给投资方(依法注册成立的国有或私有建筑企业),银行或其他金融机构根据项目未来的收益情况对投资方的经济等实力情况为项目提供融资贷款,政府与投资方签订 BT 投资合同,投资方组建 BT 项目公司,投资方在建设期间行使业主职能,对项目进行融资、建设、并承担建设期间的风险。第二,项目竣工后,按 BT 合同,投资方将完工验收合格的项目移交给政府,政府按约定总价(或计量总价加上合理回报)按比例分期偿还投资方的融资和建设费用。第三,政府在 BT 投资全过程中行使监管权力,保证 BT 投资项目的顺利融资、建设和移交。投资方是否具有与项目规模相适应的实力,是 BT 项目能否顺利建设和移交的关键。

(三) 农业财政投入

农业是国民经济的基础产业,农业为人类提供了最基本的生存资料,也为工业提供了最重要、最基本的原材料,又是工业生产的主要市场之一。同时,农业发展是工业化、城市化和现代化的前提和基础,它为工业化提供了资本积累的源泉,也为工业化提供了剩余劳动力;农业稳定是经济和社会持续稳定发展的重要因素。

由于农业面临市场风险与自然风险的双重风险,且农产品市场是一种典型的发散型蛛网市场,农业的比较利益很低,这些都迫使国家加大对农业的投入,从而改善农业生产条件,加大对农业的科研和科技推广力度。

1. 农业投资的意义

农业是我国国民经济的基础,农业情况的好坏,在很大程度上制约着整个国民经济的发展。由于历史原因,我国农业部门的劳动生产率水平比较低,自我积累能力很薄弱。从国民经济发展的需要考虑,国家财政每年拨出一定数额的资金支援农业生产的发展,以保证国民经济的稳定发展,其意义是十分重大的。

农业发展对国民经济发展的重要意义表现在以下三个方面:

(1) 农业不只是提供人类赖以生存的物质资料和工业原料的产业部门,而且具有环境保护功能的特殊作用。例如,空气清新、环境优美、秀丽山川、旅游观光等都离不开现代农业的发展。

(2) 农业的现代化与农业劳动生产率的提高是我国工业化的起点与基础。没有现代农业就不可能实现工业化;反之,没有工业化发展,也不可能实现农业现代化、生物化和化学化,更不可能有农业劳动生产率的提高。

(3) 农业的稳定发展、农业结构的优化与农业生产者收入水平的稳步提高,是国民经济持续、快速和健康发展的基础。即使农业发展到相当高的水平,农业仍然是国民经济重要的基础部门,并且始终是政府应重视与关注的产业。

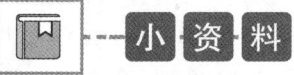

工农业产品剪刀差

工农业产品剪刀差是指工农业产品交换时,工业品价格高于价值,农产品价格低于价值所出现的差额。因用图表表示呈剪刀张开形态而得名。它的具体表现有:当一般物价上涨时,虽然农产品价格也同时上涨,但它上涨的幅度往往低于工业品价格上涨的幅度。而当一般物价下跌时,虽然工业品的价格也同时下跌,但它下跌的幅度往往低于农产品价格下跌的幅度。如果把一定时期(例如1年)内工农业产品价格变动的情况用统计图表表示出来,那么,工业品价格呈上升趋势,而农产品价格呈下降趋势,两者犹如张开的剪刀的形状一样,因此称为工农业产品价格的"剪刀差"。

剪刀差是发达国家在国际贸易中的一种重要交换手段之一。发达国家利用垄断地位控制发展中国家的对外贸易,一方面压低发展中国家生产的初级产品的世界市场价格,另一方面又提高发达国家生产的工业制成品的世界市场价格。计划经济国家为筹措工业化建设资金,也曾采用剪刀差的工农业产品定价方法实现工业积累。

2. 农业投资的资金来源

根据自筹资金为主、国家投资为辅的原则,农业发展的资金来源主要依靠农业生产者的自身积累。而具有外部经济特征以及牵涉面广、规模巨大的农业投资,原则上都应由政府承担。

要使农业生产者自身的积累成为农业投资的主要资金来源,有两个必不可少的条件:一是农产品的销售收入必须高于农业生产的成本,否则,农业生产的资金积累无从产生;二是农业投资的收益率必须高于(至少不低于)全社会平均的投资收益率。因为农业投资的风险要高于其他投资,按照高风险高收益的原则,农业投资的利润率应当高于全社会平均的投资利润率,否则,农业部门即使有利润也不会向农业投资。第一个条件是根本的,因为农产品销售收入高于农业生产的成本,是保证农业收益率达到较高水平的前提条件。但是,在我国目前的国民收入分配格局下,长期以来我国农产品的价格水平偏低,农业生产资料的相对价格水平偏高,工农业产品价格存在"剪刀差",使得农业部门的盈利水平长期偏低。加上我国的农业生产单位很小,农业生产没有形成规模经济,造成农业生产长期处于微利或亏损状态,农业部门难以形成有意义的利润规模。

农业发展的根本是提高农业生产率,而提高农业生产率必须有农业科研。农业科研成果转化为生产力,必须经过推广的过程。农业科研和农技推广与应用,需要耗费大量资金。而农业科研和农技推广具有外部经济特征。一项农业科研成果的推出,将会使全部运用这项成果的农户受益。但进行这项科研活动所需的一切费用,面临失败的风险,却只能由政府支持下的科研单位自己承担。

适合由农户来承担的投资主要是流动资金投资(如购买种子、化肥、农药等),以及农机具等小型固定资产投资。因为这些投资从规模上看是农户能够承担的,投资所产生的效益也容易分割,成本与效益的对应关系也比较明确。

3. 政府投资的重点

农业固定资产投资,如大型水库和各种排灌工程等大型项目,投资巨大,投资期限长,且投资产生的效益不易分割,是政府投资的重要方向。由于所需资金数额巨大,农户无力承担,再加上衡量农户的受益程度十分困难,通过集资来安排一般很难贯彻,这使农业固定资产投资不可能由分散的农户独立进行。

农业科研、农技推广、农户教育和培训等对农业发展至关重要的投资,主要由政府承担,是政府农业投资的重点。

 知识扩展

开 发 式 扶 贫

开发式扶贫是指在国家的必要支持下,利用贫困地区的自然资源,进行开发性生产建设,逐步形成贫困地区和贫困户的自我积累和发展能力,主要依靠自身力量解决温饱、脱贫致富。扶贫工作从按贫困人口平均分配资金向按项目效益分配资金方面转变,从单纯依靠行政系统向主要依靠经济组织转变,从资金单向输入向资金、技术、物资、培训相结合输入和配套服务转变。

开发式扶贫,是相对传统救济式扶贫而言的,就是动员、鼓励、引导贫困地区的干部群众大干、苦干、巧干,把自己的努力同国家的扶持有机地结合起来,通过开发自然资源和人文资源,发展商品生产,改善生产条件,增强自我积累、自我发展的能力。其实质在于通过帮助搞经济开发,达到脱贫目的。比之于救济式扶贫,开发式扶贫有"三个联系、两个结合、一个开发、一个目的"的显著特点。

三个联系是:扶贫与经济发展紧密联系,与改善生产条件紧密联系,与市场经济体制下的商品性生产紧密联系。

两个结合是:帮扶者与被扶贫的贫困地区的农民相结合,一方主动帮扶与另一方主动接受帮扶的相结合。

一个开发是：帮扶者通过认真调查研究，帮助被帮扶者扬其所长，避其所短，物尽其用，人尽其才，在劣势中找优势，在资源中找经济优势，使资源优势变成商品优势。

一个目的是：通过三个联系、两个结合、一个开发，使贫困地区自我积累和自我发展的能力增强，从根本上消除造成贫困的根源，实现稳定脱贫，走上致富大道。

引例解析

1. "三公"经费属于购买性支出，是对商品与劳务的购买。
2. "三公"经费属于行政性支出，压缩"三公"经费开支，就是降低或减少行政运行成本。
3. 公开"三公"经费，能更好地让民众对政府开支进行有效的监督。没有公开就没有监督，没有监督权力就会无限膨胀。
4. 公开"三公"经费，进一步加大了民众与政府之间的互动，让老百姓能从中看到纳税人的钱在政府那里是怎样使用的，同时也让政府在使用纳税人的钱时更加审慎。

第三节 转移性支出

引例

汽车置换更新补贴指南

自2024年9月5日《深圳市超长期特别国债资金加力支持消费品以旧换新实施方案》印发，汽车以旧换新备受市民关注。

一、补贴范围

对个人消费者在2024年4月1日至2024年12月31日转让本人名下车辆，并在2024年4月20日至2024年12月31日在深圳新购新能源车或符合国六排放标准的燃油车，给予一次性购车补贴。

二、购新车补贴标准

在《深圳市2024年汽车"置换更新"补贴项目实施指引》标准基础上，提高各类各档支持标准。具体如下：

第一档。购车价格为7万元（含）至15万元（不含）的，购买新能源车补贴9 000元/辆，燃油车补贴8 000元/辆；

第二档。购车价格为15万元（含）至25万元（不含）的，购买新能源车补贴13 000元/辆，燃油车补贴12 000元/辆；

第三档。购车价格25万元（含）以上的，新能源车补贴16 000元/辆，燃油车补贴15 000元/辆。

对补贴对象为个人消费者;转让车辆需在2024年9月5日(含当日)前注册登记在个人消费者本人名下,并在2024年4月1日至2024年12月31日发生所有权转移;新购车辆日期需在2024年4月20日至2024年12月31日,车辆注册登记日期需在2025年1月31日前(对转让车辆和新购车辆无时间先后顺序要求,对新车旧车使用性质不作限制,"营运车"也可申请补贴);在符合条件的汽车经销企业(名单可通过深圳市商务局网站查询)购车并取得机动车统一销售发票;未被纳入"信用中国"失信被执行人名单,且在限制期内。

三、补贴对象

2024年4月24日至12月31日,个人消费者报废国三及以下排放标准燃油乘用车或2018年4月30日前注册登记的新能源乘用车,并购买新车的给予补贴。

四、报废车补贴标准

一类是报废上述两类车,购买符合标准的新能源乘用车,补贴2万元;另一类是报废国三及以下排放标准燃油乘用车,购买2.0升及以下排量燃油乘用车的,补贴1.5万元。根据国家要求,所报废车辆应当于2024年7月25日前登记在申请人名下。

(资料来源:北青网)

请思考,政府为什么要对汽车置换更新进行补贴?

一、社会保障

转移性支出主要包括社会保障支出、补贴支出、捐赠支出和债务利息支出等。其中,社会保障支出和财政补贴支出所占的份额最大,全面影响着收入分配,并间接影响着资源的配置,也是宏观调控的重要工具。

(一)社会保障支出的特征

社会保障,是指国家依据一定的法律和法规,在劳动者或全体社会成员因年老、疾病、伤残丧失劳动能力或丧失就业机会以及遇到其他事故而面临生活困难时,向其提供必不可少的基本生活保障,给予物质上的帮助和社会服务,以保证其基本生活需要的一系列有组织的措施、制度和事业的总称。它具有如下特征:

1. 覆盖面的广泛性

社会保障的实施主体是国家,目的是满足全体社会成员的基本生活需要,因此社会保障的受益范围应是广泛的,保障的辐射角度是全方位的。完整的社会保障体系犹如一张安全网,应覆盖社会经济生活的各个层次、各个方面。从原则和道义上讲,任何一个社会成员都不应被排斥或遗漏在这张安全网之外。这使社会保障不同于个人、家庭、单位内部福利及商业保险提供的保障。

2. 参与上的强制性

虽然社会保障事业惠及每一位社会成员,但是每人对社会保障的需求程度和社会保障对不同个人所产生的边际效用高低却各不一样,甚至有很大差别。这样,在经过付出与收益之间比较权衡之后,一些社会成员可能会宁愿选择不参与社会保障,这显然不利于社会整体利益。因此,此时的强制参与就是必要的,并且应以法律形式加以确定。

3. 制度上的立法性

社会保障作为政府的社会政策,在为全体社会成员提供保障的同时,也要求全社会共同承担风险,这就牵涉到社会的各个方面,涉及各种社会关系。为了使社会保障具有权威性,正确地调整各阶层、群体以及个人社会保障的利益关系,就必须把国家、集体(雇主)、个人(雇员)在社会保障活动中所发生的各种社会关系用法律形式固定下来。

4. 受益程度的约束性

社会保障只涉及基本生存方面的风险,它所直接带来的不是享受,而是只满足基本生活保障的需要。受益程度的约束性是由社会保障的存在前提和基本出发点决定的。由于社会保障的项目、水平及制度的健全与否都受到社会化大生产发展程度的制约。因此,如果过多过滥的保障项目或受益水平过高会影响效率,也影响社会成员的劳动积极性,从而不利于兼顾公平和为社会成员创造相对平等的机会。

5. 社会保障的互济性

社会保障资金来自参与社会保障的社会成员缴纳的保障费用,但社会成员中那些因生、老、病、伤、残、失业等原因而亟待获得物质帮助的人毕竟是少数。可见,社会保障制度将少数社会成员发生的社会风险分散到参与社会保障的整个社会成员中,从而分散了风险。从个体角度讲,每个个体都在互相为彼此分担社会风险。

(二)社会保障的社会经济功能

1. 调节经济功能

社会保障被称为调节经济的蓄水池,具有非常有效的平衡需求的作用。当经济衰退而失业增大时,由于失业补助给付和社会救济,抑制了个人收入减少的趋势,给失去职业和生活困难的人们提供购买力,具有唤起有效需求的效果,一定程度上促进了经济复苏。而当经济高涨失业率下降时,社会保障支出相应缩减,社会保障基金规模因此增大,减少了社会需求急剧膨胀,最终使社会的总需求与总供给达到反方向增减变动,发挥"内在稳定器"的功能。

社会保障的资金是直接来自保险费、财政负担以及资金运用增值的收入,具有较高的稳定性。在发达国家,由于向全体国民征收年金保险费的积累额十分庞大,对于这些国家产业基础建设更是起了很大作用,成为对本国经济实行计划和合理控制的有效手段。在一些发展中国家,社会保障也发挥了调节投融资的功能,这些国家的社会保障基金往往通过向国家基础设施和重点项目投融资,支持国家建设,促进保障基金本身的增值。许多发展中国家还利用社会保障基金向成员个人融资,利用基金解决成员个人购入住宅等资金不足的困难。

2. 收入再分配功能

社会保障对低收入阶层给予生活所需要的给付,或者在老年、失业、伤病、残废等情况发生时,实施必要的给付,结果对市场经济活动所造成的收入分配不公平进行了再分配。可以说这是社会保障的最主要功能。社会保障对收入再分配有"垂直性再分配"和"水平性再分配"两种方式。前者是从高收入向低收入阶层的收入转移,后者是在劳动时与非劳动时、健康正常时与伤残时之间进行的所得转移。社会保障通过上述两种再分配手段实现对收入的再调节,缩小贫富差距,缓和社会矛盾。

3. 保护和配置劳动力功能

在市场经济条件下,社会保障是保护劳动力再生产和促进劳动力合理流动及有效配置的重要制度之一。一方面,在市场竞争中,受优胜劣汰规律的支配,必然造成部分劳动者退出劳动力市场,这部分劳动者及其家属因失去收入而陷入生存危机,社会保障通过提供各种帮助而使这部分社会成员维持基本生活需要,从而保护劳动力的生产和再生产。另一方面,通过建立健全社会统一的社会保障网络,打破了靠血缘维持的家庭保障格局,超越了企业保障的局限,劳动者在变换工作和迁徙时无后顾之忧,从而促进了劳动力的合理流动,实现劳动力要素的有效配置。

(三) 社会保障的内容

1. 社会保险

社会保险是指国家根据法律,强制由劳动者、企业、政府三方共同筹集基金,在劳动者及其家属生、老、病、伤、残、失业时给予物质帮助和服务。社会保险是最基本的社会保障项目,是现代社会保障的核心内容。我国社会保险和商业保险比较,如表2-4所示。

表2-4 社会保险和商业保险比较

项　　目	社　会　保　险	商　业　保　险
举办目的	实现社会政策	营利
举办机构	政府部门	商业保险公司
资金来源	受保人、单位、财政资金	投保人
权利与义务	对应关系	对等关系
性质	强制性	自愿性

社会保险的主要内容有:养老保险、失业保险、医疗保险等。

(1) 养老保险。养老保险制度是劳动者由于年老病残等原因丧失劳动能力,退出劳动领域,按月领取生活费用的社会保险制度。

(2) 失业保险。失业保险是由国家立法强制实行的,由社会集中建立基金,对因失业而暂时中断生活来源的劳动者提供物质帮助的一种保险计划。第一,失业保险的保险事故仅限于非自愿失业,不包括自愿失业。第二,失业保险支出的物质帮助,不仅有经济上的帮助,还包括职业培训、职业介绍等其他帮助形式。

失业保险支出的主要内容包括:失业保险金支出、失业期间的医疗费用支出、失业期间的死亡待遇支出等内容。失业保险金支出发放标准按照低于当地最低工资标准、高于城市居民最低生活保障标准的水平确定;失业期间的医疗费用支出主要是按照规定向社会保险经办机构,申请领取医疗补助金;失业期间的死亡待遇支出主要包括对其死者家属一次性给予丧葬补助金和抚恤金。

(3) 医疗保险。医疗保险制度,是保障劳动者及其供养的直系亲属非因工患病或负伤后,在医疗上获得物质帮助的一种社会保险制度。医疗保险待遇补偿方式为非定额补偿形式,补偿期短,但收益期长,具有不确定性和被动性。

2. 社会救济

社会救济是指通过国家财政拨款,保障生活确有困难的贫困者最低限度的生活需要。社会救济支出由政府从财政资金中解决,接受者不需要缴纳任何费用。受保人享受社会救助待遇需要接受一定形式的经济状况调查,国家向符合救助条件的个人或家庭提供救助。

20世纪50年代,中国建立了针对城乡贫困居民的社会救济制度。1993年开始对城市社会救济制度进行改革,尝试建立最低生活保障制度。到1999年,全国所有城市和有建制镇的县城均建立了最低生活保障制度,为城市所有居民提供最基本的生活保障。社会救济还体现在灾害救助、流浪乞讨人员救助等方面。

(1) 城市居民最低生活保障。城市居民最低生活保障资金由地方政府列入财政预算。地方政府根据当地维持城市居民基本生活所必需的费用来确定最低生活保障标准。城市居民享受最低生活保障待遇需要经过家庭收入调查,享受的待遇水平为家庭人均收入与最低生活保障标准的差额部分。1999年,中国政府颁布《城市居民最低生活保障条例》,规定对持有非农业户口的城市居民,凡共同生活的家庭成员人均收入低于当地城市居民最低生活标准的,均可从当地政府获得基本生活物质帮助;对无生活来源,无劳动能力,无法定赡养人、扶养人或者抚养人的城市居民,可按当地城市居民最低生活保障标准全额救助。

保障标准的制定,主要依据城市居民的人均收入和人均生活消费水平、上年物价水平、生活消费物价指数、维持当地最低生活水平所必需的费用、需要衔接的其他社会保障标准,以及维持吃穿住等基本生存所需物品和未成年人义务教育费用等,同时,还考虑当地经济社会发展水平、本地符合最低生活保障条件人数以及财政承受能力等情况。城市居民最低生活保障资金由地方政府列入财政预算。对财政确有困难的地区,中央财政给予支持。

(2) 灾害救助。国家建立了针对突发性自然灾害的应急体系和社会救助制度。政府视人民群众生命安全为第一,灾害发生时及时抢救、转移受灾群众,灾后引导群众进行生产自救、互助互济,并动员社会各方力量参与,最大限度地减少灾害造成的人员伤亡和财产损失,确保受灾群众有饭吃、有衣穿、有房住、有病能医。各级政府在财政预算中安排救灾支出,用于救灾物资储备和转移救济灾民。

(3) 流浪乞讨人员救助。2003年8月1日,国家正式实施《城市生活无着的流浪乞讨人员救助管理办法》。该办法按照"自愿受助、无偿援助"的原则,对在城市生活无着的流浪乞讨人员给予关爱性的救助管理,根据受助人员的不同情况和需求,给予食宿、医疗、通信、返乡及接送等方面的救助服务。

3. 社会福利

社会福利是指政府出资为对那些生活困难的老人、孤儿和残疾人等特殊困难群体提供生活保障而建立的制度。为保障特殊困难群体的生活权益,我国颁布了《中华人民共和国老年人权益保障法》《中华人民共和国残疾人保障法》和《农村五保供养工作条例》等法律法规。有关法律法规规定:对城市孤寡老人、符合供养条件的残疾人和孤儿实行集中供养,对农村孤寡老人、符合供养条件的残疾人和孤儿实行集中供养与分散供养相结合;

集中供养一般通过举办社会福利院、敬老院、疗养院、儿童福利院等福利机构进行;对于残疾人,通过政府的优惠政策来兴办多种形式的社会福利企业,帮助适合参加劳动的残疾人获得就业机会。

4. 社会优抚

社会优抚是指对国家和社会有功劳的特殊社会群体给予补偿和褒扬的一种制度。主要包括:对现役军人及其家属的优抚;对烈属和残疾军人的抚恤;对军人退役后的生活保障等。

为保障优抚安置对象的权益,我国颁布了《革命烈士褒扬条例》《军人抚恤优待条例》和《城镇退役士兵安置条例》等法规。这些法规规定了对于牺牲军人家属、伤残军人、老复员军人等重点优抚对象实行定期定量补助;对义务兵家属普遍发放优待金;对伤残军人等重点优抚对象实行医疗费用减免;城镇退役士兵可享受政府一次性就业安置,对自谋职业的安置对象发给一次性经济补助。社会优抚的资金来源于国家财政拨款。

(四)我国现行的社会保险制度

1. 我国现行的城镇职工养老保险制度

中国现行城镇职工养老保险的覆盖范围包括:城镇各类企业及其职工、个体工商户和灵活就业人员。

中国现行城镇职工养老保险的基本养老保险费的筹集。基本养老保险费筹集坚持社会统筹与个人账户相结合。基本养老保险费由企业和职工共同负担,国家给予税收上的优惠政策,允许企业按规定缴纳的基本养老保险费可在税前列支。企业依法缴纳基本养老保险费,缴纳比例一般不得超过企业工资总额的20%,个人账户的规模统一调整为本人缴费工资的8%,全部由个人缴费形成,其个人账户储存额每年参考银行同期利率计算利息,并由社会保险经办机构定期公布。个人账户基金只能用于职工养老,不能用于其他支付,也不得提前支取。职工跨统筹范围流动时,个人账户全部储存额随同转移。职工或退休人员死亡,个人账户中的个人缴费部分可以继承。个人账户基金由省级社会保险经办机构统一管理,按国家规定存入银行或用于购买国债,以实现基金的保值增值。

2. 我国现行的失业保险制度

(1)失业保险的覆盖范围。失业保险的覆盖范围包括城镇企业、机关事业单位及其职工。这里所称城镇企业,是指国有企业、城镇集体企业、外商投资企业、城镇私营企业以及其他城镇企业。

(2)失业保险费的筹集。我国失业保险基金主要由用人单位、职工缴纳的失业保险费、失业保险基金的利息、财政补贴、依法纳入失业保险基金的其他资金等构成。城镇企业机关事业单位按照本单位工资总额的2%,职工按照本人工资的1%,缴纳失业保险费。在失业保险基金入不敷出时,财政将给予必要补贴。

(3)失业保险金的内容和标准。失业保险金享受期限:第一,失业人员失业前所在单位和本人按照规定累计缴费时间满1年不足5年的,领取失业保险金的期限最长为12个月;累计缴费时间满5年不足10年的,领取失业保险金的期限最长为18个月;累计缴费时间10年以上的,领取失业保险金的期限最长为24个月。第二,重新就业后,再次失业的,缴费时间重新计算,领取失业保险金的期限可以与前次失业应领取而尚未领取的失业保险金的期限合并计算,但是最长不得超过24个月。

失业保险金发放标准。按照低于当地最低工资标准、高于城市居民最低生活保障标准的水平,由各省、自治区、直辖市人民政府确定。

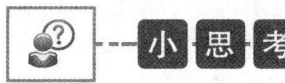

失业的社会影响

失业是指劳动力市场上劳动供给大于劳动需求,从而使一部分劳动者没有工作的现象。其对社会的影响深远且广泛,主要体现在经济、社会及个人层面。从经济层面看,失业意味着个人收入减少,消费能力下降,可能导致国家税收减少,进一步影响国内生产总值的增长。美国经济学家阿瑟·奥肯提出的奥肯定律指出,失业率与实际国民生产总值之间存在高度负相关关系。当实际失业率高于自然失业率时,经济中的实际产出增长率会低于潜在产出增长率,造成社会资源(包括劳动力和机器设备等)的闲置和浪费。从社会层面看,失业会导致社会不稳定因素增加,如犯罪率上升、社会矛盾激化等,同时增加国家在失业保险金、社会救助等方面的支出,加重财政负担。对失业者个人而言,失业不仅带来经济上的困扰,还可能引发焦虑、沮丧等负面情绪,长期失业更可能对个人的职业发展和社会融入造成严重影响。

3. 我国现行的医疗保险制度

城镇职工基本医疗保险制度。1998年12月,国务院发布《关于建立城镇职工基本医疗保险制度的决定》,全国范围的城镇职工医疗保险制度规定:

(1) 城镇职工基本医疗保险制度的覆盖范围。包括"所有城镇职工",即包括企业(国企、集体企业、外商投资企业、私营企业)、机关、事业单位、社会团体、民办非企业单位及其职工,都要参加城镇职工基本医疗保险制度。

(2) 城镇职工基本医疗保险费的筹集。城镇职工基本医疗保险制度的筹资机制是由用人单位和职工个人共同缴费,国家财政只负担管理机构的行政管理费用和一些特殊人群的部分医疗补助费。医疗保险基金由社会统筹基金和个人账户基金构成,用人单位的缴费率为职工工资总额的6%左右,职工个人缴费率为本人工资的2%。职工个人缴纳的基本医疗保险费全部记入个人账户,用人单位缴纳的基本医疗保险费的30%记入个人账户,剩余的70%为社会统筹基金。

(3) 明确划分社会统筹账户和个人账户的使用范围。个人账户为参保人个人所有,主要用于支付基本医疗范围内的门诊医疗费用和在定点药店购药,超支不补,节余归己,利息归己,但不得提取现金,可结转下年度使用和依法继承。社会统筹账户主要用于:参保人的住院医疗费用;特定慢性病的门诊医疗费用;门诊急、危、重症抢救费用。由社会统筹账户支付的医疗费用,个人除了应承担起付标准外,还要按有关规定负担一定比例。社会统筹账户的起付标准原则上为当地职工年平均工资的10%,最高支付限额为当地职工年平均工资的4倍。起付标准以下的医疗费用,从个人账户中支付,或由个人支付;起付标准以上的最高支付限额以下的医疗费用,在个人承担一定比例后,从社会统筹基金中支付;超过最高支付限额的,自行解决,或通过商业医疗保险等途径解决。

(4)严格按照国家《基本医疗保险药品目录》、国家《基本医疗诊疗项目管理规定》确定基本医疗报销范围内的用药和检查诊疗项目范围。《国家基本医疗保险药品目录》分为甲类目录和2类目录。"甲类目录"的药品是:指临床治疗必需、使用广泛、疗效好、同类药物价格低的药物。"2类目录"的药品是指可供临床治疗选择、疗效好、同类药物中比"甲类目录"药品价格略高的药物。参保人住院若使用"2类目录"中的药品,必须先自付一定比例的费用。参保人员住院期间,符合国家《基本医疗诊疗项目管理规定》有关规定,使用相关基本医疗保险支付部分费用的诊疗项目和大型特殊检查、治疗,先由参保人员自负一定比例,再按基本医疗保险的规定执行。

新型农村合作医疗制度。2002年国务院发布《关于进一步加强农村卫生工作的决定》,要在全国农村逐步建立新型合作医疗制度(简称"新农合")。新农合制度是由政府组织、引导、支持,农民自愿参加,个人、集体和政府多方筹资,以大病统筹为主的农民医疗互助共济制度。

(1)覆盖范围,包括除了已参加城镇职工基本医疗保险、城镇居民基本医疗保险以外的,并且户籍在当地的农村居民。

(2)管理原则。坚持自愿参加,坚持整户参加原则,坚持以大病统筹为主原则。

(3)关于缴费和补助。第一,关于财政补助:从2008年起,各级财政对参合农民的补助标准提高到每人每年80元,其中中央财政对中西部地区参合农民按40元给予补助,地方财政对"参合"的农民补助每人每年不低于人均40元,并对东部省份按照一定比例给予补助,计划单列市和农业人口低于50%的市辖区也全部纳入中央财政补助范围。

(4)费用支付。新农合基金分为住院补偿基金、门诊补偿基金、大病救助基金、风险储备基金等四部分。

小资料

国家从2016年开始就要求城镇居民医疗保险和新农村合作医疗,整合为城乡居民医疗保险,2019年年底完成整合。

2019年城乡居民医疗保险的缴费,最低是250元,国家补贴不低于520元。个人缴费和国家补贴,比2018年各提升了30元。不仅仅是个人缴费,国家补贴也在呈不断提高的趋势。缴费标准提升的同时,医保范围和报销比例也在不断提升。国家要求将高血压、糖尿病等门诊用药纳入医保报销范围。国家补贴的15元用于提高大病保险,大病保险起付线按照上一年度居民人均可支配收入的50%确定,政策范围内的报销比例由50%提高至60%。

2022年的缴费标准为每人每年350元,2023年提高30元,达到了380元。财政对每个人的补贴标准也增加了30元,达到每人每年640元,总筹资标准为1020元。

二、财政补贴

政府出于某些目的,需要干预微观经济主体追求经济利益的活动,才会产生财政补贴行为。财政补贴体现了一定时期内政府的经济政策方向以及政策力度。

(一)财政补贴概述

财政补贴是指一国政府根据一定时期政治经济形势及方针政策,为达到特定的目的,对指定的事项由财政安排的专项资金补助支出。财政补贴实质上是国家把纳税人的一部分收入无偿地转移给补贴领受者的一种转移支付形式。财政补贴总是与相对价格的变动联系在一起,或者是补贴引起价格变动,或者是价格变动导致财政补贴。因此,财政补贴通常也称为价格补贴。

财政补贴的实施使得一部分纳税人的钱无偿转移到另一部分人手中,导致产品或服务价格的相对变化,从而引导微观经济主体自觉按照政府的经济政策方向从事相关活动。财政补贴在一定时期内适当运用,有益于协调政治、经济和社会中出现的利益矛盾,起到稳定物价、保护生产经营者和消费者的利益、维护社会安定,促进市场经济发展的积极作用。但是,价格补贴范围过广,项目过多,也会带来弊端。它使价格关系扭曲,掩盖各类商品之间的真实比价关系,加剧财政困难,削弱国家的宏观调控能力。

财政补贴的内容,可以从不同的分类角度进行考察:从补贴同社会经济运行过程的关系来看,可分为生产环节补贴、流通环节补贴和消费环节补贴;从政府是否明确地安排支出来区分,可分为明补与暗补;从补贴资金的接受主体来划分,可分为企业补贴和居民补贴;从补贴对经济活动的影响来看,可分为对生产的补贴和对消费的补贴;从补贴是否与具体的购买活动相联系来看,又可分为实物补贴与现金补贴。不过在国家预算中一般是按财政补贴的政策目的,将财政补贴分为价格补贴、企业亏损补贴、财政贴息和税式支出等。

(二)财政补贴形式

按政策目的分类,财政补贴的形式可分为:价格补贴、企业亏损补贴、财政贴息等。

1. 价格补贴

价格补贴是指为了稳定物价、安定人民生活、发展生产或实现其他目标,财政对从事某些商品生产、供销的企业或消费者给予的补贴。

我国价格补贴主要包括以下四类:

一是农副产品产销补贴。农副产品收购价提高而零售价不动,由此产生的购销价格倒挂由国家财政给商业经营部门以补贴。它是我国价格补贴中最大的一项,随着粮棉油价格的放开,这部分补贴逐年减少。

二是农业生产资料补贴。为了支援农业,国家对农业生产资料实行低价政策,由此产生的亏损由国家财政给生产企业以补贴。近年来,农业生产资料价格逐步放开,国家直接给农民奖售生产资料,不再补贴给生产企业。

三是对某些原材料和燃料等工业品的生产企业和流通企业以补贴。

四是对某些国内紧缺的工业品和农业生产资料从国外进口部分的财政补贴。

此外,还有因调价对城镇居民的直接生活补贴。

2023年国家34条重点强农惠农政策

为巩固脱贫攻坚成果,全面推进乡村振兴,加快农业农村现代化,2023年国家继续加大强农政策支持,推进重大政策、工程、项目顺利实施。这里整理了国家发布的 34 条政策(表 2-5),让更多人了解国家强农政策,更好地发挥政策的引导作用。

快来看看这些政策里,你可以享受到哪些吧!

表 2-5　　　　　　　　　2023 年国家 34 条重点强农惠农政策

政　策　类　型	34 条具体措施
1. 粮食生产支持	(1) 实际种粮农民一次性补贴; (2) 农机购置与应用补贴; (3) 重点作物绿色高质高效行动; (4) 农业生产社会化服务; (5) 基层农技推广体系改革与建设; (6) 玉米大豆生产者补贴、稻谷补贴和产粮大县奖励
2. 耕地保护与质量提升	(7) 耕地地力保护补贴; (8) 高标准农田建设; (9) 东北黑土地保护; (10) 耕地质量保护与提升; (11) 耕地轮作休耕; (12) 耕地深松
3. 种业创新发展	(13) 种质资源保护; (14) 畜牧良种推广; (15) 制种大县奖励
4. 畜牧业健康发展	(16) 奶业振兴行动; (17) 粮改饲; (18) 肉牛肉羊增量提质行动; (19) 生猪(牛羊)调出大县奖励
5. 农业全产业链提升	(20) 农业产业融合发展; (21) 农产品产地冷藏保鲜设施建设; (22) 农产品地理标志保护工程
6. 新型经营主体培育	(23) 高素质农民培育; (24) 新型农业经营主体高质量发展; (25) 农业信贷担保服务
7. 农业资源保护利用	(26) 草原生态保护补助奖励; (27) 渔业发展补助; (28) 绿色种养循环农业试点; (29) 农作物秸秆综合利用; (30) 地膜科学使用回收
8. 农业防灾减灾	(31) 农业生产救灾; (32) 动物疫病防控; (33) 农业保险保费补贴
9. 农村人居环境整治	(34) 因地制宜推进农村改厕

(资料来源:河南桐柏县政府网站)

2. 企业亏损补贴

企业亏损补贴是指国家在企业发生亏损的时候,为了维持企业生存给予的财政补贴。企业亏损补贴按亏损原因分类,有政策性亏损和经营性亏损两类:政策性亏损是指企业因为国家某项经济政策的影响而造成的亏损;经营性亏损是指由于企业自身经营不善所造成的亏损,这与企业的主观努力程度有关系。所以,国家只对政策性亏损给予补贴。

企业亏损补贴按企业的经营性质分类,可以分为国内经营企业亏损补贴和外贸企业亏损补贴。国内经营企业亏损补贴包括冶金、有色金属、煤炭等计划价格水平偏低的原材料工业的亏损补贴,商业、粮食企业经营购销倒挂商品所需的经营费用补贴,以及农机、轻工、农垦、农牧等企业的政策性亏损补贴。外贸企业亏损补贴包括进口亏损补贴和出口亏损补贴。外贸企业按照国家的定价政策,以国际市场价格进口产品而按低于进口价格的国内同类产品价格投放国内市场,由此造成的亏损,国家财政通过进口补贴给予弥补。出口补贴是指财政对外贸企业以低于收购价格的销价向国外出口产品所形成的亏损给予的补贴。由于近年来,我国外贸企业的出口竞争能力有所增强,外贸企业的出口亏损补贴已基本上取消,进口亏损补贴也减少到化肥、农药等个别商品。

3. 财政贴息

财政贴息是指国家对使用某些规定用途的银行贷款的企业,就其支付的贷款利息提供的补贴。国家提供财政贴息,是在财政资金不足的情况下,鼓励企业单位贷款和银行投资发展社会经济发展项目的一项重要举措。国家提供财政贴息,是为了支持相关企业联合,发展名牌产品,引进先进技术,发展节能产品等。主要有两种方式:财政将贴息资金直接拨付给受益企业。财政将贴息资金拨付给贷款银行,由贷款银行以政策性优惠利率向企业提供贷款,受益企业按照实际发生的利率计算和确认利息费用。

(三) 财政补贴的作用

1. 理顺物价与物价稳定,保障人民生活

一个国家的物价对于其政治经济形势的发展变化和人民生活的正常开展具有重大的影响。因而,对于物价变动的影响,政府应该在生产与流通领域用价格补贴方式弥补生产者与消费者的损失,从而确保生产与人民生活的正常运行。当某一种生产资料的价格变动,会产生关联效应,导致下游产品的价格变动,如果某些商品原材料价格变动而销价不变,亏损由国家财政补贴,就可以避免价格上的连锁反应,防止轮番涨价和价格上涨的恶性循环。财政补贴可以通过对某些特定的社会成员和产品提供补助,充分发挥补贴的收入效应与替代效应,降低某些产品的价格或增加某些社会成员的收入,实现保障人民生活水平的目标。

2. 调节产业结构,支持工农业生产

一个国家的产业发展往往取决于该产业的投资收益率预期,投资收益率预期高,则产业发展快,反之,则产业发展慢。而国家的财政补贴在一定程度上影响产业的投资收益预期,如果国家对于农业、高新技术产业、交通能源与基础设施建设提供税收优惠与财政贴息,就能够引导企业投资这些产业,使资源向符合国家产业政策的方向流动。如果国家需要抑制某些短线产品的生产,就可以取消财政补贴与税收优惠,或进行一些其他的政策限制。

3. 促进外贸的增长

对外贸易是一国国民经济的重要组成部分,它离不开国家财政补贴和大力支持。许多国家为了提高本国产品的竞争能力,占领国际市场,通常采取财政补贴方式,如出口补贴和低息贷款等促进出口。同时,对于本国需要的商品,通过进口补贴、税式支出等财政补贴加以引导,促进本国经济的发展。通过财政补贴,可以影响进出口商品的价格,国际市场的价格变动对进出口商品国内定价的影响大,针对国际市场上价格上涨的趋势,国家可以采取进口商品亏损由国家给予价格补贴的对策。国家通过出口补贴可以降低出口产品价格,提高竞争能力,增加外汇收入。

4. 作为经济杠杆

在社会经济生活中,各种经济手段都在各自的领域发挥自己的作用,它们相互配合,相互交叉,完成自己的使命。在改革过程中,价格、税收、信贷和工资等经济杠杆调节经济生活,但这些经济杠杆发挥作用之后,其导致的后续效应需要财政补贴来加以矫正。因此,财政补贴应配合价格、税收、信贷和工资等经济杠杆发挥调节作用。

引例解析

1. 政府财政补贴是政府为达到特定目的对企业或家庭进行的资金资助。

2. 政府财政补贴导致政府财政资金转移为企业家庭的私人资金,是政府财政的转移性支出。

3. 政府财政补贴除了汽车置换更新这类消费环节补贴外,还包括对农民种粮这一类的生产环节补贴,对粮食企业购粮补贴这一类的流通环节的补贴。

第四节　政府采购与国库集中支付制度

引例

某州政府采购执行情况

1—6月,某州政府采购预算25.19亿元,实际政府采购金额23.47亿元,节约资金1.72亿元,节约率为6.83%。其中:州本级政府采购规模9.86亿元,占州政府采购规模的比重为42.01%;13县(市)政府采购规模13.61亿元,占州政府采购规模的比重为57.99%。

一是从采购组织形式来看,该州集中采购规模3.83亿元,占政府采购规模的比重为16.32%;分散采购规模19.64亿元,占政府采购规模的比重为83.68%。

二是从采购属性来看,货物类采购规模为7.2亿元;工程类采购规模为10.92亿元;服务类采购规模为5.35亿元。货物、工程、服务采购规模占政府采购规模的比重分别为30.68%、46.53%、22.79%。

> 三是从采购方式来看,采用公开招标方式采购规模为 15.49 亿元;竞争性谈判方式为 0.19 亿元;竞争性磋商方式为 7.42 亿元;单一来源方式为 0.19 亿元;询价方式为 0.11 亿元;框架协议方式 0.07 亿元。分别占政府采购规模的 66%、0.81%、31.61%、0.81%、0.47%、0.3%。

> 请思考,为什么要进行政府采购?

一、政府采购

政府采购是目前我国公共财政支出制度改革的三大重点之一,其目的是通过此项制度的改革,进一步强化政府支出的计划性,充分发挥政府采购的调控作用,以实现国家经济、社会、科学发展目标。

(一) 政府采购概述

1. 政府采购

政府采购,又称"公共采购",是指各级政府及其所属机关为开展政务活动和满足公共服务的需要,利用财政性资金,按照法定方式、原则和程序采购货物、工程和服务的行为。我国政府采购法律规定的政府采购,是指各级国家机关、事业单位和团体组织,使用财政性资金采购目录以内的或者采购限额标准以上的货物、工程和服务的行为。按照法律规定,必须从采购人、采购资金、采购项目、采购方式、采购形式、采购地域和采购例外等 7 个方面理解我国政府采购法的适用范围。

2. 政府采购制度

政府采购制度,包括政府采购政策、法律、原则、方式、程序、质疑投诉和监督体系等方面内容的一系列规定。政府采购制度诞生于 18 世纪 80 年代,已有 200 多年的历史。在市场经济条件下,政府采购逐步成为国家规范采购行为、节约财政性资金、维护国家利益和社会公共利益、保护政府采购当事人的合法权益、促进廉政建设的有效手段。

在我国,随着社会主义市场经济体制的不断完善,也必须建立和健全政府采购制度。2002 年 6 月 29 日,九届全国人大常委会第 28 次会议通过了《中华人民共和国政府采购法》,于 2003 年 1 月 1 日正式实施。至 2012 年年底,财政部和相关政府部门又相继颁布了包括 4 个部长令在内的四十多个规章。目前,我国政府采购制度建设取得了包括法律体系、采购效益、采购模式、监管体系等 9 个方面的显著成效。

3. 政府采购的特征

政府采购的一般特征包括以下 7 个方面。

(1) 政府采购资金的公共性。政府采购资金来源于财政拨款和需要由财政偿还的公共借款,这些资金最终来源为纳税人的税收、政府公共服务收费和公债收入,即"公共资金",是政府能够掌握和运用的资金。

(2) 政府采购目标的非商业性。政府采购目标的非商业性,是指它不是以营利为目标,也不是为卖而买,没有赢利的动机,而是通过采购满足政府部门政务活动需要或向社会提供公用服务。而私人采购是为了生产、销售和营利。

(3) 政府采购程序的严密性。政府采购程序的严密性表现在不论是监管或者是执行活动,都必须按照规定的科学程序进行。政府采购活动要按政府采购的政策要求和法律体系进行管理,按照法定的方式、程序、原则进行采购,授予供应商质疑和投诉的权利,通过规模采购、示范采购和储备采购实现国家有关政策目标,并广泛接受社会监督,违规者要负相应的法律责任。其中,财政预算和支付手段在政府采购程序中发挥着基础性管理作用。

(4) 政府采购对象的广泛性。政府采购的对象可谓包罗万象,既有标准产品,也有非标准产品;既有有形产品,又有无形产品;既有价值低的产品,也有价值高的产品;既有军用产品,又有民用产品。为了便于管理和统计,国际上通行的做法是按其性质将采购对象划分为三大类:货物、工程和服务。

政府采购目录

政府采购目录是指有关政府采购主管部门依据提高采购质量、降低采购成本的原则,对一些通用的、大批量的采购对象应纳入政府采购管理和进行集中采购而确定的、并由政府部门公布的货物、工程、服务的范围和具体的名称清单。它涵盖了各级国家机关、实行预算管理的事业单位和社会团体开展日常政务活动或为公众提供服务所需的各种商品、工程和服务项目。

政府采购目录可分政府集中采购目录和部门集中采购目录。属于中央预算的政府采购项目,其政府采购目录由国务院确定并公布;属于地方预算的政府采购项目,其政府采购目录由省、自治区、直辖市人民政府或者授权的机构确定并公布。

(5) 政府采购数量的规模性。政府采购不同于个人采购、家庭采购、企业采购或团体采购,它是一个国家内最大的单一消费者,规模一般占一个国家GDP的10%以上。因此,政府采购对经济社会有着非常大的影响力,采购规模的扩大或缩小、采购结构的变化对经济社会发展状况、产业结构以及公众的生活环境都有着十分重要的影响,它已成为各国政府灵活使用的一种宏观经济调控手段。

(6) 政府采购过程的公开性。政府采购的有关政策、法律、程序、预算、项目、结果、处理等都是公开的,采购过程也是在完全公开的情况下进行,一切采购活动都要作出记录,如果采购活动中发生争议,仲裁活动必须公开,所有的采购信息是公开的,没有秘密可言。而在私营领域,采购者则没有这个义务。

(7) 政府采购管理的政策性。政府采购作为财政政策的手段之一,其政策性是指任何国家的政府采购制度都是围绕国家经济社会发展目标而制订的。从政府采购的监管到执行,从采购预算的审核批准到采购计划的制订批准,从政府采购合同的签订到履行,从采购价格、规格的确定到采购方式的选择,等等,政府采购都要体现国家的政策,实现政府在某一时期的政治、经济、社会、文化发展等目标,为国家及社会公共利益服务。因此,不论在国内还是在国外,政府采购都具有行政管理色彩。

(二)政府采购原则

政府采购的通用原则主要有：公开竞争、公平交易、物有所值、透明、效益、诚实信用、维护公共利益、国民待遇和非歧视原则。我国政府采购法律规定了公开透明、公平竞争、公正和诚实信用等四项原则。

1. 公开透明原则

要求做到政府采购的法律规定和规章制度、政府采购预算、招标信息和开标活动、中标或成交结果、投诉处理结果都要及时公开，使政府采购活动在完全透明的状态下运作，全面、广泛地接受监督。

2. 公平竞争原则

一是要求按照充分竞争的原则确定采购方式，并优先推行公开招标方式，使用其他采购方式的，必须事先获得财政部门的批准；二是政府采购信息必须通过统一途径披露，从源头上维护公平竞争；三是采购人要公平地对待每一位供应商，不能有人为歧视，不能搞行业垄断和地区封锁；四是政府采购程序必须完整、统一和严密，使政府采购按预定轨道运作，以利于提高企业的竞争能力和自我发展能力。

3. 公正原则

一是要求政府采购要按照事先约定的条件和程序进行；二是要严格按照统一的评标标准评定中标或者成交供应商，不得存在任何主观倾向，任何单位和个人无权干预采购活动的正常开展；三是必须实行管理机构和执行机构分设的体制，即"管""采"分离；四要发挥审计、纪检监察等部门的监督作用，预防并及时纠正不公正行为；五是要赋予供应商质疑和投诉的权利等。

4. 诚实信用原则

要求政府采购当事人在政府采购活动中，本着诚实、守信的态度履行各自的权利和义务，讲究信誉，兑现承诺，不得有欺诈、串通、隐瞒等行为。一是必须规范政府采购当事人的权利和义务；二是建立供应商以及社会中介机构政府采购市场准入制度，缺乏诚信者免谈；三是采取各种有效措施促进政府采购当事人履行义务，增强公众对采购过程的信任等。

(三)政府采购方式

政府采购方式有各种各样的分类。我国政府采购法规定的政府采购方式主要有公开招标、邀请招标、竞争性谈判、单一来源、询价等，并强调要建立以公开招标方式为主、其他采购方式为辅的采购方式体系。

1. 公开招标

公开招标是指按照法定程序，通过公开发布招标公告，邀请所有潜在的不特定的供应商参加投标，从中择优评选出中标供应商，并与之签订合同的一种采购方式。其程序主要包括招标、投标、开标、评标和定标5个环节。这种采购方式一般具有以下特点：一是程序复杂，要对各个环节和程序作仔细的设计和考虑；二是规模大，一般属于限额以上的集中性大额采购，通过把各种性能需求相同的采购对象集中起来，以达到规模效益；三是效率高，由于资金量大、集中度高，从而降低了成本，增强了透明度和竞争性，提高了效率；四是耗时较长，从发布公告、投标人作出反应、评标，到签订合同，有许多时间上的要求，要准备许多文件。

2. 邀请招标

邀请招标是指根据供应商的资信和业绩,随机选择3个以上供应商并向其发出投标邀请书,从中选定中标者的采购方式。这种采购方式一般具有以下特点:一是采购人在一定范围内邀请特定的供应商投标;二是事先发布资格预审公告,采购人只向通过资格预审的供应商发出投标邀请书;三是竞争的范围有限,采购人拥有的选择余地相对较小;四是招标时间相应缩短,费用也相应降低。

3. 竞争性谈判

竞争性谈判是指竞争性谈判小组通过与3家以上供应商进行谈判,最后从中确定最优供应商的一种采购方式。这种采购方式主要适用于招标后没有供应商投标或者没有合格标的或者重新招标未能成立的,技术复杂或者性质特殊、不能确定详细规格或者具体要求的,采用招标所需时间不能满足用户紧急需要的,以及不能事先计算出价格总额的采购项目。

4. 单一来源

单一来源是指虽然达到了招标采购的数额标准,但由于所采购项目的来源渠道单一,或者发生了不可预见的紧急情况不能从其他供应商处采购,以及必须保证原有采购项目一致性或者服务配套的要求,需要继续从原供应商处添购且添购资金总额不大等特殊情况,只能由一家供应商提供的采购方式。因为它是一种没有竞争的采购,所以也叫"直接采购"。

5. 询价

询价是指采购人向有关供应商发出询价单让其报价,然后在报价的基础上结合产品质量和服务质量进行比较并确定最优供应商的一种采购方式。这种采购方式主要适用于采购的货物规格和标准统一、现货货源充足且价格变化幅度小的采购项目,而且采购的额度一般较小。

(四) 政府采购程序

政府采购程序,是指政府采购法律规定的采购管理和采购执行活动按一定规程由始到终的运作过程。按照我国政府采购法规定,政府采购程序包括政府采购的基本程序(管理程序)和采购方式的执行程序。下面主要介绍政府采购的基本程序,包括4个阶段11个步骤:

1. 采购项目确立阶段

主要工作是通过编制和审批政府采购预算来确定预算年度的采购项目。

2. 采购合同形成阶段

具体工作步骤包括确定采购模式、选择采购方式、执行采购方式、确定中标(成交)供应商、订立采购合同和采购合同备案6个步骤。

3. 采购合同管理阶段

政府采购合同签订以后,就进入采购合同的管理阶段。在这一阶段,管理主体发生了变化,主要是由采购人对供应商履行采购合同的情况进行管理。具体包括执行采购合同、履约验收和审核付款3个步骤。

4. 妥善保存采购文件阶段

采购人把货款付讫后,一个具体项目的采购活动已经基本结束。但是,按照政府采购管理的要求,采购活动还没有全部结束,采购人还必须做好采购文件的整理和保存工作。这种规定也是国际上的通行做法。世界贸易组织规定采购文件的保存期限是 3 年。我国规定采购文件的保存期限为从采购结束之日起至少 15 年。采购文件包括活动记录、采购预算、招标文件、投标文件、评标标准、评估报告、定标文件、合同文本、验收证明、质疑答复、投诉处理决定及其他有关文件、资料等。

（五）质疑和投诉

为了切实保护供应商的合法权益,政府采购法律相应规定了供应商在政府采购活动中进行询问、质疑、投诉、复议和诉讼的权利。

1. 询问

如果供应商对政府采购活动有疑问的,可向采购人或者采购代理机构进行询问,采购人或者采购代理机构应当及时作出答复,但答复的内容不得涉及商业秘密。

2. 质疑

如果供应商认为采购文件、采购过程和采购结果使自己的权益受到侵害,可以在条件许可和规定的时间内,以书面形式向采购人或者采购代理机构提出疑问,采购人或者采购代理机构应当在规定的时间内作出书面答复。

3. 投诉

如果质疑供应商对采购人、采购代理机构的答复不满意或者采购人、采购代理机构未在规定的时间内做出答复的,质疑供应商可以在规定的时间内向同级政府采购监督管理部门投诉,接受投诉的政府采购监督管理部门应当在规定的时间内对投诉作出书面处理决定,并通知有关当事人。

4. 复议和诉讼

如果投诉供应商对政府采购监督管理部门的投诉决定不服,或者政府采购监督管理部门逾期未作处理的,投诉供应商有权向其上一级行政机关申请行政复议,也有权依法直接向人民法院提起行政诉讼。

二、国库集中收付制度

（一）建立国库集中收付制度的意义

国库集中收付制度,又称国库单一账户制度,是指由财政部门代表政府设置国库单一账户体系,所有的财政性资金均纳入国库单一账户体系收缴、支付和管理的制度。它由国库集中收入管理制度、国库集中支付管理制度和国库集中账户管理制度三部分构成。国库集中收入管理制度是指一切财政性收入均纳入国库或国库指定的代理商业银行的单一账户；国库集中支付制度是指一切财政性支出均应在实际支付行为发生时才能从单一账户支付出去,支付对象一般应是商品供应者或劳务提供者；国库集中账户管理制度是指设置与国库单一账户配套使用的国库分类账户,集中反映各预算单位的预算执行情况。

国库集中收付制度有以下特征：一是国库集中收付的主体是政府,是政府的经济行为,是政府财政管理活动的重要内容；二是国库集中收付的对象是财政性资金,具体包括预算内收入、预算外收入和其他一切财政性资金；三是国库集中收付的中介是中央银行及其指定的代理商业银行。

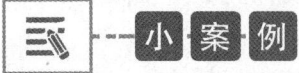

从严治理"小金库"

2024年3月,黑龙江省投资集团有限公司原副总经理张敏被开除党籍。通报指出,张敏违反国家法律法规,设立"小金库"并使用"小金库"款项。私设"小金库"不仅本身系违规违纪违法行为,而且极易衍生一系列不正之风和腐败问题,必须坚持严的基调,从严整治。

"小金库"实为"账外账",往往通过非正当手段获取资金,有的采取违规收费,有的以会议费、劳务费、培训费和咨询费等名义套取资金,有的以假发票等非法票据套取资金,有的假手第三方套取资金,等等。由于"小金库"属于"体外循环",单位财务账册没有体现,很难通过查账方式发现问题,给监管工作带来一定难度。正因为如此,"小金库"成为一些单位非正常开支的重要来源。

设立"小金库"反映了一些人法律意识淡薄,总想挖出一块能够化公为私、满足小团体或个人私欲的"灰色地带"。从查处的相关案例来看,"小金库"多被用于违规发放津补贴、违规吃喝、超标准接待、违规购买礼品礼金等,甚至还会成为少数人的"私房钱",供个人挥霍享受。"小金库"更为腐败大开方便之门,有的人利用"小金库"资金行贿送礼、非法牟利,甚至将资金直接占为己有。"小金库"作为违规资金的"藏身地",既是违纪违法行为的产物,反过来又进一步助长了腐败问题的滋生。

整治"小金库",要搞清楚"钱往哪去",既要查处使用"小金库"中的"四风"问题,深挖是否存在贪污、挪用、侵占、受贿行贿等腐败问题,还要严肃追究发生"小金库"问题背后的失职失管责任,形成有力震慑。整治"小金库",就要提高发现问题的能力,加强与财政监管机构特别是审计机关的协作配合,加强与巡视巡察、职能部门的协作配合,织密监督网。

建立国库集中收付制度的意义如下:

1. 有利于革除原有国库管理制度的种种弊端

一是保证财政收入及时、足额入库;二是有利于规范预算执行和硬化预算约束;三是有利于加强廉政建设。

2. 有利于提高财政资金的使用效率

一是提高财政资金的支付效率;二是增强财政部门调控资金的效率。

3. 有利于国家宏观调控政策的实施

一是有利于政府预算编制的科学性;二是有利于财政政策和货币政策的配合。

4. 有利于建立适应社会主义市场经济要求的公共财政框架

公共财政的建立依赖于各项具体财政制度的建设,国库集中收付制度与部门预算制度、政府采购制度共同构成了公共财政支出制度改革的三大核心内容,三者相互影响,相互促进,相辅相成。因此,实行国库单一账户制度不仅仅是一项管理技术的创新,它同时体现了改革与发展的要求。毫无疑问,建立和推行国库集中收付制度对我国公共财政框架的构建和完善是非常必要的。

（二）国库集中收付制度的内容

我国财政国库管理制度的改革，主要内容包括以下三个方面。

1. 建立国库单一账户体系

国库单一账户体系需要建立以下几类账户：

（1）国库单一账户。国库单一账户是财政部门在中国人民银行开设的，用于记录、核算和反映纳入预算管理的财政收入和支出活动，并用于与财政部门在商业银行开设的零余额账户进行清算和实现支付的账户。按收入和支出设置分类账，收入账按预算科目进行明细核算，支出账按资金使用性质设立分账册。

（2）零余额账户。财政部门按资金使用性质在商业银行开设财政零余额账户，用于财政直接支付和与国库单一账户支出清算；财政部门在商业银行为预算单位开设零余额账户，用于财政授权支付和清算。

（3）预算外资金财政专户。预算外资金财政专户由财政部门在商业银行开设，并按收入和支出设置分类账。用于记录、核算和反映预算外资金的收入和支出活动，并用于预算外资金日常收支清算。

（4）小额现金账户。小额现金账户由财政部门在商业银行为预算单位开设，用于记录、核算和反映预算单位的零星支出活动，并用于与国库单一账户清算。

（5）特设专户。特设账户是指经国务院和省级人民政府批准或授权财政部门开设特殊过渡性账户，建立国库单一账户体系后，相应取消各类过渡性账户。预算单位的财政性资金逐步全部纳入国库单一账户管理。用于记录、核算和反映预算单位的特殊专项支出活动，并用于国库单一账户清算。

2. 规范收入收缴程序

（1）划分收入类型。为实现对财政资金的统一管理，按政府收入分类，将财政收入分为税收收入、社会保险基金收入、非税收入、贷款转贷回收本金收入、债务收入、转移性收入。

（2）规范收缴方式。适应建立我国现代国库管理制度的要求，将财政收入的收缴方式分为直接缴库和集中汇缴。直接缴库由缴款单位或缴款人按有关法律法规规定，直接将应缴收入缴入国库单一账户或预算外资金财政专户。集中汇缴由征收机关（有关法定单位）按有关法律法规规定，将所收的应缴收入汇总缴入国库单一账户或预算外资金财政专户。

（3）确定收缴程序。直接缴库程序：直接缴库的税收收入，由纳税人或税务代理人提出纳税申报，经征收机关审核无误后，由纳税人通过开户银行将税款缴入国库单一账户。社会保险基金收入、非税收入、贷款转贷回收本金收入、债务收入和转移性收入，比照上述程序缴入国库单一账户或预算外资金财政专户。

集中汇缴程序。小额零散税收和法律另有规定的应缴收入，由征收机关于收缴收入的当日汇总缴入国库单一账户。非税收入中的现金缴款，比照本程序缴入国库单一账户或预算外资金财政专户。

此外，还要规范收入退库管理。涉及从国库中退库的，依照法律、行政法规有关国库管理的规定执行。

施工企业资金违规问题严重

财政部驻湖北专员办在检查中发现,施工企业资金管理具有资金量大、收支周期长、支付对象多等特点,部分施工企业将一些资金违规问题视为行业惯例,习以为常。表现一:默许个人承包商借用其他公司资质承揽工程,从而将资金支付到个人名下。表现二:施工企业与个人承包商签订合同,从而将大额工程款支付给个人。表现三:协助避税,将应付单位款项支付给个人。表现四:大量备用金以个人名义储存。表现五:对大额工程款采取现金形式支付,超范围使用现金。表现六:收支款项不记账。表现七:备用金报销违规。请问:存在这种乱象的原因是什么?

3. 规范支出拨付程序

(1) 划分支出类型。财政支出从总体上分为购买性支出和转移性支出。根据支付管理需要,具体分为四类:一是工资支出,即预算单位的工资性支出;二是购买支出,即预算单位除工资支出、零星支出之外购买服务、货物、工程项目等支出;三是零星支出,即预算单位购买支出中的日常小额部分,除《政府采购品目分类表》所列品目以外的支出,或列入《政府采购品目分类表》,但未达到规定数额的支出;四是转移支出,即拨付给预算单位或下级财政部门,未指明具体用途的支出,包括拨付企业补贴和未指明具体用途的资金、中央对地方的一般性转移支付等。

(2) 确定支付方式。按照不同的支付主体,对不同类型的支出,分别实行财政直接支付和财政授权支付。财政直接支付是指由财政部门开具支付令,通过国库单一账户体系,直接将财政资金支付到收款人(即商品和劳务供应者)或用款单位账户。随着改革逐步推向深入,财政直接支付的范围将不断扩大。

财政授权支付是指由预算单位根据财政授权,自行开具支付令,通过国库单一账户体系将资金支付到收款人账户。实行财政授权支付的支出包括未实行财政直接支付的购买支出和零星支出。

(3) 设定支付程序。分为财政直接支付程序和财政授权支付程序两种。

财政直接支付程序。预算单位按照批复的部门预算和资金使用计划,向财政国库支付执行机构提出支付申请,财政国库支付执行机构根据批复的部门预算和资金使用计划及相关要求对支付申请审核无误后,向代理银行发出支付令,并通知中国人民银行国库部门,通过代理银行进入全国银行清算系统实时清算,财政资金从国库单一账户划拨到收款人的银行账户。

财政直接支付主要通过转账方式进行,也可以采用"国库支票"支付。财政国库支付执行机构根据预算单位的要求签发支票,并将签发给收款人的支票交给预算单位,由预算单位转给收款人。收款人持支票到其开户银行入账,收款人开户银行再与代理银行进行清算。每日营业终了前由国库单一账户与代理银行进行清算。

财政授权支付程序。预算单位按照批复的部门预算和资金使用计划,向财政国库支付执行机构申请授权支付的月度用款限额,财政国库支付执行机构将批准后的限额通知代理银行和预算单位,并通知中国人民银行国库部门。预算单位在月度用款限额内,自行开具支付令,通过财政国库支付执行机构转由代理银行向收款人付款,并与国库单一账户清算。

> **引例解析**
>
> 1. 政府采购可以节约大量的财政资金;
> 2. 政府采购形式有集中采购、分散采购;
> 3. 政府采购属性可分为货物类采购、工程类采购和服务类采购规模;
> 4. 政府采购方式有公开招标方式、竞争性谈判方式、竞争性磋商方式、单一来源方式、询价方式和框架协议方式。

(三)国库集中收付制度的完善

1. 国库收入收缴制度改革思路

(1)国库收入收缴制度改革的总体目标是:所有政府财政收入全部缴入国库,取消过渡账户,对政府财政收入实行分类管理,各类财政收入直接缴入国库,或者缴入财政在商业银行的设立的缴款专户,确保财政收入及时、足额入库,降低政府财政资金筹资成本,完成政府预算收入目标,满足预算支出需要。

严把"四道关"提升国库集中支付管理效能

2024年,昆明市国库支付和财政预算评审中心深化国库集中支付制度改革,通过完善支付流程、严管零余额账户、强化资金监控等措施,提升管理规范化、科学化和信息化水平。中心严把"规范关",确保支付流程规范;严把"审核关",加强账户审批管理,提升审核效率,防控支付风险;严把"时效关",压缩支付流程时间,确保资金高效支付;严把"监控关",执行对账制度,实现全流程监控,保障支付安全。这些举措有效提升了财政资金使用的安全性、规范性和有效性,确保了资金支付平稳、合规、高效、安全,进一步规范了财政资金支付行为。

(2)在财政制度上,以推行部门预算和实行国库集中收付为契机,取消预算外资金制度,禁止制度外收支,彻底治理所谓政府财政性资金在预算之外进行"体外循环"的现象。虽然难度非常之大,但是,这是达到所有政府财政收入全部纳入预算、款项缴入国库的前提。为解决这一问题,单纯的国库管理无能为力,必须从财政制度、预算体制上解决问题。

(3)在财政管理体制上解决事业单位资金供给制度及收入上缴关系问题。除税收收入、国有资产经营收入外,各政府部门的罚没收入、行政性收费收入等要全部上缴国库,无论在理论上,还是在实际操作上,都没有什么大的问题。但事业单位收入上缴问题就比较复杂、困难。从我国实际来看,实行差额管理的事业单位的事业收入、经营收入等都可不必上缴国库,但其收入要经过财政审核,收费标准要接受国家物价管制。对实行全额管理的事业单位,其收入应全部上缴国库,其支出由国库另行拨付,关于收入全额上缴后的资金需要,可通过现代化的银行支付体系加以解决。

(4) 全面清理各预算单位银行账户,限期整改,逐步向国库单一账户体系过渡,各项财政收入直接缴入财政部门在商业银行设立的收入专户,直达国库。

(5) 与税收征管模式改革相结合,深化国库缴库制度改革,在财政、税务、代理银行、国库之间建立协调和制约机制,加快税收收入入库进度,保证税款及时、足额入库。

(6) 完善非税收入缴库制度,从制度上治理多头开户、分散管理、入库缓慢以及消极腐败和违法违纪问题的现象。

2. 国库支付制度改革思路

(1) 国库支付制度改革的基本目标是:尽快建立国库单一账户体系,所有财政支出要通过国库执行机构将款项直接支付给商品和劳务供应商或基层用款单位,以提高财政资金运行效率,建立监督制约机制,保障政府职能实现,满足社会公共需要。

(2) 完善预算支出项目分类,以适应国库制度改革的需要。

(3) 逐步扩大财政直接支付的范围,形成以财政直接支付为主,授权支付为辅的支付格局。

(4) 提高预算单位的预算编制、资金使用计划制订及财务管理水平。

(5) 政府财政要不断提高财政资金对社会公共需要的保障能力,有效消除预算单位的创收欲望。

3. 其他配套改革措施

(1) 进行预算制度改革。在预算编制环节,以推行部门预算为核心,完善预算收支分类,延长预算编制时间,加强项目论证评估,提高预算编制质量,为国库集中支付提供准确依据。在预算执行环节,建立财政预算部门、财政国库执行机构、中国人民银行国库部门、预算单位与代理银行之间的协调和制约机制,明确职责分工,规范凭证传递程序,合理调整账户设置,提高财政资金运行效率。在预算检查分析、预算调整方面也要进行改革。在决算过程中,对年终清理、转账及编制决算的方法进行调整,以适应国库集中支付后的情况。

(2) 进行预算会计制度改革。主要是预算会计科目及核算方法的调整。此外,建设单位会计,对财政国库管理机构、财政国库执行机构、预算单位和代理银行的预算会计凭证传递程序和对账等业务,也要进行相应调整。

(3) 完善国库法治建设,加强国库制度改革的技术支持,建立国库制度改革的监督约束机制与激励机制。

 知识扩展

公务卡结算制度

公务卡结算制度是对国库集中支付改革的补充。随着国库集中支付改革的深入,各项财政资金均纳入了国库单一账户体系,财政部门实现了对财政资金的实时监控。财政部门监控单位提取现金的具体用途和使用情况,防止单位在授权支付额度内大量提取现金,监控公务人员的现金使用情况,防范和杜绝"假发票""多开发票"等违法违纪行为。为规避现金管理风险,实现"钱货两清"的同步结算,方便单位零星、小额商品服务采购,国家推行了公务卡结算制度改革。

(一)公务卡结算的特点

公务卡是指金融机构为行政事业单位及其在职职工发放,具有一定透支额度与透支免息期,主要用于公务活动开支的一种贷记卡(信用卡)。分为个人公务卡与单位公务卡。个人卡是以行政事业单位在职职工个人名义开立的贷记卡,职工个人作为持卡人并承担相应法律责任;单位卡是以行政事业单位名义开立的贷记卡,行政事业单位作为持卡人并承担相应法律责任。

公务卡结算采用电子化、无纸化的支付方式;实时记录交易信息;具有方便快捷的同步结算功能;利用金融系统的融资功能,先消费后报销还款。

(二)实行公务卡结算方式的意义

1. 宏观层面

(1)有利于加强预算执行的管理。实行公务卡结算方式,财政部门和行政事业单位通过电子支付信息对公务支出进行全方位、全过程的监控,有利于增加预算执行信息的透明度,堵塞管理漏洞,提高财政资金使用的安全性和规范性,从机制上防范腐败行为。

(2)有利于加强国家税收管理。实行公务卡结算方式,通过对各项电子交易信息的准确记录,形成个人和商户的交易档案,有利于促进对个人所得税和企业所得税的征缴和监管,加强对商户的约束,防范偷税漏税行为,为税务检查提供有效的信息,保证国家税收应收尽收。

(3)有利于促进社会信用体系的建立健全和金融环境的改善。公务卡在行政事业单位的推广和普及,为全社会使用银行卡做出了表率,有利于增强广大居民的信用卡意识,带动其他社会人员使用银行卡,促进各金融机构加大对用卡环境的投入,调动广大商户受理银行卡的积极性,促进社会信用体系的建立健全和金融环境的改善。

(4)有利于促进银行业的发展。对于各发卡银行而言,公务卡的推出满足了公务开支的市场需求,完善了银行卡的品种和功能,增加了银行卡业务收益,促进了各项业务尤其是个人银行业务的发展,为发卡机构提供了更多拓展其他相关金融业务的机会。

2. 微观层面

(1)实现了同步结算功能。在进行零星、小额商品服务采购时,单位持卡人员可通过刷卡消费,现场完成交易,大大提高了工作效率。

(2)简化了单位财务部门的业务流程。使用公务卡后,免除了预借现金的程序,将公务开支由原先的预借款、报销两道程序,变为报销一道程序,简化了财务流程和财务人员的工作量。

(3)降低现金流压力,使单位具有融资优势。公务人员可以利用贷记卡先消费后还款功能,充分利用金融系统的融资功能,降低资金的占用成本,使单位的资金调配更为灵活。由于取消了单位预借现金制度,从根本上解决了少数公职人员长期占压资金的问题。

(4)有效控制了现金管理风险。实行公务卡结算后,财务人员不需要存取现金、核对现金、保管现金,有利于控制现金管理风险,避免支付差错,杜绝假钞,减轻财务人员的工作压力;持卡人凭卡消费,不必携带大量现金,较为安全。

(三)公务卡结算的适用范围

行政事业单位中原使用现金结算方式的零星商品服务支出,包括差旅费、招待费、培训费、手续费等费用;行政事业单位中原使用转账结算方式、单笔金额在限额以下的小额商品服务采购支出,包括设备购置费、办公费、会议费、咨询费、租赁费、邮电费、水费、电费、维修费等费用。在公务卡结算方式的适用范围内,行政事业单位原则上只在具有刷卡条件的商户才能进行公务消费。

(四)公务卡结算的程序

行政事业单位及其职工因公务活动的需要,使用公务卡刷卡消费,并取得相应报销凭证和经持卡人消费签名的消费交易凭条(银联小票)。

在公务卡透支免息期内,职工凭合规的报销凭证和消费交易凭条,按照现行财务管理制度的规定申请报销。

行政事业单位财务部门按规定对报销凭证进行审核后,对符合公务卡结算范围和财务制度规定的支出予以报销。对不予报销的部分,由持卡人自行偿还。

【工作任务——××高校公开招标采购电脑】

××高校建专业实训室需要购买200台电脑,单价5 000元左右,预算合计100万元,经财政部门批复,利用财政项目拨款资金购买,货款由财政直接支付。

任务分析:

电脑属于政府采购目录中货物采购目录内容,必须采取公开招标的形式进行集中政府采购。

操作步骤:

某大学公开招标政府采购200台电脑步骤,如表2-6所示。

表2-6   政府采购电脑步骤

序号	工作程序	工作周期	责任单位	备注
1	签署委托代理采购200台电脑协议	1~3日	采购人、代理机构	签署时间在批复时间起3日内
2	提供所需电脑技术需求资料	一般2~7日	采购人	向代理机构提供详细的技术需求资料。该周期长短取决于采购人,最长为签订代理协议起7日内
3	编制招标文件/招标公告草稿	1日内	代理机构	代理机构根据采购人提供的项目需求资料编写招标文件和招标公告初稿
4	招标文件论证	1个工作日	代理机构、相关专家、采购人的项目负责人员或设计单位代表、采购人	代理机构组织相关专家对招标文件初稿进行论证,剔除含有倾向性和歧视性的条款,修正不合理条款,完善招标文件,采购人确认招标公告及招标文件

第四节 政府采购与国库集中支付制度

(续表)

序号	工作程序	工作周期	责任单位	备注
5	发布招标公告	1个工作日内发布,共20日	采购人、代理机构	采购人确认招标公告及招标文件的前提下,发布招标公告。公告发布媒体包括:省政府采购网、中国政府采购网(政府采购指定)
6	发售招标文件	同发布招标公告	代理机构	招标文件发布公告之日起至投标人提交投标文件截止之日止不得少于20个日历日
7	组织答疑会(可选)	1日内(含在20日内)	采购人、代理机构	一般在投标截止日15日前接收、整理、回答投标人提出的问题,编制出质疑/澄清文件或补充文件,并在投标截止日至少15日前发出
8	抽取评标专家	1个工作日内,开标前一个工作日(含在20日内)	采购人代表、采购人的纪检监察部门、代理机构	开标前1个工作日,在采购人代表及采购人的纪检监察部门的监督指导下,在采购办专家库的终端抽取专家,通知专家参加评标会议评标委员会由技术专家和用户方代表组成,人数为5人以上单数,其中专家人数不少于三分之二
9	投标、开标	1日	采购人、采购人的纪检监察部门、代理机构	投标人代表递交投标文件,代理机构开标、唱标
10	评标	1日	评标委员会、采购人的纪检监察部门	采购人、代理机构为评委会提供服务。评委会推荐预中标供应商。一般项目1个日历日
11	编写评标报告	1个工作日内	评标委员会	代理机构根据评标评委会出具的评标意见编写评标报告
12	确认评标结果	1~5个工作日	采购人	采购人须在收到评标报告后5个工作日内确定中标人

一般项目第9、10、11项可以在同一天内完成。

| 13 | 发中标通知书 | 1个工作日内 | 代理机构 | 中标结果在得到采购人确认后,代理机构在1个工作日内向中标人发中标通知书 |
| 14 | 中标结果公告 | 7个工作日 | 代理机构 | 中标人确定后1个工作日内,在指定媒体上发布,公示周期为7个工作日,公示期内如收到投标人的质疑,按有关规定处理 |

（续表）

序号	工作程序	工作周期	责任单位	备注
15	中标结果备案	1~5个工作日	代理机构	代理机构整理采购项目的归档材料并送采购人、采购办备案（自主掌握）
16	签订采购合同	自发出中标通知书起30日内	采购人、中标人	采购人应当在中标通知书发出后30日内，按照招标文件和中标供应商签订书面合同。自签订采购合同7个工作日内到采购办备案合同
15、16步可在中标结果公示之日起同时进行					
17	项目文件归档	1个工作日内	代理机构	中标结果公示期满时

思维导图

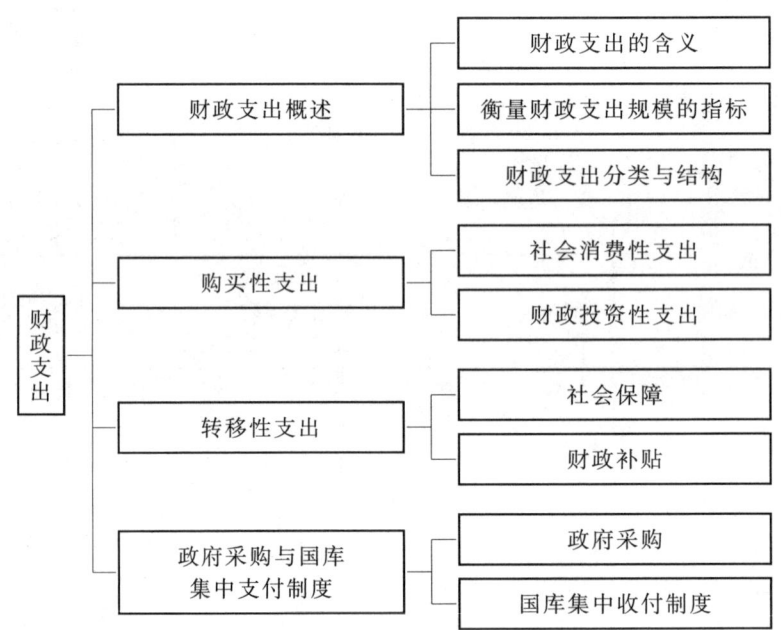

第三章 财政收入

学习目标

知识目标

1. 掌握财政收入的基本含义、财政收入的分类。
2. 了解衡量财政收入的各类指标。
3. 熟悉税收的性质、原则与税制构成要素。
4. 熟悉非税收入的性质与特征。
5. 熟悉国债制度规定及国债业务。

能力目标

1. 能运用财政收入指标,对我国或某一地区的财政收入规模和结构进行分析。
2. 能根据现行税制,对我国主要税种的税收收入进行计算。
3. 能根据国债负担衡量指标,对国债风险进行分析。

素养目标

根据财政收入的基本原理,合理确定收入规模,树立"取之于民,用之于民"的税收思想。

第一节 财政收入概述

我们要交多少税

引 例

××省财政收入情况

全省一般公共预算收入合计 3 044.5 亿元,执行中部分市县调减了收支预算,调减后预算收入合计 2 990.5 亿元,实际完成 3 009.6 亿元,为预算的 100.6%,比上年增长 9.9%。

> 全省政府性基金预算收入合计1 892.5亿元,执行中部分市县调减了收支预算,调减后预算收入合计1 413.6亿元,实际完成1 440.8亿元,为预算的101.9%,下降19.4%。
>
> 国有资本经营预算收入合计6.6亿元,实际完成12.1亿元,为预算的184.6%,增长45.8%。
>
> 全省社会保险基金预算收入合计1 797亿元,实际完成1 838.5亿元,为预算的102.3%,增长12%。

> 结合本节学习内容,分析××省财政收入情况。

一、财政收入原则

财政支出是政府提供公共商品、耗费或运用物质财富的过程,这一过程是以政府占有一定的财力为前提的。俗话说,"巧妇难为无米之炊",财政收入是财政支出的源泉。财政收入是政府为实现其职能的需要,在一定时期内以一定方式取得的可供其支配的财力。

社会物质财富是财政收入的实质内容,但在不同的历史条件下,财政收入的形态存在很大的区别。财政收入是一个历史的范畴,财政收入的形式、规模、构成都随着历史的发展而变化。在商品货币经济获得充分发展以前,财政收入主要以劳役和实物的形态存在。随着商品货币经济的逐步发展,尤其是在资本主义经济制度出现以后,财政收入一般以货币形式存在。在现代社会,财政收入均表现为一定量的货币收入。

财政收入作为财政分配活动的基本阶段,是一个组织收入、筹集资金的过程。财政收入不仅充当财政支出的源泉,而且是贯彻政府政策意图的手段。例如,行政收入中的特别课征是为了加快公共建设,补充工程费用;特许金是为了把某些个人或企业的行为限制在一定范围内;罚款是为了抑制危害国家利益和公共利益的行为等。政府取得财政收入主要凭借公共权力,包括政治管理权、公共资产所有或占有权、公共信用权等。其中,政治管理权是取得财政收入最主要和最基本的形式,这决定于政府供给的公共产品性质。公共产品消费的非竞争性、非排他性,使公共产品的供给无法采用经营性方式进行,因而只能凭借政府的政治管理权对社会成员课征收入来补偿公共产品的成本。凭借政府其他权力取得的收入则随政府活动内容、范围、方式和需要的变化而变化。

政府取得财政收入不仅是政府自身的行为,其影响也是广泛的。财政收入的规模、构成、方式,对利益分配关系、经济主体的行为选择、商品的供需结构以及经济活动的总量等,均有重要的制约作用。因此,政府组织财政收入应当有确定的政策,以协调各方面的利益关系,促进资源的合理配置和经济的正常发展。

财政收入是政府运用国家强制力在参与社会总价值分配过程中所形成的资金收入,在筹集的整个过程中,政府不能滥取无度,也不能因噎废食,而应该遵守一定的客观原则。组织财政收入活动也可以看成是公共产品成本的一种分摊活动。在现代经济条件下,经济学家为这种成本分摊提供了两大基本原则:效率原则和公平原则。

(一) 效率原则

效率,简单地说就是所得和所费之间的一种对比关系。组织财政收入的效率原则实际包含两个基本层面的含义:一是指在筹集财政收入的过程中,这种筹集活动对整个国民经济是有效率的,即通过组织财政收入活动,整体资源配置得到了改善,国民经济结构得到了优化,地区间经济的发展也较为均衡;二是指筹集活动本身是有效率的,即组织财政收入的耗费是最小的。总而言之,组织财政收入活动效率原则不仅要求提高国民经济的整体运行效率,而且这种活动本身所耗费的成本最小。

(二) 公平原则

公平是一个带有价值判断的概念,经济学家在运用公平概念时,一般撇开了伦理因素,而将受益和支付能力标准引入经济学的公平概念之中。一般认为,在分摊公共产品成本或组织财政收入的过程中,将公共产品的供给成本与从中获益的社会成员及其获益程度联系起来,是一种较为公平的做法,受益较多的人比受益较少的人多承担公共产品的提供成本是合理的,要求其他社区的居民为本社区的公共产品买单是没有依据的。当然,由于公共产品本身的特点,要判断具体的受益大小存在技术上的障碍。当然,绝对的公平是难以取得的,在现实生活中要求穷人与富人就某项公共产品承担同等的成本是不公平的。因此,支付能力原则构成了公平原则的内容之一。在现代社会中,一般认为,赚取能力强的人比赚取能力弱的人负担更多的公共产品供给成本是一种较为合理的制度安排。显然,出于私利,一般人都可能会隐瞒自己是富人的信息,从而给判定究竟是赚取能力的强弱带来一定的困难。现代经济学理论一般将收入、财产和消费支出的多少来作为测度支付能力强弱的标准。

林达尔均衡

林达尔均衡是 1919 年瑞典经济学家林达尔(Lindahl)提出的。林达尔均衡是公共产品理论最早的成果之一,林达尔认为公共产品价格并非取决于某些政治选择机制和强制性税收,恰恰相反,每个人都面临着根据自己意愿确定的价格,并均可按照这种价格购买公共产品总量。处于均衡状态时,这些价格使每个人需要的公用产品量相同,并与应该提供的公用产品量保持一致。因为每个人购买并消费了公用产品的总产量,按照这些价格的供给恰好就是各个个人支付价格的总和。

二、财政收入形式

财政收入形式是指政府为满足公共需要,筹措公共资源(财政收入)的具体方式或方法。财政收入形式是特定财政分配关系的反映,是财政方针政策在收入上的具体体现。科学地选择财政收入形式,有利于充分发挥各种财政收入形式的优点和长处,有利于合理组织财政收入、协调各方利益关系,建立繁荣和谐的社会。

我国财政收入的具体形式主要包括税收(税)、国有资本收益(利)、公债收入(债)、政府收费收入(费)、罚没收入、政府基金收入、战争赔款、捐赠收入等。其中,税、利、费、债是我国主要的财政收入形式;公债收入属于有偿性收入,除此之外则属于无偿性收入。

(一)税收收入

税收收入是指国家为了满足公共门需要、凭借政治权力,依照法律规定标准取得的财政收入。税收是古老的财政范畴,当人类进入了氏族部落时期,出现了公共事务,便出现了税收的雏形;税收又是最现代的财政范畴,当前,世界上越是先进的国家,通过税收为提供公共产品筹资的比重越高,同时,税收还成为现代国家调控国民经济的重要的工具。它具有强制性和固定性的基本特征,不受生产资料所有权归属的限制,因此是国家取得财政收入的一种最可靠的基本形式。税收的征收凭借的是政治权力,因此,政府通过征税筹资只能在该国政府权力管辖范围内进行。关于税收的分析将在本书以后章节中进行专门的探讨。

(二)国有资本收益

国有资本收益是指国家凭借所有权所应获取的经营利润、租金、股息(红利)等收入的总称。在现代企业制度下,企业是独立于投资者享有民事权利、承担民事责任的经济实体,具有法人资格。企业则拥有包括国家在内的出资者投资形成的全部法人财产权。在所有权和财产权分离的条件下,财政分配主体与企业分配主体由过去的合二为一变为相对分离,以政府为主体的财政分配中不再包含以企业法人为主体的财务分配,财政不再统负企业盈亏。这样,财政与企业的分配关系,除了对各类企业的税收关系外,对国有企业或拥有国有股份的企业还有一层规范的资本收益分配关系,即国家以所有者身份采用上缴利润、国家股分红等形式,凭借所有权分享资产收益,然后通过国有资产经营预算支出用于新建国有企业投资、对股份制企业的参股、控股以及对国家股的扩股、增资、兼并购买产权或股权等。

国有资本收益不可能成为财政收入的主要形式,这是因为,第一,在市场经济国家内,为优化经济的资产构成,国有资本占社会总资产的比重应控制在最低水平上。因为一般来说,国有资本因产权方面的缺陷,效率方面总是不尽如人意的;第二,国有资本收益是不稳定的。资产收益相对税收而言受到更多不确定性因素的影响,如成本的升降、价格的波动、分配政策的调整、宏观经济面的变化,等等。

(三)债务收入

债务收入是指国家以债务人的身份,按照信用的原则从国内外取得的各种借款收入。它包括在国内发行的各种公债(国库券、财政债券、保值公债、特种国债等),向外国政府、国际金融组织、国外商业银行的借款以及发行国际债券等取得的收入。在现代社会里,公债因具有有偿性、自愿性、灵活性和广泛性等基本特征,并具有弥补财政赤字、调剂国库余缺、筹集财政资金和调控经济运行等多种功能,已成为一种不可缺少的重要政府筹资形式。

债务收入凭借的是政府的信用,如果政府的信用被投资者认可,政府既可以通过债务在政权管辖范围内融资,又可在政权管辖范围外融资。关于债务收入的分析将在本书以后章节中进行专门的探讨。

(四)政府性收费

政府性收费是指政府为提供特定社会产品和服务,参与国民收入分配和再分配的一种形式,是政府非税收入的重要组成部分,同样体现了政府的职能。

政府性收费主要有规费和使用费两种。其中,规费是政府行政部门为个人或企业提供某种特定服务或实施行政管理所收取的手续费和工本费。规费通常包括行政规费和司法规费。行政规费是附随于政府各部门各种行政活动的收费,项目较多、范围较广,一般包括:外事规费(如护照费)、内务规费(如户籍规费)、经济规费(如商标登记费)以及其他行政规费(如会计师、律师等执照费)。司法规费分为诉讼规费(如民事诉讼费)和非诉讼规费(如出生登记费、继承登记费、结婚登记费)等。使用费是指对政府提供的特定公共设施或公共服务对使用者按照一定的标准收取的费用。例如,政府对教育设施、公共交通、排水、供水等收取的费用等。

按照我国的分类方法,通常将政府性收费分为行政性收费和事业性收费两部分。行政性收费是指国家机关、具有行政管理职能的企业主管部门和政府委托的其他机构在履行或代行政府职能过程中,为了特定目的,依照法律、法规并经有关部门批准,向单位和个人收取的费用,一般包括行政立法、执法和司法三方面的收费。行政性收费具有强制性和排他性特征。事业性收费是指事业单位向社会提供特定服务,依照国家法律、法规并经有关部门批准,向服务对象收取的补偿性费用,一般具有补偿性和排他性特征。长期以来,收费作为政府等公共部门筹集资金的手段,在我国不但大量存在,而且所包含的内容保留着明显的计划经济的痕迹。随着经济体制的改革、市场经济的发展以及政府职能的转变,政府性收费的内容随之进行了适应性调整,一些可以由市场直接提供的产品和服务逐渐直接以市场价格的形式表现出来,不再属于政府部门收费的范畴。

根据公共财政理论,社会需要可分为私人需要和公共需要两部分。一般来说,满足私人需要的产品和服务可按照等价交换的原则由市场提供,满足公共需要的产品和服务,则由政府提供。由于公共产品的非排他性和非竞争性,政府提供公共产品和服务通常是不收费的。然而,由政府提供的公共产品又可以分为纯公共产品和准公共产品两类。在现实社会中,纯公共产品是非常稀少的,它的绝对外溢性使其难以由市场有效供给,而不得不由政府以税收来支撑。在政府提供的产品中,更多的是具有公共产品的部分特征的产品——准公共产品。准公共产品所提供的利益一部分由其所有者享有,是可分的,从而具有私人产品的特征,利益的另一部分则由所有者以外的人享有,是不可分的,又具有公共产品的特征。这种现象被称为是利益的外溢现象。在市场机制下,利益的外溢会带来效率损失,为了经济效率的实现,政府可以直接提供准公共产品,以较低的价格鼓励人们增加消费,从而达到有效率的消费量。由于某些公民可享有直接利益,所以也应向他们收取一定的费用。但如果完全免费供给,其结果必然是过度消费,也会带来福利损失。也就是说,如果政府以一般性税收来资助那些具有特定受益范围或受益群体的公共项目,实际上便导致了收入的再分配效应,不但增加了政府负担,也违背了消费者公平负担的原则。由此可见,政府收费的合理性和必要性是根植于准公共产品的生产或消费的特性,形成于增进社会福利和提高经济效益之中的。

非规范性极易导致地方政府及政府部门利用权力任意设立收费项目、扩大收费范围、提高收费标准,不仅加重了企业和居民的负担,扰乱了正常的生产生活秩序,还会导致政府官员的腐败和政府信用的下降。

但收费有其存在的理由:第一,收费与收益的对称性,使收费筹资更符合收益原则,更能体现其公平性;第二,收费提高了公共设施使用和公共服务的门槛,有利于解决公共设施和公共服务的拥挤问题和过度使用问题;第三,收费不仅可以解决公共设施和公共服务新建新开办所需大量资金问题,而且还可以解决公共设施的运转和维护、公共服务可持续性所需资金问题;第四,因为其非规范性,从另一面来说就是灵活性,使收费具有更强的适应性。我国经济是多元并存的经济,既有最先进的信息经济,又有先进的工业经济,还有传统的农业经济。同时,地区间经济发展水平和收入水平相差很大,如果都采取税收形式筹资,很难在全国范围内统一,这样收费的长处就可以发挥出来,各地可以根据本地经济发展水平和收入水平,制定不同的公共设施供给水平和公共服务水平,并对应制定不同水平的收费标准。

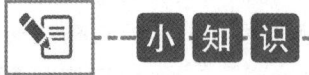

收费与税收的区别

收费有时与税收难以区分,但两者也确实存在着差别,主要表现在四个方面:一是税收与政府提供的商品和服务没有直接联系,税收收入一般不规定特定用途,由政府统筹安排使用,而收费与政府提供的特定商品和服务有直接联系,专项收入,专项使用。二是税收是作为政府一般的筹资手段,而收费往往是作为部门和地方特定用途的筹资手段。三是税收收入是政府的主要收入,必须纳入预算内统筹使用,而收费则有所不同,全国性收费要纳入预算内,部门性收费或地方性收费可以作为预算外收入,按预算程序管理,形成政府性基金或由部门和地方自收自支。四是税收的法治性和规范性强,而收费的法治性和规范性相对较差,容易诱发滥收费现象。

三、财政收入结构

财政收入结构是指财政收入来源的多种构成、比例及其相互关系。它主要包括财政收入的价值构成、所有制结构、部门结构、项目结构以及地区结构。

（一）财政收入的价值构成

从价值构成角度分析财政收入的来源,是为了分析财政收入同 C(补偿基金)、V(劳动者个人收入)、M(剩余产品价值)之间的相互关系,制定相应的财政政策,寻求合理增加财政收入的途径。

首先,补偿基金 C 有可能形成财政收入。C 可以分成两个部分:一部分是补偿劳动对象消耗的价值,这属于补偿流动资金方面的消耗。只要企业的再生产不间断地进行下去,这部分价值补偿就必须不间断地用于购买劳动对象投入生产。因此,这部分补偿价值不可能通过财政分配用于社会的其他方面,因而不能构成财政收入的来源。另一部分是补偿劳动手段消耗的价值,即折旧基金。折旧基金属于补偿基金,但它又具有积累基金属性,因为在原有固定资产报废更新之前,这部分折旧基金是以货币准备金的形式存在着的,可以进行追加投资,即可以当作积累基金使用。这使得折旧基金有可能通过财政在全社会范围内进行再分配。在传统高度集中的财政体制下,国有企业的折旧基金曾经全部或部分地上缴财政,成为财政收入的一个来源。现在,根据社会主义市场经济的要求,折旧基金仍然属于固定资产的简单再生产,属于企业经营管理权限的范围,已将其留给企业管理使用。

其次,劳动者个人收入 V 形成财政收入。目前,我国来自 V 的财政收入主要有以下几个方面:第一,直接向个人征收的税,如个人所得税、个人缴纳的房产税、城镇土地使用税、车船使用税等。第二,直接向个人收取的规费收入(如户口证书费、结婚证书费、护照费等)和罚没收入等。第三,居民购买的国债。第四,国家出售高税率的消费品所获得的一部分收入,这实质上是由 V 转移来的。第五,服务行业和文化娱乐业等企事业单位上缴的税收,其中一部分是通过对 V 的再分配转化来的。从我国目前情况来看,V 在全部财政收入中所占的比重很小。随着我国经济体制改革的逐步深入和经济的发展,人民生活水平的不断提高,个人所得税制的改革与完善,财政收入来自 V 的部分会不断增长。

最后,M 是财政收入的主要来源。M 是财政分配的主要对象,要增加财政收入,就必须增加剩余产品价值 M。在一定价格水平的基础上,影响 M 增减变化的因素主要是生产和成本。生产是从绝对量上来影响 M 的。在劳动生产率不变情况下,扩大生产,增加产量和产值必然同时也增加 M,但增加 M 的同时必然伴随着对生产资料的大量消耗,因此增加产量和产值往往是有前提的。在产品产量和价格不变的情况下,成本和 M 成反比例变化:成本提高,则 M 减少,财政收入也相应减少;反之,成本降低,则 M 增大,财政收入也相应增多。因此,要增加财政收入,根本的途径就是增加生产和厉行节约。目前,降低成本是我国提高经济效益的最重要的手段,是增加财政收入的主要途径。

(二)财政收入的所有制结构

财政收入的所有制结构是指来自不同经济成分的财政收入所占的比重。分析这种结构的意义在于,通过了解财政收入所有制构成对财政收入规模和结构的影响及变化趋势,确立应采取的财政对策及增加财政收入的有效措施。

我国政府的财政收入一直以国有经济为主体,来自国有经济的收入占财政总收入的比重,在中华人民共和国成立初期为 50% 左右,以后逐年增加,"四五"时期达到 80% 以上的最高点,之后又有所下降,"六五"时期降到 80% 以下,随着改革的发展,20 世纪 90 年代进一步下降,但仍达 60% 左右。财政收入结构的这种变化趋势,是与我国经济体制的发展过程大体吻合的。新中国成立初期,个体和私人经济在国民经济中占有相当的比重。随着社会主义改造的进行,国有经济和集体经济的比重急剧增加,个体和私营经济则退居次要地位,国有化程度逐年提高。1979 年以后,随着经济体制改革的推进,集体和其他经济成分有了较快的发展,提供的财政收入逐年增加,国有经济的比重有所下降。目前,我国许多县(市)着力发展个体私营经济和乡镇企业,开辟富民的通路是重要目的,同时也是为了增加财政收入。

(三)财政收入的部门结构

财政收入的部门结构主要反映国民经济各部门为政府提供收入的情况。财政收入的部门结构与经济中的部门结构具有直接联系。在一般的农业国家,农业经济比重较高,财政收入主要由农业部门提供;随着工业化的不断推进,工业部门提供的财政收入会相应增加,并成为财政收入的主要来源;在工业化走向现代化的过程中,商业服务业等第三产业会有更快的增长,其提供财政收入的比重也会迅速上升。分析财政收入的部门结构一方面说明各部门对财政收入的贡献及贡献程度,另一方面能充分认识部门结构变动对财政收入的影响,把握财政建设的重点领域及方向。

1. 农业部门的财政收入

农业是国民经济的基础,农业影响整个国民经济的发展,从这个意义上说,农业也是财政收入的基础。农业对财政收入的影响主要表现在两个方面：一是直接来自农业的收入，主要是农业税，这一部分在整个财政收入中所占的比重很小，我国已于2006年全面取消农业税。第二，间接来自农业的收入，主要是国家通过价格形式从农业中获得的财政收入，具体地说，是指工农业产品交换中存在的价格剪刀差，使农业部门创造的一部分价值转移到工业部门后形成的财政收入。现阶段，在我国经济生活中仍存在着工农业产品价格剪刀差，尽管采取逐步缩小剪刀差的政策，但是由于工农业劳动生产率存在着差别，这种剪刀差不可能在短期内消除。因此，农民通过价格形式为国家提供积累的情况还会继续存在下去。

2. 工业部门的财政收入

工业是国民经济的主导，是创造并实现国民收入的主要部门，也是财政收入的主要来源，工业对财政收入的状况起决定作用。由于我国现行工商税收选择在产制环节课征，工业品价值主要在本部门销售时实现，这就使工业部门对财政收入的影响更为直接。在工业中，从轻重工业比较看，轻工业对财政收入具有更为重要的意义。这是因为，轻工业具有投资少、建设周期短、见效快等特点，相对来说，能为社会提供更多的积累。

3. 商业部门的财政收入

商业物资部门属于再生产过程的流通环节。这些部门的活动，从性质上分为两类：一类是从事与生产过程有关的对商品物资的加工、分类、包装、储运等活动，这是生产活动在流通中的继续，它能够创造价值，增加国民收入，为社会提供积累。另一类是与商品物资买卖有关的纯流通活动，这类流通活动一般是不创造价值的，它的职能在于使生产部门创造的价值在流通活动中得到实现，从而参与其中一部分剩余产品价值 M 的再分配，商业物资部门的盈利是通过购销差价形成的。商业的售价高于购价的差额称为毛利，毛利扣除流通费用和营业外损失之后，即为商业物资部门的盈利，它是提供财政收入的来源。购销差价是形成商业物资部门盈利的基础，其大小决定了我国的价格结构和工商利润的分配关系。

4. 交通运输业的财政收入

交通运输业（包括邮电通讯业）是沟通工农业生产和城乡物资交流、内外交流的中介，是国民经济的重要部门之一。随着交通运输业的大力发展和适当提高其收费价格，来自交通运输业的财政收入比重将会提高。

5. 服务部门的财政收入

在国民经济中，服务部门是一个较为特殊的部门。服务业不提供有形商品，而是提供劳动，这种无形商品成为国民经济中的重要组成部分。服务行业收入的大部分，是通过对国民收入的再分配取得的。服务行业通过收取各种服务费用形成自己的营业收入，扣除各项开支以后的余额，形成服务行业的盈利。服务行业的盈利通过上缴税利形成财政收入。从性质上讲，来自服务行业的财政收入，一部分是 V 的转化形态，另一部分是 M 的转化形态，还有一部分属于生产性活动，属于 M 的价值，即对外服务所得的收入。大力发展服务行业，既可以满足人民的需要，又可以为国家提供一定的财政收入，因此应当积极发展服务行业，为国家增辟财源。

（四）财政收入的项目结构

财政收入的项目构成，是按财政收入形式分析财政收入的结构及其变化趋势。分析财政收入各项目在总体结构中的比例及其变化，有利于确保财政收入的集中，有效地调节收入的合理分配。这种结构的发展变化，是我国财政收入制度变化的反映。在过去的计划经济体制下,财政收入对国有企业主要采取上缴利润和税收两种形式。由于实行统收统支体制,区分上缴利润和税收并没有实质性的意义,而且长期存在简化税制、以利代税的倾向,所以直到改革前夕的1978年,以上缴利润为主的企业收入项目仍占财政收入的50%以上。改革开放后,随着经济体制改革的逐步深化,税收才逐步取代上缴利润,至今已占主导地位。当前,财政收入分项目构成主要由各项税收、企业收入(企业上缴利润)、债务收入(内债和外债收入)等组成。

(五)财政收入的地区结构

财政收入的地区结构是指财政收入在中央和地方之间以及各地区之间的分布。① 国家集中的财政收入在中央和地方之间的分布,组成财政收入的级次构成。中央支配的财政收入比例,不但制约中央财政的宏观调控能力,而且直接影响地方积极性的发挥。② 财政收入在全国各省(自治区、直辖市)的分布,组成地区性财政收入结构。一些经济较发达的地区,财政总收入和人均财政收入均高于经济较不发达地区。2023年我国部分省市财政收入情况,如表3-1所示。

表3-1　　　　　　　　　　2023年我国部分省市财政收入情况

省份	地方财政收入（亿元）	地方财政收入排名	增长率(%)	占GDP比重(%)
广东	13 851	1	4.3	10.25
江苏	9 930	2	7.3	7.74
浙江	8 600	3	7.0	10.42
上海	8 316	4	9.3	17.61
山东	7 465	5	5.1	8.11
北京	6 181	6	8.2	15.12
四川	5 529	7	13.3	9.19
河南	4 512	8	6.2	7.63
河北	4 286	9	5.7	9.75
安徽	3 939	10	9.8	8.37

财政收入结构分析还可以从其他角度进行,如按财政收入是否纳入政府预算管理划分,可以分析预算内与预算外收入的关系;按财政收入级次划分,可以分析中央财政与地方财政以及地方各级财政的关系;等等。这些分析均有其特定的意义和作用。

四、财政收入规模及其衡量

财政收入规模是指在一定时期内(通常为一年)国家以社会管理者、国有资产所有者或债务人等多种身份,通过税收、国有资产收益和公债等多种收入形式占有的财政资金的绝对量或相对量。从政府的意愿和满足财政支出的角度来看,财政收入规模似乎是越多越好。但是,财政收入受国民收入等因素的制约,在国民收入一定的情况下,财政收入过多,则会减少企业和个人占有社会产品的份额,从而在一定程度上阻碍企业生产的积极性和人民生活水平的提高；而财政收入过少，又难以满足政府实现其职能的需要。因此，财政收入规模以适度为宜。

（一）财政收入规模的绝对量

财政收入规模的绝对量是指一定时期内财政收入的实际数量。从静态考察，财政收入的绝对量反映了一国或一个地区在一定时期内的经济发展水平和财力集散程度，体现了政府运用各种财政收入手段调控经济运行、参与收入分配和资源配置的范围和力度；从动态考察，是把财政收入规模的绝对量连续起来分析，可以看出财政收入规模随着经济发展、经济体制改革以及政府机制在调控经济运行、资源配置和收入分析中的范围、力度的变化趋势。衡量财政收入规模的绝对指标是财政总收入，主要包括中央和地方财政总收入、中央本级财政收入和地方本级财政收入、中央对地方的税收返还收入、地方上解中央收入、税收收入等。财政收入的绝对量指标系列具体反映了财政收入的数量、构成、形式和来源。据统计，我国财政收入总额 1950 年为 65 亿元，2023 年全国财政收入达到 216 784 亿元，七十三年间增长了 3 486 倍。说明我国财政收入的绝对数额呈现出随经济发展而不断增长的趋势。

小案例

2020 年全国一般公共预算收入 182 895 亿元，比上年下降 3.9%，其中税收收入达到 154 310 亿元，同比下降 2.3%。2019—2023 年全国一般公共预算收入如图 3-1 所示。

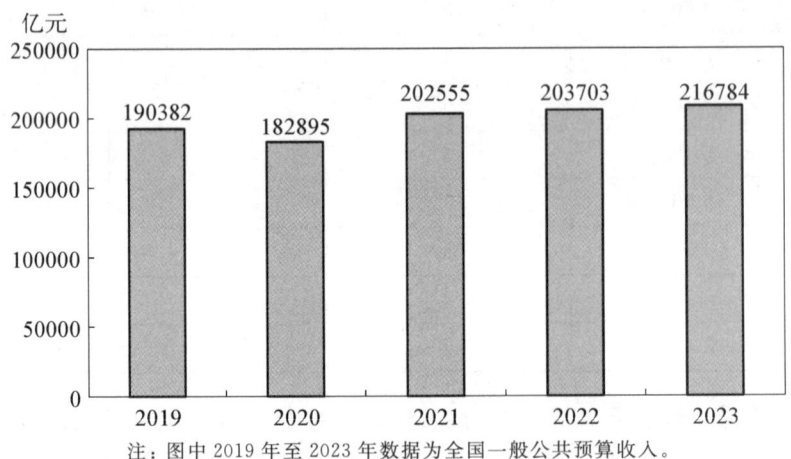

注：图中 2019 年至 2023 年数据为全国一般公共预算收入。

图 3-1 2019—2023 年全国一般公共预算收入

（二）财政收入规模的相对量

财政收入规模的相对量是指在一定时期内财政收入与有关经济和社会指标的比例。衡量财政收入规模的相对指标适用于衡量财政收入水平、分析财政收入的动态变化以及对财政收入规模进行纵向和横向的比较分析。财政收入不是孤立的，其规模大小受多种社会经济的影响，单纯讲财政收入的绝对量，只反映了一个国家在不同历史时期财政收入规模的大小，但是，绝对量指标在不同的国家之间进行比较，就不完全具有可比性，甚至会引起误解。例如,我国2023年全国财政收入达到22万亿元人民币,而新加坡2023财政收入折合人民币约为5 432亿元从绝对指标来看,我国的财政收入远高于新加坡。然而,从相对指标来考察时,新加坡的人口约为570万(2023年估算数据),人均财政收入大约为9.5万元人民币(5 432亿/570万,汇率和具体数据可能有所出入,但用于说明相对关系)。而我国的人口约为14亿,以22万亿元的财政收入来计算人均财政收入,那么我国的人均财政收入只有1.57万元人民币。因此,在分析财政收入规模的时候,不仅要看绝对指标,更要看相对指标。

财政收入占GDP的比例是衡量一国财政收入规模的基本指标,此外,税收收入占GDP的比重也是衡量财政收入规模的重要指标。

1. 财政收入占GDP的比重

这一指标反映了在财政年度内GDP中由国家以财政方式筹集和支配使用的份额。它综合体现了政府与微观经济主体之间占有和支配社会资源的关系,体现了政府介入社会再生产分配环节调控国民生产总值分配结构,进而影响经济运行和资源配置的力度、方式和地位等。在GDP一定时,财政收入占GDP比例越高,表明社会资源由政府通过财政预算机制集中配置的数额越多,私人经济部门的可支配收入相应减少。或者说,在整个社会资源配置中,政府配置的份额扩大,市场配置的份额相对缩小,从而引起社会资源在公共产品与私人产品之间的配置结构的变化。反之,财政收入占GDP的比例越低,表明政府介入国内生产总值分配和直接配置资源的份额和力度就越小,市场配置的作用和地位也就相对增强。通常我国财政收入主要是指纳入公共财政预算管理、可以统筹安排用于民生支出、提供一般公共产品和服务的公共财政收入。2019年、2020年,我国公共财政收入分别为190 390.08亿元和182 913.88亿元,占当年GDP比重分别为19.2%和18.0%。其中,税收收入分别为158 000亿元和154 310亿元,占GDP比重分别为16.02%和15.19%。中国历年财政收入占国内生产总值的比重,如表3-2所示。

表3-2　　　　　　　　　　中国历年财政收入占国内生产总值的比重

年份(年)	国家财政收入 (亿元)	国内生产总值 (GDP)(亿元)	财政收入占 GDP比重(%)
2022	203 703.00	1 210 207.00	16.8
2021	202 555.00	1 143 670.00	17.7
2020	182 913.88	1 015 986.20	18.0
2019	190 390.08	986 515.20	19.2
2018	183 359.84	919 281.13	20.4
2017	172 592.77	832 035.95	20.9
2016	159 604.97	746 395.06	21.4
2015	152 269.23	688 858.22	22.1
2014	140 370.03	643 563.10	22.1
2013	129 209.64	592 963.23	22.0

(续表)

年份(年)	国家财政收入(亿元)	国内生产总值(GDP)(亿元)	财政收入占GDP比重(%)
2012	117 253.52	538 579.95	22.6
2011	103 874.43	487 940.18	22.0
2010	83 101.51	401 202.00	20.7
2005	31 649.29	184 937.37	17.1
2000	13 395.20	99 214.60	13.5

(资料来源：宏观数据)

按照国际货币基金组织（以下简称IMF）颁布的《政府财政统计手册2001》的口径，政府财政收入包括税收、社会保障缴款、赠与和其他收入（其他收入主要指财产收入、出售商品和服务收入、罚金罚款和罚没收入以及其他杂项收入）。按此国际可比口径，我国政府财政收入，除公共财政收入之外，还应包括政府性基金收入（不含国有土地使用权出让收入）、国有资本经营预算收入、社会保险基金收入。不包括国有土地使用权出让收入，是因为根据IMF《政府财政统计手册2001》的定义，国有土地出让行为是一种非生产性资产的交易，结果只是政府土地资产的减少和货币资金的增加，并不带来政府净资产的变化，不增加政府的权益，因而不计作财政收入。

2. 税收收入占GDP的比重

税收已成为现代财政收入中最主要、最稳定和最可靠的来源，税收收入通常占财政总收入的90%左右。因此，财政收入的相对规模在很大程度上可由税收收入占GDP的比例体现出来。税收收入占GDP的比例又称为宏观税负率，它是衡量一国（地区）宏观税负水平高低的基本指标。

宏观税负是指一国在一定时期政府收入占经济总量的比重，体现政府在国民收入分配中所占的份额，及政府与企业、居民个人之间占有和支配社会资源的关系。一方面外界将其作为企业税负变化的参考指标——宏观税负走高，意味着企业税负走高；另一方面，宏观税负也反映政府财力状况，公众如果需要更高水平的公共服务，相应需要更高的政府收入去支撑，宏观税负也就相对更高。随着财政部公布2022年全年数据，备受关注的宏观税负数据有了最新变化。受前一年力度空前的4.2万亿元退减缓税费支持政策影响，宏观税负再度下降。根据财政部数据，2022年小口径的宏观税负（税收收入占国内生产总值的比值）为13.8%，中口径的宏观税负（一般公共预算收入占国内生产总值的比值）为16.8%，创十年的新低。

引例解析

1. 财政收入有广义和狭义之分，广义财政收入（10 035.0亿元）包括一般公共预算收入（3 009.6亿元）、政府性基金预算收入（1 440.8亿元）、国有资本经营预算收入（12.1亿元）、社会保险基金预算收入（1 838.5亿元）；狭义的财政收入仅指一般公共预算收入（3 009.6亿元），一般所说的财政收入是指狭义的财政收入。

2. 将财政实际收入数与调整预算数比较，可以分析收入预算完成情况，实际收入数大于调整预算数的部分为超收，实际支出数小于调整预算数为短收。例如，一般公共收入实际完成 3 009.6 亿元，调整预算为 2 990.5 亿元，为调整预算的 100.6%，超收 19.1 亿元。

3. 对于超收还需要具体分析，一是经济增长超过预期，而使财政超收；二是征收机关加强对收入的征管而使财政超收；三是征收机关有可能过度征收，而使财政超收。

 知识拓展

土 地 财 政

土地财政是指一些地方政府依靠出让土地使用权的收入来满足地方财政需求。常用"土地财政依赖度"来衡量。土地财政依赖度＝城市土地出让金收入÷本级一般公共预算收入×100%。可以简单理解成卖地收入占地方政府收入的比重，比重越大即代表土地财政依赖度越高。

365 财经根据公开资料整理推出 2021 年度《37 个主要城市土地财政依赖度》排行榜，总结出三大特点：① 13 个城市土地财政依赖度超过 100%，杭州、佛山两地超过 140%，位居全国前二；② 南京、武汉、广州、西安、贵阳、南宁、常州、珠海、温州、昆明、长春等地土地财政依赖度也超过了 100%，这其中不乏弱二线乃至三四线城市；③ 北京、上海、深圳这三个一线城市的土地财政依赖度全国最低，是少有的几个土地财政依赖度不到 50% 的城市。

第二节 税 收 收 入

引 例

2023 年我国主要税收收入项目情况

2023 年，我国主要税收收入项目完成情况如下：

（1）国内增值税 69 332 亿元，同比增长 42.3%，主要是去年留抵退税较多、基数较低。

（2）国内消费税 16 118 亿元，同比下降 3.5%。

（3）企业所得税 41 098 亿元，同比下降 5.9%。

（4）个人所得税 14 775 亿元，同比下降 1%。

（5）进口货物增值税、消费税 19 485 亿元，同比下降 2.6%。关税 2 591 亿元，同比下降 9.4%。

（6）出口退税 17 122 亿元，同比增长 5.3%。

(7) 城市维护建设税 5 223 亿元,同比增长 2.9%。

(8) 车辆购置税 2 681 亿元,同比增长 11.8%。

(9) 印花税 3 784 亿元,同比下降 13.8%。其中,证券交易印花税 1 801 亿元,同比下降 34.7%。

(10) 资源税 3 070 亿元,同比下降 9.4%。

(11) 土地和房地产相关税收中,契税 5 910 亿元,同比增长 2%;房产税 3 994 亿元,同比增长 11.2%;城镇土地使用税 2 213 亿元,同比下降 0.6%;土地增值税 5 294 亿元,同比下降 16.6%;耕地占用税 1 127 亿元,同比下降 10.4%。

(12) 环境保护税 205 亿元,同比下降 2.9%。

(13) 车船税、船舶吨税、烟叶税等其他各项税收收入合计 1 351 亿元,同比增长 3.2%。

请思考:从宏观角度分析,这些税收收入反映了我国当前经济的哪些趋势或特点?

一、税收概述

税收是一个历史范畴,同时也是一个经济范畴。从它的产生到如今,经历了不同的社会形态,已有几千年的历史。随着社会生产力的不断发展,剩余产品的出现,以及私有制、阶级和国家产生以后,才有了税收。所以,税收的产生要有两个条件:一是特定的经济条件,即剩余产品的出现,有了剩余产品就有了课税对象。二是特定的阶级条件,即阶级出现和国家的产生。国家出现以后,为了维持政府机器的正常运转,就需要有一定的物质资料。因此,为了得到这些物质资料,就需要凭借国家的政治权力从社会产品中拿去一部分,拿去的这部分社会产品便是税收,税收是历史上最为古老的财政范畴。

在现代社会中,税收不仅是政府取得财政收入最主要的形式,是政府机器和社会公共活动的经济基础,也是政府干预和调控经济的重要经济手段。税收是政府为满足社会公共需要,凭借政治权力,按照法律规范,强制地、无偿地参与社会产品分配而取得财政收入的一种形式。

千奇百怪的征税

英国伯明翰规定死者使用棺材宽度超过 58 厘米的征收肥尸税;美国加州的一个小镇规定向居住海滨房且朝向大海的征收风景税;苏联对多生子女的夫妇实行奖励,同时还对已婚未育夫妇实行征收无子女税;古希腊对朝向大街和向外开窗居民征收开窗税。

(一) 税收的形式特征

税收的特征,通常被概括为"三性",即强制性、无偿性和固定性。税收的这三个特征,是对税收本质的反映,是使税收作为一种财政收入形式区别于任何其他分配形式的关键所在。因此,常被称为"税收的形式特征"。税收的形式特征是不同社会制度下税收的共性。

1. 强制性

税收的强制性,是指国家以社会代表身份,凭借政治权力,通过法律形式确定征税人和纳税人的权利和义务,实行强制征收,负有纳税义务的纳税人必须依法纳税,否则就要受到法律制裁。税收的强制性是税收法律地位的体现,是国家凭借政治权力征税引起的。

自觉纳税不能否认税收的强制性。自觉纳税是治税环境和法治观念问题,体现着纳税人的纳税观念,是与一个国家的法治程度密切相关的。无论在资本主义国家还是社会主义国家,自觉纳税和不自觉纳税的现象同样并存,关键是看一个国家依法治税的程度如何。依法治税程度越高的国家,纳税的自觉性越高。

2. 无偿性

税收的无偿性,是指国家征税以后,纳税人缴纳的实物或货币随之转变为国家所有,不需要付给纳税人任何代价或报酬,也不再直接返还纳税人。税收的无偿性是由社会公共费用补偿的性质决定的,税收的无偿性决定了税收是筹集财政收入的最主要的手段。

社会成员享受公共产品不能否认税收的无偿性。对具体纳税人来说,纳税义务和享受公共利益的权利,在量上不是直接的对等关系,不能表现为直接的交换。纳税人享受公共利益量的大小不是确定其纳税义务的依据。但若从财政活动的整体来考察,税收的无偿性与财政支出的无偿性是并存的,这里又反映出有偿性的一面。特别是在社会主义条件下,税收具有马克思所说的"从一个处于私人地位的生产者身上扣除的一切,又会直接或间接地用来为处于社会成员地位的这个生产者谋福利"的性质,即"取之于民,用之于民"。不过,税收的特征是与其他财政收入形式相比较而得出的,从这个意义上说,税收无偿性的概括是科学的、是准确的。

3. 固定性

税收的固定性,是指国家通过法律形式和税收制度预先规定每一种税的课税对象、纳税人、税率和征税标准等,征纳双方都必须共同遵守。税收的固定性体现在两个方面:一是按照法定标准征收,二是连续征收。税收的固定性的核心是征税要有一定的标准,但任何社会的、政治的、经济的政策原因都有可能引起这个标准的变化。如由于经济状况发生变化,某个税种的税源趋于枯竭,就应该取消该税种。但必须强调的是,不论税收改革或调整,征税对象、征税范围、税率总是要通过法律形式事先确定,而且在一定时期内要保持相对稳定,不能朝令夕改。由此可见,税收的固定性特征同国家税法的某些变动并不矛盾。

税收的上述三个特征是密切联系的。税收的强制性,决定着征收的无偿性,因为如果是有偿的话就无须强制征收,而税收的强制性和无偿性又决定和要求征收的固定性。否则,如果国家可以随意征收,那就会侵犯、剥夺现存的所有制关系,使正常的经济活动无法维持下去,进而会危及国家的存在。税收的强制性、无偿性和固定性是统一的、缺一不可的。

(二) 税收的职能

税收的职能是一切社会制度下税收具有的内在的、稳定的、共同的属性,是税收本身所固有的职责和功能。

1. 财政职能

税收的财政职能,是指国家凭借政治权力,通过税收把经济单位及个人占有的一部分社会产品或价值集中起来,形成由国家集中支配的财政收入,以满足国家提供公共产品需要的职责或功能。它是税收的基本职能。改革开放以来,我国的税收收入呈现快速增长的态势,1999年我国税收收入突破1万亿元大关,2003年突破2万亿元,2005年突破3万亿元,2023年达到18.1万亿元。近年来,我国税收收入占财政收入的比重一直保持在90%左右。

2. 经济职能

税收的经济职能又称调节手段职能,是指税收所具有的国家通过制定和实施税收政策和税收制度,影响个人、企业的经济利益,进而影响经济活动和经济运行的职责或功能。税收作为国家强制参与社会产品分配的主要形式,在筹集财政收入的同时,改变了各阶级、阶层、社会成员及各经济组织的经济利益。物质利益的多寡,诱导着他们的社会经济行为。因此,国家有目的地利用税收体现其有关的社会经济政策,通过对各种经济组织和社会成员的经济利益的调节,使他们的微观经济行为尽可能符合国家预期的社会经济发展方向,有助于社会经济的顺利发展,从而使税收成为国家调节社会经济活动的重要经济杠杆。我国现在正处于经济结构调整和优化时期,国家对高新技术产业,安置就业的企业,节约能源、利用"三废"的项目,直接为农业生产和农民生活服务的产业等,给予低税率或减税、免税的优惠政策,对那些不符合国家产业政策,或污染严重、能耗高的产业,不予减税、免税,并可以通过提高税率等政策措施予以调节或限制。

3. 监督管理职能

税收涉及社会生产、流通、分配、消费各个领域,能够综合反映国家经济运行的质量和效率。既可以通过税收收入的增减及税源的变化,及时掌握宏观经济的发展变化趋势,也可以在税收征管活动中了解微观经济状况,发现并纠正纳税人在生产经营及财务管理中存在的问题,从而促进国民经济持续健康发展。

税收的监督管理职能贯穿税收活动的全过程。一般来说,商品经济越发达,经济生活越复杂,国家干预或调节社会经济生活的必要性就越强,税收监督也就越广泛而深入。

二、税收一般原则

税收原则,是指政府征税所应遵循的基本准则。那么,政府征税究竟需要遵循什么原则呢?从税收发展史看,随着经济的发展、政府职能的拓展和人们认识的提高,税收原则经历着一个不断发展、不断完善的过程,而且,这种过程仍将继续下去。

税收原则的思想萌芽可以追溯到很早以前。如在中国先秦时期,就已提出平均税负的朴素思想,对土地划分等级分别征税;春秋时期的政治家管仲则明确地提出"相地而衰征"的税收原则,按照土地的肥沃程度来确定税负的轻重。在西方重商主义时期,英国经济学家威廉·配第提出了"公平、便利、节省"的税收原则。但一般认为,最先系统地、明确地被提出的税收原则是亚当·斯密的"税收四原则",即"公平、确实、便利、最小费用"原则。此后,税收原则的内容不断得到补充和发展。根据各项税收原则的内容,结合税收理论和实践的发展,从社会、经济、财政、管理四个方面将新时期税收原则归纳为"公平、效率、适度和法治"四原则。

(一) 公平原则

税收公平原则,是指政府征税,包括税制的建立和税收政策的运用,应确保公平。公平是税收的基本原则。在现代社会,税收公平原则是各国政府完善税制所追求的目标之一。但税收怎样才算公平,在不同时期,往往标准不同,理解也不同。从历史发展过程看,税收公平经历了一个从绝对公平转变到相对公平,从社会公平拓展到经济公平的发展过程。

税收公平,首先是作为社会公平问题而受到重视的。"不患寡而患不均",社会公平问题历来是影响政权稳固的重要因素之一。税收的社会公平最早是指税额的绝对公平,即要求每个纳税人都应缴纳相同数额的税。在税收实践上的反映,就是定额税和人头税的盛行。之后则是税负的绝对公平,它强调每个纳税人都应按同一比例纳税。这就是说,不同收入水平的纳税人,其缴纳的税收绝对额虽不同,但其承担的税负(或税率)是相同的。反映到税制上就是实行比例税率。从理论上说,绝对公平,无论是税额的绝对公平,还是税负的绝对公平,都要求普遍征税。瓦格纳将公平的标准从绝对公平发展到相对公平,即征税要考虑纳税人的纳税能力,纳税能力大的应多纳税,纳税能力小的则少纳税。它要求税制应实行累进税率。如今,在理论上,相对公平又分为"横向公平"和"纵向公平"。所谓横向公平,简单地说,就是纳税能力相同的人应负担相同的税;而纵向公平,就是纳税能力不同的人,负担的税负不应相同,纳税能力越大,其承担的税负应越重。

公平通常是指社会公平,又称为社会公正。而在现实中,政府征税,不仅要遵循社会公平的要求,而且要做到经济上的公平,也就是说,在现代经济中,税收原则事实上不仅包括社会公平,还包括经济公平。税收的经济公平包括两个层次的内容:一是要求税收保持中性,即对所有从事经营的纳税人,包括经营者和投资者,要一视同仁,同等对待,以便为经营者创造一个合理的税收环境,促进经营者进行公平竞争。增值税的盛行、公司税税率以比例税率为主等都是这种公平要求的反映。二是对于客观上存在不公平的因素,如资源禀赋差异等,需要通过差别征税实施调节,以创造大体同等或者大体公平的、客观的竞争环境。这两个层次,也相当于社会公平中的横向公平和纵向公平。

之所以强调税收的经济公平,是与经济的发展分不开的。经济的发展使公司、企业成为重要的纳税主体,它们与个人相比,对经济方面的公平要求比社会公平更迫切、更现实。

(二)效率原则

税收效率原则,是指政府征税,包括税制的建立和税收政策的运用,应讲求效率,遵循效率原则。这里的效率,通常有两层含义:一是行政效率,也就是征税过程本身的效率,它要求税收在征收和缴纳过程中耗费成本最小;二是经济效率,就是征税应有利于经济效率的提高,或者使对经济效率的不利影响最小。

税收行政效率,可以用税收成本率即税收的行政成本占税收收入的比率来反映。有效率就是要求以尽可能少的税收行政成本征收尽可能多的税收收入,即税收成本率越低越好。税收行政成本,既包括政府为征税而花费的征收成本,也包括纳税人为纳税而耗费的缴纳成本。税收的征收成本和缴纳成本是密切相关的,有时甚至是可以相互转换的。一项税收政策的出台,可能有利于降低征收成本,但它可能是以纳税人的缴纳成本的增加为代价的,或者相反。这说明,税收的行政效率要对征收成本和缴纳成本进行综合考虑,才有真正意义。在现实中,如何提高税收的行政效率,是税收征管所要解决的重要目标。

税收的经济效率是税收效率原则的更高层次,不同层次的理解是不同的。税收经济效率的第一层次的要求是税收的"额外负担"最小。所谓税收的额外负担,简单地说就是征税所引起的资源配置效率的下降,它是税收行政成本以外的一种经济损失,即"额外负担",因此,相对于税收行政成本,通常又将其称为税收的经济成本。税收经济效率的第二层次的要求是保护税本。税本就是税收的本源,国民生产是税本,国民收入是税源,税收只能参与国民收入的分配,而不能伤及国民生产。这犹如树上摘果,果是源,树是本,人们只能摘果,而不能伤树。税收经济税率的第三层次,也是最高层次,要求是通过税收分配来提高资源配置的效率。它基于对税收调控作用的积极认识,认为税收不只是消极地作用于经济,因为现实中存在市场失灵,因此,政府有必要进行干预,而税收分配就是政府干预经济的有效手段。

从税收经济效率的不同层次可以看出,税收是否有效率,必须结合经济运行本身的效率来考察。如果经济运转本身是高效率的,则应以税收不干扰或少干扰经济运行视为有效率,即以税收的经济成本最小作为判断税收效率的依据;而如果经济运行处于低效率甚至无效率状态,则税收效率应反映在对经济运行的有效干预上。

(三)适度原则

税收适度原则,是指政府征税,包括税制的建立和税收政策的运用,应兼顾需要与可能,做到取之有度。这里,"需要"是指财政的需要,"可能"则是指税收负担的可能,即经济的承受能力。遵循适度原则,要求税收负担适中,税收收入既能满足正常的财政支出需要,又能与经济发展保持协调和同步,并在此基础上,使宏观税收负担尽量从轻。

如果说公平原则和效率原则是从社会和经济角度考察税收所应遵循的原则,那么,适度原则则是从财政角度对税收的量的基本规定,是税收财政原则的根本体现。适度原则并不排斥收入充裕的要求。拉弗曲线就是反映了这一原理,即税收收入并不总是与税负成正比的,税负(率)越高,不等于收入越充裕,而可能是相反,即当税负(率)超过某个临界点后,实际所实现的税收收入可能反而下降,因为,税负过高会导致税源的萎缩。这说明,税负过高和过低都不好。税负过低,就不能满足政府的正常支出需要;税负过高,则不仅不会增加收入,反而会制约经济的发展。作为理论上的原则要求,从性质上说,适度就是兼顾财政的正常需要和经济的现实可能;从量上说,就是力求使宏观税负落在或接近拉弗曲线上的"最佳点"。

税负痛苦指数

税负痛苦指数(tax misery index)又称税收痛苦指数,是根据各地的公司税率、个人所得税率、富人税率、销售税率/增值税率,以及雇主和雇员的社会保障贡献等计算而得,指数越高意味痛苦程度越高。

(四)法治原则

税收的法治原则,是指政府征税,包括税制的建立和税收政策的运用,应以法律为依据,依法治税。法治原则的内容包括两个方面:税收程序规范原则和征收内容明确原则。前者要求税收程序——包括税收的立法程序、执法程序和司法程序法定;后者要求征税内容法定。税收法治原则,从根本上说,是由税收的性质决定的。只有税收法定,以法律形式明确纳税义务,才能真正体现税收的"强制性",实现税收的"无偿"征收,税收分配也才能做到规范、确定和具有可预测性。这对经济决策至关重要。

目前,我国法治建设还不够健全,在税收领域,无法可依、有法不依、违法不究的情况仍时有发生。市场经济是法治经济,我国要发展社会主义市场经济,就需要依法治国,更需要依法治税。因此,我国在建立和完善符合社会主义市场经济发展要求的税制过程中,提倡和强调税收的法治原则就显得更为重要和迫切。

 法律法规

对于抗税的处理

《中华人民共和国刑法》第二百零二条规定:以暴力、威胁方法拒不缴纳税款的,处三年以下有期徒刑或者拘役,并处拒缴税款一倍以上五倍以下罚金;情节严重的,处三年以上七年以下有期徒刑,并处拒缴税款一倍以上五倍以下罚金。

三、税制构成要素

税收构成要素是指构成税收制度,尤其是税种的基本要素,是进行税收理论分析和税制设计的基本工具。它包括纳税人、征税对象、税率、纳税期限、纳税环节、减免税、违章处理等。其中,纳税人、征税对象、税率是税制的三个基本要素。

(一)纳税人

纳税人又称纳税义务人,是指税法规定的直接负有纳税义务的单位和个人。包括自然人和法人。自然人,指依法享有民事权利,并承担民事义务的公民个人。法人,指依法成立,能够独立地支配财产,并能以自己的名义享受民事权利和承担民事义务的社会组织。

与纳税人有联系的两个概念是负税人和扣缴义务人。负税人就是最终负担国家征收税款的单位和个人。有的税种,税负不易转嫁,税款由纳税人自己负担,纳税人本身就是负税人,如个人所得税。有的税种税负较易转嫁,纳税人和负税人往往是不一致的,如对商品或劳务征收的消费税、增值税等流转税。国家在制定税法时,只规定由谁负责缴纳税款,并不规定税款最终由谁负担,但是政府在制定税收政策和设计税收制度时,必须认真研究税收负担及其分布问题。所谓扣缴义务人,是指税法规定的,在其经营活动中负有代扣税款并向国库缴纳义务的企业或单位,也称代扣代缴义务人。对税法规定的扣缴义务人,税务机关应向其颁发代扣代缴证书,并付给扣缴义务人代扣代缴手续费。设置扣缴义务人是控制税源、加强税务管理的一种措施。

(二)征税对象

征税对象,又称课税对象,是指对什么东西征税,是课税的客体或标的物。每一种税都必须有明确的征税对象,如消费税的征税对象就是消费品(具体如烟、酒等);所得税的征税对象就是应税所得额等。

与征税对象有关的两个重要概念是税目和计税依据。税目是课税对象的具体化,反映具体的征税范围,代表征税的广度。不是所有的税种都规定税目。划分税目的主要作用:一是进一步明确征税范围;二是解决课税对象的归类问题,并根据归类确定税率。计税依据即计算应纳税额的依据,是与征税对象相关的、合理的数量特征。一般选择征税对象的价值、价格或征税对象的某些物理数量特征。

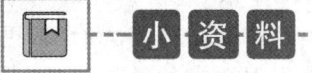

税 目

为什么要规定税目?例如消费税,顾名思义就是对消费品征收的一种税,但实际上并不是对所有的消费品征税,而是通过税目对列举的若干消费品征税。凡是列入税法规定税目中的商品或项目就要征税,凡没有列入税目的就不征税。规定税目的另一个重要作用在于区别不同的具体对象,规定高低不同的税率,以体现国家的税收政策。

(三) 税率

税率是指税额与计税依据之间的法定比例。税率是计算纳税人应纳税额的尺度,反映征税的深度。税收的固定性特征主要是通过税率来体现。在征税对象已经明确的前提下,税率的高低直接关系到国家财政收入和纳税人的负担水平。国家一定时期的税收政策也主要体现在税率上。

税率有比例税率、定额税率、累进税率三大类,每一类又可以细分为若干种具体形式。不同的税种以及不同的历史时期适用税率的种类及其高低均有所不同,由此形成了一国的税率结构体系。税率种类及其结构的大体情况是:

1. 比例税率

比例税率是指对同一课税对象,不论数额多少,均按同一比例征税的一种税率制度。它是我国现行税率中最重要的一种形式。比例税率在实际运用中,又可以分为单一比例税率、差别比例税率、幅度比例税率三种具体形式。

单一比例税率是指对一个税种只规定一个比例税率,所有纳税人都按照同一比例纳税。例如,企业所得税采用的税率为 25%。差别比例税率,即对一个税种设置两个或两个以上的比例税率征税。幅度比例税率,即中央只规定最低税率和最高税率,各地可根据本地区实际情况,在中央规定的幅度内,确定一个适用的比例税率来征税。

比例税率的优点有:一是计算征收和缴纳税款简便,便于税收的征收管理;二是同一课税对象、不同纳税人的税收负担相同,有利于鼓励先进,督促落后,促进企业在大体同等的条件下竞争。比例税率的缺点有:比例税率的税收负担与负担能力不相适应,不能体现负担能力大的多征、负担能力小的少征的量能负担原则,税收负担水平不尽合理。比例税率一般适用于对商品流转额的征税。

2. 定额税率

定额税率又称固定税额,是指按照征税对象的一定数量直接规定一定的税额,而不是规定征收比例。它是用绝对量表示税率的一种特殊形式,一般适用于从量定额征税的商品或税种。

定额税率的优点有:一是计算简便,有利于征管工作的开展;二是从量计征,有利于促进企业提高产品质量。在优质优价、劣质劣价的情况下,税额固定,优质优价产品税负相对较轻,劣质劣价产品税负相对较重。定额税率的缺点有:由于不是从价计征,税额一般不随征税对象价值（价格）的增长而增长，因而不能使国家财政收入随国民收入的增长而同步增长。

3. 累进税率

累进税率是指按征税对象数额的大小，划分为若干等级，不同等级规定高低不同的税率，征税对象数额越大税率越高的一种税率形式。累进税率因计算方式的不同，又分为全额累进税率和超额累进税率。

全额累进税率，是指对征税对象的全部数额都按其相应等级的累进税率计算征税。当征税对象数额提高一个级距时，对征税对象全额都按提高一级的税率征税。超额累进税率，是指把征税对象数额按大小划分为若干等级，并对每个等级规定相应的税率，分别计算税额，当征税对象数额超过某一等级时，仅就超过部分按高一级税率计算征税。

全额累进税率的优点是计算简便，并且由于它的名义税率与实际税率一般是相等的，所以在调节收入方面，较之比例税率要合理一些。但是，在两个级距的临界部分会出现税负增加超过应税所得额增加的不合理现象，使税收负担显得不合理。超额累进税率的优点是累进幅度比较小，税收负担较为合理。特别是在征税对象级次临界部分，只就超过部分按高一级税率计算征税，一般不会发生增加的税额超过征税对象数额的不合理现象，有利于鼓励纳税人增产增收。但是，采用超额累进税率计算应纳税额过程过于复杂，特别是征税对象数额越大，包括的级次和适用的税率越多，计算步骤也就越多。为此，通常使用一种简单的计算方法，即速算扣除数法，其计算公式为：

应纳税额＝用全额累进方法计算的税额－速算扣除数

速算扣除数是指按全额累进税率计算的税额减去按超额累进税率计算的税额的常数差额。

（四）其他税制要素

1. 纳税期限

纳税期限是指税法规定的纳税人向国家缴纳税款的期限。纳税期限保证国家能及时地取得财政收入，是税收强制性和固定性在时间上的体现。纳税期限的确定，一般应考虑纳税人生产经营和课税对象的特殊性以及应纳税额数量的大小等情况。不能按期纳税的，可以按次纳税。

2. 纳税环节

纳税环节是指税法规定的在商品流转过程中和劳务活动中应当缴纳税款的环节。商品从生产到消费往往需要经过多个流转环节，例如，工业产品一般要经过工业生产、商业批发、商品零售等环节。在商品流转过程中，哪些环节应该纳税，税收制度必须作出明确的规定。虽然一般意义上的纳税环节，是指流转税的纳税环节，但其他任何一种税都有纳税环节的问题，只不过除流转税外，其他各种税通常属于单环节征税，纳税环节的确定比较简单。

3. 减税、免税

减税、免税（以下简称减免税）是指税法规定的对某些特殊情况给予减轻或免除税收负担的一种税收优惠措施。减税是对应征税款减少征收一部分，免税是全部免除其税收负担。减免税体现了国家一定时期的经济和社会政策,有较强的政策目的性和针对性,是一个重要的税制要素。减免税的具体形式主要有税基式减免、税率式减免和税额式减免三种:

(1) 税基式减免。即通过缩小计税依据来实现减免税的一种形式。具体包括起征点、免征额、项目扣除和跨期结转等形式。其中,起征点是指税法规定征税对象开始征税的数额,征税对象数额未达到起征点的不征税,达到或超过起征点的就其全部数额征税。免征额是指税法规定的征税对象中免于征税的数额,免征额部分不征税,只对超过免征额的部分征税。

(2) 税率式减免。即通过降低税率来实现减免税的一种形式。具体包括重新确定新税率、归入低税率和规定零税率等。

(3) 税额式减免。是指通过减少一部分税额或免除全部税额来实现减免税的一种形式。具体包括全部免征、减半征收、核定减征率、核定减征额等。

4. 法律责任

法律责任,是指由于违法行为而应当承担的法律后果。违法行为是承担法律责任的前提,而法律制裁是追究法律责任的必然结果。法律制裁,习惯又称为罚则或违章处理,是对纳税人违反税法的行为所采取的惩罚措施,它是税收强制性特征的具体体现。

纳税人的税务违法行为通常有偷税、抗税、骗税、欠税等。偷税,是指纳税人伪造、变造、隐匿、擅自销毁账簿或记账凭证,或者在账簿上多列支出或者不列、少列收入,或者经税务机关通知申报而拒不申报或者进行虚假的纳税申报,不缴或者少缴应纳税款的行为。抗税,是指纳税人以暴力、威胁方法拒不缴纳税款的行为。骗税,是指纳税人利用假报出口等欺骗手段,骗取国家出口退税款的行为。欠税,是指纳税人拖欠税款,不按规定期限缴纳税款的行为。对纳税人税务违法行为必须依法予以行政处罚,其中构成犯罪的要由司法机关追究刑事责任。

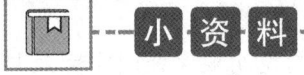

税 收 筹 划

税收筹划,是指纳税人在符合国家法律及税收法规的前提下,按照税收政策法规的导向,事前选择税收利益最大化的纳税方案处理自己的生产、经营和投资、理财活动的一种企业筹划行为。税收筹划的前提条件是必须符合国家法律及税收法规;税收筹划的方向应当符合税收政策法规的导向;税收筹划的发生必须是在生产经营和投资理财活动之前;税收筹划的目标是使纳税人的税收利益最大化。所谓"税收利益最大化",包括税负最轻、税后利润最大化、企业价值最大化等内涵,而不仅仅是指的税负最轻。

四、现行税制

税收制度的含义有广义与狭义之分。广义的税收制度是指国家设置的所有税种组成税收体系及各种征收管理制度,包括税收基本法、税收程序法和税收实体法。狭义的税收制度是指税收实体法,即指国家设置的某一具体税种的课征制度。我国现行税收制度由

19个税种构成共五大类,即流转税类、所得税类、资源税类、财产税类、行为税类。

(一)流转税类

流转税类又称流转额课税,即对流转额的课征,是指以商品和劳务的流转额为征税对象的税种。流转额课税的经济前提是商品经济,其计税依据是商品销售额或业务收入额,一般采用比例税率。我国的增值税、消费税、关税等税种都属于流转税类。

1. 增值税

增值税是指以商品生产流通和劳务服务的各环节所产生的增值额为征税对象的一种流转税。增值额是单位或个人在生产经营过程中新创造、新增加的那部分价值。从一个生产经营单位来看,增值额是指该单位销售货物或提供劳务的收入额扣除为生产经营这种货物(或劳务)而外购的那部分货物或劳务价款后的余额。从生产经营的全过程看,各环节增值额的和等于最终的销售额。

世界各国征收增值税时,对外购项目中的固定资产处理并不完全相同,据此,将增值税分为以下三种类型:

(1)生产型增值税。生产型增值税不允许扣除购入固定资产价值中所含的增值税款,也不允许扣除生产经营过程中固定资产磨损的那部分转移价值(即折旧)。其实际征税对象相当于国民生产总值,故称为生产型增值税。我国在1994年至2008年期间实行的是生产型增值税。

(2)收入型增值税。收入型增值税允许扣除购入固定资产价值中所含的增值税款,但只能按照磨损程度相应地给予扣除。其实际征税对象相当于国民收入,故称为收入型增值税。

(3)消费型增值税。消费型增值税允许在购进固定资产时一次性扣除固定资产价值中所含的增值税款。其实际征税对象相当于全社会消费资料,故称为消费型增值税。绝大多数国家采用消费型增值税,我国自2009年1月1日起,实行消费型增值税。

凡在我国境内销售货物,提供加工、劳务和进口货物的单位和个人,为增值税的纳税人。增值税的纳税人又分为一般纳税人和小规模纳税人。生产货物或者提供应税劳务的纳税人,以及以生产货物或者提供应税劳务为主并兼营货物批发或者零售的纳税人,年应税销售额超过50万元的,或者从事货物批发或者零售经营,年应税销售额超过80万元的为一般纳税人。从事货物生产或者提供应税劳务的纳税人,以及从事货物生产或者提供应税劳务为主并兼营货物批发或者零售的纳税人,年应征增值税销售额在50万元以下的,或除上述规定以外的纳税人,年应税销售额在80万元以下为小规模纳税人。

增值税税率,一般纳税人适用13%、9%、6%、0%税率等四档税率。销售货物或者提供加工、修理修配劳务以及进口货物,提供有形动产租赁服务适用13%税率。粮食、食用植物油;自来水、暖气、冷气、热水、煤气、石油液化气、天然气、沼气、居民用煤炭制品;图书、报纸、杂志;饲料、化肥、农药、农机、农膜;农产品、音像制品、电子出版物、二甲醚等适用9%税率。提供交通运输业服务、邮政服务、基础电信服务、建筑服务、销售不动产、不动产租赁、转让土地使用权适用6%税率。提供现代服务业服务适用0%税率。小规模纳税人适用征收率,征收率为3%。

增值税一般纳税人销售货物或提供劳务,应纳税额等于当期销项税额减当期进项税额。销项税额是指纳税人销售货物或者提供应税劳务,按照销售额或应税劳务收入和规定的税率计算并向购买方收取的增值税税额。

销项税额的计算公式为：

$$销项税额 = 销售额 \times 适用税率$$

纳税人购进货物或者接受应税劳务所支付或者负担的增值税额为进项税额。销项税额同时是购买方的进项税额。小规模纳税人经营规模小，且会计核算不健全，因此实行按销售额与征收率计算应纳税额的简易办法。

2. 消费税

在对商品普遍征收增值税的基础上，选择少数消费品再征收一道消费税。对烟、酒、汽油等消费品实行高税率或单独设置税种，课以较重的税收，是国际上普遍的做法。

消费税征收范围主要考虑以下几方面的因素：一是流转税制格局调整后税收负担下降较多的产品；二是非生活必需品中一些高档、奢侈的消费品；三是从保护身体健康、生态环境等方面的需要出发，不提倡也不宜过度消费的某些消费品；四是一些特殊的资源性消费品。

在种类繁多的消费品中，征收消费税的为数极少。我国消费税暂行条例中确定征收消费税的品目有14个，包括烟、酒、化妆品、贵重首饰、鞭炮焰火、成品油、汽车轮胎、摩托车、小汽车、高尔夫球及球具、高档手表、游艇、木制一次性筷子和实木地板等。

消费税采取从价定率和从量定额两种征税办法。从价定率的办法是指根据商品销售价格和税法规定的税率计算征税。例如，烟丝的应纳税额＝销售额×30％。从量定额的办法是指根据商品销售数量和税法规定的单位税额计算征税，现行消费税对啤酒、黄酒、成品油等适用定额税率。例如，汽油的应纳税额＝销售数量（升）×0.2元/升。同时，对卷烟、白酒采用从价定率和从量定额混合计算的复合税率计税，其应纳税额＝应税销售数量×定额税率＋应税销售额×比例税率，如白酒的定额税率为每斤0.5元，比例税率为20％。消费税根据不同税目或子税目设置相应的税率或单位税额。

消费税实行价内税征收的办法。从价定率征收，以含有消费税金而不含增值税税金的消费品价格为计算依据。消费税从理论上说最终是由消费者负担的，但为了减少纳税人的数量，从而降低征收费用，防止税款流失，消费税的纳税环节确定在生产环节。

3. 关税

关税是指由国家对进出口关境的货物和物品征收的一种税。我国现行关税的基本规范是《中华人民共和国进出口关税条例》和《中华人民共和国进出口税则》。《中华人民共和国进出口关税条例》是为了贯彻对外开放政策，促进对外经济贸易和国民经济的发展，根据《中华人民共和国海关法》的有关规定，国务院制定的一部行政法规。该行政法规由国务院于2003年11月23日发布，自2004年1月1日起施行。2024年12月1日起，《中华人民共和国关税法》施行，《中华人民共和国进出口关税条例》同时废止。分别于2011年1月8日、2013年12月7日和2016年2月6日进行了修改，共计6章67条。《中华人民共和国进出口税则（2023）》由国务院关税税则委员会发布，自2023年1月1日起实施。

国境是一个国家以边界为界限，全面行使主权的境域，包括领土、领海、领空。关境是指海关征收关税的领域。一般来说，关境与国境是重叠的，关境就是国境，国境就是关境。但是两者也有不一致的情况，如有些国家在国境内设有自由贸易港、自由贸易区或出口加工区时,关境则小于国境;当几个国家组成关税同盟时,成员国之间互相取消关税,对外实行共同的关税税则,其关境大于国境。

关税按货物的不同流向分为进口税、出口税和过境税(一个国家的海关对从外国经过该国,运往另一国的货物征收的关税);按一国所采用的关税政策的不同可分为财政关税和保护关税。前者主要指为增加财政收入而征收的关税,目前在世界各国所占比重不大。后者主要是为了保护本国工农业生产而征收的关税。一国保护关税政策的主要内容是:对国内需要保护的商品使用保护关税;对非必需或奢侈品的进口,制定比保护关税高的税率;对本国需要的商品制定较低的税率或免税,鼓励进口;对鼓励出口的商品免税;对不同国家的货物或物品的不同输入情况分别实行最惠国关税、协定关税、特惠关税和普通关税四类。

关税在国民经济中可以发挥以下作用:

(1)经济调节作用。由于关税税率的高低和关税的征免,直接影响到进出口货物的成本,进而影响到商品的市场价格和销售数量,影响到企业的生产和经济效益,所以,国家往往通过关税来调节经济、调节市场,从而达到调控国民经济、保护与扶持民族工业、促进经济健康发展的目的。

(2)促进改革开放和对外贸易发展。《中华人民共和国海关法》和《中华人民共和国进出口关税条例》的制定,特别是鼓励国家经济建设必需物资和人民生活必需品的进口、鼓励引进外资、鼓励引进先进技术等一系列关税优惠措施的制定,促进了改革开放的深入发展,同时也促进了对外贸易的繁荣。

(3)贯彻平等互利和对等原则。关税对同一种进口商品分别规定两栏税率,即普通税率和优惠税率。对购自同我国订有贸易互惠条约国家的货物,适用优惠税率;对购自与我国没有互惠条约国家的货物,适用普通税率。通过对两栏税率的运用,既取得了国际互惠,又贯彻了平等互利和对等原则。

(4)增加国家财政收入。关税作为国家财政的重要来源,为国内建设积累了资金。

(二)所得税类

所得税类是指以纳税人的所得额为课税对象的税种的总称。这里的所得额,是指单位和个人在一定时期内,通过各种方式从全社会的国民收入(V+M)总额中分配到的份额。

1. 企业所得税

企业所得税是以企业取得的生产经营所得和其他所得为征税对象所征收的一种税。企业是指企业和其他取得收入的组织,但不包括个人独资企业、合伙企业。企业所得税的纳税人分为居民企业和非居民企业,居民企业是指依法在中国境内成立,或者依照外国(地区)法律成立但实际管理机构在中国境内的企业。非居民企业是指依照外国(地区)法律成立且实际管理机构不在中国境内,但在中国境内设立机构、场所的或者在中国境内未设立机构、场所但有来源于中国境内所得的企业。居民企业应就来源于中国境内、境外的所得纳税,非居民企业仅就来源于中国境内的所得纳税。

企业所得税基本税率为25%,适用于居民企业和在中国境内设有机构、场所且所得与机构、场所有关联的非居民企业。低税率为20%,适用于在中国境内未设立机构、场所的,或者虽设立机构、场所但取得的所得与其所设机构、场所没有实际联系的非居民企业。企业所得税的计算公式为:

$$企业所得税应纳税额=企业所得税应纳税所得额\times 适用税率$$

应纳税所得额是企业所得税的计税依据,按照《企业所得税法》的规定,应纳税所得额为企业每一个纳税年度的收入总额减除不征税收入、免税收入、各项扣除以及允许弥补的以前年度亏损后的余额。基本公式为:

应纳税所得额＝收入总额－不征税收入－免税收入－准予扣除－以前年度亏损

收入总额包括销售货物收入、劳务收入、转让财产收入、股息、红利等权益性投资收益、利息收入、租金收入、特许权使用费收入、接受捐赠收入、其他收入及视同销售收入。

不征税收入包括财政拨款、依法收取并纳入财政管理的行政事业性收费、政府性基金及国务院规定的其他不征税收入。

免税收入包括国债利息收入、符合条件的居民企业之间的股息、红利等权益性收益、符合条件的非营利组织的收入等。

准予扣除的项目是指企业实际发生的与取得收入有关的、合理的支出,包括成本、费用、税金、损失和其他支出,准予在计算应纳税所得额时扣除。

以前年度亏损是指企业以前纳税年度发生的亏损可以用本年度的所得弥补,本年度的所得不足以弥补的,可以逐年延续弥补,但最长不得超过5年。

2. 个人所得税

个人所得税是指以个人(自然人)取得的各项应税所得为征税对象所征收的一种税。世界各国的个人所得税制大体可分为三种类型:分类所得税制、综合所得税制和混合所得税制。我国现行个人所得税采用的是混合所得税制,即将个人取得的各种所得划分为11类,其中工资薪金、劳务报酬、稿酬和特许权使用费四项劳务性所得纳入综合征税范围,除以上的其他项目分别适用不同的费用减除规定、不同的税率和不同的计税方法。

我国个人所得税有11项应纳税所得,具体包括:① 工资、薪金所得;② 个体工商户的生产经营所得;③ 对企事业单位的承包经营、承租经营所得;④ 劳务报酬所得;⑤ 稿酬所得;⑥ 特许权使用费所得;⑦ 利息、股息、红利所得;⑧ 财产租赁所得;⑨ 财产转让所得;⑩ 偶然所得;⑪ 经国务院、财政部确定征税的其他所得。

个人所得税的纳税人即取得应税所得的个人,包括中国公民、外籍人员(包括无国籍人)、华侨、港澳台同胞。分为居民纳税人和非居民纳税人。居民负无限纳税义务,就其来源于境内外的所得纳税;非居民负有限纳税义务,就其来源于境内的所得纳税。

个人所得税区别各种所得项目,规定了几种不同税率:

(1)综合所得,适用3%~45%的7级超额累进税率。其具体计税方式,如表3-3所示。

表3-3　　　　　　　　综合所得的个人所得税税率

级数	全年应纳税所得额	税率(%)	速算扣除数
1	不超过36 000元的部分	3	0
2	超过36 000元至144 000元的部分	10	2 520
3	超过144 000元至300 000元的部分	20	16 920
4	超过300 000元至420 000元的部分	25	31 920

(续表)

级数	全年应纳税所得额	税率(%)	速算扣除数
5	超过 420 000 元至 660 000 元的部分	30	52 920
6	超过 660 000 元至 960 000 元的部分	35	85 920
7	超过 960 000 元的部分	45	181 920

（2）个体工商户的生产、经营所得和对企事业单位的承包经营、承租经营所得，适用 5%～35%的 5 级超额累进税率。其具体计税方式，如表 3-4 所示。

表 3-4　个体工商户的生产、经营所得和对企事业单位的承包经营、承租经营所得的个人所得税税率

级数	全年应纳税所得额	税率(%)	速算扣除数
1	不超过 15 000 元的部分	5	0
2	超过 15 000 元至 30 000 元的部分	10	750
3	超过 30 000 元至 60 000 元的部分	20	3 750
4	超过 60 000 元至 100 000 元的部分	30	9 750
5	超过 100 000 元的部分	35	14 750

我国个人所得税在综合所得中，设立了费用扣除项目：① 基本费用扣除，当前为 5 000 元/月（1 年 6 万元）；② 专项扣除，为纳税人缴纳的"五险一金"；③ 专项附加扣除，包括子女教育、继续教育、大病医疗、住房贷款利息或者住房租金、赡养老人等项。

我国个人所得税综合所得以年计征，实行"代扣代缴、自行申报、汇算清缴、多退少补、优化服务、事后抽查"的征管制度。

本期应预扣预缴税额＝（累计预扣预缴应纳税所得额×预扣率－速算扣除数）
－累计减免税额－累计预扣预缴税额。

其中，累计预扣预缴应纳税所得额＝累计收入－累计免税收入－累计基本费用扣除－累计专项扣除－累计专项附加扣除－累依法确定的其他扣除。

（3）稿酬所得适用比例税率，税率为 20%，并按应纳税额减征 30%，故其实际税率为 14%。

（4）劳务报酬所得适用比例税率，税率为 20%。对劳务报酬所得一次收入畸高的，可以实行加成征收，具体办法由国务院规定。

（5）特许权使用费所得，利息、股息、红利所得，财产租赁、转让所得，偶然所得和其他所得，适用于 20%的比例税率。

个人所得税的计税依据为应纳税所得额，其中：

（1）工资、薪金所得，以每月收入额减除费用 3 500 元之后的余额为应纳税所得额。

（2）个体工商业户的生产经营所得，以每一纳税年度的总收入，减除成本、费用以及损失后的余额，为应纳税所得额。

（3）企事业单位的承包经营、租赁经营所得，以每一年度的收入总额，减除必要费用后的余额，为应纳税所得额。

(4) 劳务报酬、稿酬所得、财产租赁所得和特许权使用费所得,每次收入不超过 4 000 元的,减除费用 800 元;4 000 元以上的,减除 20% 的费用,其余额为应纳税所得额。

(5) 财产转让所得,以转让财产的收入额减除财产原值和合理费用后的余额,为应纳税所得额。

(6) 利息、股息、红利所得、偶然所得和其他所得,以每次收入额为应纳税所得额。

个人将其所得捐赠给教育事业和其他公益事业的部分,按照国务院有关规定从应纳税所得中扣除。

对在中国境内无住所而在中国境内取得工资、薪金所得的纳税义务人和在中国境内有住所而在中国境外取得工资、薪金所得的纳税义务人,可以根据其平均收入水平、生活水平以及汇率变化情况确定附加减除费用,附加减除费用适用的范围和标准由国务院规定。

纳税义务人从中国境外取得的所得,准予其在应纳税额中扣除已在境外缴纳的个人所得税税额,但扣除额不得超过该纳税义务人境外所得依照我国税法规定计算的应纳税额。中国主要税种收入情况如表 3-5 所示。

表 3-5   中国主要税种收入情况表

序号	时间	税收合计（亿元）	增值税（亿元）	营业税（亿元）	消费税（亿元）	关税（亿元）	企业所得税（亿元）
1	2023	181 129.00	69 332.00	—	16 118.00	2 591.00	41 098.00
2	2022	166 614.00	48 717.00	—	16 699.00	2 860.00	43 690.00
3	2021	172 731.00	63 519.00	—	13 881.00	2 806.00	42 041.00
4	2020	154 310	56 791.04	—	12 028.10	2 564.20	36 424.21
5	2019	158 000.46	62 347.36	—	12 564.44	2 889.13	37 303.77
6	2018	156 402.86	61 530.77	—	10 631.75	2 847.78	35 323.71
7	2017	144 369.87	56 378.18	—	10 225.09	2 997.85	32 117.29
8	2016	130 360.73	40 712.08	11 501.88	10 217.23	2 603.80	28 851.36
9	2015	124 922.20	31 109.47	19 312.84	10 542.16	2 560.84	27 133.87
10	2014	119 175.31	30 855.36	17 781.73	8 907.12	2 843.41	24 642.19
11	2013	110 530.70	28 810.13	17 233.02	8 231.32	2 630.61	22 427.20
12	2012	100 614.28	26 415.51	15 747.64	7 875.58	2 783.93	19 654.53
13	2011	89 738.39	24 266.63	13 679.00	6 936.21	2 559.12	16 769.64
14	2010	73 210.79	21 093.48	11 157.91	6 071.55	2 027.83	12 843.54

(三) 资源税类

资源有广义和狭义之分。广义的资源实际上包括人力资源、物力资源和财力资源;狭义的资源是指土地、矿藏、水利、森林等目前人类正在进行开发利用的各种物力资源,即自然形成的资源。我国现行资源税,就属于对狭义的资源课税。

对资源征税按其目的和意义的不同,可以分为级差资源税和一般资源税。级差资源税是国家对开发和利用自然资源的单位和个人,由于资源条件的差别和所取得的级差收入课征的一种税。征收级差资源税的依据在于马克思的级差地租理论。一般资源税是国家根据需要对使用某种自然资源的单位和个人,为取得应税资源的使用权而征收的一种税。征收一般资源税的理论依据是马克思的绝对地租原理。资源税的课税方式也有两种:一是以自然资源本身为计税依据,这种自然资源必须是私人拥有的;二是以自然资源的收益为计税依据,这种自然资源往往为国家所有。

1. 资源税

资源税是指国家对在我国境内从事开采应税矿产品或生产盐的单位和个人,就其资源销售数量或自用数量征收的一种税。资源税可以解决国有资源无偿占用及调节级差收入。

目前,我国资源税的征税范围包括矿产品(原油、天然气、煤炭、金属矿产品和其他非金属矿产品)和盐(海盐、湖盐、井矿盐)两大类。

资源税的纳税人是指从事应纳资源税产品开采的所有单位和个人。

资源税的计税依据为课税数量。纳税人开采或者生产应税产品销售的,以销售数量为课税数量;纳税人开采或者生产应税产品自用的,以自用数量为课税数量。

资源税采用从量定额的办法征收,实施"普遍征收、级差调节"的原则。调节级差,就是实施差别税额标准。资源条件好的,税额高些;条件差的、税额低些。税目有7个,其中原油、煤炭、矿产品和盐按每吨分别规定固定税额;天然气按每立方米规定固定税额。

从2016年7月1日起,资源税改革在全国全面推行。此次改革把从量定额征收方式改为实行从价计征方式,清理收费基金,进一步完善绿色税收制度,理顺资源税费关系,减轻企业负担。

2. 城镇土地使用税

城镇土地使用税是指以城市、县城、建制镇和工矿区范围内的国有土地为征税对象,对拥有土地使用权的单位和个人征收的一种税。城镇土地使用税以纳税人实际占用的土地面积(平方米)为计税依据,区别大、中、小城市,县城,建制镇和工矿区,采用差别幅度税额计税。

3. 耕地占用税

耕地占用税是指在全国范围内,对占用农用耕地建房或者从事其他非农业建设的单位和个人,按照规定税额一次性征收的税种。

耕地占用税的征税对象是指占用耕地建房和从事其他非农业建设的行为。由此看出,该税带有特定行为税的性质。纳税人是具有以上行为的单位和个人,包括国有企事业单位、集体企业、乡镇企业、部队机关、学校以及城市和农村的居民等。耕地占用税以纳税人的实际占用耕地面积为计税依据,采用定额税率,以县为单位,按其人均耕地的多少,规定幅度差别税额。

(四) 财产税类

财产税类是指以纳税人拥有或支配的财产为课税对象的税类。其优点是:① 收入比较稳定。财产税多是对财产价值课征,税源比较充足,且财产不易受变动因素影响,具有相对稳定性,税收收入比较稳定可靠。② 能够抑制社会财富分配不均的现象。财产税的征收与纳税人所拥有的财产成正比,财产越多则课征越多,可在一定程度上改变社会财富分配不均的现象。③ 税负难以转嫁。财产税是直接税,税负一般不易转嫁。尤其是个人消费使用的财产,因其不再参与交易,纳税人即为最终负税人,故税负很少有转嫁的机会。④ 可以弥补所得税的不足。由于所得税难以查实,不免遗漏。而财产的固定存在,可以弥补所得申报与查核的不足,并作为所得税查实征收的参考,所得税的遗漏常积聚成为纳税人的私人财产,财产税的课征则可对其遗漏加以补充。另外,所得税对不使用的资本和财产不进行课征,而征收财产税则可以促使这些闲置财产充分利用,从而提高资源有效使用率,减少浪费。

其缺点是:① 不符合纳税能力原则。财产税多以财产价值额作为课税对象,而财产的收益与财产的价值常常不一致。财产的价值并不能完全代表纳税人的纳税能力,因为有的财产有收益,有的财产无收益。即使价值相等的财产,其收益也未必相等。另外,目前社会财富种类繁多,财产的形式日益分化,不动产及有形的动产(如家具、车辆等)比较容易查实,但大量的无形动产,如股票、债券、银行存款、珍贵古玩等,则不容易查实,从而造成税负不公平的现象。② 财产估价困难,征收管理较难掌握。财产税一般是从价计征,财产价值的多少由税务机关估定。但估价过程相当困难,一则由于无形动产不易查实,二则是对不动产及有形动产的估价也很难做到准确;另外,征收方法也不容易确定,若采取自行申报的方法。纳税人出于私利往往会以多报少,形成偷漏税。若实行查实征收,则工作过于繁杂,增加征收费用,又易使纳税人产生厌烦。③ 在经济尚不发达时期课征财产税,可能在一定程度上妨碍私人资本的形成。

1. 房产税

房产税是指以房屋为征税对象,以房屋的计税余值或租金收入为计税依据向产权所有人征收的一种财产税。

房产税的纳税人为开征地区的产权所有人或承典人;计税依据为房产余值和房租收入。房产余值为房产原值一次性削减10%～30%后的余值。出租房产以其租金作为计税依据;税率有两种:依照房产余值计算缴纳的,税率为1.2%,依照房产租金收入计算缴纳的,税率为12%。

2. 车船税

车船税是指对在中国境内的车辆、船舶的所有人或管理人按车船税暂行条例征收的一种税。车船税实行定额税率,载客汽车和摩托车按辆计税,载货汽车及船舶分别按自重和净吨位计税。

3. 契税

契税是指以所有权发生转移变动的不动产为征税对象,向产权承受人征收的一种财产税。所有权的转移变动包括土地使用权的出让、出售、赠与、交换或者其他方式将土地使用权转移给其他单位和个人的行为及房屋的买卖、抵债、投资入股、赠与、交换等。

契税的计税依据为不动产的价格,税率实行3%～5%的幅度税率,各省、自治区、直辖市人民政府可以在3%～5%的幅度税率规定范围内,按照本地区的实际情况决定。

4. 车辆购置税

车辆购置税是指以在中国境内购置规定车辆为征税对象,在特定环节向车辆购置者征收的一种税。车辆购置税在退出流通进入消费领域的特定环节征收,以应税车辆的不含增值税价格为计税依据,税率统一为10%。

(五)行为税类

行为税类是指以纳税人的特定行为作为征税对象的税类。行为课税是一种辅助性税种,在组织财政收入方面,不像流转税和所得税那样普遍、集中和稳定。所以,在整个税制结构中,行为课税不能作为国家主体税种,而是作为辅助性税种,来弥补主体税种在调节作用上的不足,发挥"拾遗补阙"的特殊作用。

1. 印花税

印花税是指对经济活动和经济交往中书立、使用、领受具有法律效力的凭证的单位和个人征收的一种税。印花税的课税对象是书立、使用和领受应税凭证的行为。其计税依据有按凭证所载金额和按件定额征收两种。征税范围包括经济合同、产权转移书据、营业账簿、许可证照和经财政部确定征税的其他凭证。印花税的纳税人是指在我国境内书立、使用和领受上述应税凭证的单位和个人。其税率根据应税凭证的性质,分别规定从价比例税率或按件固定税额。

2. 城市维护建设税

城市维护建设税(简称城建税)是指为城市建设和维护筹集资金,而向缴纳增值税、消费税的单位和个人就其实际缴纳的"两税"税额征收的一种税。城建税的纳税人是有缴纳"两税"义务的单位和个人,但对外商投资企业和外国企业不征收城建税。城建税的计税依据为纳税人实际缴纳的"两税"税额,税率为1%、5%、7%的三档差别比例税率。

引例解析

从宏观角度分析,这些税收收入项目反映了:① 国内增值税的大幅增长可能表明我国经济正在逐步复苏,企业生产和消费活动有所回暖;② 消费税、企业所得税和个人所得税的下降可能反映出消费和投资需求仍存在一定的疲软;③ 车辆购置税的增长可能意味着汽车市场的回暖,而证券交易印花税的显著下降则可能反映了股市的波动和投资者情绪的谨慎。综合来看,这些税收数据为我们提供了观察和分析当前经济形势的一个重要窗口。

第三节 非税收入

引例

收 费

某中等职业学校升格到高等职业院校,按国家非税收入管理规定,院校可以向学生收取学费。院校向学生收取学费必须遵循哪些规定?

一、我国非税收入的主要内容

(一)非税收入的概念

政府非税收入(以下简称非税收入)是指由各级人民政府及其所属部门和单位依法利用行政权力、政府信誉、国家资源、国有资产或提供特定公共服务征收、收取、提取、募集的除税收和政府债务收入以外的财政收入。其包括行政事业性收费、政府性基金、国有资源有偿使用收入、国有资产有偿使用收入、国有资本经营收入、彩票公益金收入、罚没收入、以政府名义接受的捐赠收入、主管部门集中收入、政府财政资金产生的利息收入等十类。各类非税收入的取得依据有所不同,行政事业性收费、政府性基金、罚没收入和主管部门集中收入是利用行政权力征收的,具有强制性;国有资源有偿使用收入、国有资产有偿使用收入、国有资本经营收入是利用国家资源和国有资产所有权取得的,体现了国家作为所有者或出资人的权益;彩票公益金、以政府名义接受的捐赠收入是依托政府信誉募集的,遵循自愿原则。我们把除了税收以外的财政收入统称为非税收入。公债和社会保障缴款由于其特殊性,不包括在非税的财政收入范围内。

对非税的财政收入,各国的界定不尽相同,按照国际货币基金组织的统计方法,财政收入可以分为三大类:经常性收入、资本性收入和赠与收入。在经常性收入中,除了税收以外,还包括政府性收费、罚款和没收收入、公有企业的利润上缴等。资本性收入包括政府持有的固定资产的销售,政府的战略性物资库存的销售,土地、森林、内河和地下矿藏的销售,来自非政府单位的、不偿还的资本性转移,等等。而经济合作与开发组织则是以征收是否具有对应的补偿性作为界定税和非税的标准。但是,不管对非税收入如何界定,非税收入都是一国政府财政收入体系的重要组成部分。我国将赠与收入等归入非税收入。

取消和免征一批行政事业性收费

为了减轻企业和社会负担,促进经济稳定增长,根据国务院有关要求,自 2013 年 1 月 1 日起,取消和免征 30 项行政事业性收费。取消的行政事业性收费项目共 15 项。其中中央级设立的行政事业性收费 10 项,有工业和信息化部门的进网许可标志工本费、住房城乡建设部门的城市房屋安全鉴定费、农业部门的黄渤海、东海、南海区渔业资源增殖保护费、财政部门的收费票据工本费(中央本级)、海关部门的 TA 单证册调整费和货物行李物品保管费、国家税务总局和地方税务局的税务发票工本费(包括普通发票工本费和增值税专用发票工本费)、国务院港澳办和地方外事办公室的《往来香港澳门特别行政区通行证》工本费《往来香港澳门特别行政区通行证》签注费和《派驻香港澳门身份证明》工本费;省级设立的行政事业性收费 5 项,有船舶停泊费(各省区市)、铁路用地管理费(内蒙古自治区)、铁路用地管理费(新疆维吾尔自治区)、借用铁路土地管理费(福建省)和占河(滩、堤)管理费(辽宁省)。

免征的行政事业性收费项目共 15 项,中央级设立的行政事业性收费 8 项,有外交部及地方外事办公室的因公护照费(含加急费)、公安部门的户口簿工本费(不含丢失、损坏补办户口簿收取的工本费)和户口迁移证和准迁证工本费(不含丢失、损坏补办和过期失效重办户口迁移证、准迁证收取的工本费)、国土资源部门石油(天然气)勘查、开采登记费(免征期自 2013 年 1 月 1 日至 2014 年 12 月 31 日)、矿产资源勘查登记费(免征期自 2013

年1月1日至2014年12月31日)、采矿登记费(免征期自2013年1月1日至2014年12月31日)、工商行政管理部门的企业注册登记费(免征期自2013年1月1日至2014年12月31日)和个体工商户注册登记费(免征期自2013年1月1日至2014年12月31日)。省级设立的行政事业性收费7项有地方水电经营管理费(吉林省)、水利工程水费管理费(吉林省)、占用河道工程养护费(黑龙江省)、港口管理费(黑龙江省)、酒类批发许可证工本费(山西省)、使用流动人员调配费(广东省)和房屋租赁管理费(广东省深圳市)。

(资料来源:财政部网站)

(二)我国非税收入的主要内容

目前,我国非税收入的主要内容包括以下几个方面。

1. 行政事业性收费

行政事业性收费是指国家机关、事业单位、代行政府职能的社会团体及其他组织根据法律、行政法规、地方性法规等有关规定,依照国务院规定程序批准,在向公民、法人提供特定服务的过程中,按照成本补偿和非营利原则向特定服务对象收取的费用。

2. 政府性基金

政府性基金是指各级政府及其所属部门根据法律、行政法规和党中央、国务院文件规定,为支持某项特定基础设施建设和公共事业发展,向公民、法人和其他组织无偿征收的具有专项用途的财政资金。

3. 国有资源有偿使用收入

国有资源有偿使用收入是指各级政府及其所属部门根据法律、法规、国务院和省、自治区、直辖市人民政府及其财政部门的规定,设立和有偿出让土地、海域、矿产、水、森林、旅游、无线电频率以及城市市政公用设施和公共空间等国有有形或无形资源的开发权、使用权、勘查权、开采权、特许经营权、冠名权、广告权等取得的收入。

4. 国有资产有偿使用收入

国有资产有偿使用收入是指国家机关、事业单位、代行政府职能的社会团体、党团组织按照国有资产管理规定,对其固定资产和无形资产出租、出售、出让、转让等取得的收入。

5. 国有资本经营收益

国有资本经营收益是指国家以所有者身份从国家出资企业依法取得的国有资本经营收益,包括国有独资企业按规定上缴的利润、国有股股利、股息,企业国有产权(股权)转让收入、国有股减持收入、国有企业清算收入和依法由国有资本享有的其他收益。

小案例

财政部提高央企国有资本收益收取比例

中国财政部发布通知,决定从2014年起,将中央企业国有资本收益收取比例上调5个百分点,由此前的5%~15%上调至10%~25%。财政部称,此举系贯彻中共十八届三中全会精神。三中全会目标为上缴比例到2020年升至30%。

国有独资企业分五类上缴利润,其中:一类企业仅中国烟草总公司一家,上缴比例为25%。二类企业主要是能源、电力、通信企业,包括中石油、中石化、中海油、国家电网、中国移动、中国电信等,上缴比例为20%。三类企业主要是钢铁、运输、施工、贸易等企业,包括宝钢、鞍钢、中国远洋、建筑工程总公司等,上缴比例为15%。四类企业主要是军工、转制科研院所、中国邮政集团公司等,上缴比例为10%。第五类企业仅两家,包括中储粮、中储棉,免交当年应交利润。

此外,符合小型微型企业规定标准的国有独资企业,应交利润不足10万元的,比照第五类企业,免交当年应交利润。事业单位出资企业国有资本收益收取政策,按照《财政部关于中央级事业单位所属国有企业国有资本收益收取有关问题的通知》执行,收益收取比例提高至10%。

---

6. 彩票公益金

彩票公益金是指国家为促进社会公益事业发展,根据法律、法规、国务院和财政部的规定,特许发行彩票筹集并专门用于社会福利、体育等社会公益事业的专项资金。

7. 罚没收入

罚没收入是指执法机关依据法律、法规和规章,对公民、法人或者其他组织实施处罚取得的罚款、没收款、没收非法财物的变价收入。

8. 以政府名义接受的捐赠收入

以政府名义接受的捐赠收入是指以各级政府、国家机关、事业单位、代行政府职能的社会团体以及其他组织以政府名义接受的非定向捐赠货币收入。

9. 主管部门集中收入

主管部门集中收入是指国家机关、事业单位、代行政府职能的社会团体及其他组织根据同级财政部门的规定集中的所属事业单位收入。

10. 政府财政资金产生的利息收入

政府财政资金产生的利息收入是指税收和非税收入产生的利息收入。

二、我国非税收入的管理

(一) 非税收入管理体制

1. 非税收入实行分类分级管理

根据非税收入不同类别和特点,制定与分类相适应的管理制度。各地根据本地区实际情况,探索和建立符合本地实际的非税收入管理制度。

非税收入管理遵循依法、规范、透明、高效的原则。非税收入是政府财政收入的重要组成部分,纳入各级财政预算管理。

2. 各级财政部门是非税收入的主管部门

财政部负责制定全国非税收入管理制度和政策,按管理权限审批设立非税收入,征缴、管理和监督中央非税收入,指导地方非税收入管理工作。

县级以上地方财政部门负责制定本行政区域非税收入管理制度和政策,按管理权限审批设立非税收入,征缴、管理和监督本行政区域非税收入。

(二) 非税收入设立和征收管理

1. 非税收入设立

非税收入设立应当依据法律、法规的规定或者按下列管理权限审批:

（1）行政事业性收费按照国务院和省、自治区、直辖市（以下简称省级）人民政府及其财政、价格主管部门的规定设立和征收。

（2）政府性基金按照国务院和财政部的规定设立和征收。

（3）国有资源有偿使用收入、特许经营收入按照国务院和省级人民政府及其财政部门的规定设立和征收。

（4）国有资产有偿使用收入、国有资本收益由拥有国有资产（资本）产权的人民政府及其财政部门按照国有资产（资本）收益管理规定征收。

（5）彩票公益金按照国务院和财政部的规定筹集。

（6）中央银行收入按照相关法律法规征收。

（7）罚没收入按照法律、法规和规章的规定征收。

（8）主管部门集中收入、以政府名义接受的捐赠收入、政府收入的利息收入及其他非税收入按照同级人民政府及其财政部门的管理规定征收或者收取。

（9）任何部门和单位不得违反规定设立非税收入项目或者设定非税收入的征收对象、范围、标准和期限。取消、停征、减征、免征或者缓征非税收入，以及调整非税收入的征收对象、范围、标准和期限，应当按照设立和征收非税收入的管理权限予以批准，不许越权批准。取消法律、法规规定的非税收入项目，应当按照法定程序办理。

2. 非税收入征收

非税收入可以由财政部门直接征收，也可以由财政部门委托的部门和单位（以下简称执收单位）征收。未经财政部门批准，不得改变非税收入执收单位。执收单位应当履行下列职责：

（1）公示非税收入征收依据和具体征收事项，包括项目、对象、范围、标准、期限和方式等。

（2）严格按照规定的非税收入项目、征收范围和征收标准进行征收，及时足额上缴非税收入，并对欠缴、少缴收入实施催缴。

（3）记录、汇总、核对并按规定向同级财政部门报送非税收入征缴情况。

（4）编报非税收入年度收入预算。

（5）执行非税收入管理的其他有关规定。

（6）执收单位不得违规多征、提前征收或者减征、免征、缓征非税收入。

财政部门应当加强非税收入执收管理和监督，不得向执收单位下达非税收入指标。公民、法人或者其他组织（以下简称缴纳义务人）应当按规定履行非税收入缴纳义务。对违规设立非税收入项目、扩大征收范围、提高征收标准的，缴纳义务人有权拒绝缴纳并向有关部门举报。非税收入应当全部上缴国库，任何部门、单位和个人不得截留、占用、挪用、坐支或者拖欠。

（三）非税收入票据管理

非税收入票据是征收非税收入的法定凭证和会计核算的原始凭证，是财政、审计等部门进行监督检查的重要依据，应严格管理。非税收入票据包括非税收入通用票据、非税收入专用票据和非税收入一般缴款书三种。非税收入通用票据，是指执收单位征收非税收入时开具的通用凭证；非税收入专用票据，是指特定执收单位征收特定的非税收入时开具的专用凭证，主要包括行政事业性收费票据、政府性基金票据、国有资源（资产）收入票据、罚没票据等;非税收入一般缴款书,是指实施非税收入收缴管理制度改革的执收单位收缴非税收入时开具的通用凭证。

各级财政部门应当通过加强非税收入票据管理,规范执收单位的征收行为,从源头上杜绝乱收费,并确保依法合规的非税收入及时足额上缴国库。

执收单位使用非税收入票据,一般按照财务隶属关系向同级财政部门申领,实行凭证领取、分次限量、核旧领新制度。执收单位征收非税收入,应当向缴纳义务人开具财政部或者省级财政部门统一监(印)制的非税收入票据。对附加在价格上征收或者需要依法纳税的有关非税收入,执收单位应当按规定向缴纳义务人开具税务发票。

(四)非税收入资金管理

非税收入应当依照法律、法规规定或者按照管理权限确定的收入归属和缴库要求,缴入相应级次国库。非税收入实行分成的,应当按照事权与支出责任相适应的原则确定分成比例,并按下列管理权限予以批准:涉及中央与地方分成的非税收入,其分成比例由国务院或者财政部规定;涉及省级与市、县级分成的非税收入,其分成比例由省级人民政府或者其财政部门规定;涉及部门、单位之间分成的非税收入,其分成比例按照隶属关系由财政部或者省级财政部门规定。

非税收入收缴实行国库集中收缴制度。非税收入通过国库单一账户体系收缴、存储、退付、清算和核算。

根据非税收入不同性质,分别纳入一般公共预算、政府性基金预算和国有资本经营预算管理。财政部门按照规定加强政府性基金、国有资本收益与一般公共预算资金统筹使用,建立健全预算绩效评价制度,提高资金使用效率。

(五)非税收入监督管理

财政部门应当建立健全非税收入监督管理制度,加强非税收入政策执行情况的监督检查,依法处理非税收入违法违规行为,并按职责受理、调查、处理举报或者投诉。

执收单位应当建立健全内部控制制度,接受财政部门和审计机关的监督检查,如实提供非税收入情况和相关资料。

各级财政部门和执收单位应当通过政府网站和公共媒体等渠道,向社会公开非税收入项目名称、设立依据、征收方式和标准等,并加大预决算公开力度,提高非税收入透明度,接受公众监督。

引例解析

1. 首先,必须向当地财政部门申请办理收费许可证,并请领由财政部门监制的专用收费发票。
2. 收费收入要编入单位预算,纳入预算管理。
3. 在收费场所要悬挂收费许可证。
4. 收费资金要纳入财政专户管理。
5. 学校使用收费资金,需要向财政部门请领,财政部门批转后才能使用。
6. 收费必须纳入单位预算管理。

第四节　公共债务收入

引 例

超长期特别国债发行

2024年《政府工作报告》提出,从今年开始拟连续几年发行超长期特别国债,专项用于国家重大战略实施和重点领域安全能力建设,今年先发行1万亿元。

"超长期"指的是期限。在债券市场上,一般认为发行期限在10年以上的利率债为"超长期债券"。与普通国债相比,超长期债券能够缓解中短期偿债压力,以时间换空间。

"特别"指的是资金用途。超长期特别国债是为特定目标发行的、具有明确用途的国债,资金需要专款专用。根据政府工作报告,这次所提到的超长期特别国债是为了系统解决强国建设、民族复兴进程中一些重大项目建设的资金问题,专项用于国家重大战略实施和重点领域安全能力建设。

发行安排已公布:2024年先发行1万亿元,期限分别为20年、30年、50年。30年期超长期特别国债已于当年5月17日首发,6月7日续发;20年期超长期特别国债已于5月24日首发;50年期超长期特别国债已于6月14日首发。

请思考,国家发行超长期国债对资本市场有何影响?

一、公债概述

(一) 公债的含义

在信用经济高度发展的今天,举债已经成为一种非常普遍的经济现象。举债主体或者称为借债人主要有两类:一类是私人和企业;另一类是政府。私人和企业举借的债务称为民间债务或者私债,政府举借的债务称为公债。

公债是指政府为筹措财政资金,凭其信誉按照一定程序向投资者出具的,承诺在一定时期支付利息和到期偿还本金的一种格式化的债权债务凭证。

(1) 公债是各级政府借债的统称。中央政府的债务称为中央债,又称国债;地方政府的债务称为地方债。因此,公债＝国债＋地方债券。

(2) 公债是政府收入的一种特殊形式。公债具有有偿性和自愿性特点。除特定时期的某些强制性公债外,公众在是否认购、认购多少等方面,拥有完全自主的权利。

(3) 公债是政府信用或财政信用的主要形式。政府信用是指政府按照有借有还的商业信用原则,以债务人身份来取得收入或以债权人身份来安排支出,或称为财政信用。公债只是财政信用的一种形式。财政信用的其他形式包括:政府向银行借款、财政支农周转金,以及财政部门直接发放的财政性贷款等。

(4) 公债是政府可以运用的一种重要的宏观调控手段。

(5) 公债是一种虚拟的借贷资本。公债体现了债权人(公债认购者)与债务人(政府)之间的债权债务关系。公债在发行期间是由认购者提供其闲置资金,在偿付阶段是由政府主要以税收收入进行还本付息。公债资本与其他资本存在的区别在于公债资本(用于非生产性开支)并不是现实资本,而只是一种虚拟的资本。用于生产性开支的公债则表现为不能提取的公共设施等国家的现实资本。

(6) 公债体现一定的分配关系,是一种"延期的税收"。公债的发行,是政府运用信用方式将一部分已作分配并已有归宿的国民收入集中起来;公债资金的运用,是政府将集中起来的资金,通过财政支出的形式进行再分配;而公债的还本付息,则主要是由国家的经常收入——税收来承担。因此,从一定意义上讲,公债是对国民收入的再分配。

(二)公债的形式特征

公债与税收相比,具有有偿性、自愿性和灵活性等特征:

(1) 有偿性是指通过发行公债筹集的财政资金,政府必须如期偿还。并且还要按事先规定的条件向认购者支付一定数额的利息。

(2) 自愿性是指公债的发行或认购建立在认购者自愿承购的基础上。认购者买与不买,购买多少,完全由认购者根据个人或单位情况自主决定,国家不能指派具体的承购人。

(3) 灵活性是指公债发行与否以及发行多少,一般完全由政府根据国家财政资金的丰裕程度灵活加以确定,不必通过法律形式预先加以规定。这是公债具有的一个非常重要的特征,这也是与税收的固定性的明显区别。

(三)公债的种类

现代国家有名目繁多的债券。为了便于公债的管理,有必要对公债进行分类。

1. 按券面形式可分为无记名公债、凭证式公债和记账式公债

(1) 无记名公债。无记名公债为实物公债,是指一种票面上不记载债权人姓名或单位名称,以实物券面形式(券面上印有发行年度、券面金额等内容)记录债权而发行的公债,又称实物券。无记名公债发行时通过各银行储蓄网点、财政部门公债服务部以及公债经营机构的营业网点面向社会公开销售,投资者也可以利用证券账户委托证券经营机构在证券交易所场内购买。无记名公债从发行之日起开始计息,不记名、不挂失,可以上市流通。发行期结束后如需进行交易,可以直接到公债经营机构按其柜台挂牌价格买卖,也可以利用证券账户委托证券经营机构在证券交易所场内买卖。

无记名公债是我国发行历史最长的一种公债。从中华人民共和国成立到20世纪50年代发行的经济建设公债和从1981年起发行的国库券实质上都可以归入无记名公债范畴。历年来发行的无记名公债面值有1元、5元、10元、100元、500元、1 000元、5 000元、10 000元等。

(2) 凭证式公债。凭证式公债是指面向城乡居民和社会各类投资者发行,以"中华人民共和国凭证式公债收款凭证"记录债权的储蓄公债。凭证式公债其票面形式类似银行定期存单,利率通常比同期银行存款利率高,是一种纸质凭证形式的储蓄公债。凭证式公债又分为纸质凭证式公债和电子记账凭证式公债两种。

纸质凭证式公债。纸质凭证式公债通过各银行储蓄网点和邮政储蓄柜台面向社会发行,主要面向普通百姓,从投资者购买之日起开始计息,可以记名、挂失,虽然不能上市流

通,但总体而言不失为一种既安全、又灵活、收益适中的公债。

从投资方式上看,它是集公债和储蓄的优点于一体的投资品种,是以储蓄为目的的个人投资者理想的投资方式。我国凭证式公债自1994年开始发行以来,至今已历时三十年,对筹集财政资金、促进经济发展、满足人民群众投资需求发挥了重要作用,目前已成为我国公债发行的主要品种之一。

电子记账凭证式公债。电子记账凭证式公债源于传统的凭证式公债,发行基本条款与纸质凭证式公债大体相似,只是电子记账凭证式公债应用了计算机技术,以电子记账形式取代纸质凭证用于记录债权。

纸质凭证式公债和电子记账凭证式公债的区别。一是申请购买手续不同。购买纸质凭证式公债,投资者可直接填写申请办理;购买电子记账凭证式公债,投资者需开立债券账户和资金账户,并填写购买申请后办理。二是债权记录方式不同。纸质凭证式公债采取填制"中华人民共和国凭证式公债收款凭证"的形式记录,由各承销团成员分支机构进行管理;电子记账凭证式公债债权采取二级托管体制,由各承办银行总行和中央公债登记结算有限责任公司以电子记录管理。三是到期兑付方式不同。在公债利息计付方面,纸质凭证式公债到期后,需投资者前往承销机构网点办理兑付事宜,逾期不加计利息。而电子记账凭证式公债到期后,用户可通过网银中的"公债兑付"完成兑付事宜,逾期不加计利息。这种灵活的计息方式,增强了公债作为投资品种的竞争力。

(3) 记账式公债。记账式公债以记账形式记录债权、通过证券交易所的交易系统发行和交易,可以记名、挂失。投资者进行记账式证券买卖,必须在证券交易所设立账户。由于记账式公债的发行和交易均无纸化,所以效率高、成本低、交易安全。

2. 按偿还期限可分为短期公债、中期公债、长期公债和永久公债

(1) 短期公债是指一国政府为满足先支后收所产生的临时性资金需要而发行的短期债券。短期公债在英美称为国库券,英国是最早发行短期公债的国家。19世纪70年代,英国政府因为地方政府融资及开拓苏伊士运河的需要,经常缺乏短期周转资金,遂接受经济学家及财政专家的建议,于1887年发行了国库券。短期公债自英国创立以后,在美国得到极大的发展,成为最重要的货币市场工具。短期公债风险最低,短期公债是政府的直接负债,由于政府在一国有最高的信用地位,一般不存在到期无法偿还的风险,因此,投资者通常认为投资于短期公债基本上没有风险。短期公债具有高度的流动性,由于短期公债的风险低、信誉高,工商企业、金融机构、个人都乐于将短期资金投资到短期公债上,并以此来调节自己的流动资产结构,为短期公债创造了十分便利和发达的二级市场。短期公债期限短,基本上是1年以内,大部分为半年以内。

(2) 中期公债是指偿还期限在1年以上10年以下的公债(包含1年但不含10年),因其偿还时间较长而可以使国家对债务资金的使用相对稳定。其用途或弥补赤字,或用于投资,不再作临时周转。

(3) 长期公债是指偿还期限在10年或10年以上的公债,可以使政府在更长时期内支配财力,但持有者的收益将受到币值和物价的影响。一般被用作政府投资的资金来源,在资本市场上有着重要地位。

(4) 永久公债没有规定还本期限,但规定了按时支付利息,在政府财力许可时可以随时从市场买入而予以注销。

> **小资料**
>
> **人民胜利折实公债**
>
> 中华人民共和国于1950年发行的一种以实物为计算标准的公债。其发行是为了支援解放战争,迅速统一全国,以利于安定民生,恢复和发展经济。为避免受物价波动的影响,规定公债的募集和还本付息均以实物为计算标准,其单位定名为分。每分以上海、天津、汉口、西安、广州、重庆六大城市的大米(天津为小米)3千克、面粉0.75千克、白细布1.33米和煤炭8千克的批发价,用加权平均的办法计算。此项平均市价,每10日公布一次。发行总额原定为2亿分,年息5厘,分5年偿还。第1期发行1亿分,第2期因国家财政经济状况好转,停止发行。到1956年11月底,本息全部偿清。

从期限结构看,长期以来,我国发行的公债绝大部分为中期公债,短期公债和长期公债数量很少,可以说,期限结构最主要的特征表现为结构单调。因此,可根据需要适当提高短期公债和长期公债在公债发行总额中的比重。2022年1—12月,全国发行地方政府债券合计73 676亿元,其中一般债券22 360亿元,专项债券51 316亿元。平均发行期限13.2年,其中一般债券7.9年,专项债券15.5年。

3. 按流通与否可分为可转让公债和不可转让公债

可转让公债又叫可流通公债,也称为上市公债,是指发行后可以在公开债券市场上自由流通交易的债券。其交易价格随市场供求及利率、物价等因素影响而起伏波动,是金融市场上的重要交易对象。

不能在金融市场上自由买卖,只能按规定时间兑付的公债称为不可转让公债或不可流通公债。这种公债,认购者如有资金急需,通常可在持有一定期限后向政府要求提前偿还。

4. 按举债主体可分为中央公债和地方公债

(1) 中央公债。中央公债是指以中央政府为债务人发行的公债,也有人将公债特指中央公债。中央公债的发行由中央政府决定,债务收入由中央政府支配使用,还本付息由中央政府承担。

(2) 地方公债。地方公债是指以地方政府为债务人发行的公债。其债务收入归地方政府支配使用,用于本地区社会经济发展,债务期满后的还本付息则由地方政府承担。西方国家实行分级财政管理体制,中央政府和地方政府具有独立的财政收支体系,中央公债和地方公债也分别成为中央和地方政府各自独立的财政收入来源。在中国,目前只有中央政府有权发行公债,地方政府尚无自行发行公债的权力。

5. 按付息方式可分为到期一次还本付息公债和定期付息公债

到期一次还本付息公债是指期满时本息一次偿还的公债;定期付息公债是指按年或半年支付利息,本金在期满时一次偿还的公债。

6. 按利率性质可分为固定利率公债、市场利率公债和保值公债

(1) 固定利率公债是指公债发行时的利率一旦确定,不管市场利率以后如何变动,政府按照既定利率付息的公债。

(2) 市场利率公债是指公债利率随市场利率的变化而浮动的公债。市场利率上升,公债利率上浮;市场利率下降,公债利率下调。

(3) 保值公债是指发行时不规定债券利率,而只规定其将随着某个经济指标(如储蓄存款利率)浮动的公债。

(四) 公债结构

公债结构是指一个国家各种性质债务的相互搭配,以及债务收入来源和发行期限的有机结合。公债结构主要由公债期限结构、公债利率结构、公债种类结构和公债持有者结构组成。

1. 公债期限

公债期限是指公债从发行到偿还的时间间隔。根据一般的期限分类,短期公债的期限在1年以下,中期公债的期限在1年到5年(或1至10年),长期公债的期限在5年以上(或10年以上)。一个国家的公债,往往是由各种不同长短期限的公债所组成。

昭 信 股 票

昭信股票是1898年中国清政府为偿付对日本战争"赔款"而举借的内债,是中国历史上第一次用证书形式发行的内债。它以田赋、盐税为担保,募集金额为库平银1万万两,年息5厘。公债证书面额为100两、500两及1 000两三种。偿还方法是,前10年付息,后10年本息并付,20年还清。偿还财源是:盐税增征所得的年额60万两及漕粮、绿营经费、其他诸经费节减的剩余金供支付利息,10年后用外债偿却基金归还本金。募集债款10万两以上的人,由各省报请授奖;1万两以上的应募者予以官位。债券由户部专设昭信局、各省设分局办理。

目前,我国公债发行期限结构较为单一,基本上是2~5年的中期公债一统天下,从1981年恢复公债发行至今,只有1994年、1995年、1996年发行过短期公债,即期限在1年以内的国库券。1998年以后又发行了10年期、15年期、20期限的长期公债。虽然公债期限结构已逐渐呈多样化发展,但目前,我国的1年期以内与6年期以上的公债所占比重均不到10%,而2年至5年期公债占80%以上,公债的偿还期限平均为6.6年。而西方发达国家,短期公债一般占全部公债的40%~50%。在美国政府债券市场中,1997年可流通公债占公债余额比例为63%。其中,短期公债占21%,中期公债占41%,长期公债占52.9%。与西方发达国家的债券市场比,我国公债市场呈现出"中间多、两边少"的格局。

一般认为,合理的公债期限结构,应该是短期、中期、长期公债并存的结构。这种结构既有利于满足不同投资者的投资需求,又有利于满足政府不同的筹资需要,还有利于拉开还债时间,分散还债压力。我国目前的内债期限结构单一,3年至5年的中期公债比重过大,使公债的偿还期过于集中。从发展趋势上看,增加短期公债和长期公债的比重是非常必要的。这里的关键是,要注意不同性质的资金在公债期限上的合理分流。私人投资者的资金较适宜于投资中短期内债,而长期公债的认购对象则应主要是社会保险基金的结余部分。这不但有利于充分动员社会闲置资金参与国家的中长期经济建设,而且通过保险基金对公债的再投资,还可以为保险基金的保值增值创造有利的条件。

2. 公债利率结构

公债利率是公债利息占公债票面金额的比率。公债利率结构是指不同利率水平的公债在公债总额中的构成比例。公债利率水平的高低对公债的发行和偿还有双向制约作用。应当根据经济发展中资金的供求状况、市场利率水平、公债使用方向等因素,并兼顾发行的需要和偿还的可能以及公债期限结构来确定合理的利率水平和利率结构。对于投资者和发行者来说,利率有不同作用,对于公债发行者,利率是其负担大小的表示;而对于公债投资者,利率则是其收益大小的表示。

3. 公债种类结构

公债种类结构又叫应债主体结构。我国公债种类在1987年以前只有一种,即国库券。1995年开始,我国公债的名称定为记账式公债、无记名公债、凭证式公债和特种定向公债四种。应债主体结构实际上就是社会资金或者收入在社会各经济主体之间的分配格局。

4. 公债持有者结构

公债持有者结构是指各应债主体即各类企业和各阶层居民实际认购和持有公债的比例。如果贫富差距较大,社会财富分配不均,社会资金集中在少数企业和个人手中,公债持有者则比较集中;反之,社会资金相对分散,公债持有者必然相对分散。我国公债持有者结构是与公债发行对象以及发行方式相联系的。我国公债发行对象包括各级机关、团体、部队、企事业单位、金融机构以及个人等。

二、公债功能

通过发行公债筹集资金,有利于财政职能的实现,强化政府对市场的宏观调控。具体来讲,公债的功能表现在以下几个方面:

(一) 弥补财政赤字

弥补财政赤字是公债的基本功能。财政赤字一般是指财政收入小于财政支出的差额。弥补财政赤字的途径一般有三条:向银行借款;增加税收;发行公债。用公债来弥补财政赤字,实质是将不属于国家支配的民间资金在一定时间内让渡给国家使用,是社会资金使用权的单方面转移。发行公债只是部分社会资金的使用权的暂时转移,公债的认购通常遵循自愿的准则,基本上是社会资金运动中游离出来的资金,一般不会对经济产生不利的影响。

通过发行公债来弥补赤字比通过增加税收和向银行借款的方式产生的副作用较小。由于公债具有偿还性、收益性,而税收具有强制性,并且税制的修改需要严格的法律程序,因此发行公债与税收相比,更具灵活性,且容易被人们从心理上接受;与向金融机构集中借款相比,发行公债弥补赤字可以分散风险,因为公债的购买者通常是众多的经济体和个人,它们因为购买公债而承担的负担较低;与发行货币相比,公债不会引起通货膨胀,它只是改变了需求结构。因此公债已经成为各国政府最普遍采用的筹资方式。

(二) 调节国民经济运行

政府通过发行公债,集中了社会上的闲散资金,用于公共购买性支出或者投资于公共项目,拉升社会总需求。政府的行为不仅会带动公共行业产业的发展,同时会通过公共支出的辐射作用带动一系列的连锁反应,大大提高整个社会的总需求和总产出,促进社会经济的发展。同时,国家集中私人资金投资于私人不愿意涉足的公共项目,达到了资源优化配置的目的。此外,如果公债资金的来源和使用方式不同,公债还可以调节社会投资和消费的比例。如果公债资金来源于非金融机构的投资资金,而政府将筹得的资金用于消费性支出时,整个社会需求中的消费比例将上升。最后,公债既可以作为一种财政政策的手段,也是货币政策公开市场操作的主要手段,它是连接财政政策和货币政策的纽带。在实际运作中,央行通过公开市场操作买卖公债,调节基础货币存量,影响利率水平,从而影响投资,达到政府期望的调节经济的目的。

(三)筹集建设资金

筹集建设资金是从财政支出或资金使用角度来说明公债的功能。公债是政府在正常收入形式以外,筹集资金用于经济建设的一种重要手段。从公债收入的性质上看,公债筹集建设资金的功能,隐含说明了公债可以是稳定的、长期的收入,国家发行公债就可以在经常性收入之外安排更多的支出。公债作为稳定的、长期的财政收入是可行的。社会资金的运动是一个连续不断的过程,而在这一过程中游离出的闲散资金也是持续和稳定的,发行公债具有可靠的来源保证。公债发行遵循自愿认购和有借有还的信用原则,容易为社会接受。世界各国的经济发展程度不同,资金占有量及充裕程度也不同,因而不仅可以发行内债筹集本国资金,而且可以发行外债引进其他国家资金。

国家重点建设债券

国家重点建设债券只发行过一次。1987年,国家建设资金供求矛盾突出,预算内资金不足,而预算外资金大量增长。为了调整投资结构,保证国家重点建设项目的资金需要,财政部决定发行国家重点建设债券。

该债券共发行54亿元,其中单位认购的约占90%,个人认购约占10%,期限为3年;对单位发行的利率为6%,对个人发行的利率为10.5%。国家重点建设债券是中国第一次发行的具有明确项目和用途的国内债券。1987年以后没有再发行。

(四)金融功能

公债是一种金融产品,具有一般金融产品所有的功能,公债的投资者可以通过投资获得利息。同时,作为一种特殊的债券,公债的金融功能具有重大的意义。

公债是一国市场的基准金融产品,其利率是市场的基准利率,也叫作无风险利率。其他一切金融产品都根据这个利率进行套算和操作。而且,公债是中央银行公开市场操作的主要手段,央行需要通过一个发达的公债市场达到调节货币供应量的目的。此外,公债是机构和企业进行流动性管理的主要手段,特别是一些金融机构,需要持有公债这种高流动性、无风险的资产来保持流动性,以防范风险。

20世纪30年代以前的正统公债理论——负债有害论

亚当·斯密在《国富论》中曾经指出,公债会造成社会过去和物质财富的非生产性耗费,靠发行公债来弥补政府支出,等于原工商业资本为政府所吸收,被挪用于非生产用途,这是国内原有资本的浪费,阻碍生产力的发展。据此,他对公债的增长持坚决否定的态度。

三、公债管理

（一）公债的承受能力

公债的承受能力是指一个国家发行公债的负担，是国家发行公债给各相关方面造成的利益损失和政府因负债所承受的经济压力。发行公债是国民收入的再分配行为，它既影响社会需求的结构，进而影响着资源配置和经济发展，也影响着国民收入在政府、债权人、纳税人之间的收入再分配比例，因此，公债的负担既包括国民经济的整体负担，也包括不同利益主体的负担。

1. 国民经济的公债负担

国民经济的公债负担是指政府负债给国民经济发展带来的损失。这种负担是否形成，关键是公债的使用方向和使用效益。如果公债是用于经济发展，它并不减少社会积累的总规模，并且形成了良好的宏观经济环境，对国民经济发展产生了推动作用。那么，发行公债并没有给经济发展带来损失，也不形成对国民经济的负担。反之，如果发行公债仅仅是为了满足政府的纯消费性开支，它减少了社会积累的总规模，使经济难以以正常的速度增长，甚至因公债增长而使经济发展速度有所下降，则会构成公债的经济负担。

2. 政府的公债负担

政府的公债负担是指政府作为债务人因负债所承受的经济压力。政府的公债负担往往体现在政府对公债还本付息的能力上。如果公债增长推动了经济增长，并且产生足够的偿还能力或者具备借新债还旧债的经济条件，那么公债的增长并不会形成政府的还债压力，也不会增加政府的公债负担。反之，如果公债的偿还是通过增加税负或压缩正常的支出来实现，则可能干扰正常的财政活动，形成政府财政的拖累，构成政府作为债务人的公债负担。

3. 认购者的公债负担

认购者的公债负担是指认购者作为债权人因认购公债所承担的利益损失。认购公债作为公民投资的一种方式具有风险低、收益高等特点，通常能给投资者带来收益而不是带来损失。因此投资公债往往并不构成认购者的负担。但在以下两种情况下，这种负担却是客观存在的：一是在强制发行的情况下，购买公债并非购买者的自愿行为，其结果或者会因购买公债而降低认购者的福利水平，或者会强行改变购买者的行为偏好，这些都使购买者的利益受到损害，从而形成认购者的公债负担。二是在公债利率低于通货膨胀率，即出现公债负利率的情况下，认购者的公债投资收益率将低于其所让渡货币的时间价值，从而形成实实在在的公债负担。

4. 纳税人的公债负担

纳税人的公债负担是指因偿还公债而增加税负给纳税人造成的利益损失。公债在发行期可以增加财政实力，但在偿还期则会增加财政的支出。而国家还债资金的重要来源是税收收入。如果公债的增加推动了经济发展，使税源得以扩大，则偿债增加的税收本应是公债效益的一部分，是公债再投资所产生的还债能力，只不过以税收形式征集而已。在这种条件下，公债偿还并不构成纳税人的负担。反之，如果公债使用并未增加社会或宏观的经济效益，也没有引起税源的相应扩大，而是靠减少微观利益主体的利益来增加税收，以满足偿债的需要，则实质上便构成了纳税人的公债负担。

(二) 公债的限度

公债的限度是指国家债务规模的最高额度或公债适度规模。这主要包括三方面：一是历年累积债务的总规模；二是当年发行的公债总额；三是当年到期需还本付息的债务总额。公债规模的大小并不只是绝对量，也是受多种因素影响和制约的相对量。

1. 公债绝对规模的衡量指标

公债绝对规模的衡量指标主要有以下几种：① 历年累积债务的总规模；② 当年发行公债的总额；③ 当年到期需还本付息的债务总额。对公债总规模的控制是防止债务危机的主要环节，而控制当年发行额和到期偿还额，特别是严格控制未偿还的公债余额，是控制公债规模失控的主要手段。我国 2023 年和 2024 年中央财政国债余额情况和地方政府一般债务余额情况，分别如表 3-6 和表 3-7 所示。

表 3-6　　　　　　2023 年和 2024 年中央财政国债余额情况表　　　　　　单位：亿元

项　目	国债限额	国债限额（调整后）	国债余额
一、2022 年年末国债余额			258 692.76
内债余额			255 591.55
外债余额			3 101.21
二、2023 年年末国债限额	298 608.35	308 608.35	
三、2023 年国债发行额			111 446.42
内债发行额			110 890.96
外债发行额			555.46
四、2023 年国债还本额			69 896.05
内债还本额			69 503.29
外债还本额			392.76
五、2023 年年末国债余额			300 325.50
内债余额			296 979.22
外债余额			3 346.28
六、2024 年中央财政赤字		33 400.00	
七、超长期特别国债		10 000.00	
八、2024 年年末国债限额		352 008.35	

表 3-7　　　　　　2023 年和 2024 年地方政府一般债务余额情况表　　　　　　单位：亿元

项　目	一般债务限额	一般债务余额
一、2022 年年末地方政府一般债务余额		143 961.67
二、2023 年年末地方政府一般债务限额	165 489.22	
三、2023 年地方政府一般债务发行额		33 584.35
中央转贷地方的国际金融组织和外国政府贷款		110.47
2023 年地方政府一般债券发行额		33 473.88
四、2023 年地方政府一般债务还本额		18 858.54

(续表)

项　　目	一般债务限额	一般债务余额
五、2023年年末地方政府一般债务余额		158 687.48
六、2024年地方财政赤字	7 200.00	
七、2024年年末地方政府一般债务限额	172 689.22	

2. 公债相对规模的衡量指标

表示公债相对规模的指标主要有：

（1）公债依存度。公债依存度是指当年公债发行额与当年财政支出的比率。这一指标用以表示当年财政预算中，公债收入占财政预算支出的比重，它反映了当年财政支出对公债的依赖程度，是控制公债规模的重要指标。当发行量过大，依存度过高时，表明财政支出过分依赖债务收入，财政运行具有较高的风险，财政处于脆弱状态，对财政未来的发展构成潜在的威胁。根据国际通用的控制指标，公债依存度一般在15％～20％为宜。

（2）财政偿债率。财政偿债率是指当年公债还本付息额占当年财政收入的比率。这一指标反映了财政偿还到期公债本息的能力。公债收入的有偿性决定了债务规模必须受国家财政资金状况的制约，因此要把公债规模控制在与财政收入相适应的水平上。一般认为，财政偿债率应小于20％。

公债负担率的规定

《马斯特里赫特条约》规定，成员国财政赤字占当年GDP的比例不应超过3％，政府债务总额占GDP的比例不应超过60％。

（3）公债负担率。公债负担率又称国民经济承受能力，是指公债累计余额占国内生产总值（GDP）的比重。这一指标着眼于公债存量，反映了整个国民经济对公债的承受能力。国际公认的公债负担率的警戒线为发达国家不超过60％，发展中国家不超过45％。

$$公债负担率 = \frac{累积公债余额}{年度国内生产总值} \times 100\%$$

公债负担率反映国家累积债务的总规模，是研究控制债务问题和防止出现债务危机的重要依据。一国的GDP值越大，公债负担率越小，则公债的发行空间越大。

债务危机是指在国际借贷领域中大量负债，超过了借款者自身的清偿能力，造成无力还债或必须延期还债的现象。20世纪80年代，发展中国家曾面临债务严重困扰的局面。衡量一个国家外债清偿能力有多个指标，其中最主要的是外债清偿率指标，即一个国家在一年中外债的还本付息额占当年或上一年出口收汇额的比率。在一般情况下，这一指标应保持在20％以下，超过20％就说明外债负担过高。

四、我国直接债务和或有债务的现状

(一) 直接显性债务

我国直接显性债务除公债以外还有以下三种:

1. 欠发工资而形成的债务

由于基层财政困难,曾一度在全国半数以上的市县发生不能按时发放职工工资的现象,这种债务虽然存在于基层单位,对中央政府来说并不构成直接债务,但对财政整体而言,无疑构成直接显性债务的一部分。

2. 粮食收购和流通中的亏损挂账

长期以来,粮价倒挂形成的亏损年复一年地挂在账上,成为财政的一个沉重包袱,再加上国有粮食企业经营不善,粮食亏损挂账不断扩大。类似这种情况的债务,还有政策性因素造成的棉花亏损挂账、外贸企业亏损挂账等。

3. 乡镇财政债务

农村税费改革前,乡镇财政困难是全国普遍性的问题,除少数发达地区乡镇没有赤字外,多数乡镇都有债务。

(二) 直接隐性债务

直接隐性债务主要是社会保障资金缺口所形成的债务。由于人口老龄化的影响,退休人员数量越来越多,退休人员领取退休金的时间越来越长,导致国家的养老保险支出越来越庞大。

(三) 或有显性债务

从我国目前的情况来看,或有显性负债主要包括两种:一是公共部门的债务。二是公债投资项目的配套资金。自1998年实行积极的财政政策以来,政府发行长期建设公债,主要用于社会基础设施建设和贷款,由于公债投资项目的配套资金而形成数字不小的或有债务。

(四) 或有隐性债务

我国或有隐性债务主要有以下三种:

1. 金融机构不良资产

我国金融机构的国有性质决定了不良资产有其特殊性和复杂性。作为债权人的国有银行和作为债务人的国有企业,债权债务双方都是国有的,国有商业银行的高不良资产率,与国有企业的高负债率以及国有企业下岗失业人员的增加三位一体,构成国有商业银行的不良资产。

2. 国有企业未弥补亏损

从账面上看,财政用于企业的亏损补贴从1989年以后有所下降,但实际上未弥补亏损额还在增加。由于国有企业的亏损大多以银行不良资产的形式体现出来,所以国有企业未弥补的累积亏损拖累了银行,使相当一部分贷款变成了不良资产,甚至成了坏账。

3. 对供销社系统及农村合作基金会的援助

出于社会稳定的考虑,不少省、市已由财政出面担保,向银行贷款来清偿这方面的债务。

鉴于我国当前除直接显性债务外,还存在大量的直接隐性债务和或有债务,所以在分析政府债务规模时,不能仅限于公债规模,而应将直接隐性债务和或有债务包括在内,计算综合债务负担率。

引例解析

1. 2024年首发超长期特别国债,是我国国债发行的重大突破。
2. 超长期特别国债发行,有利于改善我国国债结构,降低国债风险。
3. 超长期特别国债发行,有利于国家重大战略实施和重点项目的投资。

  思维导图

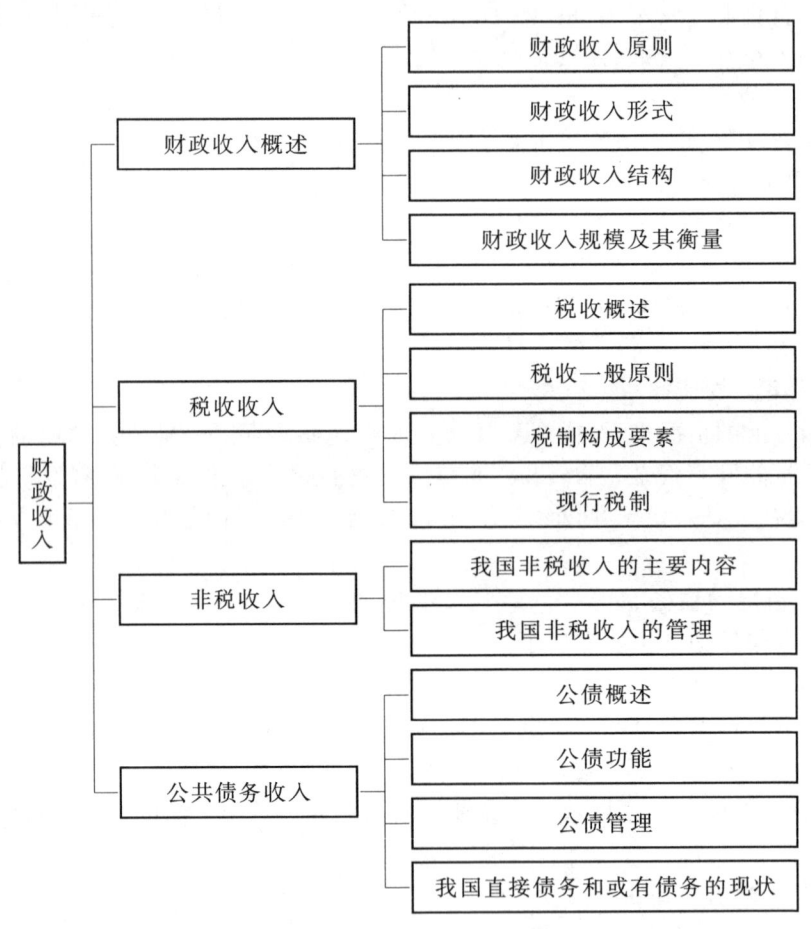

第四章 政府预算

学习目标

知识目标
1. 了解政府预算的性质及分类。
2. 了解政府预算的编制原则、政策和编制方法及要求。
3. 熟悉单位预算、部门预算草案的审核和汇总。
4. 掌握预算制度规定及部门预算业务。
5. 了解预算执行机关及工作职责。

能力目标
1. 能根据业务资料编制复式预算、零基预算；编制单位预算、部门预算草案。
2. 能运用预算编制的基本原理解决政府预算编制中出现的实际问题。
3. 能根据具体业务进行预算调整及预算执行情况分析。

素养目标
正确认识政府预算制度，树立"一盘棋"思想，健全责任意识，抱有家国情怀。

第一节 政府预算概述

有关预算的小故事

引 例

2024年1—7月全国一般公共预算执行情况

今年以来我国经济运行总体平稳、稳中有进，为财政收入奠定了基础，但经济恢复基础尚不牢固，工业生产者出厂价格持续下降、去年政策翘尾减收等因素都对财政收入恢复形成制约。1—7月，全国一般公共预算收入135 663亿元，同比下降2.6%；扣除去年前5个月中小微企业缓税入库抬高基数、去年年中出台的减税政策翘尾减收等特殊因素影响后,可比增长1.2%左右。

从收入级次看,1—7月,中央一般公共预算收入59 745亿元,同比下降6.4%。地方一般公共预算本级收入75 918亿元,同比增长0.6%,其中东部、中部、西部、东北地区收入增幅分别为0.8%、-1.1%、0.5%、5.7%。

从收入构成看,1—7月,全国税收收入111 240亿元,同比下降5.4%。非税收入24 423亿元,同比增长12%。其中,国有资源(资产)有偿使用收入增长12.4%,主要是地方多渠道盘活资产。

从财政支出看,各级财政部门加强财政资源统筹,保持必要支出力度。1—7月,全国一般公共预算支出155 463亿元,同比增长2.5%。其中,中央本级支出增长9.3%,地方支出增长1.5%。重点领域支出得到较好保障。其中,社会保障和就业支出25 454亿元,增长4.3%；教育支出23 115亿元,增长1.1%；科技支出5 165亿元,增长3.8%；农林水支出13 350亿元,增长8.2%；城乡社区支出11 589亿元,增长7.2%；住房保障支出4 682亿元,增长4.6%。

(资料来源：北京日报客户端)

> 请思考,政府为什么要定期公布政府预算执行情况?

一、政府预算概念

政府预算与国家预算是两个不同的概念。政府预算是指具有法律效力的政府年度财政收支计划。从内容上看,政府预算包括预算收入和预算支出两部分；从形式上看,政府预算由预算报表和文字说明书两部分组成。法律效力体现在预算管理的全过程,包括预算编制、预算执行和政府决算等环节。世界上各个国家的政府,每个预算年度都要编制政府预算,通过编制政府预算,充分发挥其在经济社会发展中的作用。国家预算是指经法定程序审核批准的一个国家各级政府预算的总和。

结合我国改革实际,对于政府预算的含义,可以从以下三个方面进行理解：

(一)政府预算是有计划筹集和分配使用公共财政资金的重要工具

政府有计划筹集公共财政资金：一是在总量上做到有计划。即每个财政年度内政府预算安排的财政收入数量,要与经济发展水平相适应,也就是财政收入占GDP的比重要合理。二是在结构上做到有计划。按照建立社会主义市场经济体制和公共财政的要求,在财政收入结构上,要逐步形成以税收收入为主、非税收入为辅的公共财政收入结构体系。

政府有计划分配使用公共财政资金：一是在总量上做到有计划。按照我国政府预算管理的有关法律规定,中央政府预算的经常性收支部分和地方各级政府预算要按照量入为出的原则编制,即做到收支平衡；中央预算的建设性收支部分按照量出为入的原则编制,可以列赤字,赤字的弥补通过发行国债解决。二是在结构上做到有计划。即按照转变政府职能的要求,逐步解决政府职能的"越位""缺位"问题。在此基础上,通过改革政府预算编制制度,同时结合政府采购制度和国库集中收付制度的改革,不断优化预算支出结构。

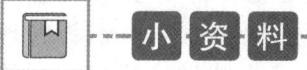

我国财政收入占 GDP 的比重

我国财政收入占 GDP 的比重明显低于世界平均水平。通常,我国财政收入主要是指纳入公共财政预算管理,可以统筹安排用于民生支出、提供一般公共产品和服务的公共预算收入。2021 年至 2023 年,我国公共预算收入分别为 202 539 亿元、203 703 亿元和 216 784 亿元,占当年 GDP 比重分别为 19.93％、16.83％和 17.19％。

(二)政府预算是政府调控经济社会运行的重要杠杆

政府针对市场配置资源的缺陷,根据经济社会不同的运行态势,利用不同的预算政策(结余政策、平衡政策和赤字政策)对一部分社会资源进行优化配置,对经济社会运行适时进行调控,从而保证经济社会的全面、协调和可持续发展。

(三)政府预算是政府实行经济监督的重要手段

政府预算编制和执行的全过程,必然会与各方面发生密切的联系,经济运行状况出现的问题,可以透过政府预算收支行动及时得到反映,从而发挥对经济活动实施监督的功能。

二、政府预算类别

按照不同的标准进行政府预算分类,并分析其优缺点,有利于从本国国情出发,采取科学的政府预算类型,提高政府预算管理的质量。

(一)单式预算和复式预算

按政府预算组织形式划分,可分为单式预算和复式预算。

1. 单式预算

单式预算是指把全部财政收支统一编入一个预算收支平衡表的预算,是传统的政府预算编制形式。其优点:一是整体性强。能从整体上反映公共财政的全貌,便于政府统筹安排运用财政资金,符合统一性和完整性的预算原则。二是便于管理。操作过程简单、清楚、全面,编制和审批也比较容易。其缺点:一是收支对应性不强。没有按财政收支的不同性质分别编列和平衡。二是容易掩盖赤字真相。看不出各类收支之间的对应平衡关系和赤字产生的原因,不利于进行宏观调控。

2. 复式预算

复式预算,是指把全部财政收支按其性质不同分别编入两个或两个以上预算收支平衡表的预算。通常分为经常预算和资本预算。其中,经常预算又称经费预算或普通预算,它是政府编制的满足经常性开支需要的预算,其支出主要是用于文教、行政和国防等方面的经费开支,其收入主要是税收。资本预算又称建设预算或投资预算,它是综合反映政府建设资金的来源与运用的预算,其支出主要是用于经济建设,其收入主要是债务收入。其优点:一是结构清晰。即按财政收支的不同性质分别编制和平衡。二是便于分类管理和控制。由于结构清晰,有利于对不同性质的收支进行分析、管理和控制,有利于政府职能的分离,提高财政支出的经济效益,实行宏观决策和管理。其缺点:一是总体功能较弱。要全面了解政府收支的概况,必须透过多个预算进行。二是管理难度加大。由于组织形式相对复杂,编制较复杂,工作量也较大,对预算管理水平有较高的要求,特别是对政府债务规模的控制,控制不好会影响经济社会运行的稳定。

佛堂镇首推参与式预算

为进一步加强街道财政预算管理,使街道财政预算更透明、更科学,义乌在小城市试点镇佛堂镇首推参与式预算,将民主恳谈会作为公民参与政府年度预算方案编制讨论的主要形式,实现实质性参与的预算审查监督。佛堂镇邀请了21名由人大代表、政协委员、村两委干部等组成的民意代表,参与编制佛堂镇2013年政府投资基建项目预算,并请专家顾问对预算编制情况进行讨论和审查。通过分组讨论和民主恳谈会等形式,专家和代表们对各项目列入预算的必要性、工期安排的合理性等问题进行质询,对11个项目的预算资金安排作出调整,取消1个项目,增加双峰路、葛仙路、达摩路延伸工程项目预算安排900万元,核减9个项目共2 156万元预算安排,参与式预算试点效果显著。

按照我国公共财政的改革要求,凡是反映政府以行政权力和国有资产所有者身份集中社会资源的规模和份额,都应纳入政府预算管理。因此,要进一步完善公共财政预算、政府性基金预算、国有资本经营预算的编制,同时,在条件成熟的基础上,逐步建立社会保障预算,形成有机衔接、全面完整的政府预算体系,以全面反映我国政府收支总量、结构和管理活动。

(1)公共财政预算。公共财政预算,是指政府凭借国家政治权力,以社会管理者身份筹集以税收为主体的财政收入,用于保障和改善民生、维持国家行政职能正常运转、保障国家安全等方面的收支预算。

以某省为例,省级年公共财政收支预算表,如表4-1所示。

表4-1　　　　　某省省级20××年公共财政收支预算表　　　　　单位:万元

收入		支出	
项目	预算数	项目	预算数
一、税收收入	540 000	一、一般公共服务	773 490
增值税	97 000	二、国防	43 260
营业税(现已取消)	69 000	三、公共安全	257 815
企业所得税	373 000	四、教育	1 295 124
城市维护建设税	1 000	五、科学技术	86 796

(续表)

收 入		支 出	
项 目	预算数	项 目	预算数
二、非税收入	690 000	六、文化体育与传媒	85 842
专项收入	383 000	七、社会保障和就业	1 362 700
行政事业性收费收入	235 000	八、医疗卫生	216 575
罚没收入	42 000	九、节能环保	244 006
国有资本经营收入		十、城乡社区事务	3 428
国有资源（资产）有偿使用收入	30 000	十一、农林水事务	1 358 111
		十二、交通运输	1 574 454
		十三、资源勘探电力信息等事务	208 093
		十四、商业服务业等事务	48 031
		十五、金融监管等事务支出	12 470
		十六、国土资源气象等事务	388 077
		十七、住房保障支出	164 512
		十八、粮油物资储备事务	296 159
		十九、预备费	90 000
		二十、国债还本付息支出	700
		二十一、其他支出	508 437
收入合计	1 230 000	支出合计	9 018 080
上级补助收入	19 400 387	补助下级支出	13 923 371
返还性收入	2 465 736	返还性支出	1 253 323
一般性转移支付收入	12 573 761	一般性转移支付支出	11 018 203
专项转移收入	4 360 890	专项转移支出	1 651 845
下级上解收入	1 990 500	上级上解支出	213 727
调入资金		调出资金	24 744
上年结余结转收入	559 035	年终结余	
收入总计	23 179 922	支出总计	23 179 922

（2）政府性基金预算。政府性基金预算是指政府通过向社会征收基金、收费，以及出让土地、发行彩票等方式取得收入，专项用于支持特定基础设施建设和社会事业发展等方

面的收支预算。政府性基金预算的管理原则是：以收定支,专款专用,结转结余下年继续使用。2024 年中央政府性基金收入预算表和支出预算表,分别如表 4-2、表 4-3 所示。

表 4-2　　　　　　　　　2024 年中央政府性基金收入预算表　　　　　　　单位：亿元

项　　目	2023年执行数	2024年预算数	预算数为上年执行数的%	2023年结转收入	2024年可安排资金数
一、中央农网还贷资金收入	228.03	243.08	106.6	0.53	243.61
二、铁路建设基金收入	606.25	621.20	102.5	5.25	626.45
三、民航发展基金收入	333.33	390.00	117.0	16.11	406.11
四、旅游发展基金收入	5.22	9.60	183.9	1.56	11.16
五、国家电影事业发展专项资金收入	4.07	9.00	221.1	0.08	9.08
六、中央水库移民扶持基金收入	353.99	364.60	103.0	3.48	368.08
七、中央特别国债经营基金财务收入	452.64	454.13	100.3	0.34	454.47
八、彩票公益金收入	754.05	650.00	86.2	226.22	876.22
九、国家重大水利工程建设基金收入	136.56	140.66	103.0	1.33	141.99
十、核电站乏燃料处理处置基金收入	64.85	69.07	106.5	117.28	186.35
十一、船舶油污损害赔偿基金收入	2.00	2.00	100.0	0.60	2.60
十二、废弃电器电子产品处理基金收入	27.36				
十三、彩票发行和销售机构业务费收入	63.08	50.00	79.3	18.93	68.93
十四、抗疫特别国债财务基金收入	272.35	272.35	100.0		272.35
十五、其他政府性基金收入	1 113.76	1 198.83	107.6	0.16	1 198.99
中央政府性基金收入	4 417.54	4 474.52	101.3	391.87	4 866.39
超长期特别国债收入		10 000.00			
上年结转收入	7 393.09	391.87	5.3		
新疆生产建设兵团体制性收入	77.37	74.30	96.0		

表 4-3　　　　　　　　　2024 年中央政府性基金支出预算表　　　　　　　单位：亿元

项　　目	2023年执行数	2024年预算数	预算数为上年执行数的%
一、中央农网还贷资金支出	241.27	243.61	101.0
中央本级支出	241.27	243.61	101.0
二、铁路建设基金支出	642.88	626.45	97.4
中央本级支出	642.88	626.45	97.4

(续表)

项　目	2023年执行数	2024年预算数	预算数为上年执行数的%
三、民航发展基金支出	322.65	406.11	125.9
中央本级支出	175.95	130.29	74.0
对地方转移支付	146.70	275.82	188.0
四、旅游发展基金支出	1.03	11.16	
中央本级支出	1.03	1.50	145.6
对地方转移支付		9.66	
五、国家电影事业发展专项资金支出	4.46	9.08	203.6
中央本级支出	1.98	6.38	322.2
对地方转移支付	2.48	2.70	108.9
六、中央水库移民扶持基金支出	365.70	368.08	100.7
中央本级支出	1.10	8.35	759.1
对地方转移支付	364.60	359.73	98.7
七、中央特别国债经营基金财务支出	454.47	454.47	100.0
中央本级支出	454.47	454.47	100.0
八、彩票公益金安排的支出	534.41	876.22	164.0
中央本级支出	352.50	623.04	176.7
对地方转移支付	181.91	253.18	139.2
九、国家重大水利工程建设基金支出	142.14	141.99	99.9
中央本级支出	34.73	31.19	89.8
对地方转移支付	107.41	110.80	103.2
十、核电站乏燃料处理处置基金支出	9.37	186.35	
中央本级支出	9.31	186.35	
对地方转移支付	0.06		
十一、船舶油污损害赔偿基金支出	0.07	2.60	
中央本级支出	0.07	2.60	
十二、废弃电器电子产品处理基金支出	27.23		
中央本级支出	27.23		
十三、彩票发行和销售机构业务费安排的支出	41.77	68.93	165.0
中央本级支出	25.77	51.92	201.5
对地方转移支付	16.00	17.01	106.3
十四、抗疫特别国债财务基金支出	272.35	272.35	100.0
中央本级支出	272.35	272.35	100.0
十五、超长期特别国债支出		10 000.00	
中央本级支出		5 000.00	
对地方转移支付		5 000.00	

(续表)

项　　目	2023年执行数	2024年预算数	预算数为上年执行数的%
十六、其他政府性基金支出	2 684.62	1 198.99	44.7
中央本级支出	2 610.59	1 074.41	41.2
对地方转移支付	74.03	124.58	168.3
中央政府性基金支出	5 744.42	14 866.39	258.8
政府性基金预算调出资金	5 600.00		
收入大于支出	466.21		
新疆生产建设兵团体制性支出	77.37	74.30	96.0

（3）国有资本经营预算。国有资本经营预算是指国家以所有者身份依法取得国有资本收益，并对所得收益进行分配而发生的各项收支预算，是政府预算的重要组成部分。国有资本经营预算支出按照当年预算收入规模安排，不列赤字。

国有资本经营预算收入主要包括从国家出资企业取得的利润、股利、股息和国有产权（股权）转让收入、清算收入等，支出主要用于支持国有经济和产业结构调整以及弥补国有企业的改革成本等。

以中央财政为例，省级年国有资本经营收支预算表如表4－4、表4－5所示。

表4－4　　　　　　　2024年中央国有资本经营收入预算表　　　　　　单位：亿元

项　　目	2023年执行数	2024年预算数	预算数为上年执行数的%
一、利润收入	2 179.40	2 055.55	94.3
烟草企业利润收入	584.90	562.00	96.1
石油石化企业利润收入	513.69	514.70	100.2
电力企业利润收入	235.96	190.38	80.7
电信企业利润收入	193.55	210.13	108.6
煤炭企业利润收入	84.96	95.94	112.9
有色冶金采掘企业利润收入	0.19	0.46	242.1
钢铁企业利润收入	20.11	16.13	80.2
运输企业利润收入	51.82	31.67	61.1
机械企业利润收入	53.80	39.01	72.5
投资服务企业利润收入	34.49	28.82	83.6
纺织轻工企业利润收入	0.81	0.25	30.9
贸易企业利润收入	37.19	31.70	85.2
建筑施工企业利润收入	90.03	99.83	110.9
建材企业利润收入	5.10	2.64	51.8
境外企业利润收入	110.80	104.29	94.1

(续表)

项　　目	2023 年执行数	2024 年预算数	预算数为上年执行数的％
对外合作企业利润收入	1.09	1.12	102.8
农林牧渔企业利润收入	1.23	0.59	48.0
邮政企业利润收入	14.29	14.00	98.0
转制科研院所利润收入	5.07	6.72	132.5
地质勘查企业利润收入	0.45	0.91	202.2
教育文化广播企业利润收入	6.75	6.40	94.8
机关社团所属企业利润收入	18.77	10.00	53.3
金融企业利润收入	25.60	10.00	39.1
其他国有资本经营预算企业利润收入	88.75	77.86	87.7
二、股利、股息收入	80.97	336.85	416.0
国有控股公司股利、股息收入	39.67	46.85	118.1
国有参股公司股利、股息收入	1.30		
金融企业股利、股息收入	40.00	290.00	725.0
三、产权转让收入	2.82		
国有股减持收入	0.06		
国有股权、股份转让收入	2.76		
四、清算收入	0.40		
国有股权、股份清算收入	0.12		
国有独资企业清算收入	0.25		
其他国有资本经营预算企业清算收入	0.03		
中央国有资本经营收入	2 263.59	2 392.40	105.7
上年结转收入	88.92	107.35	120.7
新疆生产建设兵团体制性收入	69.39	45.83	66.0

表 4－5　　　　　　　　2024 年中央国有资本经营支出预算表　　　　　　　　单位：亿元

项　　目	2023 年执行数	2024 年预算数	预算数为上年执行数的％
一、解决历史遗留问题及改革成本支出	107.89	105.29	97.6
中央本级支出	63.34	66.13	104.4
对地方转移支付	44.55	39.16	87.9
二、国有企业资本金注入	656.05	653.40	99.6
中央本级支出	656.05	653.40	99.6
三、国有企业政策性补贴	713.08	728.70	102.2
中央本级支出	713.08	728.70	102.2
四、其他国有资本经营预算支出	18.14	262.36	
中央本级支出	18.14	262.36	
中央国有资本经营支出	1 495.16	1 749.75	117.0

(续表)

项　　目	2023年执行数	2024年预算数	预算数为上年执行数的%
国有资本经营预算调出资金	750.00	750.00	100.0
结转下年支出	107.35		
新疆生产建设兵团体制性支出	69.39	45.83	66.0

（4）社会保障预算。社会保障预算是指政府通过社会保险缴费、公共财政预算安排的补助等方式取得收入，专项用于社会保障支出的收支预算。2024年中央社会保险基金收支预算表如表4-6、表4-7所示。

表4-6　　　　　　　　　　2024年中央社会保险基金收入预算表　　　　　　　　单位：亿元

项　　目	2023年执行数	2024年预算数	预算数为上年执行数的%
一、企业职工基本养老保险基金收入	137.14	108.42	79.1
其中：保险费收入	67.29	66.53	98.9
利息收入	1.37	1.42	103.6
二、机关事业单位基本养老保险基金收入	238.24	385.60	161.9
其中：保险费收入	108.40	156.70	144.6
财政补贴收入	124.72	224.72	180.2
利息收入	0.78	0.78	100.0
中央社会保险基金收入小计	375.38	494.02	131.6
其中：保险费（缴费）收入	175.69	223.23	127.1
财政补贴收入	124.72	224.72	180.2
利息收入	2.15	2.20	102.3
地方上解全国统筹调剂资金	2 715.80	2 531.82	93.2
中央社会保险基金收入合计	3 091.18	3 025.84	97.9
新疆生产建设兵团社会保险基金收入	511.72	542.26	106.0

表4-7　　　　　　　　　　2024年中央社会保险基金支出预算表　　　　　　　　单位：亿元

项　　目	2023年执行数	2024年预算数	预算数为上年执行数的%
一、企业职工基本养老保险基金支出	90.87	98.15	108.0
其中：基本养老金支出	86.00	93.19	108.4
丧葬补助金和抚恤金支出	4.22	4.31	102.1
二、机关事业单位基本养老保险基金支出	298.04	388.82	130.5
其中：基本养老金支出	297.97	381.84	128.1
中央社会保险基金支出小计	388.91	486.97	125.2
其中：社会保险待遇支出	388.19	479.34	123.5
中央下拨全国统筹调剂资金	2 716.32	2 532.64	93.2
中央社会保险基金支出合计	3 105.23	3 019.61	97.2
新疆生产建设兵团社会保险基金支出	471.04	521.53	110.7

引例解析

1. 受诸多减收因素影响,2024年1—7月全国收入预算完成情况不够理想;
2. 从收入层次来看,2024年1—7月全国地方预算好于中央预算;
3. 从收入构成看,2024年1—7月全国非税收入好于税收收入,这是一种不正常的现象;
4. 2024年,全国一般公共预算支出中重点领域支出得到较好保障,而这些重点支出都为民生支出。
5. 政府定期公布政府预算执行情况是为了增强透明度,确保公众对政府财政活动的监督,并维护公众的信任。

(二)基数预算和零基预算

按政府预算编制方法划分,可分为基数预算和零基预算。

1. 基数预算

基数预算是指以上年预算收支执行数为基数,同时考虑计划年度影响收支的变化因素而编制的预算,也称增量预算。其优点有:一是保持了预算收支的连续性;二是易于操作。其缺点有:一是简化了影响计划年度预算收支的多种变量因素;二是容易造成预算单位之间分配不公的现象;三是不利于控制不合理支出和提高资金使用效益。

2. 零基预算

零基预算是指不考虑过去的预算项目和收支水平,以零为基点编制的预算,又称项目选择预算。其基本特征是不受以往预算安排和预算执行情况的影响,根据现实需要和可能来编制预算。其优点有:一是有利于适应政府职能的转变,保证重点支出;二是有利于充分体现基层单位意见,便于预算执行;三是有利于控制预算支出,提高资金使用效率。其缺点有:一是编制复杂、工作量大;二是技术性要求高;三是可能会影响某些重要项目的连续性。

(三)总预算、部门预算和单位预算

按政府预算内容分合关系划分,可分为总预算、部门预算和单位预算。

1. 总预算

总预算是指由本级政府预算和汇总的下一级总预算汇编而成的预算。在我国,建立政府预算组织体系的依据是政府政权结构和行政区域划分。截至2015年年底,我国政府预算组织体系,如图4-1所示。

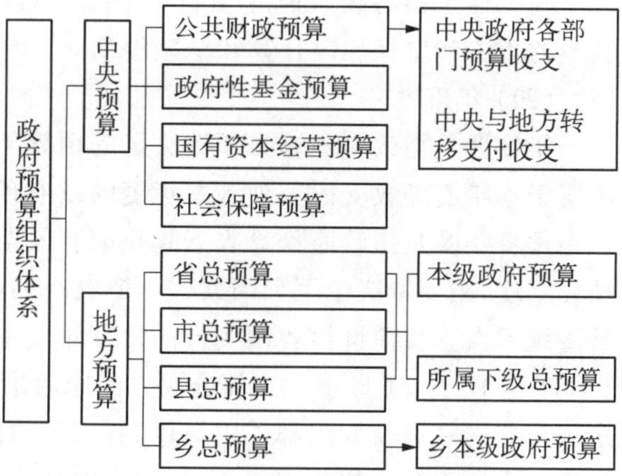

2. 部门预算

部门预算是指由各级政府部门编制的,由部门所属单位预算汇编而成的预算。它是政府预算的有机组成部分,也是当前公共财政支出制度改革的重点内容之一。

图4-1 我国政府预算组织体系

3. 单位预算

单位预算是指列入部门预算的政府机关、社会团体和其他单位的预算。从单位预算的级次划分,分为一级单位预算(主管部门预算)、二级单位预算和三级单位预算。三级单位预算以下称为报账单位,不作为一级预算单位。

(四) 中央预算和地方预算

按政府预算组织体系构成环节划分,可分为中央预算和地方预算。

1. 中央预算

中央预算是指经法定程序批准的中央政府的年度财政收支计划。中央预算由中央各部门(含直属单位)的预算组成,它在政府预算组织体系中起主导作用。

2. 地方预算

地方预算是指经法定程序批准的地方各级政府的年度财政收支计划。在我国,由四级地方总预算构成,县以上地方各级总预算分别由政府本级预算和下级总预算组成。地方预算在政府预算组织体系中起基础作用。

此外,按政府预算法律效力,将政府预算划分为正式预算、调整预算与临时预算,等等。

三、政府预算特征

(一) 公开性

政府预算公开是指全部预算收支必须经过立法机关审查批准,并向社会公布,使之置于民众的监督之下。

(二) 完整性

完整性是指政府预算应包括政府全部财政收支,不准少列收支、造假账、预算外另列预算。

(三) 统一性

统一性是指各级政府应编制一个统一的预算,其中所包括的预算收入和支出都要按统一的方法和口径加以计算和全额编列。

(四) 年度性

年度性是指政府预算必须按法定的预算年度编制,要列清全年的财政收支,不允许将不属于本年度的收支内容列入本年度的政府预算之中。

预算年度是指政府预算收支起止的有效期限,通常为1年,也称财政年度。实行何种预算年度,主要取决于下列因素:一是农产品收获季节;二是审批机关会议召开时间;三是传统习惯。目前世界各国实行的预算年度主要有两种:一种是历年制。即从公历1月1日起至12月31日止。大部分西方国家政府(如法国、德国、意大利、瑞士等)和俄罗斯、东欧一些国家以及我国都采用历年制。另一种是非历年制。实行非历年制的国家在起止日期上有所不同。如英国、日本等国家的预算年度从当年的4月1日起至次年3月31日止,称4月制;美国、泰国等国家的预算年度从当年的10月1日起至次年9月30日止,称10月制;瑞典、埃及、澳大利亚等国家的预算年度从当年的7月1日至次年的6月30日止,称7月制。

（五）法律性

法律性是指政府预算一旦经过权力机关批准之后,就具法律效力,必须贯彻执行。政府预算的法律性体现在预算管理的整个过程,包括预算编制、预算执行和政府决算。

第二节 政府预算制度

> **引例**
>
> **北京市预算安排严控一般性支出**
>
> 北京市财政局表示,2023年市财政收入预计保持低位运行,同时,重大决策、重大任务和刚性支出资金需求量大,综合考虑今年的收支形势,预计市财政收支矛盾仍然突出,将继续保持紧平衡状态。这就要求全市各部门必须将政府"过紧日子"作为常态化纪律要求,大力建设节约型政府,应对财政收支紧平衡压力。
>
> 从2023年公开的市级部门预算整体来看,主要体现在两方面。一是一般性支出继续"降"。从严控制一般性支出,市级按照5％的比例压缩"三公"经费,已连续多年实施压减。严控会议、培训、课题等一般性支出,对非刚性非重点项目支出可压尽压、应压尽压。把严把紧预算管理、资产配置、政府采购、预算评审等关口,建立节约型财政保障机制,努力降低行政运行成本。二是成本绩效改革范围持续"扩"。自全成本预算绩效管理改革实施以来,已累计新设、调整332项支出定额标准,实现节支269亿元。2023年,将继续在重点领域持续推进降本增效,在行政运行、教育、科技文化、经济建设、公用事业、社会保障、卫生健康、农林水、自然资源、生态环保等领域,推动成本绩效从项目管理向政策、部门拓展。持续完善分行业分领域分层级的支出标准体系,在支出结构优化方面重点突破。
>
> （来源：北青网）

请思考,北京市政府为什么严控预算一般性支出？

政府预算管理程序具体包括政府预算编制、政府预算执行和政府决算三个环节。

一、政府预算编制

政府预算编制是政府预算管理的首要和基础环节,具体由政府行政机关负责。在我国,政府预算的编制工作由各级政府负责,具体编制工作由财政部门承担。能否编出科学的政府预算,直接影响政府预算管理的水平和质量,具有重要的政治和经济意义。

（一）政府预算编制原则

根据我国预算法律规定,政府预算编制应当遵循以下原则：

1. 及时性

及时性原则是指各级政府预算都要按照规定的时间及时编制。

2. 连续性

连续性原则是指预算收支数字在年度之间要保持一定的连续性,避免大起大落。

3. 平衡性

平衡性原则是指中央政府公共预算和地方各级政府预算要按照量入为出、收支平衡的原则编制,不列赤字。

4. 真实性

真实性原则是指通过科学的方法和手段使预算收支数字真实可靠,不允许虚列冒估。

5. 效率性

效率性原则是指各级政府预算支出的编制,应当贯彻厉行节约、勤俭建国的方针,不断提高财政资源的配置效益。

6. 合理性

合理性原则是指各级政府预算支出的编制,应当按照国家制定的方针和政策,统筹兼顾,确保重点,在保证政府公共支出合理需要的前提下,妥善安排其他各类预算支出。

如何平衡预算收支

从近几年我国一般预算收支情况来看,一般预算收入增速在不断下滑,基本已迈入个位数增长,随着潜在经济增长率的下降,过去一般预算收入超常规的增长局面已一去不返,增速减缓或是中长期趋势;而目前一般预算支出则仍保持两位数,甚至基本在20%以上,同时国民在教育、卫生、养老等领域的保障水平还很低,基本公共服务均等化远未实现,老龄化等现实都需要持续加大一般预算支出。请思考:这一收一支的矛盾,未来是否会进一步加剧?未来一般预算收支是否能实现平衡?如果不能,一般预算收入或者支出要作出怎样的调整?

(二) 政府预算编制程序

政府预算编制,包括政府本级预算和政府总预算的编制。一般来说,主要是指政府本级预算的编制,因为政府总预算的编制只是一个汇编的问题。因此,依据上述预算编制原则,各级政府在做好各项预算编制准备工作的前提下,本级预算按照"自下而上、自上而下、两下两上、逐级汇编"的"两上两下"程序进行编制。

1. 自下而上上报预算建议数

编报部门预算要从基层预算单位编起,层层汇总,由一级预算单位审核汇编成部门预算建议数,上报财政部门。

2. 自上而下下达预算控制数

财政部门对政府各部门上报的预算建议数审核、平衡后,汇总成政府本级预算初步方案报政府,经批准后向各政府部门下达预算控制限额。

3. 自下而上上报预算草案

政府各部门根据财政部门下达的预算控制限额,编制部门预算草案上报财政部门。

4. 自上而下批复部门预算

财政部门在对各政府部门上报的预算草案审核后,汇总成政府本级预算草案和部门预算草案,报经政府审批后,提交本级人民代表大会审议,并在人民代表大会批准预算草案后1个月内向政府各部门批复预算,各政府部门应在财政部门批复本部门预算之日起15日内,批复所属各单位的预算,并负责具体执行。

(三) 政府预算审批

按我国预算法律规定,政府预算的审批,包括初审和权力机关的审批。政府预算审批后,还要进一步做好预算的备案和批复工作。政府预算的审批是一个涵盖各环节的过程,包括初审、审批、备案和批复四个环节。

1. 政府预算初审

政府预算初审是指各级政府财政部门应在本级人民代表大会举行的1个月前,将本级预算草案的主要内容提交本级人民代表大会的专门委员会,或者根据本级人大常委会主任会议的决定提交本级人大常委会有关的工作委员会,或者提交本级人大常委会进行初步审查。

2. 政府预算审批

政府预算审批是指各级政府在本级人民代表大会举行会议时,向大会作关于预算草案的报告。中央预算草案由全国人民代表大会审查和批准。地方各级政府预算草案由本级人民代表大会审查和批准。

 阅读提示

(1) 根据《预算法》第五十四条规定,预算年度开始后,预算草案在人民代表大会批准前,可以预先安排部分支出。

(2) 按照《预算法》第三十八条规定,省级可以提前下达市县转移支付。

3. 政府预算备案

政府预算备案是指地方各级政府应及时将经本级人民代表大会批准的预算及下一级政府报送备案的预算汇总,报上一级政府备案。县级以上各级政府还要将汇总后的预算,报本级人大常委会备案。国务院和县级以上地方各级政府对下一级政府报送备案的预算,认为有同法律、行政法规相抵触或者有其他不适当之处,需要撤销批准预算的决议的,应当提请本级人大常委会审议决定。

4. 政府预算批复

政府预算批复是指各级政府预算经本级人民代表大会批准后,本级政府财政部门应当及时(县级以上是自人民代表大会批准预算之日起30日内)向本级各部门批复预算;各部门应当自本级财政部门批复本部门预算之日起15日内,批复所属各单位预算。

> **引例解析**
> 1. 2023年的预算安排总基调是"过紧日子"。
> 2. 有压有保,压的是政府一般开支,保的是民生支出。
> 3. 节约的同时增加支出效果。

二、政府预算执行

（一）政府预算执行组织体系

政府预算经过批准以后,就进入执行阶段。预算执行是政府预算管理的中心环节。各级政府预算执行由本级政府组织实施,具体工作由本级财政部门负责。但是,政府预算执行不是财政部门单独能够完成的任务,而是由众多机关和机构组成的有机整体来完成的。政府预算执行的组织体系包括行政领导机关和职能机构。财政、税务和海关是预算收入执行的职能机构,也是预算收入的"征收机关"。财政、国库、部门和单位是预算支出执行的职能机构。我国政府预算执行组织体系,如图4-2所示。

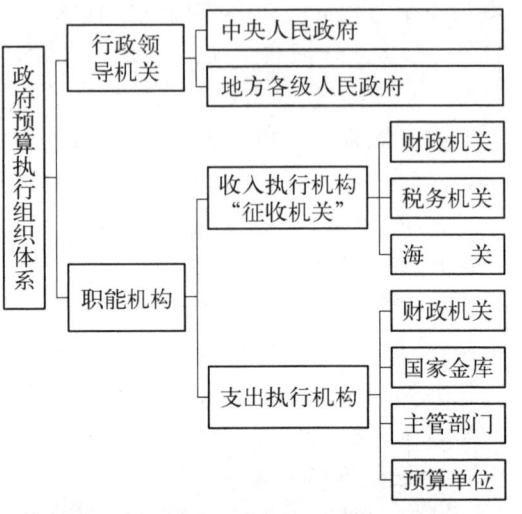

图4-2 我国政府预算执行组织体系

（二）政府预算执行任务

在预算执行阶段,政府预算执行任务是指所有参与预算执行管理的各主体应当共同完成的任务,主要包括组织预算收入、拨付预算资金、预算调整和预算执行检查分析等四项内容。

1. 组织预算收入

财政、税务和海关必须按照政府规定的缴库方式和方法依法及时、足额征收应征的预算收入。有预算收入上缴任务的部门、企业单位和个人,必须依照法规的规定,将应上缴的预算资金及时、足额地上缴国库。

2. 拨付预算资金

各级财政部门必须依法及时、足额地按拨款原则和方式拨付预算支出资金,并加强管理和监督。拨款原则包括按预算拨款、按进度拨款、按用途拨款和按级次拨款四项原则。预算资金拨付方式包括集中拨付和授权拨付两种方式。

3. 预算调整

预算调整是指在预算执行中通过法定程序改变预算收支总额组织新的预算收支平衡的重要方法。在预算执行中,由于种种变化因素的出现,会造成预算收支的不平衡,需要通过调整预算收支总额以达到新的预算收支平衡。预算调整方式包括预算的追加追减和预算划转两种。但是,通过预算调整不会影响预算收支的平衡状况。应该注意的是,追加支出必须有相应的收入来源;追减收入必须相应压缩支出。进行预算调整必须按照法定程序进行,应当由各级政府编制调整方案,提请本级人大常委会或本级人民代表大会审批。地方各级政府预算的调整方案经批准后,由本级政府报上一级政府备案。

4. 预算执行检查分析

预算执行检查分析是预算执行中一项经常性的工作,主要是通过对预算收支的完成情况与当年经济社会发展主要指标、年度预算指标等方面进行检查分析。采取的方法一般包括对比分析法和因素分析法。采取的方式包括定期分析、专题分析和典型分析。通过检查分析,及时发现和解决预算执行中的新情况和新问题,以利于全年预算收支任务和经济社会发展主要指标的顺利完成。

(三)政府预算执行管理

政府预算执行管理是财政管理的重要组成部分,是预算实施的关键环节。预算执行管理水平的高低,直接关系到党和国家重大方针政策的贯彻落实,关系到各项财政政策实施的效果,关系到财政资金使用效益的提高。

近年来,按照建立中国特色公共财政体系的要求,通过体制、机制和制度创新,我国的预算执行管理发生了根本性的变化,逐步构建起中国特色现代财政国库管理体系,涵盖了国库集中收付、国库现金管理、政府采购管理、预算执行情况报告、政府会计核算管理以及财政国库动态监控等诸多方面,并形成相互促进的有机整体,预算支出的及时性和均衡性明显提高,为加强和完善财政管理、贯彻落实财税政策、实施宏观调控提供了有效手段和坚强保障。

三、政府决算

政府决算是指政府年度预算执行的总结和终结。决算草案由各级政府、各部门和各单位,在每一预算年度终了后,在认真做好年终清理等准备工作的基础上,按照规定的时间编制。具体事项由财政部门部署。各级政府决算的编制程序是自下而上、逐级汇编。政府决算不得代编。编制政府决算草案,必须符合法律、行政法规,做到收支数额准确、内容完整、报送及时。

县级以上各级政府决算草案由本级人大常委会审查和批准,乡级政府决算草案由本级人民代表大会审查和批准。各级政府决算经批准后,财政部门应当自批准之日起 30 日内向本级各部门批复决算。各部门应当自本级政府财政部门批复本部门决算之日起 15 日内向所属单位批复决算。县级以上地方各级政府应当自本级人大常委会批准本级政府决算之日起 30 日内,将本级政府决算及下一级政府上报备案的决算汇总,报上一级政府备案。

四、政府预算监督和法律责任

全国人民代表大会及人大常委会对中央和地方预算、决算进行监督;县级以上地方各级人民代表大会及人大常务委员会对本级和下级政府预算、决算进行监督;乡、民族乡、镇人民代表大会对本级预算、决算进行监督;各级政府监督下级政府的预算执行;各级政府财政部门监督本级各部门及其所属各单位预算的执行;各级政府审计部门对本级各部门、各单位和下级政府的预算执行和决算实行审计监督。各级政府未经依法批准擅自变更预算,使经批准的收支平衡的预算总支出超过总收入,或者使经批准的预算中举借债务的数额增加的,对负有直接责任的主管人员和其他直接责任人员追究行政责任。违反法律、行政法规的规定,擅自动用国库库款或者擅自以其他方式支配已入库的库款的,由政府财政部门责令退回或者追回库款,并由上级机关给予负有直接责任的主管人员和其他直接责任人员行政处分。隐瞒预算收入或者将不应当在预算内支出的款项转为预算内支出的,由上一级政府或者本级政府财政部门责令纠正,并由上级机关给予负有直接责任的主管人员和其他直接责任人员行政处分。

国务院发布的《财政违法行为处罚处分条例》

（2004年11月30日发布,自2005年2月1日起施行。）

第七条　财政预决算的编制部门和预算执行部门及其工作人员有下列违反国家有关预算管理规定的行为之一的,责令改正,追回有关款项,限期调整有关预算科目和预算级次。对单位给予警告或者通报批评。对直接负责的主管人员和其他直接责任人员给予警告、记过或者记大过处分;情节较重的,给予降级处分;情节严重的,给予撤职处分:

（一）虚增、虚减财政收入或者财政支出;

（二）违反规定编制、批复预算或者决算;

（三）违反规定调整预算;

（四）违反规定调整预算级次或者预算收支种类;

（五）违反规定动用预算预备费或者挪用预算周转金;

（六）违反国家关于转移支付管理规定的行为;

（七）其他违反国家有关预算管理规定的行为。

某部门收支
预算总表

第三节　部门预算改革

一、部门预算概述

（一）部门预算改革背景

1994年的分税制财政体制改革,从收入方面初步理顺了中央与地方间的分配关系,增强了中央财政的宏观调控能力。但是,在财政支出管理方面,旧体制所造成的预算不够统一规范、预算软约束、财政支出效益不高等问题却日益突出,具体表现在以下几个方面:

1. 预算编制内容不完整

我国《预算法》规定,"中央政府预算由中央各部门的预算组成""各部门预算由本部门所属各单位预算组成"。传统的功能预算,从涵盖的范围看,实际仅是财政拨款预算,核定和批复预算也只针对财政预算内资金,而对包括预算外资金、各种基金、各项事业收入在内的大量政府性资金,基本上仍由单位自行安排,游离于财政预算管理之外,并没有用预算的形式将其制度化,编制的预算涵盖的只是部分预算内容。

2. 预算编制程度不细化

在传统的功能预算编制模式下,在财政部门内部,预算司编制的是按功能设定的中央本级的预算,各职能司编制的是各自分管经费的预算,预算仅停留在类、款级功能层次;报送人大的中央预算草案也是按功能汇总的,其预算口径不直接对应于预算部门,且同一个科目涉及多个部门,不仅外行看不明白,内行也是只见树木、不见森林。因此,人大根本无法从中央预算草案中看出经费预算与中央部门工作间的对应关系,也就无从发挥监督作用。

3. 预算资金使用效益不高

《中华人民共和国预算法实施条例》第三十条规定,"中央预算草案经全国人民代表大会批准后,财政部应当自全国人民代表大会批准中央预算之日起 30 日内,批复中央各部门预算。中央各部门应当自财政部批复本部门预算之日起 15 日内,批复所属单位的预算。"但我们传统的分工各管一项或几项经费的做法,使得预算的编制过程进度不一、各项经费预算的编制要求也有所差异,导致预算的批复在时间上不统一,许多经费的预算都没有做到在法定的时间内批复到有关预算单位,甚至有的预算在年度已经结束、总会计已进入整理期时才向部门下达。这样既影响了《中华人民共和国预算法》的严肃性,更主要的是部门因为预算下达时间难以把握,很难统筹安排年度事业发展计划,影响了政府资金效益的发挥。

审计署代表国务院在第九届全国人民代表大会常务委员会第十次会议所作的《关于1998 年中央预算执行情况和其他财政收支的审计工作报告》(1999 年 6 月)和全国人大常委会《关于加强中央预算审查监督的决定》(1999 年 12 月 25 日通过),分别针对中央财政预算管理中存在的问题,就进一步改进和规范中央预算编制工作提出了明确的要求:"要严格执行预算法,及时批复预算""要细化报送全国人大审查批准的预算草案内容,增加透明度""报送内容应增加对中央各部门支出、中央补助各地方的支出和重点项目的支出等"。这些要求的提出,拉开了我国部门预算改革的序幕。

自此,财政部决定以贯彻全国人大的要求为契机,从改革预算编制方法着手,逐步推进我国预算管理改革。1999 年 7 月 24 日,财政部向国务院报送了《关于落实全国人大常委会意见改进和规范预算管理工作的请示》。经国务院批准,财政部在广泛征求部门意见的基础上,提出了《关于改进 2000 年中央预算编制的意见》,开始着手实施部门预算改革。2002 年,正式按新方法编制部门基本支出预算和项目支出预算;按新的政府预算收支科目细化部门预算编制;正式编制政府采购预算;加大预算外资金纳入预算管理的力度,试行"收支两条线"管理,到 2005 年部门预算基本形成;2007 年全面实施政府收支分类改革,积极进行项目支出经济分类试点。之后又陆续进行了项目支出预算滚动管理、国库集中支付制度、政府采购制度、"金财工程"、财政拨款结余资金管理、加强资产管理与预算管理的有机结合、部门预算绩效管理等部门预算改革,到 2020 年我国部门预算已经逐步完善。

(二)部门预算概念

部门预算是指由政府各个部门编制并经法定程序审批通过的反映政府各个部门收支活动的预算。通俗地说,就是一个部门编制一本预算。部门预算是市场经济国家政府预算管理的基本组织形式,是政府预算的重要组成部分。部门预算有以下几个方面的含义:

(1)从编制范围看,部门预算涵盖了部门所有收支。不仅包括一般预算收支,还包括政府性基金收支,体现了综合性原则。

(2)从编制程序看,部门预算是汇总预算。它是从基层预算单位编制,然后逐级审核汇总形成的。

(3) 从细化程度看,部门预算既细化到了预算单位的具体项目,反映了本部门的所有收支,也反映了按单位和项目划分的收支具体构成情况。

(4) 从合法性看,部门预算必须符合国家有关政策和规定。预算草案在呈报上级部门前,必须经单位领导同意;财政总预算在上报全国人大前必须报经国务院批准;全国人大按法定程序批准年度预算后,由财政部门批复到部门,部门再逐级批复到基层预算单位。

(三) 部门预算与传统预算的区别

传统预算,也称"功能预算"。功能预算的编制是采取收入按来源形式、支出按用途方法进行编制的,其特点是在编制预算时,不以预算部门作为划分标准,而是根据政府职能和经费性质对支出加以分类进行编制。部门预算与功能预算的区别主要在于以下方面:

1. 预算编制的分类基础不同

功能预算是将预算按支出用途分类,分别测算,最后汇总形成按支出用途分别列示的总体预算。部门预算则是将预算按部门或单位分解,将涉及本部门或单位的资金统一按功能、性质分类编入部门预算,财政部门将各部门的预算审核汇总后,形成按部门列示的部门预算,并在此基础上形成本级政府预算。

小案例

按照"四统一"原则公开2023年市级部门预算

北京各市级部门按照"统一步骤、统一格式、统一时间、统一形式"的"四统一"原则,同步公开2023年市级部门预算。除涉密部门外,所有使用财政资金的200家市级部门,此次全部公开部门预算。公众可通过各部门网站及首都之窗查看各市级部门预算情况。

此次公开的市级部门预算主要包括部门预算报表和文字说明两部分。其中,部门预算报表共计14张,主要反映市级各部门的收支预算、财政拨款"三公"经费支出、政府采购预算、政府购买服务信息、项目支出绩效目标等情况。公众通过文字说明可了解到各部门落实市委、市政府中心工作任务的资金保障情况,看到各项财政资金政策落地生效的具体体现。

市财政局表示,与往年相比,2023年部门预算公开更细化、更易懂,从公开内容、范围、形式、重点等方面深入挖掘,进一步打造透明预算,推进"阳光政府"建设。

(资料来源:北京日报)

---

2. 预算编制的涵盖范围不同

功能预算的编制范围仅限于财政预算内资金收支,没有涵盖部门依法组织的基金收支和其他收支。部门预算的编制范围则涵盖了部门的全部收支,包括公共收支、基金收支和其他收支。

3. 预算管理的侧重点不同

功能预算主要侧重于财政收支结构分析、财政宏观情况分析,强调预算分配的计划性,有利于国家宏观经济政策和财政调控政策的实施。部门预算是在以上分析基础上,更侧重于细化反映某一部门的全部收支具体情况,强调部门行使职能过程中各项预算的全过程管理,突出预算的事前控制,实现了预算进一步向微观管理层次的延伸。

4. 预算管理的方式不同

功能预算是一个部门不同用途的经费分别由财政和各有资金分配权限的部门进行管理,在财政部门内部是一个机构管理若干部门同一性质的经费,同一部门的不同用途的经费预算分别由不同的主管机构审核和批复。部门预算则是一个部门不同功能的经费在财政和部门均由同一机构管理,在财政部门内部是一个机构管理一个部门的所有经费,同一部门所有经费的预算全部由一个机构审核和批复。

5. 预算编制的方式不同

功能预算编制的过程是自上而下的,即由财政部门根据政府目标的需要,先确定财政总体收支规模和支出构成,由财政部门把按用途分类的预算控制指标分解给部门,主管部门代基层单位编制预算,层层代编。部门预算编制过程是自下而上的,即从基层编起,逐级审核汇总,最后经财政部门审核汇总形成本级政府预算。

6. 预算分类的细化程度不同

功能预算是将预算按用途细化;部门预算则是以部门为基础,对部门内的各项资金再按功能、性质把各项支出内容细化分解到具体支出项目。

二、部门预算内容

根据部门预算的特点和管理的有关规定,其内容主要包括收入预算和支出预算两部分。

(一) 收入预算

收入预算包括上年结转、财政拨款、缴入国库的行政事业性收费、专项收入、政府性基金收入、缴入财政专户的行政事业性收费或彩票公益金、单位间转移收入和其他各项收入。某市体育局2022年部门收支预算,如表4-8所示。

表4-8　　　　　　　　　　2022年部门收支预算表

部门名称:某市体育局　　　　　　　　　　　　　　　　　单位:万元

收入		支出	
项目	金额	项目	金额
一、一般公共预算	5 587.60	一、一般公共服务	
其中:财政拨款	4 656.00	二、外交	
二、政府性基金预算拨款收入	4 957.00	三、国防	
三、国有资本经营预算拨款收入		四、公共安全	
四、财政专户管理资金收入	13.60	五、教育	1 248.21
五、事业收入		六、科学技术	
六、事业单位经营收入		七、文化旅游体育与传媒	3 054.22
七、上级补助收入		八、社会保障和就业	727.87
八、附属单位上缴收入		九、社会保险基金支出	

(续表)

收 入		支 出	
项　目	金　额	项　目	金　额
九、其他收入		十、卫生健康	309.54
		十一、节能环保	
		十二、城乡社区事务	
		十三、农林水事务	
		十四、交通运输	
		十五、资源勘探信息等	
		十六、商业服务业等	
		十七、金融支出	
		十八、援助其他地区支出	
		十九、自然资源海洋气象等支出	
		二十、住房保障支出	272.26
		二十一、粮油物资储备支出	
		二十二、国有资本经营预算	
		二十三、灾害防治及应急管理	
		二十四、预备费	
		二十五、其他支出	5 670.47
		二十六、转移性支出	
		二十七、债务还本支出	
		二十八、债务付息支出	
		二十九、债务发行费用支出	
		三十、抗疫特别国债安排的支出	
本年收入合计	10 558.20	本年支出合计	11 282.57
上年结转结余	724.37	年终结转结余	0.00
收入总计	11 282.57	支出总计	11 282.57

（二）支出预算

支出预算包括基本支出和项目支出。某市体育局部门支出预算，如表 4 - 9 所示。

表 4-9　　　　　　　　　　　20××年部门支出预算总表
单位名称：××市体育局　　　　　　　　　　　　　　　　　　　　　　　　　　　单位：万元

项　　目	总　　计	基本支出	项目支出
合计	11 282.57	4 527.31	6 755.26
工资福利支出	3 831.96	3 831.96	
商品和服务支出	7 015.26	260.00	6 755.26
对个人和家庭的补助	435.35	435.35	

1. 基本支出

基本支出主要包括工资福利支出、商品服务支出和对个人及家庭的补助。其中，工资福利支出包括基本工资、津贴补贴、奖金、养老保险、失业保险、医疗保险和其他支出。商品和服务支出包括公用经费、工会经费和职工福利费等。对个人及家庭的补助包括离休费、退休费、生活补助、助学金、住房公积金和其他支出。

2. 项目支出

项目支出主要包括基本建设支出、社会事业发展项目支出、经济发展项目支出、债务项目支出、专项业务项目支出和其他项目支出等六类。其中，基本建设支出是指按照国家和政府关于基本建设管理的规定安排用于基本建设的支出。社会事业发展项目支出是指用于一般社会事业发展方面的专项支出。经济发展项目支出是指用于支持产业发展方面的专项支出。债务项目支出是指用于偿还政府性债务方面的专项支出。专项业务项目支出是指用于部门和单位开展业务工作的专项支出。其他项目支出是指除上述项目支出以外安排的项目支出。

三、部门预算流程与编制时间

(一) 部门预算流程

部门预算同样实行"两上两下"的基本流程，但对每一次"上"和"下"的具体内容作了调整。

1. "一上"，即自下而上上报支出计划建议数

政府各部门按照部门预算编制通知要求，编制本部门下年度人员支出、公用支出、项目支出计划草案；结合本部门当年编制、实有人员等基础情况，编制年度本部门基本支出预算。根据政府确定的经济社会发展重点及本部门规划，建立和完善部门预算项目库，提出下年度具体项目计划。按照政府性债务预算的编制要求，提出年度债务收入、债务支出及还本付息支出等计划。按照行政事业单位资产购置预算编制要求，编制年度资产购置预算。为加强部门结余资金的管理，各部门要将截至上年年底结余资金（包括基本支出结余和项目支出结余）当年使用情况、预计结转下年安排使用计划以及拟统筹动用本部门净结余资金安排下年度有关项目支出预算情况，随部门预算一并送财政部门。各部门按照预算编审通知要求，把本部门全套计划分别送财政部门相关处室审核并汇总。

2. "一下",即自上而下下达支出核定数

政府财政部门与政府相关部门研究测算下年度地区与本级财政收入,预测政府本级当年一般预算财力规模;审核汇总部门预算建议,下达部门人员支出、公用支出核定数,同时在扣除基本支出数额的前提下,确定项目支出总额;编制下年度政府本级财政预算草案,提出将一般预算项目资金分为切块限额,政府性基金、预算外资金等收支规模以及各部门各类项目支出计划,经财政部门最终确定后一并上报政府。政府对本级预算的重点项目支出和分口支出限额研究确定后,财政部门将政府对切块资金提出的具体分配项目支出和安排意见下达相关部门。

定 员 定 额

定员是指根据各单位履行职能的需要,确定各单位应配备的工作人员数量(以编制部门提供的各单位编制数为依据)。公共部门的定员按照单位的性质可以分为行政单位定员和事业单位定员两种。行政单位定员是按照行政单位的机构设置和工作任务、所处区域面积大小、所辖人口多少而规定的人员配备标准;事业单位定员一类是按机构类型定员,另一类是按特定比例定员。

定额是指在定员的基础上,根据各种客观因素确定每个人员的资源消耗补偿额。目前,人员经费的定额项目包括基本工资、津贴及奖金、社会保障缴费等8个子项目。公用经费的定额项目包括办公及印刷费、水电费、差旅费等12个子项目。

3. "二上",即自下而上上报部门预算草案

各部门、各单位根据政府研究确定的切块资金分配和项目安排意见,编制调整本部门收支预算建议,报送财政部门审核汇总。财政部门根据政府对本级预算的重点支出项目和分口、分部门支出限额,以及对切块资金分配和项目支出具体安排意见,在综合平衡的基础上,汇总编制部门预算草案报政府审定。

4. "二下",即自上而下批复部门预算

财政部门根据政府审定的意见,进一步调整和完善部门预算,提出下年度本级政府收支预算草案,在规定时间内报政府审定。根据政府审定意见,进一步修订审核本级收支预算草案,报同级人大专门委员会初审,提交同级人民代表大会审议批准,在人民代表大会批准财政预算草案的30日内,将部门预算批复到各部门。各部门按照财政部门批复的预算,在15日内逐级批复到所属单位,并报财政部门备案。

以某省省级政府预算编制为例,编制流程如图4-3所示。

(二)部门预算编制时间

为了使预算编制工作顺利进行,需要将预算编制和报送时间适当提前。以某年度中央预算的编制为例,其时间安排如下:

(1)9月1日前,各中央部门将编制的部门预算一式两份报财政部,其中项目支出预算的申报文本只需要报送数据盘。中央各部门部署编制中央预算草案的具体事项。

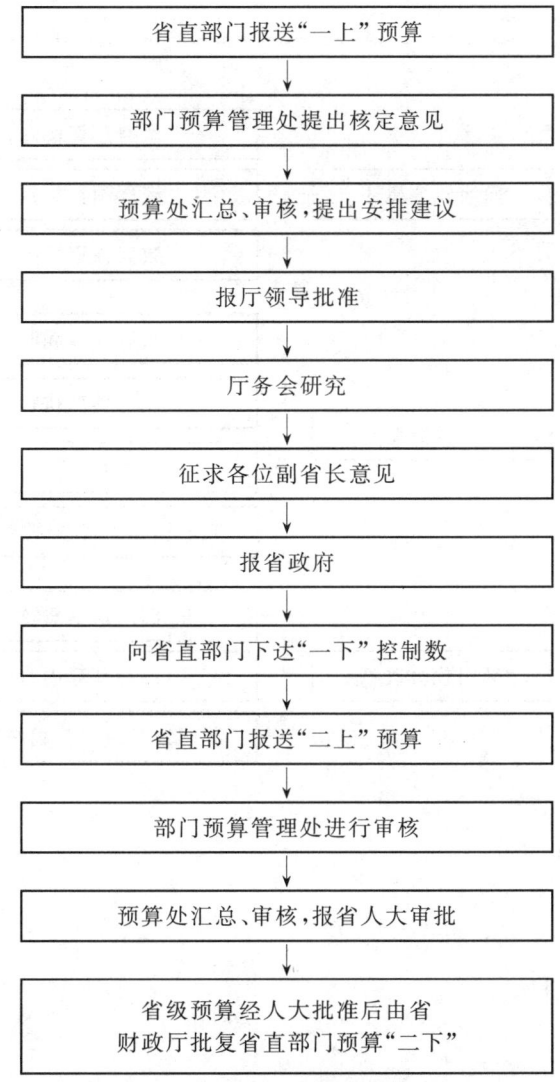

图 4-3 省级政府预算编制流程

(2) 11月10日前,财政部根据国务院审定的中央预算(草案)确定分部门的预算分配方案,向中央各部门下达预算控制数。

(3) 12月10日前,各中央部门根据财政部下达的预算控制数编制"二上"预算,一式两份(附数据盘)报财政部,提请全国人大审议的中央部门预算要报送四份。

(4) 12月28日前,财政部将汇编的中央预算(草案)及需提请全国人大审议的中央部门预算上报国务院审批。

(5) 1月15日前,财政部将国务院批准的中央预算(草案)报送全国人民代表大会预算工作委员会。

(6) 2月15前,财政部将中央预算(草案)报送全国人民代表大会财经委员会。

(7) 财政部根据全国人民代表大会批准的中央预算,在30日内批复中央各部门预算。各中央部门自财政部批复本部门预算之日起15日内,批复所属各单位预算。

第四章 政府预算

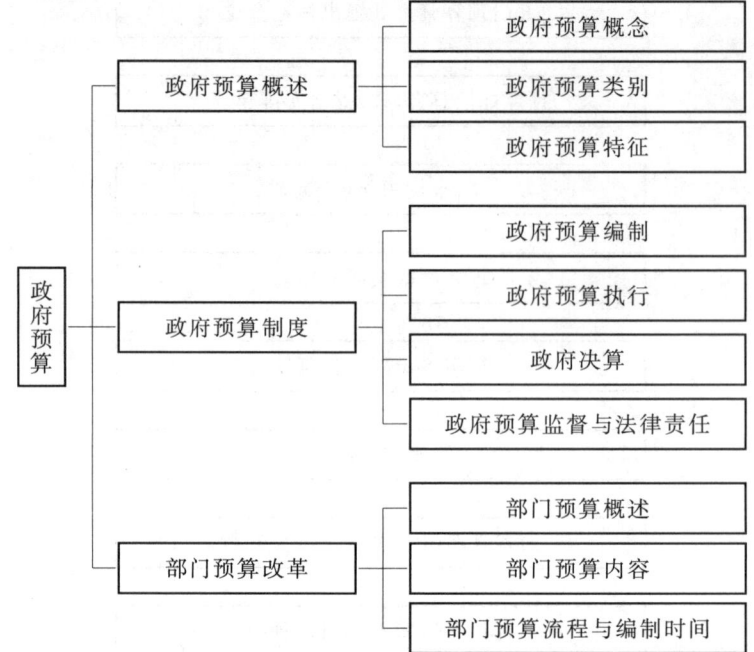

第五章 财政体制

学习目标

知识目标
1. 掌握财政体制的含义和实质。
2. 掌握财政体制的内容。
3. 了解现行分税制财政体制的主要内容。
4. 了解分税制体制下各级政府间的财政关系。
5. 掌握转移支付的测算方法。

能力目标
1. 能够运用财政体制基本原理,分析财政体制对当地财政和社会经济的影响。
2. 能够运用相关资料对地方转移支付数额进行测算。

素养目标
认识到财政体制对于保障和改善民生的重要性。增强社会责任感,学会关注社会热点问题,积极参与社会公益事业。

第一节 财政体制

中国曾推分级财政体制致地方财政压力加大

> **引例**
>
> **地方不同体制下机动财力的测算**
>
> 某县上年财政收入为1 200万元,今年预算数为1 300万元,今年实际完成数为1 560万元,在分成比例20%的情况下,按增收分成、超收分成、总额分成的不同体制计算方法下,该县可留地方机动财力各是多少?

一、财政体制的概念与实质

财政管理体制,简称"财政体制",有广义与狭义之分。从广义上讲,财政体制包括预算管理体制、税收管理体制、转移支付管理体制和公债管理体制等,解决纵向和横向两个方面的分配关系。其中,预算体制在财政体制中居于中心环节。从狭义上讲,财政体制就是指预算管理体制,主要解决纵向分配关系。本书所述的财政体制特指狭义上的概念。

财政体制是通过划分预算管理权责和预算收支范围来处理政府间财政关系的一项根本制度。这种财政关系包括以下两方面的内容:一是政府间预算管理权责的划分,体现政府间预算管理权责集权与分权的关系;二是政府间财政收支范围的划分,体现政府间财政收支集中与分散的关系。

各级政府为了实现其职能,必须有相应的财力作保证。各级政府究竟有多少财力可供支配,主要取决于其职能范围的大小,即取决于各级政府的事权。

由于各级政府的职能范围在不同时期并不是一成不变的,因此,财政体制也不是一成不变的。财政体制的改革是财权与财力分配方式的改变,在一种财政体制下,可能中央集中多一些,在另一种财政体制下,可能是地方分权多一些。判断一种财政体制改革方案成败的关键,是看它是否有利于财政资源配置效益的提升、宏观经济的稳定与增长和社会生产力的提高。决定财权和财力集中与分散程度大小的主要因素包括:国家政权结构、国家的性质和职能、国家对经济社会生活的干预程度以及国家的经济体制等。

二、财政体制的内容

(一) 预算组织体系

预算组织管理体系,简称"预算组织体系",是根据国家政权结构、行政区域划分和预算管理体制规定按一定方式组合而成的统一整体,也称"预算级次""预算分级"或"预算组成"。世界上主要国家的政权结构一般为三级,相应预算级次也分为三级。在我国,预算组织体系由中央预算和地方预算两大环节组成,地方预算由省、市、县、乡四级总预算组成。县级以上地方各级政府总预算分别由政府本级预算和所属下级总预算组成。各级财政相对独立地管理和支配一定的财政收入和财政支出,独立地编制预决算并对同级人民代表大会负责。

(二) 预算收支划分

预算收支划分是指确定政府间财政收入的归属和财政支出的责任。政府职能范围决定其事权范围,一级政府事权的大小决定其财政支出的责任,财政支出责任的大小决定其可支配财力的多少。预算收支划分反映了各级政府预算活动范围的大小和财力分配的多少,是正确处理政府间财政分配关系的重要因素,所以说,预算收支划分是财政体制的核心内容。

1. 事权划分方式

市场经济国家的事权划分方式可归为以下三类:一是中央列举法。由宪法等法律单独列举中央或联邦政府的事权,地方概括剩余事权。按照这一划分方式,地方事权较多,代表国家如美国、日本。二是共同列举法。法律同时列举中央或联邦事权与地方事权,如有未列举的事权发生时,依据事务属性确定其归属,代表国家如加拿大。三是中央推定法。法律列举地方事权,而未列举的事权推定属于中央。即地方列举、中央概括,故中央事权较多,代表国家如南非。

2. 支出责任划分原则

支出责任划分受政治、历史、文化等特定国情因素影响,具体项目划分上不存在统一的模式,但通常遵循如下原则:一是适宜性原则。政府各项职能的本质属性天然决定了其在各级政府间的最适配置。国防、外交等与国家利益密切相关,受益范围惠及全民的公共服务,应由中央负责;地方基础设施和消防等以特定区域居民为服务对象,受益范围限于某一区域的服务项目,则由相关地方政府负责。二是效率原则。地方政府更了解辖区内居民需求,凡是由地方政府处理,其行政效率更高的事务归地方,反之则由中央负责。三是法制规范原则。各级政府支出责任通过法律形式明确加以界定,同时,支出责任的调整应按照一定的法律程序,保持稳定性、规范性。

3. 收入划分原则

税种属性是决定政府间收入划分的主要原则。市场经济国家一般遵循以下具体原则:一是集权原则。无论是联邦制国家,还是单一制国家,为了保持政策的统一性与社会稳定,维护中央政府权威,一般都在政府间初次分配中集中较多的财力,将收入份额较大的主体税种划归中央政府。二是效率原则。对于一些流动性较强的收入,如个人和公司所得税、增值税、消费税、遗产税作为中央政府收入,不但征管较为简便,而且不易流失;一些流动性不强以土地为课税对象的收入,如房产税、土地税、土地增值税划归地方政府,地方政府较为了解税基等基本信息,同时税基流动性差,收入相对稳定,不但易于操作,而且征税效率较高。三是恰当原则。为了有效实施宏观调控,对于一些调控功能较强的税种通常作为中央政府收入,对于体现国家主权的收入如关税等,不宜作为地方收入或实行中央地方分享。四是收益与负担对等原则。对于收益与负担直接对应的收入如使用费等,一般作为地方政府收入。

世界各国在中央与地方之间分税

从各国具体实践看,日本、英国等单一制国家通常将增值税、个人所得税、企业所得税等大宗税种作为中央收入,中央收入比重相对较高;德国、美国等联邦制国家一般将所得税纳入联邦与州等地方政府的共享范围,财力集中水平略低于单一制国家。另外,各国普遍将财产税、车辆税、消费税等作为地方政府收入。

(三)预算管理权责划分

预算管理权责是指法律规定的参与预算管理的各主体对预算管理的权限和责任。世界各国关于预算管理权责的划分并没有统一的标准。按照我国预算法规定,参与预算管理的主体主要是指各级人民代表大会、人大常委会、政府、财政部门、政府其他组成部门及其所属单位。预算管理权责主要包括预决算草案编制权、预决算草案审批权、预算执行权、预算调整权、预备费动用权、预算执行报告权、预算监督权和对不合理决定的撤销权,等。预算法对参与预算管理的各主体的预算管理权责做了明确划分。其具体划分情况,如表5-1所示。

表 5-1　　　　　　　　　　　预算管理权责划分情况一览

项　　目	人民代表大会	人大常委会	政府	财政部门	其他部门	单位
预决算草案编制权			★	★	★	★
预决算草案审批权	★	★				
预算执行权			★	★	★	★
预算调整权	★	★	★	★		
预备费动用权			★			
预算执行报告权			★	★	★	★
预算监督权	★	★	★	★	★	
对不合理决定的撤销权	★	★	★			

注：表中"★"代表了各主体的预算管理权责。

（四）政府间转移支付制度

转移支付，是指两个货币收入主体相互之间非交易性的货币交换关系。按照转移主体的不同，转移支付可划分为广义转移支付、财政转移支付、政府间转移支付和国际转移支付四种。政府间转移支付制度是指在一国政府间对财政资金无偿转移所规定的规则、程序和方法等内容的总称。

在一国范围内，由于受主客观等变化因素的影响，各地经济社会发展水平呈现不均衡状态，财政收支的规模、结构和平衡状况存在不同程度的差异。特别是在实行分税制条件下，政府间事权和支出的划分往往形成了地方政府事权和支出大于中央政府的事权和支出的格局；政府间收入的划分则是形成了中央政府收入大于地方政府收入的格局。这样，中央政府的财政收支对比出现收大于支，形成结余；而地方政府的财政收支对比出现支大于收，形成赤字。为了实现纵向政府间财政收支均衡，为了确保各级政府职能的实现和财政体制的顺利运行，确保地方各级政府能够均等地提供基本满足公众需要的公共产品和公共服务，必须相应建立必要的政府间转移支付制度。具体内容将在本项目任务三讲述。

乡财县管

乡财县管是指以乡镇为独立核算主体，由县级财政部门直接管理并监督乡镇财政收支，实行县乡"预算共编、账户统设、集中收支、采购统办、票据统管"的财政管理方式。实行乡财县管改革，在坚持乡镇"三权"不变（即预算管理权不变、资金所有权和使用权不变、财务审批权不变）的前提下，实施综合财政预算，集中和加强了乡镇收入管理，控制和约束了乡镇支出需求，统一和规范了乡镇财务核算，遏制和缩减了乡镇债务规模，提高了县乡财政管理水平。推进乡财县管改革，有利于减轻农民负担，巩固农村税费改革的成果；有利于缓解乡镇财政困难，推动乡镇政府职能转变。

三、财政体制的类型

在我国 70 多年的财政体制改革实践中,财政体制的类型随着政府在不同时期实施的经济体制和经济政策的不同而不同。总的来说,经历了由高度集权集中,到集权与分权、集中与分散相结合,再到通过推行分税制体制逐步扩大地方预算管理权限的改革历程。大体可将我国实施过的财政体制划分成以下三种类型,即统收统支体制、"分灶吃饭"体制、分税制体制。其具体类型划分,如表 5-2 所示。

表 5-2　　　　　　　　　　　我国财政体制类型划分

施 行 时 间		财政体制简述
统收统支	1950	高度集中、统收统支
	1951—1957	划分收支,分级管理
	1958	以收定支,五年不变
	1959—1970	收支下放,计划包干,地区调剂,总额分成,一年一变
	1971—1973	定支定收,收支包干,保证上缴(或差额补贴),一年一定
	1974—1975	收入按固定比例留成,超收另定分成比例,支出按指标包干
	1976—1979	定收定支,收支挂钩,总额分成,一年一变 部分省(市)试行"收支挂钩,增收分成"
分灶吃饭	1980—1985	划分收支,分级包干
	1985—1988	划分税种、核定收支、分级包干
	1988—1993	财政包干
分税制	1994 年至今	按照统一规范的基本原则,划分中央地方收支范围,建立并逐步完善中央对地方财政转移支付制度

(一) 统收统支体制

我国于 1950—1979 年在当时的历史背景下,实施过这一体制。它的基本特点是,财力与财权完全集中于中央,地方在实施"统收统支,收支两条线"的前提下,基本没有独立自主权,地方可用财力的多少完全取决于中央核定的支出指标。

在 1953—1979 年,尽管具体的体制形式多有变化,不管是总额分成、分类分成,还是"大包干",但从总体上各种体制均可归纳为该种类型。其主要特点如下:

1. 地方预算的独立性较小

在中央统一政策、统一计划和统一制度的前提下,财政级次基本按国家政权结构来划分,实行分级管理,原则上是一级政权、一级财政。在分级管理体制下,地方财政的收支支配权和管理权相对较小,严格地说,它并不真正构成一级独立的预算主体。

2. 地方财政收支指标由中央核定

在财力分配上,实行"以支定收",地方政府究竟有多少可用财力,并不完全取决于地方财政的收入状况,而由中央按"条条"给地方核定支出指标,分项下达指导性指标,地方无权统筹安排。诸如税收的立法权、税率调整权和减免权等财政管理权限几乎完全集中于中央,地方收入指标由中央确定。

3. 体制有效期是"一年一定"

对经济增长带来的财政收入增量部分,基本上由中央拿走,地方能分享的份额很少。这一时期体制的有效期主要是"一年一定",不是长期相对稳定。

(二)"分灶吃饭"体制

我国在1980—1993年实施该体制,尽管在1980年、1985年和1988年分别做过三次大的调整,但总体上都属于该体制类型。其基本特点如下:

1. 实行"大包干"

为了调动地方财政理财的积极性,在财力分配上实行各种形式的包干办法,不管是按绝对数包干,还是按比例包干;不管是按固定比例包干,还是按递增比例包干,不但收入的存量分配向地方倾斜,而且收入的增量也基本归地方,中央集中的财力过小。

2. 财权基本集中于中央

虽然地方财力大大增强,但财权仍基本集中于中央。而且中央往往利用在财政管理权限上的集权来否定地方财政在财力分配上的分权。

(三)分税制体制

又称"分级财政体制"。我国自1994年以来实行的分税制属于这一类型。其有关内容在下一节详述。

三奖一补

从2005年起,中央财政专门安排一部分资金,对财政困难县政府增加本级税收收入和省市级政府增加对财政困难县财力性转移支付给予奖励,对县乡政府精简机构和人员给予奖励,对产粮大县按照粮食商品量、粮食产量、粮食播种面积等因素和各自权重计算给予奖励,对以前缓解县乡财政困难工作做得好的地区给予补助。

某县上年财政收入1 200万元,今年预算数1 300万元,今年实际完成数为1 560万元,在分成比例20%的情况下,按增收分成、超收分成、总额分成的不同体制计算方法下,该县可留地方机动财力各是多少?

引例解析

(1) 在增收分成下,地方机动财力=(1 560-1 200)×20%=72(万元)。

(2) 在超收分成下,地方机动财力=(1 560-1 300)×20%=52(万元)。

(3) 在总额分成下,地方机动财力=1 560×20%=312(万元)。

第二节　分税制财政体制

> **引　例**
>
> **分税制体制下预算平衡**
>
> ××市2024年一般公共预算收支表如表5-3所示,根据该表所提供数据,如何计算该市转移性收支?
>
> 表5-3　　　　2024年市本级一般公共预算收支预算总表　　　　单位:万元
>
> | 项目 | 收入预算数 | 项目 | 支出预算数 |
> | --- | --- | --- | --- |
> | 市本级收入 | 508 620 | 市本级支出 | 1 087 666 |
> | 返还性收入 | 97 821 | 上级专项转移支付用于市本级支出 | 9 947 |
> | 一般性转移支付收入 | 673 396 | 上年结转收入安排支出 | 128 145 |
> | 专项转移支付收入 | 45 981 | 补助下级支出 | 522 190 |
> | 上年结转收入 | 128 145 | 返还性支出 | 25 352 |
> | 动用预算稳定调节基金 | 16 346 | 一般性转移支付支出 | 460 804 |
> | 调入资金 | 177 000 | 专项转移支付支出 | 36 034 |
> | | | 上解上级支出 | 37 453 |
> | 收入总计 | 1 647 309 | 支出总计 | 1 647 309 |

一、分税制的构成要素

(一) 分税制的含义

分税制是指在确定政府间事权和支出范围的基础上,按税种划分各级政府财政收入,以处理政府间财政关系的一种财政体制。它是分税制财政体制的简称,通常俗称"分税制",是市场经济国家普遍推行的一种财政体制类型。财政分级管理、各级财政相对独立是它的本质特征,按税种来划分各级财政收入是它的形式特征。

(二) 分税制的构成要素

分税制的构成要素包括分权、分税、分管、政府间转移支付制度和分级预算五个方面。

1. 分权

分权是指划分上下级政府间的事权和支出范围。按照公共产品分层次标准和政府职能分工标准的原理确定各级政府的事权和支出范围。

(1) 公共产品分层次标准。即根据公共产品的受益范围不同,把公共产品划分为全国性公共产品、地方性公共产品和区域性公共产品。一般来说,全国性公共产品由中央政府提供,地方性公共产品由地方政府提供,区域性公共产品由于跨越几个地区,则应由中央政府和地方政府共同提供。事实上,在有的情况下,地方政府提供的许多公共产品的受益范围也会在一定程度上超出本地区的界限,成为对其他地区产生一定影响的公共产品。与此相似,中央政府提供的许多公共产品,也可能仅仅在某一特定地区内释放其效应。所以不能绝对地说,中央政府提供的就是全国性公共产品,地方政府提供的就是地方性公共产品,中央政府和地方政府共同提供的就是区域性公共产品。

(2) 政府职能分工标准。即把事关国家全局利益的收入分配和经济稳定职能主要赋予中央政府,主张把地域性较强的资源配置职能主要赋予地方政府。收入分配职能赋予中央政府,可以避免个人通过居住地选择而造成效率损失。经济稳定职能赋予中央政府,是因为把这一职能赋予地方政府,地方政府无法控制所采取的措施超越本地区的界限,对其他地区产生或多或少的影响,从而降低政策应有的效力。

政府间支出范围的划分前文已述及,这里不再赘述。

 专家视点

如何改革我国税制

有专家认为:我国税改目标应是防范和化解公共风险。判断税制结构是否有缺陷,不能就税论税,也不能以他国的做法为标准,只能通过公共风险来检验和衡量。我国税改的公共性越来越强,应把税改纳入国家公共风险治理的框架,创造性地探索,形成一个具有中国特色的税制结构和税收收入结构。

请思考:你同意这种观点吗?如何确定我国税改目标?

2. 分税

分税是指税收收入的划分。依据前述的相关原则,税收收入划分的具体方法包括分割税额、分割税率、分割税种、分割税制和混合型等五种。

(1) 分割税额,是指中央先统一征税,然后再将税收收入的总额按照一定比例在中央与地方政府之间加以分割,即先税后分,这种方法又可称为"收入分享"。我国经济体制改革以前曾经实行的"总额分成",就做法而言实际上属于这种方式。但需要指出的是,西方财政理论与实践中的所谓收入分享与我们所说的"总额分成"相比,无论在内涵还是外延上都有着很大的差异。在许多情况下,西方国家财政中的收入分享是指中央与地方政府之间的一种转移支付关系。

(2) 分割税率,是指按税源实行同源课税、分率计征的方式,即由各级财政对同一课税对象按照不同的税率征收。此种方法又可进一步划分为两种做法:一是上级政府对某一税基按照既定比率征税并将税款留归本级财政之后,再由下级政府采用自己的税率,对相同的税基课征且自行支配该税收款项(下级政府亦可在上级政府征税的同时或之前按自己的税率对同一税基征税);二是采用所谓"税收寄征"的方法,即上级政府在对某一税基采用自己的税率征收本级税款的同时,代替下级政府并按下级政府的税率对同一税基课税,然后将这种税款拨给下级政府。

(3)分割税种,是指在税收立法权、税目增减权和税率调整权乃至税种的开征和停征权等税收权限主要集中于中央的条件下,针对各级政府行使职能的需要,考虑主体税种和辅助税种各个税种的特征及收入量等因素,把不同税种的收入分割给各级政府财政,即按税种划分收入范围,确定哪些税种归中央,哪些税种归地方,哪些税种由中央与地方共享。但在这种方式下,地方政府并不享有等同于中央的税收立法权。

(4)分割税制,是指分别设立中央税和地方税两个相互独立的税收制度和税收管理体系,中央与地方均享有相应的税收立法权、税种的开征和停征权、税目的增减权和调整权,并且有权管理和运用本级财政收入。当然,尽管两级税收体系相对独立,但它们之间又是相互衔接和相互补充的,不可能截然分开。

(5)混合型,是指在税收分割中综合运用上述四种方法中两种以上的做法而形成的一种中央与地方税收体系。例如,在以分割税制为主的情况下,辅之以对某一个或某些税种的收入实行共享的方式;或者以分割税制为主,同时中央和地方政府也对某一个或某些税源实行分率计征。在现代经济社会条件下,一个国家分割税收时所采取的方式往往不是单纯的前四种方法,而是通常采取混合型的税收分割方式,从而发挥多种分税方法的综合效应。

应该注意的是,某些乍看起来与税收并无关联的税收优惠措施,如"税收扣除""税收抵免"和"税收免征"等,有时也可以成为事实上的税收分割方式,只不过不是主要方式而已。例如,如果在计算纳税人的中央税应税收入时,容许从已调整的总收入中扣除大部分已对地方政府缴纳的税额,那么,这种税收扣除就可以被看作是对税收的一种分割。与此相类似,税收抵免措施容许纳税人用对地方政府的纳税额抵付对中央政府的纳税额,税收免征措施容许对购买地方政府债券所得的利息收入部分免征中央所得税,这些方法无疑都会客观地产生分割税收的功效。

3. 分管

分管是指在上述分税的基础上,分别设立中央与地方两套税务机构,分别征管。中央政府与地方政府分别管理和使用各自的税款,各级财政相对独立,对各级财政的资金不能混淆、挤占与平调。

4. 政府间转移支付制度

有关内容将在本章第三节讲述。

5. 分级预算

分级预算是指在划分财权和财力的基础上,实行各级政府预算的分别编制、分别审批、分别执行和分别平衡。实行分级预算,有利于增强各级政府的责任意识、收支平衡意识和科学管理意识,使各级政府财政预算保持稳定性、独立性,成为真正意义上的一级财政预算。

二、分税制的内容

(一)中央与地方事权和支出划分

根据我国中央政府与地方政府的事权划分,中央财政主要承担国家安全、外交和中央国家机关运转所需经费,调整国民经济结构、协调地区发展、实施宏观调控所必需的支出以及中央直接管理的企事业发展支出。地方财政主要承担本地区政权机关运转所需支出以及本地区经济、事业发展所需支出,如表5-4所示。

表5-4　　　　　　　　　　现行中央地方支出责任划分

中央财政支出	国防、武警经费,外交支出,中央级行政管理费,中央统管的基本建设投资,中央直属企业的技术改造和新产品试制费,地质勘探费,中央安排的农业支出,中央负担的国内外债务的还本付息支出,以及中央负担的公检法支出和文化、教育、卫生、科学等各项事业费支出
地方财政支出	地方行政管理费,公检法经费,民兵事业费,地方统筹安排的基本建设投资,地方企业的改造和新产品试制经费,地方安排的农业支出,城市维护和建设经费,地方文化、教育、卫生等各项事业费以及其他支出

(二)中央与地方收入划分

根据事权与财权相结合的原则,按税种划分中央与地方的收入。将维护国家权益、实施宏观调控所必需的税种划为中央税;将同经济发展直接相关的主要税种划分为中央与地方共享税;将适合地方征管的税种划为地方税,充实地方税税种,增加地方税收收入。分设了中央与地方两套税务机构,中央税务机构征收中央税和共享税,地方税务机构征收地方税。从1994年实施分税制体制以来,根据经济社会发展的客观需要,经过多次调整和改革。

营改增后,中央与地方收入划分情况如下:

中央政府固定收入包括消费税(含进口环节海关代征的部分)、车辆购置税、关税、船舶吨税、海关代征的进口环节增值税等。

地方政府固定收入包括城镇土地使用税、耕地占用税、土地增值税、房产税、车船税、契税、烟叶税,环境保护税,水资源税。

中央政府与地方政府共享收入主要包括:

(1)增值税。国内增值税中央政府分享50%,地方政府分享50%。进口环节由海关代征的增值税和铁路建设基金营业税改征增值税为中央收入。

(2)企业所得税。国有邮政企业(包括中国邮政集团公司及其控股公司和直属单位)、中国工商银行股份有限公司、中国农业银行股份有限公司、中国银行股份有限公司、国家开发银行股份有限公司、中国农业发展银行、中国进出口银行、中国投资有限责任公司、中国建设银行股份有限公司、中国建银投资有限责任公司、中国信达资产管理股份有限公司、中国石油天然气股份有限公司、中国石油化工股份有限公司、海洋石油天然气企业(包括中国海洋石油总公司、中海石油(中国)有限公司、中海油田服务股份有限公司、海洋石油工程股份有限公司)、中国长江电力股份有限公司等企业缴纳的企业所得税(包括滞纳金、罚款)为中央收入,其余部分中央政府分享60%,地方政府分享40%。

(3)个人所得税。中央政府分享60%,地方政府分享40%。

(4)资源税。海洋石油企业缴纳的部分为中央收入,其余部分为地方收入。

(5)城市维护建设税。各银行总行、各保险总公司集中缴纳的部分为中央收入,其余部分为地方收入。

(6)印花税。证券交易印花税收入为中央收入,其他印花税收入为地方收入。

(三)中央对地方税收返还和转移支付

按我国现行体制,中央对地方税收返还和转移支付主要包括以下内容:

1. 税收返还

现行中央对地方税收返还包括增值税和消费税返还、所得税基数返还以及成品油税费改革税收返还。从2009年起,为简化中央对地方税收返还和转移支付结构,将出口退税超基数地方负担部分专项上解收入冲抵税收返还额。

(1)增值税和消费税("两税")返还。1994年分税制改革,实行按税种划分收入的办法后,原属地方支柱财源的增值税和消费税收入(增值税的75%和消费税的100%)上划为中央收入,由中央给予税收返还,返还额以各地上划中央增值税和消费税收入增长率为基数逐年递增。

1993年地方上划中央收入("两税"返还基数)
=(增值税75%+消费税)—中央下划地方收入

1994年的"两税"返还数额
=1993年"两税"返还基数×(1+增值税、消费税的全国平均增长率×0.3)

以后年度的"两税"返还数额按下列公式计算:

N年的"两税"返还数额
=N-1年的"两税"返还数额×(1+增值税、消费税的全国平均增长率×0.3)

但是,如果地方财政1994年以后上划中央收入达不到1993年的基数,中央将相应扣减"两税"返还数额。

为简化中央与地方财政结算关系,从2009年起,取消地方上解科目,将地方上解与中央对地方税收返还作对冲处理,2008年对地方税收返还相应作同口径调整。

(2)所得税基数返还。以2001年为基期,为保证地方既得利益,如果按改革方案确定的分享范围和比例计算出的地方分享的所得税收入小于地方实际所得税收入,差额部分由中央作为基数返还地方。

(3)成品油税费改革税收返还。成品油价格和税费改革后,用于替代地方原有公路养路费等六项收费的税收返还。具体额度以2007年的养路费等六费收入为基础,考虑地方实际情况按一定的增长率确定。

2. 转移支付

从2009年起,为进一步规范财政转移支付制度,将中央对地方的转移支付,分为一般性转移支付、专项转移支付两类。

(1)一般性转移支付。是指中央政府对有财力缺口的地方政府(主要是中西部地区),按照规范的办法给予的补助。包括均衡性转移支付、民族地区转移支付、农村税费改革转移支付、调整工资转移支付以及义务教育转移支付等,地方政府可以按照相关规定统筹安排和使用。其中,均衡性转移支付是指以促进地区间基本公共服务均等化为目标,选取影响各地财政收支的客观因素,考虑地区间支出成本差异、收入努力程度以及财政困难程度等,按统一公式分配给地方的补助资金。

> **小资料**
>
> **中央财政下达城乡义务教育补助经费**
>
> 为加快推动义务教育均衡发展和城乡一体化,中央财政下达2021年城乡义务教育补助经费1 739.3亿元,同比增长2.5%,重点支持地方落实城乡义务教育经费保障机制,实施好农村义务教育教师特岗计划和学生营养改善计划。
>
> 在调整国家规定课程免费教科书政策方面,从2021年春季学期起,小学阶段国家规定课程免费教科书补助标准由90元/年·人,调整为105元/年·人,初中阶段不变;同时将小学《科学》、初中《信息技术》调整为非循环使用教科书,相应调整教科书循环比例。
>
> 在实施农村义务教育学校教师特岗计划方面,进一步强化地方主体责任,确保特岗教师工资按时足额发放,按规定参加社会保险并及时缴纳养老保险、医疗保险等社会保险费用。在实施农村义务教育学生营养改善计划方面,国家试点地区所需资金全部由中央财政承担,对地方试点标准达到4元国家基础标准的省份给予生均3元定额奖补。
>
> 在加大投入的同时,分配资金重点向农村地区倾斜,向边远地区、脱贫地区、民族地区、革命老区倾斜。
>
> 据统计,"十三五"时期中央财政累计安排补助经费达7 495亿元,年均增长5.97%,其中,用于农村地区的资金占比一直保持在90%左右,用于中西部地区的资金占比保持在80%以上。全国每年约1.57亿学生免除学杂费并获得免费教科书,2 500多万家庭经济困难学生获得生活补助,约1 400万进城务工农民工随迁子女实现生均公用经费基准定额和"两免一补"经费可携带,营养改善计划惠及约3 200万贫困地区学生。
>
> (资料来源:财政部网站)

(2) 专项转移支付,是指中央政府对承担委托事务、共同事务的地方政府,给予的具有指定用途的资金补助,以及对应由下级政府承担的事务,给予的具有指定用途的奖励或补助。其主要用于教育、社会保障、农业等方面。

(3) 特点。一般性转移支付与专项转移支付具有不同的特点:一般性转移支付能够发挥地方政府了解居民公共服务实际需求的优势,有利于地方因地制宜统筹安排财政支出和落实管理责任;专项转移支付则能够更好地体现中央政府的意图,促进相关政策的落实,且便于监督检查。完善转移支付制度,关键是要科学设置、保持合理的转移支付结构,发挥各自的作用。从国际上看,两者比例关系如何搭配,并无统一标准。例如,美国联邦对州的补助全部以专项拨款和分类补助的方式下达,2008财年日本中央对地方一般性转移支付(地方交付税)占转移支付总额的55%。

近年来,我国转移支付制度进一步规范。一是调整和完善财政转移支付结构。加大一般性转移支付力度,清理整合专项转移支付项目,将需要在较长时期内安排补助经费且数额相对固定的项目,划转列入一般性转移支付,提高一般性转移支付的规模和比例。二是加快财政转移支付法治建设。针对目前有关政府间转移支付的法治建设滞后、转移支付补助资金的使用及管理尚缺乏有效约束和效益评估的现状,通过立法规范完善财政转移支付资金,促进资金分配更加公平、合理、规范、高效。目前,财政部按国务院立法计划已经启动《财政转移支付管理暂行条例》的起草工作。

2022年5月6日,财政部发布关于印发《中央对地方均衡性转移支付办法》的通知,下达2022年中央对地方均衡性转移支付预算。6日公布的数据显示,转移支付总额20 779亿元人民币,其中已经下达188 326 284万元,此次下达19 463 716万元。其中,河南获1 384.67亿元。

各地享受均衡性转移支付用公式表示为:某地区均衡性转移支付＝(该地区标准财政支出－该地区标准财政收入)×该地区转移支付系数＋增幅控制调整＋省对下均等化努力程度奖励资金。

(四) 硬化预算约束,自求平衡

1994年实行分税制后,中央与地方都要按新口径编报财政预算,自求平衡。中央与地方各级政府预算经同级人大批准后执行,并在上述口径范围内自收自支,自求平衡,基本上实现了分级预算的改革目标。

1. 中央和地方财政收入计算

以2023年为例,全国一般公共预算收入216 784亿元,分中央和地方看,中央一般公共预算收入99 566亿元,占比45.9%;地方一般公共预算本级收入117 218亿元,占比54.1%。2023年,全国一般公共预算支出274 574亿元。分中央和地方看,中央一般公共预算本级支出38 219亿元,占比13.9;地方一般公共预算支出236 355亿元,占比86.1%。中央对地方转移支付102 836亿元,相当于地方财政支出的43.5%。

2. 在理解中央与地方的平衡关系时应当注意的问题

(1) 全国公共财政收入＝中央本级收入＋地方本级收入,而不是等于中央财政收入＋地方财政收入。这是因为:地方财政收入包含中央对地方税收返还和转移支付。因此,如果将中央和地方财政收入简单相加得出全国公共财政收入,将会出现重复计算。全国公共财政支出＝中央本级支出＋地方本级支出(从2009年起,地方上解中央支出在账务上与中央对地方税收返还作冲减处理,地方财政支出中不再包含上解中央支出,因此地方本级支出即地方财政支出)。

(2) 中央对地方税收返还和转移支付39 921.21亿元,相当于中央本级收入(51 327.32亿元)的77.8%,也就是说,77.8%的中央本级收入以税收返还和转移支付的形式转到地方使用。因此,不能将中央本级收入占全国公共财政收入的比重(49.4%),与中央本级支出占全国公共财政支出的比重(15.1%)进行简单对比,认为中央以49.4%的全国公共财政收入,只承担15.1%的全国公共财政支出。实际上中央本级收入主要不是用于中央本级支出,大部分通过税收返还和转移支付等形式补助给了地方(主要是中西部地区),相应形成地方财政收入并用于安排地方财政支出。

(3) 地方从中央获得的税收返还和转移支付39 921.21亿元,相当于地方本级支出(即地方财政支出)的43%,也就是说43%的地方本级支出来源于中央财政的税收返还和转移支付。因此,不能将地方本级收入占全国公共财政收入的比重(50.6%),与地方本级支出占全国公共财政支出的比重(84.9%)进行简单对比,认为地方以50.6%的全国公共财政收入,却承担84.9%的全国公共财政支出。实际上,地方特别是中西部地区本级支出中相当一部分来自中央财政的税收返还和转移支付。

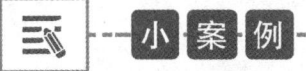

财政"三农"支出 15 年增近 9 倍

中国社科院农村发展研究所发布的《中国农村发展报告(2019)》显示,在中央政策的支持和引导下,国家财政支农投入规模持续增加,财政"三农"支出规模从 2004 年的 2 337.63 亿元增加到 2018 年的 2 078 156 亿元,增长了近 8.9 倍,年平均增长速度达到 15.68%。

在政策的持续引导下,涉农信贷已经成为农业农村发展的重要融资来源。2007 年以来,我国全部金融机构涉农贷款余额从 6.1 万亿元增长至 2018 年年末的 33 万亿元,累计增长达到 540.9%,年平均增速为 16.6%。

三、分税制的完善

通过分税制改革,分级财政体制的总体框架基本确立;财政收入稳定增长机制已逐步建立;确立了中央财政的主导地位;促进了资源优化配置和产业结构调整;中央对地方政府间的转移支付制度改革初见成效;省以下相对规范的政府间转移支付体系逐步形成。

在肯定分税制改革成就的同时,应该清醒地看到,这次改革仅仅是朝着理顺政府间财政关系的方向所采取的一个步骤,这一制度本身还依然保留着诸多不规范的地方。例如,政府间的事权和支出划分不够明确;税收划分方式有待于进一步改进和完善;政府间转移支付制度有待进一步完善;省以下财政体制还不够完善;等等。

请思考:分税制究竟是什么样的一种制度,在西方国家中,它起到什么作用? 西方国家的分税制,是中国财政体制改革的方向吗? 我国分税制改革的难点主要在哪儿?

根据我国社会主义市场经济发展和公共财政建设的进程,借鉴西方发达国家财政体制发展和运行中的成功经验,完善分税制体制的主要思路如下。

(一)合理界定政府间的事权和支出范围

科学、准确地界定政府间事权和支出范围是建立起符合社会主义市场经济规律要求的财政体制,并处理好政府间财政关系的必要前提。划分中央与地方政府间事权和支出范围应遵循的原则是:一是市场基础原则。要以界定市场经济条件下政府的职能为基础,改变目前政府职能存在的"越位"与"缺位"现象,并相应调整财政的供给范围。二是公共事务分层次原则。按政府管辖的公共事务范围来确定事权的归属,属于全国(全社会)范围内公共事务的事权,由中央政府承担;属于地方(局部)范围内公共事务的事权,由地方政府承担;对于中央和地方共有的职能,在地方政府管辖范围之内的事务由地方负责;超出地方政府管辖范围的事务,则应由中央政府出面负责或进行协调。三是效率原则。由地方政府负责处理行政效率更高的事务归地方;由中央政府负责处理行政效率更高的事务归中央。

(二)合理划分税种及税收权限

合理划分税种及税收权限,一是适当扩大地方税收立法权。在保持中央税收政策主导性的基础上,应适当扩大地方政府的税收权限。将中央税和全国性的地方税的立法权集中在中央,与此同时,由地方政府制定地方税的实施办法和减免税审批办法,并向本级人民代表大会负责。二是完善地方税收体系。从发达国家的经验来看,其地方税收体系大都以财产税类作为主体税种,而在我国,从分税制运行实践来看,营业税已成为地方的主体税种,城市维护建设税也是地方收入的重要来源,此外,将房产税、车船使用税、土地增值税、耕地占用税和契税等归为统一的财产税,有望成为地方的主体税种。

自2016年5月1日起,我国全面推开营改增,将建筑业、房地产业、金融业、生活服务业全部纳入营改增试点,至此,营业税退出历史舞台,增值税制度将更加规范。但在这之前,按分税制财政体制划分,营业税属于地方税,是地方主体税种,现改为增值税后,属于共享税,营改增势必造成地方财政收入减少,在财政体制改革总体方案未确定之前,国家确定通过调整增值税央地划分的过渡办法来解决,即将增值税央地分享比例从原来的75∶25,调整为50∶50。无疑,地方增值税分享比例提高,可以调动地方积极性,缓解当前经济下行压力。

然而,各地产业结构不一,营业税和增值税比重也不同。综合来看,服务业较发达、营业税占比较高的省份,如北京、上海等地,若按五五分成可能略有吃亏。

随着税制改革的推进,如地方主体税种的逐步完善,还有央地事权和支出责任的划分,央地收入划分还将进一步完善。

(三)完善政府间转移支付制度

一是扩大一般性转移支付的覆盖面。从技术层面看,一般性转移支付的基本框架已经接近于较为完善的转移支付制度。为了进一步发挥一般性转移支付制度的政策效应,今后应随着中央财力的增加而逐步扩大其规模。同时将各种补助中带有财力补助性质的资金尽快纳入一般性转移支付。二是取消税收返还制度。在条件允许时,尽快将税收返还逐步纳入规范的、科学的、以缩小地区间财力差距为目标的一般性转移支付范围。三是改革专项拨款制度。要按照优化结构、确保重点、规范管理、提高效益的思路,对专项拨款进行清理和分类,建立严格的项目准入机制,加强监督管理,并引入因素法核定专项拨款数额,提高其透明性、公正性、科学性和效益性,充分体现中央的政策意图。四是进一步规范标准收支的测算方法。待条件成熟后,在合理确定政府间的事权和支出范围的基础上,严格核定各地区的标准收支,实行规范化的转移支付制度,逐步实现各地区基本公共服务水平的均等化。五是深化省以下政府间转移支付制度改革。首先要突出重点,适当增强财政困难县乡的财力。其次应主要通过增量调节,保证地方财政的平稳运行。再次力求体制形式简明、统一、规范,便于操作。六是建立权威性的转移支付管理机构和监督机构。

省 直 管 县

"省直管县"作为我国财政体制改革的一项重要内容,已在中国得到了广泛的推行和实施。

实行"省直管县"财政改革就是在政府间收支划分、转移支付、资金往来、预决算、年终结算等方面,实现省财政与县(市)财政直接联系,开展相关业务工作。

在进一步理顺省与县(市)支出责任的基础上,要确定县(市)财政各自的支出范围。转移支付、税收返还、所得税返还等由省直接核定并补助到县(市);专项拨款补助,由各县(市)直接向省级财政等有关部门申请,由省级财政部门直接下达县(市)。县(市)统一按照省级财政部门有关要求,各自编制本级财政收支预算和年终决算。建立省与县(市)之间的财政资金直接往来关系,取消市与县之间日常的资金往来关系。年终各类结算事项一律由省级财政与各县(市)财政直接办理,市、县之间如有结算事项,必须通过省级财政办理。各县(市)举借国际金融组织贷款、外国政府贷款、国债转贷资金等,直接向省级财政部门申请转贷及承诺偿还,未能按规定偿还的由省财政直接对县(市)进行扣款。

引例解析

1. 转移性收入(1 138 689万元)=返还性收入(97 821万元)+一般性转移支付收入(673 396万元)+专项转移性收入(45 981万元)+上年结转收入(128 145万元)+动用预算稳定调节基金(16 346万元)+调入资金(177 000万元)

2. 转移性支出(1 209 978万元)=返还性支出(25 352万元)+一般性转移支付支出(460 804万元)+专项转移性支出(36 034万元)+补助下级支出(522 190万元)+上年结转收入安排支出(128 145万元)+上解上级支出(37 453万元)

第三节 政府间转移支付制度

一、政府间转移支付的意义与特征

(一)政府间转移支付的意义

政府间转移支付俗称"转移支付",是指在一个国家内政府间财政资金的无偿转移,包括纵向和横向转移支付两个方面。其中,主要是上下级政府间的转移支付,既包括上级政府对下级政府转移支付,也包括下级政府对上级政府的转移支付。当然,这是在各级政府的事权和支出范围、税收划分框架和税收管理权限既定条件下进行的。

1. 矫正财政纵向失衡

财政纵向失衡,是指不同级次的政府各自的收入与其承担的事权所需要的支出不相等。在分税制条件下,中央财政收入大于支出,地方财政支出大于收入,地方收入难以满足地方提供公共产品的需要。中央政府必须用其所拥有的部分结余财力弥补所有的或者部分的地方政府的收入缺口,实现地方政府财政的收支平衡,以保证地方政府提供基本公共服务水平所需要的财力。

2. 矫正财政横向失衡

财政横向失衡,是指同级政府在收入能力和支出规模方面存在差异,有的地区出现结余,有的地区存在赤字。横向财政失衡的存在不利于各地区均衡发展和社会共同进步,中央政府必须相应建立规范的制度,通过财力的再分配,缩小或者消除地区间提供最低标准公共服务的财政差别。

3. 补偿地区利益外溢

地区利益外溢是经济社会生活中普遍存在的一种客观现象,是指一个地区提供的好处或者服务溢出至毗邻地区并使该地区一些未承担过费用的居民受益,还包括外地人口不负责投入而享受本地区提供的公共服务。一般来说,地方政府不甘心利益外溢,如果这一问题得不到解决,就会影响到地方政府的积极性,甚至会出现地区封锁等现象。因此,需要中央政府通过转移支付加以解决。

4. 实现政府特定的经济社会目标

中央政府在不同时期制定了不同的政策目标,为了实现这些目标,中央政府除了政策引导外还必须在财力上进行倾斜,确定财力再分配的重点,同样需要通过转移支付加以解决。

(二) 政府间转移支付的特征

1. 转移支付范围只限于政府之间

转移支付的客体是各级政府的财政资金。转移支付是各级政府财政资金的相互转移,活动范围只限于各级政府之间,将政府对企业、单位和个人的支出排除在外。具体来说,它只是在财政纵向各级次之间或横向财政的各区域之间所进行的财政分配活动,即包括纵向转移和横向转移两个方面。

2. 转移支付是无偿的支出

政府间转移支付是一种不以取得商品和劳务作为补偿的支出。这部分资金分配原则不是等价交换,而是按均等化原则来分配,是一种无代价的支出。

3. 转移支付并非政府的终极支出

各级财政资金在不同政府间相互转移,不是一种直接的支出,而是资金使用权从一个实体转为另一个实体,在转移支付的过程中,既不创造新价值,也不增加资金供应量,不影响市场的供需关系。只有接受转移支付的主体将资金使用,才形成终极支出。

二、政府间转移支付的模式

根据现有的国际经验,政府间转移支付的基本模式有两种,即自上而下的单一纵向财政平衡和以纵向为主纵横交错的财政平衡。

(一) 自上而下的单一纵向财政平衡

简称"单一纵向模式",是指上级政府通过特定的财政管理体制把各地区所创造的财力数量不等地集中起来,再根据各地区财政收支平衡状况和实施宏观调控政策的需要,将集中起来的财政收入数量不等地分给各地区,以此实现各地区财力配置的相对均衡。目前,世界上多数国家的政府间转移支付都是采用这种方式进行的。

(二) 以纵向为主纵横交错的财政平衡

简称"纵横交错模式",是指对于政府间的转移支付,中央不仅统一立法,并且直接通过特定手段进行纵向的转移支付,但又同时负责组织各地区之间直接的转移支付。其中,纵向转移支付侧重于解决纵向非均衡问题和实现国家的宏观调控目标;而横向转移支付侧重解决横向非均衡问题,主要用于解决财政经济落后地区公共开支不足的问题。

这两种模式各有利弊：单一纵向模式操作简便，具有稳定性和透明度，但对下级政府强制色彩较浓；纵横交错模式，由于地方政府参与了转移支付过程，体现了地区间的相互支援关系，利于鞭策后进，鼓励先进，但操作较复杂。两种模式相比较，后一种模式似乎优点更多一些。因为前者在操作上比较简便易行，完全以上级政府做主导，但强制性色彩较浓，透明度或多或少地受到影响。后者在中央政府的主持下，对部分转移支付的实施，吸收地方政府直接参与，且由作出贡献的地方政府，按依法计算的结果向接受援助的地方政府直接划拨财政资金，使作出贡献的地区产生一种荣誉感，对接受援助的地区也会产生鞭策效果。

三、政府间转移支付的形式

政府间转移支付的具体形式有很多种。从国际经验看，一国的转移支付结构取决于本国特定国情，并无统一的参照。各国实行的政府间转移支付形式各有不同，根据地方政府在使用补助金时的自主权大小，归纳起来，主要有以下两种：

（一）一般性转移支付

一般性转移支付，是指以基本公共服务均等化为目标，均衡地区之间的财力差距，不指定资金具体用途，由接受转移支付的下级政府统筹安排使用的转移支付，也称"无条件转移支付""无条件拨款""一般补助"或"一般均等化补助"。中央政府在拨款时并不规定资金的用途，也不要求地方政府进行资金配套，地方政府可按自己的意愿使用这笔财政资金，它赋予地方政府较大的自由度，中央政府对此一般不加过多的限制和干预。通常而言，对于地方事权范围的支出项目，中央政府通过一般性转移支付实施财力匹配与均衡。但是，中央政府在确定各地区的拨款时，是按照规范的方法，结合各地区的标准收入、标准支出、收入努力不足和转移支付系数确定的。值得注意的是，一般性转移支付是一种均衡地方财力、达到横向财政平衡的手段，直接目标是保证各地方政府都能提供最低或者合理水平的公共服务，数额不宜太大，否则会产生相反的效果。

（二）专项转移支付

专项转移支付，是指中央政府对承担委托事务、共同事务的地方政府给予的具有指定用途的资金补助，以及对应由下级政府承担的事务给予的具有指定用途的奖励或补助，也称"分类补助"或"专项补助"，中央政府给地方的补助在使用上附带了一些条件，要求补助资金专款专用，以实现中央政府的特定目标。专款专用是这种形式的显著特征。专项转移支付严格限于中央委托事务、共同事权事务、效益外溢事务和符合中央政策导向事务。其按照是否需要地方政府资金配套，又可分为配套补助和非配套补助。配套补助是指地方政府在使用补助资金时，按照中央政府规定的一定比例配套一部分专项资金；非配套补助则是地方政府在使用补助资金时，不需要按一定比例配套一部分专项资金。按照是否有上限限制，配套补助又可分为封顶配套补助和不封顶配套补助，封顶配套补助就是中央政府承担的补助有封顶限制，或者是确定了给予地方的最低补助额度；不封顶配套补助就是中央政府的补助额度取决于受补助政府的配套能力，如果地方政府积极性高且配套能力强，中央政府给予补助的额度就会很大。美国是分权国家的典型代表，但美国是少有的没有建立一般性转移支付制度的国家，联邦政府的转移支付全部以专款和分类转移支付方式下达，州政府的资金自主使用权限受到较大限制。

四、政府间转移支付的测算

由于一般性转移支付在政府间转移支付结构中的特殊地位,下面介绍一般性转移支付的测算方法。

(一)一般性转移支付的测算方法

各国一般性转移支付的具体测算方法受其特定的政治、文化等国情条件制约,各具特色。概括起来,主要有以下四种类型:

1. 收入均等化类型

收入均等化类型,是指拨款根据各地的税收收入能力进行分配。一般来说,采用这种类型的国家在以人为单位计算的支出成本差异不大。在按人均税收水平分配均衡拨款的同时,辅之以一定的专项补助,通常能够达到均等化的目标。比较有代表性的是加拿大的收入均等化拨款、德国的横向均衡补助。

2. 收支均衡类型

收支均衡类型,是指转移支付资金分配既考虑收入因素,又考虑支出因素,以收不抵支的缺口作为拨款依据,适用于横向不均衡较为明显、地区间支出成本差异较大的国家。这种制度相对较为精确,但较为复杂。最典型的是日本的地方交付税制度和澳大利亚的均衡拨款制度。

3. 支出需求均衡类型

支出需求均衡类型,是指转移支付资金分配仅以地区间的支出需求为依据,代表国家有印度、意大利、西班牙等。

4. 简单人均类型

简单人均类型,是指转移支付通常简单地按照全国统一的人均拨款额分配,各地区分享额度为该地区人口与全国统一人均水平的乘积。由于人口因素是支出需求的重要决定因素,这一类型一定程度上考虑了地区间支出需求差异,而完全忽略了收入能力差异,如印度尼西亚的无条件拨款。

知识扩展

基本公共服务均等化与财力分配

基本公共服务均等化是公共财政的基本目标之一,是指政府要为社会公众提供基本的、在不同阶段具有不同标准的、最终大致均等的公共产品和公共服务。公共服务均等化有助于公平分配,实现公平和效率的统一。

我国基本公共服务的非均等化问题比较突出,并由此使地区间、城乡之间、不同群体之间在基础教育、公共医疗、社会保障等基本公共服务方面的差距逐步拉大,已成为社会公平、公正的焦点问题之一,实行公共服务均等化在当前具有非同寻常的重大意义,所以基本公共服务均等化是缩小城乡差距和贫富差距以及地区间不均衡发展的重要途径。

中央本级收入并不完全用于中央本级自身的支出,其中相当大的部分是用于对地方税收返还和转移支付,形成地方财政收入来源,并由地方安排财政支出。

> 我国地区间发展差异较大,经济发展不平衡,社会发展水平差距较大,自然条件也千差万别,中央财政适度集中财力有利于实施有效的地区均衡政策,推动基本公共服务均等化,促进区域协调发展。我国东部地区人口相对较少,是财政收入的"主产区"。按《中华人民共和国2021年国民经济和社会发展统计公报》的划分,将中国地区分为东部、中部和西部地区。其中东部地区是指北京、天津、河北、上海、江苏、浙江、福建、山东、广东和海南10省(市);西部地区是指内蒙古、广西、重庆、四川、贵州、云南、西藏、陕西、甘肃、青海、宁夏和新疆12省(区、市)。2021年东部地区人口占全国的40.63%,公共财政收入占全国地方财政总收入的57.5%;2021年西部地区人口占全国的27.1%,公共财政收入占全国地方财政总收入的19.8%。如果地区间经济相对均衡、税源分布相对均匀,中央财政确实可以少集中一些,但在东西差距较为明显的现实国情下,中央如果不适度集中收入并通过转移支付等支持中西部地区发展,地区间财力差距会更大,公共服务均等化、地区间协调发展、社会和谐等就无从谈起。

(二)我国一般性转移支付的测算

由于世界各国实行的分税制财政体制具体做法不一样,政府间转移支付的测算方法也不一样,但都有一个共同的特征,那就是以实现各级政府应提供公共服务的均等化为基本目标。

1. 目标和原则

在我国,设立中央对地方的一般性转移支付,其总体目标是缩小地区间财力差距,逐步实现基本公共服务均等化,保障国家出台的主体功能区政策顺利实施,加快形成统一、规范、透明的一般性转移支付制度。资金分配遵循以下原则:一是公平公正。资金分配选取影响财政收支的客观因素,采用统一规范的方式操作。二是公开透明。坚持民主理财的理念,测算办法和过程公开透明。三是稳步推进。中央财政逐步加大一般性转移支付规模,加快完善转移支付分配办法。

2. 一般性转移支付额的确定

一般性转移支付资金分配选取影响财政收支的客观因素,适当考虑人口规模、人口密度、海拔、温度、少数民族等成本差异,结合各地实际财政收支情况,采用规范的公式化方法进行分配。

一般性转移支付按照各地标准财政收入和标准财政支出差额以及转移支付系数计算确定。用公式表示为:

某地区一般性转移支付额=(该地区标准财政支出-该地区标准财政收入)×该地区转移支付系数

凡标准财政收入大于或等于标准财政支出的地区,不纳入一般性转移支付范围。

3. 标准财政收入的确定

各地区标准财政收入分省(自治区、直辖市,以下简称省)计算。各省的标准财政收入由地方本级标准财政收入、中央对地方返还及补助(扣除地方上解)、计划单列市上解收入等构成。

地方本级标准财政收入主要根据相关税种的税基和税率计算,并适当考虑实际收入情况确定。

中央对地方返还及补助收入(扣除地方上解)按照决算数确定。主要项目包括:"两税"返还、所得税基数返还、原体制补助、调整工资转移支付、艰苦边远地区津贴转移支付、民族地区转移支付、农村税费改革转移支付(不含民兵训练费转移支付)、降低农业税税率和取消农业特产税减收转移支付、缓解县乡财政困难转移支付、农村义务教育转移支付、结算补助、其他补助等财力性转移支付,专项转移支付中的分部门事业费补助和社会保障转移支付,各地区对中央的体制上解、专项上解等。

计划单列市上解收入,按照计划单列市上解省级收入决算数计算。

4. 标准财政支出的确定

为更好地体现以人为本的理念,测算标准财政支出时,选取各地总人口为主要因素。按照财政管理科学化、精细化的要求,为强化各级政府的支出责任,配合主体功能区政策实施,分省、市、县(含乡镇级,下同)三个行政级次测算标准财政支出。根据海拔、人口密度、温度、运输距离、少数民族、地方病等影响财政支出的客观因素计算确定成本差异系数。

5. 转移支付系数的确定

转移支付系数参照一般性转移支付总额、各地区标准财政收支差额以及各地区财政困难程度等因素确定。其中,困难程度系数根据标准财政收支缺口占标准财政支出比重及各地一般预算收入占一般预算支出比重计算确定。

6. 转移支付资金的管理与监督

各地区要根据本地对下级财政体制、辖区内财力分布等实际情况,加大对财政困难县乡的支持力度,保障县级政府履行职能的基本财力需求。基层财政部门要将上级下达的一般性转移支付资金,重点用于基本公共服务领域,推进民生改善,促进社会和谐。

思维导图

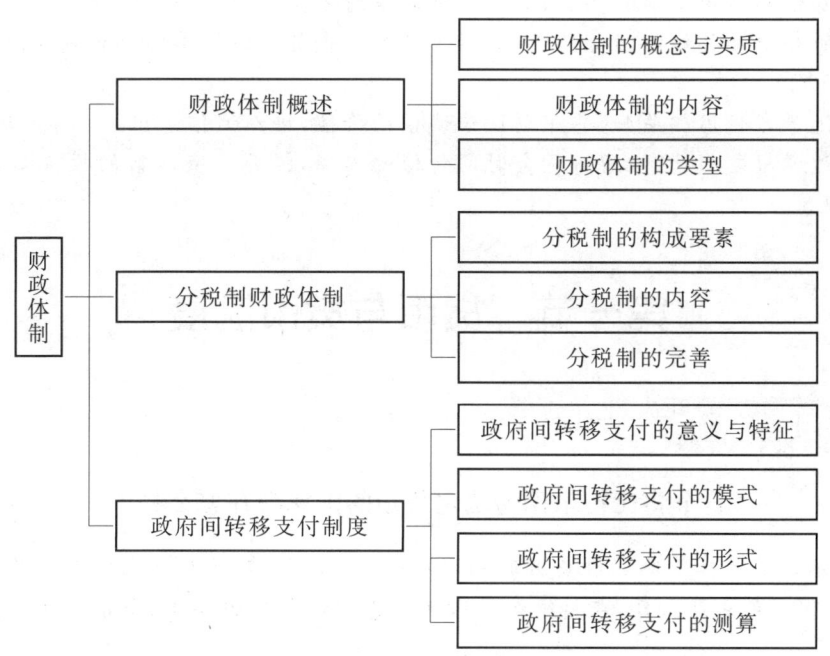

第六章 货币与信用

知识目标

1. 掌握货币、货币制度、信用的基本概念,理解货币的本质、信用的特征及信用工具的特点。
2. 了解货币的各项职能、货币制度的内容、货币形式及货币制度的演变。
3. 熟知现代信用形式和信用工具种类。
4. 熟悉各种利率形式的应用场景,掌握单利和复利的计算。
5. 熟悉决定和影响利率水平的相关因素。

能力目标

1. 能够根据不同的经济场景,判断出货币发挥的是何种职能。
2. 能够依据信用工具的特点,制定简单的理财方案。
3. 能够根据相关经济指标的变化,对市场利率走势进行简单的分析判断。

素养目标

1. 通过学习信用相关知识,深刻认识诚信的价值,培养诚信意识。
2. 通过学习复利计息,理解资金时间价值的内涵,摒弃一夜暴富的投机心态,树立正确的财富观。

第一节 货币与货币制度

引例

首个将比特币作为法定货币的国家现在怎么样了

萨尔瓦多是拉美地区最贫穷的国家之一,自 2001 年以来一直以美元作为官方货币。2021 年 9 月 7 日,在总统纳伊布·布克尔的积极推动下,萨尔瓦多成为全球首个正式将比特币作为法定货币的国家。尽管政府大力推动，但多项民调显示，超过半数萨尔瓦多民众并不支持，甚至多次发起抗议游行，反对比特币成为法定货币。

根据布克尔的推文，截至 2022 年 5 月 10 日，萨尔瓦多政府共持有 2 301 枚比特币，购买比特币的单价最高一度超过 6 万美元，而最低的则是在 2022 年 5 月的 30 744 美元，购买均价为 46 000 美元左右，累计购买成本逾 1.01 亿美元。以比特币现价估算，萨尔瓦多在比特币投资上浮亏超 5 500 万美元，整笔投资折价逾 50%。

自 2022 年 6 月 10 日美国公布 5 月 CPI 数据超出预期以来，全球投资者因担心通胀将持续更长时间而抛售风险资产。其中，表现最差的当属加密货币市场。据 CoinDesk 数据，比特币价格由 6 月 10 日的 3 万美元持续跌至 2.1 万美元附近。而在同年 6 月 16 日美联储宣布将联邦基金利率目标区间上调 75 个基点至 1.50%～1.75% 之后，比特币曾出现小幅反弹，随后又进一步下跌，一度跌破 1.8 万美元。对于加密货币市场面临的恐慌，布克尔以及萨尔瓦多高层则多次表态支持比特币及其"安全性"。

2022 年 1 月，国际货币基金组织（IMF）执行董事会在结束对萨尔瓦多的第四条款磋商后发表声明指出，采用加密货币作为法定货币会给金融和市场完整性、金融稳定性和消费者保护带来巨大风险。声明还指出，将加密货币作为法币的做法或产生或有负债。

与此同时，国际货币基金组织还建议萨尔瓦多解散其在立法加密货币成为法定货币时创建的 1.5 亿美元信托基金，并将其任何未使用的资金返还其国库。而萨尔瓦多财政部部长塞拉亚当时表示，"没有任何国际组织能迫使我们做任何事"，并称这是一个"主权"问题。

（资料来源：根据澎湃新闻记者侯嘉成同名文章整理）

请思考，为什么国际货币基金组织认为以加密货币作为法定货币会有巨大风险？为什么萨尔瓦多财政部部长称货币问题是一个"主权"问题？

在现代经济生活中，人们无时无刻不在同货币打交道，一国经济的发展、物价的稳定、收入的分配、财富的积累，无不与货币密切相关，所以我们不妨从货币入手来认识金融。

一、货币的产生与本质

（一）货币的产生

货币并不是人类一开始就拥有的，它只有数千年的历史。货币是如何产生的？几千年来，无数哲人对此进行了艰苦的探索，他们见仁见智，各抒己见。有人认为，货币是"人们协商的产物"；也有人认为，货币是"国家强权的产物"；而马克思则认为货币是商品交换发展的必然产物。

在商品交换中,用一种商品的使用价值表现另一种商品的价值,这种商品就成为另一种商品价值的表现形式。商品的价值表现形式经历了四个发展阶段,即简单价值形式、扩大价值形式、一般价值形式和货币价值形式。

(1) 简单价值形式。原始社会后期,由于当时社会尚未出现大分工,交换只是个别的,带有偶然性质。在这种交换中,一种商品的价值偶然地表现在另一种商品上,这种形式就是简单的或偶然的价值形式。在简单价值形式下,商品价值的表现是不完善、不成熟,也是不充分的。

(2) 扩大价值形式。随着社会生产力的进一步发展,商品交换的范围不断扩大,数量不断增加,出现了扩大的价值形式。在扩大的价值形式中,一种商品的价值经常地表现在一系列的商品上。这样,商品价值的表现比在简单价值形式下更加完整、充分。但无论是在简单的价值形式下,还是在扩大的价值形式下,商品交换都表现为直接的物物交换。直接物物交换的缺陷:一是交换各方在商品品种、质量、数量和时间、地点上往往难以达成一致,交易难于展开;二是没有统一的价值计量单位来衡量各种商品与劳务的价值;三是无法贮存一般的购买力。所以扩大的价值形式必然要被更高级的价值形式所取代。

(3) 一般价值形式。从扩大的价值形式到一般价值形式,完成了一次质的飞跃。在一般价值形式下,一切商品的价值都表现在某一种商品上,这种商品即是一般等价物。一般等价物的存在,使直接的物物交换转化为以其为媒介的间接物物交换。间接物物交换不再要求交换各方在商品品种、质量和数量上相一致,极大地便利了交换的进行。但在一般价值形式下,充当一般等价物的商品并不固定,它因时因地而不同,从而限制了不同时间、不同地点的商品交换。

(4) 货币价值形式。随着商品生产和商品交换的不断发展,从交替充当一般等价物的众多商品中分离出一种经常起着一般等价物作用的商品。这种固定充当一般等价物的特殊商品就是货币,货币成为表现、衡量和实现商品价值的工具,它克服了物物交换的困难,但同时又使商品经济的内在矛盾进一步发展,使得商品价值和使用价值的对立表现为商品和货币的对立。

(二) 货币的本质

从货币产生的过程看,货币是商品,货币的根源在于商品本身。但货币不是普通的商品,而是固定充当一般等价物的特殊商品。这是货币本质的规定。货币作为一般等价物有两个基本特征:第一,货币是表现一切商品价值的材料。在货币出现以前,一种商品的价值,是通过同另一种商品相交换而表现出来的;在货币出现以后,商品的价值不再由另一种商品表现出来,而是直接通过和货币相比较表现出来。货币成为衡量、表现一切商品价值的材料。第二,货币具有和一切商品直接相交换的能力。一般商品,由于它们只是以特定的使用价值去满足人们的某种需要,因而任何一个普通商品都不能和其他一切商品直接相交换,但货币则不然,它是价值的直接体现,是社会财富的直接代表,谁拥有货币,谁就占有价值,就能从社会上获得任何的使用价值。因此,在商品经济社会中,货币便成为每个商品生产者所追求的对象,这就使得货币具有直接地同一切商品相交换的能力。

日常生活中有关货币的歧义

"货币"一词在日常生活中经常被使用,它的含义似乎是很明显。为了避免混淆,必须澄清货币的经济学定义与人们日常生活中的习惯用法之间的区别。

(1) 把货币等同于现金。像"你带钱了吗?"这句话里的钱显然指的就是现金。这符合金属货币流通的状况。但在现代经济中,信用货币广泛流通,公众在商业银行的活期存款也具有了支付功能,成为一种货币。因此,不能将货币与现金画等号。事实上,当今社会现金的使用量越来越少。

(2) 把货币等同于财富。例如,说"他很有钱",即意味着他不仅有一大笔现金和存款,还有债券、股票、珠宝、字画、房子、汽车等。事实上,货币作为一般等价物,是社会财富的一般性代表,但货币并不等同于社会财富本身,它只是社会财富的一部分。在美国,货币大约只相当于财富总量的2%,即使是最广义的货币也不超过财富总量的10%。可见,把货币定义为财富显然又太笼统了。

(3) 把货币等同于收入。"他的工作很好,能赚很多钱",这句话里的钱就是指收入。收入是一定期限内的流量,而货币是某一时点上的存量,若把货币定义为收入,那么货币量将无法计量。

二、货币的职能

货币的职能是货币本质的具体体现。货币有以下五大职能。

(一) 价值尺度

货币的价值尺度是指货币在交换中用来衡量商品或劳务价值的大小。任何商品在交换时都要把自己的价值折合成若干数量的货币,这就是商品的价格,有了价格,完全不同的商品就可以进行价值的比较。货币执行价值标准的职能,把商品的价值表现为价格,这就要求货币本身必须有计算单位。例如,1只山羊值2盎司黄金,那么盎司就是黄金的计算单位。在贵金属作为货币的时候,货币的计算单位与重量是一致的。后来在货币的发展过程中,计算单位渐渐地和重量标准分离。

货币在执行价值标准职能时并不需要现实的货币,只需要想象的或观念的货币就够了。也就是说,为了表现商品的价值,并不需要在商品旁边摆上真实的货币,只要计算一下,给商品一个价格标签就行了。因为这时仅仅是给商品以价格形式,还不是把商品真正地转化为货币。

(二) 流通手段

货币在商品交换过程中发挥媒介作用时,便执行流通手段职能。货币作为商品交换的媒介,使物物交换转化为商品流通,即商品—货币—商品,由于货币是人们普遍乐于接受的媒介,从而使交易过程变得顺利,交易费用也大大降低。

货币执行流通手段职能时,具有下面两个特点:一是作为流通手段的货币必须是现实的货币,不能是观念上的货币。因为真正的货币是卖者的目的,是买者的必备条件。只有商品生产者出卖商品得到现实的货币,他才能用手中的货币去购买他所需要的商品,才能证明他的私人劳动获得社会承认,成为社会劳动的一部分。二是作为流通手段的货币可以是不足值的,甚至是纯粹的价值符号。因为货币作为购买手段,不断地从一个商品所有者手里转到另一个商品所有者手里,商品生产者手中的货币只是转瞬即逝的东西,持有货币不是商品出售者的最终目的,货币持有者所关心的只是用它是否能够最终换回与其代表的价值量等值的商品,所以只要有货币的象征性存在就够了。

（三）贮藏手段

当货币由于各种原因退出流通领域,被持有者当作独立的价值形态和社会财富象征而保存起来时,货币发挥贮藏手段职能。货币发挥贮藏手段功能不但要求是现实的货币,而且必须是足值货币。

货币发挥贮藏手段功能,其本身的价值必须稳定。金银本身具有价值,而且比较稳定,所以金属货币具有较好的保值功能。在金属货币流通的条件下,货币贮藏好比是一个蓄水池,可以自发调节货币流通。现代信用货币只是纯粹的价值符号,其与通货膨胀紧密相连,谁也不愿意贮藏不断贬值的纸币,所以现代信用货币不再能够发挥贮藏手段功能,人们通过各种资产(包括金融资产和实物资产)来积累和保存。

（四）支付手段

当货币作为价值的独立形态进行单方面转移时(如用于清偿债务及支付赋税、租金、工资等),发挥支付手段的职能。赊账买卖的商业信用是货币支付手段的起源。

与流通手段相比较,货币执行支付手段职能时具有以下特点:第一,货币发挥流通手段功能时,商品和货币是双向运动的,即一手交钱,一手交货;而作为支付手段的货币,只是单方面发生转移。第二,流通手段只服务于商品流通,支付手段除了服务于商品流通外,还服务于其他经济行为。第三,在商品流通中,两者虽然都是一般的购买手段,但流通手段职能是即期购买,支付手段职能则是跨期购买。

（五）世界货币

当货币超越国界并在世界市场上发挥一般等价物作用时,它便执行世界货币的职能。金属货币具有世界货币职能。一个国家可直接以金、银向另一个国家购买商品;可用来平衡国际贸易的差额;也可充当国际财富转移的手段,由一国转移到另一国。在当代,能够发挥世界货币职能的主要有美元、英镑、欧元、日元等硬通货,它们在国际发挥着支付手段、购买手段和财富转移的作用。

货币的五个职能中,价值尺度与流通手段是其基本职能,贮藏手段与支付手段则是由基本职能延伸出来的。若货币超越国界,在国与国之间发挥上述四大职能时,货币就成为一种"世界货币"。

三、货币形式及其演变

货币形式是指以什么材料(币材)来充当货币。不同的货币形式适应着不同的社会生产阶段和历史阶段的需要。货币自诞生以来,货币形式的发展大体上经历了从商品货币(含实物货币、金属货币)到代用货币,再到信用货币的演变,这一发展演变过程是货币形式从具体的商品逐渐演变成抽象的符号的过程。

(一) 实物货币

实物货币是指以自然界存在的某种物品或人们生产的某种物品来充当货币。它是人类历史上最古老的货币。曾经有许多商品如米、布、木材、家畜等都充当过货币。在我国古代,最早的货币是贝壳;在古代的俄罗斯,毛皮、牲畜也曾充当过货币。但实物货币有不少缺点,例如,许多实物货币体积笨重,价小体大,不易分割为较小的单位,不便携带运输且容易变质腐烂,等等。实物货币的这些缺点有碍于商品生产和商品交换。由于商品经济的发展和社会的演变,货币才逐渐自发地固定在贵金属货币上。

(二) 金属货币

金属货币是指以金属作为货币材料,充当一般等价物的货币。金属货币最初多为贱金属,如铜、铁等。随着商品交换规模的扩大和技术的进步,逐渐向贵金属,如白银、黄金过渡。

一开始,金属货币是以其自然形态流通的,以重量单位为计量标准,称为称量货币。由于每块黄金或白银的重量不同,成色不同,每次交易都要鉴定它的成色,称量它的重量,还得进行分割,给交换带来诸多不便。后来,金属货币逐步演变为铸币,即具有一定重量和成色、铸造成一定形状的金属条块。铸币起初往往由私人铸造,标明重量、成色与标记,在一定范围内流通,随着商品交换规模和范围的不断扩大,对金属铸币的重量、成色要求有更权威的证明,所以铸币铸造权最终都由国家垄断。

中国是最早流通铸币的国家之一。在 2 000 多年前的西周时期,就已经出现铜布币、刀币及圆形币,铜铸币的流通一直延续到清朝末年。金银在中国历史上一直以重量单位流通,直到鸦片战争之后,才有外国银圆流入,并在晚清开始铸造银圆。

实物货币和金属货币因其同时具有商品和货币双重属性,因此,统称为商品货币。商品货币是足值货币。所谓足值货币是一种作为非货币用途的价值(实际价值),与其作为货币用途的价值(货币价值)相等的货币。由于贵金属供给缺乏弹性,在商品经济发展速度大大超过贵金属产量增长速度的情况下,金属铸币不能满足商品流通对货币增长的需要,于是就出现了代用货币。

(三) 代用货币

代用货币是货币的代表物,它通常是由政府或银行发行的代表金属货币流通的纸质货币。代用货币的发行有足值的金属货币作准备,而且还可以自由地向发行机构兑换足值铸币或与其价值相等的金属条块,所以代用货币也称可兑换的信用货币。其典型形式是银行券。银行券是在商业票据流通的基础上由银行发行的信用货币。最早的银行券出现于 17 世纪,是用来代替商业票据的,当一些持有商业票据的人因急需现金到银行要求贴现时,银行付给他们银行券。于是,银行券就通过银行放款的程序投入了流通。由于银行券的可兑换性和发行银行有较高的信誉,才使银行券能够成为金属货币的代用品,在流通中被人们普遍接受。代用货币较之足值的金属货币具有以下优点:第一,印刷代用货币较之铸造金属货币成本低得多;第二,避免了日常的贵金属损耗;第三,较之金属货币更容易保管、携带和运输等。

(四) 信用货币(现代信用货币)

信用货币是代用货币的进一步发展。它是指以信用为担保,通过信用程序发行和创造的货币。它是金属货币制度崩溃的直接产物,它已完全与黄金脱离关系,不能再兑换黄金,其价值由购买力和供求关系决定,所以现代信用货币也称为不可兑换的信用货币。目前,世界上几乎所有的国家都采取这种货币形式。信用货币具体有以下两种形态:

(1)流通中的现金。即纸币和辅币。现金的主要职能是担任人们日常生活用品的购买手段。纸币与辅币的发行权为政府或政府的金融机关所垄断。

(2)存款货币。即能作为交易媒介与支付手段的金融机构(主要是商业银行)活期存款,也称支票存款。存款货币往往是市场交易中最重要的支付工具。其流通使用有着种种不可替代之优点:第一,可以避免像其他货币那样容易丢失和损坏的风险;第二,传输便利,减少运输成本;第三,实收实支,免去找零钱的麻烦。

电子货币与数字货币

20世纪70年代以来,货币形态有了新的发展,出现了"电子货币"。电子货币是指电子计算机系统存储和处理的存款。它是现代商品经济高度发达和银行转账结算技术不断进步的产物。电子货币通常是利用计算机网络来进行金融交易和支付活动,如各种各样的信用卡、储值卡、电子钱包、支付宝、微信支付等。当今社会,包括我国在内的很多国家已普遍采用电子资金转移系统,利用电子计算机记录和转移存款。顾客在购物、享受服务或通过网络进行交易时,计算机自动将交易金额分别记入双方的账户。电子货币具有转移迅速、安全和节约费用等优点。电子货币并不是独立于信用货币的一种全新的货币形式,它的母体依然是银行存款。

数字货币不是电子货币的替代,它是建立在区块链、人工智能、云计算和大数据等科学技术基础上,不需要物理载体的货币。目前,关于数字货币并没有统一的标准和定义。根据发行者不同,数字货币可以分为央行发行的法定数字货币和私人发行的数字货币。以比特币为代表的私人数字货币,虽然本质上不具备货币职能,但已对现行的货币与金融体系构成了巨大挑战,为应对这一挑战,各国央行正在积极研发或推行法定数字货币。

数字人民币应用场景多样化多地公布成绩单

中国人民银行早在2014年便设立数字货币研究所,研究发行法定数字货币的可行性。2017年年末,经国务院批准,中国人民银行组织工商银行、中国银行、浦发银行等商业银行和中钞公司、上海票据交易所等有关机构共同开展数字人民币体系(DC/EP)的研发,2018年2月,上海票据交易所数字票据平台实验性生产系统正式上线试运营;2019年央行在召开下半年工作电话会议时,要求加快推进我国法定数字货币(DC/EP)研发步伐;当前央行数字货币(DC/EP)为技术研发过程中的测试内容。数字人民币体系在坚持"央行-商业银行/商业银行-货币使用者"双层运营、M0替代、可控匿名的前提下,基本完成顶层设计、标准制定、功能研发、联调测试等工作,并遵循稳步、安全、可控、创新、实用原则,先行在深圳、苏州、雄安、成都、上海、海南、长沙、西安、青岛、大连及冬奥场景进行内部封闭试点测试,以不断优化和完善功能。截至2023年4月8日,数字人民币试点范围已扩大至17个省(市)的26个地区,应用场景不断丰富。

四、货币制度

货币制度简称"币制",是指国家为保障本国货币流通的正常与稳定,以法律形式规定的货币流通的结构与组织形式。铸币的出现标志着货币制度的形成。

(一)货币制度的构成要素

货币制度构成要素包括:货币金属与货币单位,通货的铸造、发行与流通程序,货币发行准备制度等。

1. 货币金属

确定货币金属就是规定用何种金属充当本位币币材。货币金属是整个货币制度的基础,确定不同的金属作为货币材料,构成不同的货币制度。例如,确定白银作为币材,就是银本位制;确定黄金作为币材,就是金本位制;确定以金银同时作为币材,就是金银复本位制。以何种金属作为币材虽然由国家确定,但这种选择不以国家的意志为转移。货币金属的确定必须符合经济发展的要求,国家不能滥用权力,随心所欲指定一种金属作为币材。

2. 货币单位

货币金属确定以后,就要规定货币单位。这包括规定货币单位的名称和规定货币单位所含有的货币金属量。例如,英国的货币单位定名为英镑,1870年规定每英镑的含金量为7.97克;美国的货币单位定名为美元,1934年以前一美元的含金量为1.504 632克,1934年1月减为0.888 671克,1971年12月又减为0.818 513克;中国的北洋政府在1914年颁布的《国币条例》规定货币单位为"圆",一圆银币的总重量为七钱二分(约合26.86克),其中含纯银六钱四分八厘(约合23.90克)。

3. 通货的铸造、发行与流通程序

(1)本位币的铸造和流通。本位币也称主币,是一个国家的基本通货,是法定的计价、结算货币。在金属货币制度下,本位币是按照国家规定的货币金属和货币单位所铸成的铸币。本位币的名义价值(面值或货币价值)与实际价值(金属价值)相一致,是足值货币。本位币具有无限法偿的效力,即本位币为无限法偿货币。所谓无限法偿的效力,是指国家法律规定本位币有无限制的支付能力,不论每次支付的数额多大,卖者和债权人都不得拒绝接受。金属货币制度下,本位币可以自由铸造。鉴于铸造技术上的原因和流通中铸币的自然磨损,各国对铸币都有关于"公差"的规定,即铸币的实际重量与法定重量的差额,这是所能允许的最大差额。若超过公差,铸币就不能再流通,但可以请求国家兑换新的铸币。本位币的自由铸造和关于"公差"的规定具有重要的经济意义,它使金属货币流通具有自我调节功能,保证铸币量自发地适应商品流通的客观需要,不会产生通货膨胀或通货紧缩。

(2)辅币的铸造和流通。辅币是本位币以下的小通货,供日常零星交易与找零之用。辅币通常用贱金属铸造,其实际价值低于名义价值,为不足值货币。国家对辅币规定有限的支付能力,即辅币为有限法偿货币。辅币不能自由铸造,其铸造权由国家垄断。铸造辅币有一定的收入,称为铸造"利差",它是国家财政收入的一部分。

男子携"巨款"买车　半吨钞票最大面额才1元

2016年1月11日下午,广东省湛江市民蔡先生开着一辆装满现金的小货车去买车,这笔钱总重量半吨以上,光硬币就300千克,店内销售们瞬间集体傻眼。在几名店员们的帮助下,蔡先生把10多个装钱的箱子逐一搬到店内。这笔"巨款"分批用麻绳绑着,有1角、2角、5角,最大面额是1元。此外还有很多大大小小的硬币,总额在8万元左右,整个店内散发着一股"钱的味道"。

据了解,这名"土豪"蔡先生在海田批发市场做副食品生意,常年与乡镇的小卖部做批发。由于这些小卖部大部分都是小本经营,店主当天收钱当天拿货,乡亲们手里的零钱最终流转到了蔡先生手上。由于零钱太多,不少银行拒绝帮蔡先生兑换,要不就给他脸色看。蔡先生只得在日常生活中直接消费这些零钱。

当蔡先生搬着这批"不受待见"的零钱要求买车后,店方在震惊之余,还是咬咬牙收下了这笔"巨款"。店内调动13名员工上阵"数钱",预计需要耗时10个小时以上。店内负责人说:"收下这笔钱后,我们以公司名义打算与银行沟通协商,尽量把钱存下来。如果还是行不通,我们只得内部消化。"

根据《中华人民共和国人民币管理条例》,人民币是我国法定货币,以人民币支付境内一切公共和私人债务,任何单位不能拒收。该条例还规定零钞存款业务属于商业银行的法定服务项目,不得以任何理由拒绝。据此,蔡先生拿着这些零钱无论是日常消费,还是到4S店购车都无可厚非,卖家均应接受。商业银行也有义务为蔡先生的这些零钱办理存款或兑换。

(资料来源:新浪网)

4. 货币发行准备制度

货币发行准备制度是指要求货币发行者在发行货币时必须以某种金属或资产作为发行准备,是一国货币发行的物质基础。货币发行准备制度是为约束货币发行规模,维护货币信用而制定的。

在金属货币流通的条件下,货币发行以法律规定的贵金属作为发行准备,主要是建立国家的黄金储备,即准备金制度。黄金储备主要有三项用途:一是作为国际支付手段的准备金,二是作为时而扩大、时而收缩的国内金属货币流通的准备金;三是作为支付存款和兑换银行券的准备金。

在现代信用货币制度下,各国中央银行发行的纸币不再能够自由兑换黄金,金银已退出货币流通领域,黄金只作为国际支付的准备金。但仍然有国家保留着发行准备制度,一般包括现金准备和证券准备两大类。现金准备包括黄金准备、外汇准备等;证券准备包括国家债券准备、短期商业票据准备等。

(二) 货币制度的演变

货币制度在其发展过程中,经历了银本位制、金银复本位制、金本位制和现代信用货币制度四种类型。

1. 银本位制

银本位制是指以白银作为本位币币材的货币制度。银本位制又分为银币本位制和银两本位制。在银本位制下,银币可以自由铸造,为无限法偿货币,其名义价值与实际所含的白银价值一致,白银可以自由输出输入。

银本位制是最早出现的货币制度。墨西哥、日本、印度和中国等国家都曾采用过银本位制。19世纪70年代后,由于白银产量激增,一方面,国际市场上白银对黄金的比价大幅跌落,金银的市场比价,1866—1870年为1∶15.5,1889年为1∶22.1,1898年为1∶35,短短30年中白银对黄金的比价跌落了50%多;另一方面,白银与黄金相比体积大而价值小,不便于大宗交易,所以各国先后放弃了银本位制。

2. 金银复本位制

金银复本位制是指金币和银币同为一国的本位货币的制度。按金银两种金属的不同关系,金银复本位制分为以下三种:

(1) 平行本位制。即金币和银币按其各自所含的金或银的实际价值(市场价值)任意流通。例如,英国1663年铸造的金币"基尼"与原来的银币"先令"并用,两种通货按市场上金银的比价流通。由于市场上生金、生银的比价因各种因素而变动频繁,所以平行本位制极不稳定,容易造成交易混乱。

(2) 双本位制。即国家用法律规定金币和银币的比价。在双本位制下,若金银法定比价同市场比价不一致时,实际价值较高(法律上评价过低)的货币(所谓良币)就会被熔化、输出而退出流通;而实际价值较低(法律上评价过高)的货币(所谓劣币)便会充斥市场,这就是所谓的"格雷欣法则"或"劣币驱逐良币法则"。例如,金银的法定比价为1∶15,而由于种种原因所致银价跌落,使市场比价为1∶16。持有金币者为利所驱,将其熔为金块,按市场比价换为白银,再把其铸成银币,按法定比价换为金币,赚取1个银币的利益,再把所得金币熔为金块……如此反复,造成金币退出流通,银币充斥的现象。如果金价跌落,则出现金币充斥流通的情况。因此,某一时期市场上实际只有一种货币在流通,很少有两种货币同时流通的局面。

(3) 跛行本位制。即国家规定金币可以自由铸造,而银币则不能,金币和银币可按固定比例兑换。在复本位制下,金币和银币同时流通,都具有无限法偿能力,且均可以自由铸造,两者地位同等,就如人的两条腿是平衡的一样。但停止银币自由铸造,实际上使银币降到了辅币的地位,就像人的一条腿变短了一样,所以人们形象地称为"跛行本位制"。严格地讲,跛行本位制只是复本位制向金本位制过渡的一种中间形式。

复本位制是一种不稳定的货币制度。因为货币作为一般等价物具有排他性和独占性,而法律却同时承认金银两种货币均为本位币,与货币的本性相矛盾。所以在1816年,英国率先颁布法令,实行金本位制。到19世纪末,主要资本主义国家相继都实行了金本位制。

3. 金本位制

金本位制是指以黄金作为本位币币材的货币制度。其主要形式分为三种:金币本位制、金块本位制和金汇兑本位制。

(1) 金币本位制。金币本位制又称完全金本位,是指以黄金为本位币币材的典型的金本位制。第一次世界大战前,主要资本主义国家均采用金币本位制。

金币本位制具有以下特点:① 金币可以自由铸造,自由熔毁。这样可以自发地调节流通中货币量,保证商品流通的顺利进行和经济的平稳运行。② 价值符号(辅币与银行券)可以自由兑换金币。这样,流通中的价值符号就有了充足的黄金保证,其价值比较稳定,不会产生通货膨胀,同时也节约了黄金。③ 黄金可以自由输出输入。实行金本位制的国家之间,其汇率是根据两国货币的含金量计算出来的,称为金平价。如果由于供求关系等因素引起市场汇率偏离金平价,在达到黄金输送点(即由一国运送黄金到另一国所需要的费用)时,黄金就会在外汇市场上自由流动,从而稳定汇率,有利于国际贸易的顺利开展。上述特点决定了金币本位制是一种比较稳定的货币制度。但随着资本主义经济的高度发展,一方面黄金的生产量无法满足经济发展的需要;另一方面,世界黄金储量分配极不平衡,到1913年年末,美、英、法、德、俄五国占有世界黄金存量的三分之二,加上不少国家集中黄金备战,金币流通的基础大大削弱。第一次世界大战爆发后,金币本位制走向崩溃。

(2) 金块本位制。也称生金本位制,是指没有金币的铸造与流通,而由中央银行发行的以金块为准备的纸币流通的货币制度。它与金币本位制的区别主要表现在:① 金块本位制以纸币或银行券作为流通货币,不再铸造、流通金币,但纸币或银行券仍是金本位,规定有含金量。② 金块本位制不再像金币本位制那样实行价值符号同黄金的自由兑换,它规定黄金由政府集中储存,居民可按本位币的含金量在达到一定数额后兑换金块,例如,英国1925年规定银行券一次至少兑换400盎司的金块,这样高的限额对于大多数人来说是达不到的。英国、法国、荷兰、比利时等国在1924—1928年实行了金块本位制。

(3) 金汇兑本位制。又称虚金本位制,是指没有金币的铸造与流通,使本国货币依附于某一外国货币的货币制度。金汇兑本位制的特征有:① 国内不再铸造、流通金币,只流通价值符号。② 货币单位仍有含金量的规定。③ 中央银行将黄金和外汇存放在另一个实行金币本位制或金块本位制的国家,并规定本国货币与该国货币的法定兑换比率,居民可按这一比率用本国银行券兑换该国货币,再向该国兑换黄金。

金汇兑本位制最早实行于经济比较落后的殖民地国家。印度是在1893年实行金汇兑本位制的。第一次世界大战后,德、意、奥等三十多个国家采用此制度。

金块本位制和金汇兑本位制都没有黄金投入实际流通,都失去了金属货币的自我调节功能,是很不稳定的货币制度。1929—1933年的世界性资本主义危机爆发后,金本位制就被现代信用货币制度所取代。

4. 现代信用货币制度

现代信用货币制度是指以中央银行发行的不可兑换的银行券为本位币的货币制度,也称纸币本位制。现代信用货币制度有以下主要特征:

(1) 各国本位币为中央银行发行的信用货币,具有无限法偿资格,根据政府法令强制流通。

(2) 与黄金的联系逐渐削弱并最后取消。在现代信用货币制度开始实行的初期,各国政府仍规定纸币的含金量,并把它作为各国汇率的基础。1978年以前,国际货币基金组织规定各国的货币须与黄金或与黄金有联系的美元建立平价,而汇率则根据平价来换算。1978年4月,国际货币基金组织牙买加会议决定取消有关黄金条款,宣布黄金为普通商品,不再执行货币的职能,从而使银行券与黄金失去了联系。

(3) 通过信用渠道注入流通。银行向客户发放一笔贷款后,首先在客户的存款账户上增加同样数额的存款。由于有存款,客户就可以提取现金,这样不兑现银行券就通过放款投入流通;客户也可以签发转账支票支付货款等。这样,银行将一个存款账户上的存款转移到另一存款账户上去,于是出现了存款货币流通。可见,无论是现金还是存款货币,都是通过信用投入流通的。这与金铸币通过自由铸造投入流通不同。

(4) 不具有自我调节功能。如果银行放款过多,会导致流通中货币量超过经济增长与商品流通所决定的对货币的客观需要量。而过多的货币既不会像金币那样自发地退出流通形成贮藏,也不能通过兑换黄金而回到银行。即现代信用货币制度不存在自我调节货币量的内在机能。

(5) 现代信用货币制度是一种管理通货制度。货币是根据经济需要而发行的,由中央银行通过公开市场政策、存款准备政策、再贴现政策等手段,调节货币供应量,以保持货币稳定;对货币的对外汇率也进行人为的管理,通过公开买卖黄金、设置外汇平准基金和管理外汇市场等手段,保持汇率的稳定。

现代信用货币制度是货币制度发展过程中的一个必然阶段,它是在金本位基础上的进步。其特征决定了现代信用货币制度下,货币供给弹性大,不受贵金属产量的限制,同时它为国家宏观经济调控提供了条件与手段,使国家成为经济运行的参与者、操纵者,当今世界上只靠亚当·斯密的"看不见的手"来引导经济运行的国家几乎没有。现代信用货币制度也是一把双刃剑,国家在获得干预经济的手段的同时,使通货膨胀也成为可能,并且不时困扰经济的发展。过多的人为管理往往使现代信用货币制度产生不稳定因素。

我国的人民币制度

运用上述货币制度的基本知识,上网查阅《中华人民共和国人民币管理条例》等相关法律文件,总结归纳我国人民币制度的主要内容。(可在线观看央行宣传片《擦亮国家名片 净化流通环境》)

引例解析

1. 诚如萨尔瓦多财政部部长塞拉亚所言,货币问题是一个"主权"问题。每个国家或地区都有自己的法定货币,本位币是其唯一的法定计价、结算货币。

2. 作为货币的理想材料应该具有如下特性:自身价值稳定;人们普遍认可接受;易于辨认、携带;便于分割;供给富有弹性。

3. 货币自诞生以来,货币形式经历了从商品货币(含实物货币、金属货币)到代用货币,再到信用货币的演变。商品货币以其自身价值进行流通。作为价值符号,信用货币则由国家信用背书强制流通。

4. 传统的信用货币是由中央银行或类中央银行发行,并组织国内金融机构清算,从而形成以中央银行为中心的货币体系。比特币(Bitcoin)作为私人数字货币,是一种基于去中心化,采用点对点网络与共识主动性,开放源代码,以区块链作为底层技术的虚拟加密货币。其总数量非常有限,具有稀缺性。比特币不依靠特定机构发行,它依据特定算法,通过大量的计算产生,比特币使用整个P2P网络中众多节点构成的分布式数据库来确认并记录所有的交易行为,并使用密码学的设计来确保货币流通各个环节的安全性。

5. 现阶段,以比特币为代表的私人数字货币作为金融资产的属性远超过其"货币"性。因缺乏政府信用背书,比特币价格的稳定难以维护,因而不宜作为价值尺度;因支付功能设计欠缺导致储存困难,无法大范围充当支付手段。目前,比特币只是在很小的范围内被接受。因此,以比特币作为法定货币具有一定的风险性。

6. 2023年2月,国际货币基金组织就各国应如何对待加密资产制定了一项九点行动计划,其中最重要的一点是"通过加强货币政策框架来维护货币的主权和稳定,不授予比特币等加密货币官方或法定货币地位"。

第二节　信用与信用工具

引 例

2021—2022年地产债违约潮

2021年12月3日,恒大集团发布公告称,公司收到要求履行一项金额为2.6亿美元担保义务的通知,在未能履行担保或其他财务责任的情况下,可能导致债权人要求债务加速到期。该笔债务是境外一笔总金额为2.6亿美元的到期私募债,占公司债务总额不足0.5%,规模很小,债权人主要为海外资金方。但此举意味着,恒大海外债务出现了第一笔违约,这是多米诺骨牌倒下的第一张。此前已有多家房企出现债务违约。

进入2022年,我国债券市场风险不断释放。1月8日,恒大地产在卷入万亿元债务泥潭后,首次对境内债券实施展期操作,拉开2022年地产债违约序幕。2月22日,作为"闽系"房企代表者之一的阳光城集团披露两支海外债未能完成付息,已发生实质性违约的公告,由此触发境内债券市场7支债券交叉违约,涉及的存续债券金额共64.75亿元。这也使得子公司福建阳光集团发生实质性违约,成为2022年境内债第一家新增违约企业。进入4月,制药企业当代科技集团短期债务压力大,质押子公司股票被强行平仓,现金流短缺暴露,最终发生实质性违约。民营房企鸿坤伟业自2018年开始现金流恶化、涉足金融板块使其财务负担加重,广西万通销售疲软、杠杆高、融资受阻,最终资金断裂,出现债务违约。

天风证券研究数据显示,2022年违约主体仍集中在房地产行业,房地产成为2022年违约的突出行业,同时成为累计新增违约主体最多的行业。根据申万行业分类,2022年新增违约主体中有24家分布于房地产,较2021年增加15家。

(资料来源:根据第一财经、华福证券相关资料整理)

现代经济是信用经济,其健康运行依托信用关系的良性运转。请思考,什么是信用?2021—2022年我国为什么会出现地产债违约潮现象?

信用是从属于商品货币经济的经济范畴。信用行为将货币与银行有机地联系在一起,信用关系已成为现代经济中最主要的一种经济关系,其状况深刻地影响着人们经济生活质量和经济发展的水平。

一、信用的含义及基本特征

(一) 信用的含义

"信用"一词有许多不同的意义。日常生活中的信用主要指"诚实守信、遵守诺言"的意思。经济学中的信用是指经济上的借贷行为,是以偿还和支付利息为条件的价值单方面让渡。

与信用紧密联系的是债权债务的概念。信用活动的发生,形成债权债务关系。信用活动中提供信用的一方为授信,他将货币贷出,在债权债务关系中通常为债权人;接受信用的一方为受信,他接受货币并在将来还本付息,其构成债务人。信用的发生要以授信人对受信人的偿还承诺信任为前提。其具有以下四个基本的构成要素:

(1) 信用主体。信用主体即信用活动的参与者,是经济活动中的资金短缺部门与资金盈余部门,包括政府、企业、个人和金融中介机构等。

(2) 信用标的。信用标的即信用客体,是指信用活动的借贷对象。信用有两种类型:实物信用与货币信用。实物信用的借贷对象是一定数额的商品,货币信用的借贷对象是一定数额的货币。现代经济中的信用一般为货币信用。

(3) 信用载体。信用载体即信用工具,信用活动中,需用一定的载体来证明授信、受信双方的债权债务关系。最初的信用以口头承诺、账面登记为依据。随着信用关系的发展,信用以正式的书面凭证为依据,这些书面凭证具有法律效力,列明了交易的金额和偿还债务的具体条件。在当代,信用工具种类繁多,它们都可以在市场上流通转让。

(4) 信用条件。信用条件是指利率与期限。利率是借贷资金的价格,其高低取决于时间的长短、风险的大小以及资金的供求情况。期限是信用关系从开始到结束的时间,即计息时间。信用活动的发生,必然具有商品或货币转移的时间间隔,这种时间间隔是构成价值单方面让渡与还本付息的基本条件。当然,间隔的时间可长可短。

(二) 信用的基本特征

任何一种经济范畴都有着区别于其他经济范畴的本质属性,而这种属性又自然通过其特征表现出来。信用的特征主要可以归结为以下两个方面:

1. 信用是价值运动的单方面转移

在信用活动中,一定数量商品或货币价值从债权人手中让渡到债务人手中,但并没有同等价值的对立运动,因此,这种价值运动是单方面独立进行的。价值运动的这种特性使之区别于商品交换,在商品交换中,无论是以货币为媒介的交换还是直接的物物交换,价值运动都是相向进行的。商品生产者一方放弃一种价值(货币的或商品的)一定同时得到另一种价值,等价交换的原则以最直接的方式体现出来。在信用制度发展的高级阶段,越来越多的信用工具产生并成为建立信用关系的媒介,商品或货币价值的让渡者常常以占据某种信用工具的方式来证明其地位。信用工具相应地被赋予了"价值",但这种价值仅仅是真实价值的代表,或称虚拟价值。因此,信用工具的使用并没有使信用行为变成等价交换过程,它仍具有价值单方面转移的性质。

2. 偿还性是信用的基本特征

信用这种价值单方面转移行为之所以能在商品经济中产生并获得发展，并不是交换原则失去作用，而是交换原则多样的形式在更大的范围内发挥作用。即信用关系的建立以偿还为条件，以付息为代价。商品和货币的所有者在让渡其价值时必须得到承诺，即价值的使用者在间隔一定时间后需要偿还这些价值并按规定支付一定的利息。商品和货币价值的让渡者经常能得到诚信可靠的承诺，还本付息变得更加秩序化，这是信用制度发展的保证。所以，尽管还本付息的方式和内容会因借贷双方所处环境不同而有所区别，但还本付息作为信用行为发生的条件是确定的。

二、信用的产生与发展

（一）信用的产生

关于信用的产生，从现实原因上看，是资金调剂的需要；从逻辑上分析，信用关系产生的制度基础是私有制对个人产权的保护。

1. 资金调剂的需要是信用产生的直接原因

盈余单位和赤字单位同时存在，是产生信用的直接原因。在社会经济运行中，经济主体可以分为三大类：一是政府及其相关的职能部门；二是企业；三是家庭和个人。货币经济条件下，这些经济主体的一切活动都必然会伴随着货币收支。在日常频繁的货币收支过程中，收支相抵、预算平衡是偶然的，多数情况是收支不相等，或收大于支，或支大于收，处于不平衡状态。例如，一个企业，产品销售出去取得收入后不需要马上购买原材料和支付工资，在这段时间，该企业的货币收入大于支出，成为盈余单位。而对一个家庭来说，如果所获得的货币收入除去日常消费之外，还有一部分剩余，那么这个家庭也是一个盈余单位。在一些企业、家庭成为盈余单位时，还会有另一些企业、家庭的支出大于收入，成为赤字单位。同样，政府支出大于收入而成为赤字单位的情况更是经常发生。盈余单位和赤字单位同时存在，在客观上产生了调剂资金的需要。

2. 私有制是信用产生的制度条件

在现实经济生活中，盈余单位和赤字单位的资金调剂以有偿的方式进行是天经地义的。但在理论上，该如何解释这个现象？从逻辑上推论，私有制是信用关系产生的制度基础。在私有制条件下，不同经济主体的产权明确并受到法律的严格保护。因而，以私有制为基础的市场经济国家中，严格的信用关系是建立在对私有产权保护的基础上的，这既是信用的经济基础，也是它的法律基础。

我国是以公有制为主体，多种经济成分并存的经济体制。在同一所有制形式内部，例如，在国有企业与国有银行之间，借贷关系存在的基础是不同经济主体各自所拥有的相对独立的经济利益。

（二）信用的发展

信用产生之后，与其他的经济范畴一样不断地由低级向高级发展。历史上，信用的发展经历了两种主要形态，即前资本主义信用和现代信用。

1. 前资本主义信用

前资本主义信用的典型表现形式为高利贷信用。高利贷信用是以获取高额利息为目的的借贷行为，是广泛存在于奴隶社会和封建社会的一种最古老的生息资本运动形式。

高利贷的特点是利率高,剥削重。高利贷的利率一般年利四成以上,即为借贷额的40%以上。有个别利率要超过本金的1~2倍。我国历史上的高利贷,年利一般相当于本金,即利率为100%,俗称"驴打滚"。

小生产和商品经济不发达是高利贷赖于存在的客观经济基础。商品货币经济不发达,商品与货币匮乏,是高利贷猖獗的原因之一,但最根本的原因在于:前资本主义信用的使用者和使用目的,有利于高利贷的滋生。小生产者是高利贷使用者之一,他们的经济地位是极不稳定的,经不起天灾人祸的打击,他们告贷的目的,不是为了扩大再生产而获取追加资本,而是为了解决生活困难、缴纳苛捐杂税等开支,取得购买手段和支付手段,因此,很少或根本没有讨价还价余地,明知是火坑,也得往下跳。奴隶主和封建主等寄生阶级也是高利贷的使用者,他们告贷是为了维持穷奢极欲的生活,他们支付的利息都是奴隶或农奴创造的,利息高,他们就加重对奴隶或农奴的盘剥。总之,前资本主义信用与社会再生产没有直接的联系,是高利贷存在的基本条件。

 小 思 考

当今社会为什么还会存在高利贷?

在前资本主义社会中,由于高利贷主要是以货币借贷形式进行的,因此是促进自然经济解体和商品货币关系发展的因素。在从封建社会向资本主义过渡时期,高利贷具有双重作用。首先,高利贷促进了资本主义生产方式前提条件的形成。其次,高利贷又具有保守作用。这是因为高利贷者竭力保持使他们发财致富的小生产占优势的生产方式,他们不愿放弃自己的高额利息收入。这就妨碍了高利贷资本向产业资本的转化。

2. 现代信用

现代信用产生的标志是借贷资本的出现和形成。

随着商品生产和交换的发展,商品流通出现了矛盾——"一手交钱、一手交货"的方式,由于受到客观条件的限制经常发生困难。例如,一些商品生产者出售商品时,购买者却可能因自己的商品尚未卖出而无钱购买。于是,赊销即延期支付的方式应运而生。赊销意味着卖方对买方未来付款承诺的信任,意味着商品的让渡和价值实现发生时间上的分离。这样,买卖双方除了商品交换关系之外,又形成了一种债权债务关系,即信用关系。当赊销到期、支付货款时,货币不再发挥其流通手段的职能而只充当支付手段,这种支付是价值的单方面转移。正是由于货币作为支付手段的职能,使得商品能够在早已让渡之后独立地完成价值的实现,从而确保了信用的兑现。整个过程实质上就是一种区别于实物交易和现金交易的交易形式,即信用交易。

后来,信用交易超出了商品买卖的范围,作为支付手段的货币本身也加入了交易过程,出现了借贷活动。从此,货币的运动和信用关系连接在一起,并由此形成了新的范畴——金融。现代金融业正是信用关系发展的产物。在市场经济发展初期,市场行为的主体大多以延期付款的形式相互提供信用,即商业信用;在市场经济较发达时期,随着现代银行的出现和发展,银行信用逐步取代了商业信用,成为现代经济活动中最重要的信用形式。

总之,信用交易和信用制度是随着商品货币经济的不断发展而建立起来的;进而,信用交易的产生和信用制度的建立促进了商品交换和金融工具的发展;最终,现代市场经济发展成为建立在错综复杂的信用关系之上的信用经济。

三、现代信用形式

信用形式,是指表现借贷关系特征的形式。按信用主体的不同,现代信用有如下基本形式:

(一) 商业信用

商业信用,是指商品生产经营者之间相互提供的、与商品交易直接相联系的信用。它是一种直接信用方式,主要表现为商品赊销或货款预付。商业信用是现代信用制度存在和发展的基础。

1. 商业信用的特点

(1) 商业信用的债权人和债务人都是生产企业。因为商业信用是企业之间以商品形态提供的信用。

(2) 商业信用的借贷行为与商品的买卖行为是结合在一起的。信用的借贷,同时也是商品的买卖。信用的贷出,对赊销商品者来说也就是商品的卖出,对预付货款者来说则是商品的购买。信用的借入,对赊销商品来说,就是商品的购入,对预付货款来说,则是商品的出售。

(3) 商业信用所贷出去的资金是处于再生产过程中最后一个阶段的商品资金。当一个企业把商品赊销给另一个企业时,商品的买卖行为结束,但由于没有支付货款而实质上转变成了借贷行为,形成了债权债务关系并以货币的形式存在着。这种借贷行为的运动还没有从再生产过程中独立出来,是企业资金的一部分。

2. 商业信用的局限性

(1) 商业信用的数量和规模有局限性。商业信用的数量要受到企业所拥有的资金额的限制。企业所能赊销的商品额显然不可能超过其拥有的全部资金。所以,商业信用的最高界限不过是企业现有资金的最充分利用。

(2) 商业信用的期限有局限性。企业在向对方提供信用时,要受到自身生产周期的限制,一般期限较短,只能解决短期资金融通的需要。

(3) 商业信用在授信方向上有局限性。由于商业信用是买卖双方直接提供的信用,所以,商业信用只能由具有商品买卖关系的企业之间相互提供,而不能在毫无关联的企业之间发生。只能由生产生产资料的部门提供给需要生产资料的部门。例如,矿山机器制造厂只能把矿山机械以商业信用方式出售给矿山企业,纺织厂只能和棉农和织布厂建立信用联系,等等。

(4) 商业信用的信用功能有局限性。由于商业信用是两个企业之间直接发生的借贷行为,因此,企业之间要相互了解。尤其是出卖商品的一方要确切了解需求者的支付能力及信用能力。否则,在两个企业之间不易发生商业信用关系。

正是因为上述的局限性,商业信用虽然是现代信用建立的基础,却不能成为现代信用的中心和导向。

（二）银行信用

银行信用是指银行及其他金融机构以货币形态组织提供的信用。

1. 银行信用的特点

银行信用是在商业信用基础上产生的。与商业信用相比，银行信用具有以下特点：

（1）银行信用是以货币形式提供的。银行信用能聚集社会上的游资，如各种暂时闲置的货币资本和货币储蓄，从而超越了商业信用只限于产业内部的限制，克服了商业信用授信规模、授信期限的局限性。此外，由于银行信用是以货币资本提供的，可以不受商品流转方向的限制，从而克服了商业信用在授信方向上的局限性。

（2）银行信用是一种间接信用。银行信用活动的主体是银行和其他金融机构，但它们在信用活动中仅充当信用中介。一方面，银行向商品生产者提供的货币资本绝大部分并非银行所有，而是通过吸收存款、储蓄或借贷方式从社会其他各部门、各阶层取得；另一方面，银行作为闲置货币资本的集中者又并非最终使用者，它必须通过贷款或投资运用到社会再生产的需要方面。所以说，银行只是货币资本所有者和使用者之间的一个中介，起着联系、沟通或桥梁作用，银行信用也就成为一种间接信用。

2. 银行信用的地位

银行作为一个信用中介，具有集中社会闲散资金、提供贷款的能力，其资金来源广泛，成本较低，融资能力强；同时银行具有较强的专业能力来识别与防范风险，所以，银行信用本身具有规模大、成本低、风险小的优势，任何其他信用形式都无法与之匹敌。此外，银行信用还是其他一些信用形式赖以正常运行的基础，尤其是商业信用，更需要银行通过承兑和贴现为其提供支持。不仅如此，银行在提供信用的过程中还能够创造信用，这更是其他信用形式所无法比拟的。因此，银行信用成为现代经济中最基本的占主导的信用形式。

（三）国家信用

国家信用是以国家为主体进行的信用活动。一般来说，国家信用是国家负债，国家从国内筹资构成内债，从国外筹资构成外债。但有时国家也有偿让渡筹集的部分财力用于生产建设或公共事业。国家信用的具体表现形式多种多样，并因各国习惯及信用发展状况不同而不同。通常有国家发行国债、财政借款、财政透支等，其中最主要的形式是发行国债，包括国库券与公债两种形式。

1. 国家信用的特点

（1）国家信用中，信用主体的一方必须是国家或政府机构。

（2）国家信用与银行信用有着密切的联系。国债的发行一般是通过金融机构代为发行或"包销"的，而金融机构的储蓄部门所吸收的资金，有相当大部分是投入国家债券上的。

2. 国家信用的作用

（1）国家信用是调剂财政收支不平衡，弥补财政赤字的重要手段。在一个财政年度内，常常会发生先支后收的矛盾，国家往往借助于发行国库券调剂。由于种种原因，财政常常也会出现较大数额的赤字，对此国家主要是通过发行公债来弥补。

（2）国家信用是调节经济的重要杠杆。国债不仅是政府筹集资金的工具，而且还是国家重要的经济杠杆。第一是因为国债发行规模直接决定了一国预算支出规模的大小，并影响到该时期社会总需求水平及国民实际收入水平；第二是因为国债进入二级市场，成为中央银行进行公开市场操作的主要对象,公开市场业务是最为重要的现代货币政策工具之一;第三是因为通过确定国债利率,可以影响市场利率,引导社会资金流向,促使资金使用更为合理有效。

(四)消费信用

消费信用是指工商企业、银行或其他金融机构为消费者个人提供的信用。消费信用提供的对象可以是商品、货币,也可以是劳务。

1. 消费信用的表现形式

(1)赊销。赊销是指零售商对消费者提供的信用,即延期付款方式销售。信用卡方式可谓赊销方式的现代化表现。

(2)分期付款。多用于购买耐用消费品:消费者先支付一部分货款,然后按合同分期加息支付其余货款。在货款未付清之前,消费品的所有权仍属于卖者。

(3)消费贷款。消费贷款是指银行及其他金融机构采取信用放款或抵押放款方式,对消费者发放贷款。消费贷款一般为中长期信贷。

中国汽车消费信贷的模式

(1)以银行为主体的直客模式。该模式的特点是:由银行直接面对客户,在对客户信用进行评定后,银行与客户签订信贷协议,客户拿贷款额度到汽车市场上选购自己满意的产品。目前开展个人汽车消费信贷服务的银行非常多,几乎大多数的商业银行都参与其中。

(2)以经销商为主体的间客模式。该模式的特点是:由经销商负责为购车者办理贷款手续,以经销商自身资产为客户承担连带责任保证,并代银行收缴贷款本息,而购车者可享受到经销商提供的一站式服务。由于经销商在贷款过程中承担了一定风险并付出了一定的人力物力,所以经销商通常要收取一定的管理费。这种信贷模式的代表是北京亚飞汽车连锁总店(以下简称亚飞)。目前,以经销商为主体的间客模式又有新的发展,从原来客户必须购买保险公司的保证保险到经销商不再与保险公司合作,客户无须购买保证保险,经销商独自承担全部风险。也是亚飞在汽车消费信贷业务竞争日益激烈的情况下,通过对风险的预估后推出的新模式。

(3)以非银行金融机构为主体的间客模式。该模式的特点是:由非银行金融机构组织对购买者的资信进行调查、担保、审批工作,向购买者提供分期付款。这些非银行金融机构通常为汽车生产企业的财务公司。目前,上海大众汽车工业(集团)总公司(以下简称上汽)、中国第一汽车集团公司、天津汽车集团等都有自己的财务公司。其中,上汽的财务公司于1997年开始进行个人消费信贷业务。当时的模式如下:由经销商出30%的款项从上海大众提车,其余70%由上汽财务公司提供,该类车辆只能以消费信贷的形式售出。

金融力量助力新能源汽车消费

2. 消费信用的作用

消费信用可在一定程度上缓和消费者有限的购买力与对现代化生活需求的无限性之间的矛盾;发挥消费对生产的促进作用,促进现代商品经济的发展。但消费信用使消费者提前动用了他们的购买力,实际上是以未来消费需求萎缩来获得现在消费需求的扩大,消费者在未来一段时间内不得不负担起还本付息的重担,这容易造成生产和消费的脱节。而且,作为当今信用经济主要组成部分之一的消费信用,其过度膨胀必然推动通货膨胀。所以,对消费信用发放的对象、额度及用途都应加以严密控制,以保证其对经济发展的积极作用。

(五)其他信用

1. 国际信用

国际信用是指不同国家(或地区)的信用主体之间发生的借贷行为,是各国扩大和利用外资的有效途径。国际信用的主要形式有出口信贷、国际银行信贷、金融租赁、补偿贸易、政府间信贷以及国际金融机构信贷等。

2. 民间信用

民间信用是指民间个人之间的借贷往来活动。在我国,民间信用由来已久。民间个人借贷实行自由利率,利率由双方议定。因此,应积极利用、引导,防止出现高利贷。

此外,现代信用形式还包括股份信用、租赁信用、保险信用等。随着商品货币经济的深入发展,信用形式会越来越多样化,对现代经济生活的影响也愈来愈重要。

四、信用工具

信用关系的确立需要采取一定的形式。在早期的信用活动中,借贷双方仅凭口头协议或承诺而发生信用关系,这种口头协议或承诺因无任何凭证依据,也无法律上的保障,极易引起纠纷与争执。因此,信用工具逐步应用于借贷活动,并通过信用工具的流通转让形成了金融市场。信用工具是指以书面形式发行和流通,借以证明债权债务关系、资金所有权关系以及金融交易中的某种权利和义务。所以,信用工具又称金融工具。

(一)信用工具的种类

信用工具多种多样,可以根据不同的标准进行分类:

(1)以信用工具主张的权利与义务不同为标准,可分为所有权凭证和债权凭证。所有权凭证是认定持证人某种合法权益的凭证。例如,股票能证明持有人对发行主体具有相应的财产所有权和收益请求权,享有股东权利,所以说它是所有权凭证。债券只是一种债权凭证,持有人是债权人而非股东,不能介入发行主体的经营活动。

(2)以融资形式不同为标准,可分为直接信用工具和间接信用工具。直接金融工具是指资金供求双方直接进行资金融通时所使用的信用工具,如股票、公司债券、商业票据、公债等。间接金融工具是指资金供求双方通过银行等金融中介机构进行资金融通时所使用的信用工具,如银行票据、可转让大额定期存单、金融债券等。

(3)以信用工具的期限为标准,可分为短期信用工具和长期信用工具。短期信用工具是指偿还期限在1年以内的信用工具,如国库券、可转让大额定期存单、各种票据等;长期信用工具是指偿还期在1年以上的信用工具,如中长期债券等。

(4)以是否与信用活动直接相关为标准,可分为原生信用工具和衍生信用工具。原生信用工具是指在实际信用活动中出具的能证明债权债务关系或所有权关系的合法凭证,主要有商业票据、债券等债权债务凭证和股票、基金等所有权凭证。衍生信用工具是指在原生信用工具基础上派生出来的各种信用合约及其组合形式,主要包括金融期货、金融期权和金融互换。

(二)信用工具的特征

信用工具种类很多,各具特色,其共同的特征有以下几个方面。

1. 偿还性

偿还性是指信用工具的发行者或债务人必须按期归还全部本金和利息。如果到期债务人未能按期归还,并且没有得到债权人的展期同意,那么,债务人就是违约。

除作为所有权凭证的股票外,其他信用工具都有偿还期的规定。债务人必须到期偿还信用工具上所记载的应偿还的债务,债权人到时有收回债权金额的权利。偿还期分为两种:一种是指信用工具发行日至到期日的期限,称为绝对偿还期;一种是指债务人必须偿还全部债务之前所剩余的时间,称为相对偿还期。例如,某债券2021年3月1日发行,2024年3月1日兑付,则其绝对偿还期为3年;对于在2023年3月1日购进该二手债券的持有人而言,相对偿还期只有1年。

2. 流动性

流动性是指信用工具迅速变为现金而不致蒙受损失的能力。通常用信用工具变现成本的大小来衡量。信用工具的变现成本越高,其流动性就越低;反之,其流动性就越强。信用工具的流动性还与其期限长短、债务人的信誉高低有关。偿还期长的信用工具,其流动性较弱,反之则较强;债务人信誉低的信用工具,流动性差,反之则强。

一般来说,中央银行发行的纸币和商业银行活期存款具有最充分的流动性,政府发行的短期国库券也具有较强的流动性。其他信用工具,如商业票据、企业债券、保险单和股票等,或者短期内不易脱手,或者在变现时受市场波动影响容易蒙受损失,或者在交易过程中要耗费相当多的交易成本,而导致流动性下降。

3. 安全性

安全性是指信用工具的本息是否会遭受损失的风险。风险大体上可分为两类:一类风险是信用风险,即债务人不履行契约,不按事先约定归还本息,不履行应尽义务。这类风险的大小,既与债务人的信誉有关,也与信用工具的类别有关。例如,某一股份公司发行的证券中,就存在风险的差别。债券的风险最小,普通股的风险最大。因为当股份公司破产清算时,其剩余净资产或收入应按债券、优先股、普通股的顺序偿付。另一类风险是市场风险,即市场因种种原因出现波动而导致信用工具价格下跌的风险。大体说来,信用工具的安全性与偿还期成反比,与流动性成正比,与债务人的信誉及实力成正比。

4. 收益性

收益性是指信用工具能给持有者带来一定收益的特性。信用工具的收益主要有利(股)息收益和买卖价差收益(又叫资本利得)两种。收益率是净收益对本金的比率,它是衡量信用工具收益性的指标。一般来说,期限短、流动性强、风险小的信用工具,其收益相对较低;而期限长、流动性弱、风险大的信用工具,其收益相对较高。

信用工具的偿还性、流动性、安全性、收益性之间呈现一定的相逆关系,也即作为某一特定的信用工具在一定情况下是很难同时具备以上四个特征的。例如,债券的安全性高,股票的安全性低,但股票的收益率却较债券要高。因此,对投资者来说,关键是根据自己的投资目的、财务状况、心理承受能力及其对市场的分析预测,选择不同的信用工具,形成最佳的资产组合。

(三) 常见的信用工具

1. 票据

票据是指具有一定格式、载有一定金额、一定日期,到期由付款人对持票人或指定人无条件支付一定款项的书面债务凭证。票据的分类方法有很多。例如,根据票据期限不同,可分为即期票据和远期票据;根据票据的债务主体不同可分为商业票据和银行票据。通常人们根据票据反映的权利义务关系不同,将其分为汇票、本票和支票三种。

(1) 汇票。汇票是指出票人签发,命令付款人按约定期限向收款人或持票人无条件支付一定款项的支付命令书。汇票包括商业汇票和银行汇票。商业汇票是商业信用中由债权人向债务人或其委托银行签发的票据。它要求债务人或其委托银行签章承兑,由债务人自己承兑的汇票叫商业承兑汇票,由债务人的委托银行承兑的汇票称为银行承兑汇票。银行汇票是汇款人将款项缴存当地银行,由银行签发给汇款人持往异地办理转账结算或支取现金的票据。

(2) 本票。本票是指出票人签发,由出票人自己在约定的日期无条件支付一定金额给收款人或持票人的支付承诺书。本票包括商业本票和银行本票。商业本票是由工商企业或个人签发,承诺到期付款的票据,一般也称为商业期票。银行本票是由银行签发,承诺到期付款的票据。银行本票实际上就是银行券,一般都是即期的。本票只有两个基本关系人,即出票人与收款人,本票的出票人就是付款人,对收款人或持票人负有绝对清偿的责任。

(3) 支票。支票是指银行的活期存款户通知银行在其存款额度内,或在约定的透支额度内,无条件支付一定金额给持票人或指定人的书面凭证。支票有多种形式:按是否记载收款人分为记名支票和不记名支票;按是否支付现金分为现金支票和转账支票;此外还有"保付"支票、旅行支票等。

2. 大额可转让定期存单

大额可转让定期存单(简称存单,英文缩写为CDs)是指银行发行的,记载一定存款金额、存款期限、存款利率,可以转让流通的存款凭证。存单产生于1961年,由美国纽约花旗银行首创,其产生的背景是第二次世界大战之后,西方国家的经济逐渐复苏,金融市场也随之活跃起来,市场利率不断提高,生息的信用工具种类繁多,而传统的银行由于定期存款缺乏流动性,活期存款不计利息,造成了企业和个人宁可持有利率较低的商业票据,而对定期存款缺少兴趣,致使存款大量流失,负债业务日益萎缩。为摆脱困境,银行开始寻找新的存款方式以吸引客户。存单正是迎合了银行客户的流动性、安全性和盈利性的需要,迅速地被人们所接受,成为颇受欢迎的优良金融资产。存单与普通的银行定期存款单相比较,具有不记名、可转让、期限短、面额大且固定几个特点。

存单作为优良的金融资产,虽然它名义上也是存款凭据,而实际上,存单是银行发行的短期金融债券。中国人民银行于2015年6月2日宣布推出大额可转让存单产品,商业银行、政策性银行、农村合作金融机构等可面向非金融机构投资人发行记账式大额存款凭证,并以市场化的方式确定利率。个人投资人认购的大额存单起点金额不低于30万元,机构投资人则不低于1 000万元,今后根据情况对起点金额适时调整(2016年6月,个人投资人的起点金额调整为不低于20万元)。

3. 国库券

国库券是指国家财政当局为了弥补国库短期收支差额而发行的一种政府债券。国库券起源于英国。1877年由英国的经济学家、作家沃尔特·巴佐特发明,并首次在英国发行。后来许多国家都依照英国的做法,以发行国库券的方式来满足政府对短期资金的需要。相较于其他信用工具,国库券具有以下特点:

(1) 信誉高,风险小。国库券的债务人是国家,其还款保证是国家财政收入,几乎不存在违约风险,对投资者来讲是风险最低的投资对象。

(2) 极富流动性。国库券采取不记名形式,无须背书就可转让流通,随时可以变现,具有广阔的二级市场。

(3) 收益相对较高。尽管国库券利率较低(美国国库券利率仅高于通知放款利率),但是投资国库券的收益可免缴个人所得税,例如,在美国只需缴纳联邦所得税,免缴州和地方政府所得税,故投资者可获得相对较高的收益。

4. 股票

股票是指股份公司发给出资者,证明其所投入的股份金额并取得股息收入的凭证。股票持有者即为公司股东,有权分享公司的利益,同时也要分担公司的责任和风险。股票是资本市场的主要信用工具之一,是受到普遍欢迎的优良金融资产。

股票的基本要素包括:① 面值。即票面金额。我国股票面值均为1元。② 市价。即市场价格,含发行价格和交易价格。③ 股息。股息一般以现金、股票或公司的其他证券、商品等财产三种形式支付。④ 分红。分红是股份公司从其盈利中每年按股票份额的一定比例支付给股票持有者的红利,普通股可以享受分红,优先股一般不享受分红,股份公司只有在获得利润的情况下才可分红。分红主要有三种形式:一是现金分红;二是股票分红,股票分红又可分为送股和有偿配股两种;三是混合型分红,即一部分支付现金,一部分送配股。股息和分红是有区别的,股息的比率一般是固定的,而分红却随公司的盈利状况可多可少,可有可无。股息不一定必须从盈利中发放,而分红则必须从公司的盈利中分发。⑤ 股权。股权即股票持有者所具有的与其拥有的股票比例相对应的权益及义务。

股票种类繁多,按照不同的标准可划分为不同的种类,最常见的分类如下:

(1) 按股东享有权利和承担义务的不同,股票可分为优先股和普通股。普通股是指代表着股东享有平等权利,不受特别限制,并且随发行公司经营利润的多少分取相应股息的股票。普通股票是股份公司发行的标准股票,投资于这种股票的股东享有的主要权利有:经营参与权、盈余分配权、资产分配权、优先认股权、股份转让权等。优先股是指优先于普通股股东分取公司收益和剩余财产的股票。优先股票与普通股票相比有两个方面的基本优先权:一是优先股票在发行之时就约定了固定的股息,该股息不受公司经营状况和盈利水平的影响。二是优先股票有剩余资产优先分配权,即当公司破产倒闭或解散清算时,优先股股东先于普通股股东分享公司剩余财产。但优先股股东不享有经营参与权。优先股是一种与负债极为相似的资本来源形式,实际上是一种混合证券,兼有普通股与债券的特征。作为一种信用工具,其收益稳定,多被保守的投资者所接受。

(2) 按股票票面是否记名,分为记名股票和不记名股票。记名股票转让时要办理"过户"手续,不记名股票只需交付转让,受让人即取得股东资格。

(3) 按票面有无金额记载,分为面额股票和无面额股票。无面额股票只标明每股所占公司资本的比例。

我国上市公司的股票种类

我国上市公司的股票有 A 股、B 股、H 股、N 股、S 股等的区分。这一区分的主要依据股票的上市地点和所面对的投资者而定。

A 股的正式名称是人民币普通股票。它是由我国境内的公司发行,供境内机构、组织、或个人(不含台、港、澳投资者)以人民币认购和交易的普通股票。B 股的正式名称是人民币特种股票。它是以人民币标明面值,以外币认购和买卖,在境内(上海、深圳、北京)证券交易所上市交易的。H 股,即注册地在内地、上市地在香港的外资股。香港的英文是 Hong Kong,取其首字母。依次类推,纽约的第一个英文字母是 N,新加坡的第一个英文字母是 S,纽约和新加坡上市的股票分别叫作 N 股和 S 股。

5. 债券

债券是指社会各类经济主体为筹措资金而向投资者出具的,承诺按一定利率定期支付利息,并到期偿还本金的债务凭证。

债券包含了以下几个基本要素:① 面值,包括两个基本内容:第一,票面价值的币种;第二,债券的票面金额;② 票面利率,主要受银行利率、发行者资信、偿还期、利息计算和资本市场的供求状况等影响;③ 偿还期限;④ 发行主体名称。

众多的债券可按不同标准进行分类:

(1) 按期限长短可分为偿还期在 1 年以内的短期债券,偿还期在 1 年以上、5 年以内的中期债券和偿还期在 5 年以上的长期债券。

(2) 按利息支付方式可分为附息债券和贴现债券。附息债券是在券面上附有各期息票的中长期债券。贴现债券,也称贴水债券,是券面上不附息票,发行时按规定的折扣率(贴水率),以低于票面金额的价格发行,到期时仍按面额偿还本金的债券。

(3) 按募集方式可分为公募债券和私募债券。公募债券是指没有特定范围,向广大投资者公开发行的债券。私募债券是指不面向一般投资者,而仅向少数与发行人有特定关系的投资者发行的债券。

(4) 按是否记名可分为记名债券和无记名债券。记名债券指持有者必须在票面上记载姓名,并在发行公司进行登记的债券。无记名债券则指不载明持有者的姓名,持有者只需以债券为凭据,就可向指定机构领取本息的债券。

(5) 按是否转换可分为可转换债券和不可转换债券。可转换债券是指投资人可以根据自己的意愿在一定时期内按规定的价格和条件,将该债券转换成发行者其他证券。可转换债券多转换成公司股票,这种转换可使投资者收益提高,也可以使公司债务下降,而资本额随之增加。

(6) 按发行主体不同可分为政府债券、金融债券和公司债券。政府债券是国家信用的主要工具,它是指政府为筹措资金而向投资者出具的,承诺在一定时期支付利息,并到期偿还本金的债务凭证。政府债券资信较高,在很多国家中被认为是稳妥的投资工具。金融债券是指银行或其他金融机构发行的债务凭证。通过发行金融债券增加信贷资金来源,是各国银行通行的一种筹资方式。金融债券的流动性强,利率也较银行存款更高,也是金融市场中优良的投资对象。公司债券是指公司依照法定程序发行的约定在一定期限还本付息的有价证券。公司债券的种类较多。以有无担保品分为两类:一是有担保品的公司债券,称为抵押债券;二是无担保品的公司债券,称为信用债券。各国发行的公司债券,多数是有担保品的抵押债券,少数是信用债券。

股票与债券

股票与债券虽然都是有价证券,但两者性质不同。其主要区别有以下几点:

(1) 适用范围不同。股票只有股份公司才能发行,而债券则是任何有预期收益的机构和单位均可发行。

(2) 持有人权利不同。股票持有者为公司股东,有权参与公司的经营管理,而债券持有人只是债权人,无权参与企业的经营管理。

(3) 资金性质不同。股票属于公司的自有资金,不存在还本问题,持有者不能退股,而债券属于企业债务凭证,必须在约定日期偿还本金。

(4) 权益和风险不同。股票是非固定收益证券,股票的收益随公司的经营状况变化而变化,收益水平通常不受法律保护,甚至股本也有受损失的可能。因此,股票风险较大,但如果公司经营状况良好,可获得较高的收益。而债券是固定收益证券,收益水平在债券发行时约定,不管发行债券公司经营状况如何,债券到期时公司都负有偿付本息的义务,所以债券的风险较小,收益水平也往往低于股票。

(5) 流通能力与交易价格不同。股票由于不能退股,流通能力较强。债券属于定期还本证券,所以流通能力相对较弱。在证券交易中,股票交易价格波动较大,起伏难测,投机性很强。债券交易价格变动幅度不大,一般只是单纯的投资现象,投机性较小。

除上述的主要信用工具外,还有多种其他信用工具,如信用卡、信用证等。信用工具多样化是现代信用制度发展的一个重要成果。伴随着信用形式的发展,新的信用工具会不断出现。

引例解析

信用关系建立的基本条件就是受信人要按期还本付息。信用风险又称违约风险,是指受信人不能履行还本付息的责任而使授信人的预期收益与实际收益发生偏离的可能性,它是金融风险的主要类型。

从2014年"11超日债"打破信用债刚兑以来,我国债券市场先后经历了"2015年过剩行业危机""2017年资管新规落地""2018年民企违约潮""2019年包商事件""2020年永煤事件""2021—2022年地产违约潮"等多轮冲击,叠加宏观环境走弱,推动信用债违约趋于常态化。

2022年新增违约主体集中于地产行业,房企继续出清。自2021年以来,房地产行业风险加速暴露。政策端对地产公司新增境内外融资进行限制,房企融资受限;此外,房企前期采用"高负债＋高周转"模式进行扩张,在金融去杠杆、三条红线的政策压力下,企业逐步通过出售资产等缓解降杠杆压力,但受制于市场环境疲软,资产变现难度较大。截至2022年年底,房地产行业累计有41家违约主体,显著高于其他行业。总的来看,2022年债券市场信用风险不断释放,信用风险事件主要集中于出险企业债券展期与境外债违约。

华创证券研究认为,2023年违约事件主要表现为已违约主体展期,可将其视为2022年地产企业违约潮的延续,民营房企造血能力持续不足,随着2022年有违约或展期历史的企业债券陆续到期或触发交叉违约条款,展期债券规模占全部违约债券比重上升到84%。但首次违约主体的数量及违约金额均有所下降;国企偿还率持续提高,信用修复明显,2023年中林集团、永煤、沈阳机床等都有较大规模的偿还行为,豫能化发行了违约后第一只债券,国企信用修复趋势明显。

据企业预警通数据,2024年上半年债券总发行额约为38.5万亿,同比增长约10.7%;上半年净融资额约为7.95万亿,同比增长约31%。随着高风险主体逐步退出信用市场,信用风险也存在下降趋势。中信证券相关研究表明,2024年上半年,信用债违约规模为175.90亿元,同比下降22.49%,处于近四年同期的最低水平。

第三节 利息与利息率

引 例

玫瑰花债务案

1984年,法国与卢森堡两国之间发生了一件轰动全球的债务案。让人意想不到的是这起纠纷竟然是由一束玫瑰花引起的。原来1797年,法国总统拿破仑偕夫人访问卢森堡,在参观卢森堡一所小学时,向女校长赠送了一束玫瑰花,价值3个金路易,他还在致辞中说:"只要法国存在一天,每年的今天我都将派人送上一束玫瑰花,作为法卢友谊的象征。"可是拿破仑后来并没有兑现这个诺言。

时隔187年后的1984年,卢森堡政府通知法国政府:要么从1797年起,以3个金路易(72法郎)作为一束玫瑰花的本金,并以5厘复利计息(即利滚利)结算,全数还清这笔"玫瑰花悬案"之外债;要么法国各大报必须登报承认你们的一代伟人拿破仑是个言而无信的小人。法国政府官员开始很不以为然,以为不过是区区小数。但是,法国财政部的官员们瞧见从电子计算机里输出的数据时,不禁面面相觑,原来3个金路易的"玫瑰花债项"合计本息竟高达1 375 596法郎。于是,一件国际债务案由此产生了。

> 请思考,卢森堡是如何根据拿破仑的承诺计算出高达百万法郎的债务的?法国人最后是如何解决这个事情的?

利息和利息率是与信用相伴随而存在的经济范畴,是货币信用理论中颇有争议的问题。人们对此问题的争论主要从两个方面展开:一是利息的来源;二是利息率高低的决定因素。在现代市场经济条件下,利息和利息率已成为国家调节经济的重要手段。

一、利息

利息是指在货币资金的借贷活动中债权人从债务人手中获得的报酬,或者是债务人支付给债权人的使用贷款的代价。例如,某厂商为了扩大生产从一货币所有者手中借到为期 1 年的 100 万元贷款,期满后该厂商偿还给货币所有者 105 万元。其中 5 万元就是利息。

(一) 利息存在的基础

在融资活动中,借贷双方既相互对立又相互依存。说借贷双方对立,是因为两者所处的地位不同,作为贷方即债权方,是借贷资本的所有者,其让渡出去的仅仅是这种资本的使用权;作为借方即债务方,其获得的也仅仅是这种资本的使用权,所有权始终牢牢掌握在债权方手中。由此可见,在借贷过程发生了借贷资本所有权和使用权的分离。说他们相互依存,是因为他们为了各自的利益而走到了一起,形成了债权债务关系,对贷者而言是要为暂时闲置的资本寻求可以获利的机会和处所;对借者而言则是要弥补自己资本的暂时短缺。在这种经济关系下,贷者不可能不要求补偿,因为资本的本性要求资本的使用能够给其所有者带来收益。作为借者也能够予以补偿,因为他借到的是资本,而非单纯的货币。

由此可见,资本所有权和使用权的分离是利息存在的经济基础,也是利息产生的根本原因。

(二) 利息的来源

在借贷活动中,一个人将一笔闲置货币贷出,约定期满后,将其收回,借者在归还时不仅还本,而且还支付一笔额外的货币利息。这一过程可用公式概括为:$G—G'$,式中 G 为最初贷出的货币额,$G'=G+\Delta G$,ΔG 即为利息。由此可以得出结论,利息是由货币创造的,货币具有自行增值的魔力。实际上借贷资本的运动虽然具有一定的独立性,但它不可能脱离整个经济而单独存在,它仍要以产业资本为基础来参与经济的运行,所以借贷资本运动的完整公式应为:

$$G—G—W<\cdots P\cdots W—G'—G'$$

式中,$G—G$ 表现为借贷资本使用权由借贷资本家手中转移到了职能资本家手中;$G—W<\cdots P\cdots W—G'$ 是一个复杂的生产和流通过程,也是一个价值增值过程;$G'—G'$ 是一个借贷资本回收过程。

从以上公式不难看出,正是因为借贷资本运动中包含了生产和流通过程,货币才能增值,如果其中没有生产和流通过程,就像被压在箱底的货币一样不参与经济活动,价值增值将无从谈起,利息也将无从产生。所以说,利息来源于利润,是利润的一部分。

(三)利息的计算

1. 按利息是否加入本金重复计算划分,可分为单利计息法和复利计息法

单利计息法是指在计算利息时,不论借贷期限长短,只按本金计算利息,所生利息不再加入本金重复计算。复利计息法是指本金每期的生息数在期末加入本金并在以后各期内滚入本金再计利息,即不仅本金要计算利息,而且利息也要生息,即所谓的"利滚利"。

2. 按利息支付的方法来划分,可分为利息先付和利息后付

利息先付是指借款人在借款当时就支付利息,到期时则偿还借款本金。利息后付是指借款人在约定的借款期限到期时,除偿还本金外,另外支付借款的利息。

在单利利息后付的情况下,设 P 代表本金,I 代表利息,r 代表利率,n 代表期限,A 代表本利和,则利息额的计算公式为:

$$I = P \cdot r \cdot n$$

本利和的计算公式为:

$$A = P + I = P(1 + rn)$$

例如,存入银行的两年期定期储蓄存款 10 000 元,按年息 3.78% 计算,到期利息为:

$$I = 10\,000 \times 3.78\% \times 2 = 756(元)$$

本利和为:$A = 10\,000 + 756 = 10\,756(元)$

单利利息先付的做法称为贴现,被普遍运用于银行短期贴现放款及短期国库券发行时的利息计付。若以 A 代表还款额或证券票面额,P 代表放款额或证券购买价,其他字母含义与上述设定相同,则:

$$I = A - P = A \cdot r \cdot n$$

式中,r 为贴现率,它并不是借款人实际支付的利率,借款人实际支付的利率为:$\frac{I}{P} \cdot \frac{1}{n}$

例如,某人持有一张面额为 20 000 元,2 个月后到期的汇票请求银行予以贴现,银行按照年利 6% 的贴现率扣除利息后向其发放贷款,则有:

贴现利息:$I = 20\,000 \times 6\% \times \frac{2}{12} = 200(元)$

贴现放款额:$P = A - I = 20\,000 - 200 = 19\,800(元)$

其实际支付的利率为:

$$r = \frac{200}{19\,800} \times \frac{12}{2} \approx 6.06\%$$

由此可见,在利息后付和利息先付的两种情况下,即使名义上的利率和名义上的贴现率相同,借款人的实际利息负担是不同的,利息后付对债务人较为有利,而利息先付对债权人较为有利。

复利和单利一样,也有利息先付和利息后付两种支付利息的办法。在银行中长期信

贷和中长期债券发行中,一般采用复利计算法,而且一般都是利息后付。

在复利利息后付的情况下,计算利息的公式为:

$$A = P(1+r)^n$$
$$I = A - P = [(1+r)^n - 1]$$

例如,银行发放一笔金额为 30 000 元,期限为 3 年,年利率为 10% 的贷款,规定半年复利一次,到期时其本利和为:

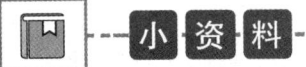

到期时共收利息额为:

$$I = 40\,203 - 30\,000 = 10\,203(元)$$

在复利的条件下,利息转换期间隔的长短具有重要的意义。利息转换期间隔越长,则本利和、利息额相对越小,借款人的利息负担相对较轻;反之,利息转换期间隔越短,则本利和、利息额相对越大,借款人的利息负担相对较重,因此,复利计息法是一种更注重资金时间价值的计息方法,通常适用于长期借贷。

> **小 资 料**
>
> **校 园 贷**
>
> 校园贷是指在校学生向各类借贷平台借钱的行为。借贷人仅需向借贷平台提供身份证和个人信息,通过审核、支付一定手续费,就能申请信用贷款。
>
> 校园贷的出现给大学生的日常生活带来便利和促进了互联网金融的发展的同时,也带来了一些如具有高利贷性质、会滋生借款学生的一些恶习和平台采取违规违法手段进行讨债等不好甚至违法的现象。

(四)复利与年金

在经济生活中,复利不仅仅是一种计算利息的方法,而是广泛应用于投资领域,所以复利范畴包括复利终值、复利现值、年金终值、年金现值等概念。

1. 复利终值与现值

复利终值即复利的本利和,是指一笔货币金额在未来某一时点上的数值。所谓现值是指未来某一时点一定金额货币的现在价值。现值的概念和计算方法与终值恰好相反,终值是以现在的数值,按一定的利率、时间来测算预定期末的数值,现值是从将来数值,按一定的利率、时间来测算现在的数值。如前所述,复利终值的计算公式为:

$$A = P(1+r)^n$$

式中,$(1+r)^n$ 是 1 元复利终值系数。

现值计算公式是复利终值的逆运算,即:

$$P = A \cdot \frac{1}{(1+r)^n}$$

式中，P 为现值，$\dfrac{1}{(1+r)^n}$ 是 1 元复利现值系数，其他符号含义同前。

例如，某一家庭预计 10 年后孩子上大学的费用需要 50 000 元，若利率为 5%，那么父母现在需要为孩子存上多少钱呢？

从现值计算公式可以得知：

$$P = 50\,000 \times \dfrac{1}{(1+5\%)^{10}} \approx 30\,696(元)$$

即父母现在应为孩子存上 30 696 元存款。

在银行的票据贴现等类似业务中，贴现金额就是根据票面金额和利率倒算出来的现值。所以现值也称贴现值。此外，现值还可以用来计算投资收益，进行项目评估等。

2. 年金终值与现值

年金是指每隔一定相同时间（一年、一季、一月等）收入或支出相等金额的款项，即等额定期的收支，如退休养老基金等。年金又分为普通年金、即付年金等，其中以普通年金最为常见。下面以普通年金为例介绍年金终值与现值。

普通年金终值就是指每个定期期末发生的等额款项收入或支出数的复利终值之和。以 A 表示年金终值，B 表示等额款项，则其计算公式为：

$$A = B \cdot \dfrac{(1+r)^n - 1}{r}$$

式中，$\dfrac{(1+r)^n - 1}{r}$ 为年金复利终值系数。

例如，某人从 2017 年开始，每年的 1 月 1 日存入银行 1 000 元，假定利率为 4%，那么，10 年后这笔款项的总价值为：

$$A = 1\,000 \times \dfrac{(1+4\%)^{10} - 1}{4\%} \approx 12\,006.1(元)$$

普通年金现值是指在以后每个定期期末都有一笔等额收入或支出的现在价值，即定期等额款项的现值之和。以 P 表示年金现值，则其计算公式为：

$$P = B \cdot \dfrac{1-(1+r)^{-n}}{r}$$

式中，$\dfrac{1-(1+r)^{-n}}{r}$ 为年金复利现值系数。

二、利息率

利息率简称利率，是一定时期内利息同借贷金额的比率，即：

$$利率 = \dfrac{利息}{借贷额} \times 100\%$$

例如，甲从乙手中借得 10 万元钱投入生产过程，一年获得利润 4 万元，甲把其中 1.2 万元作为利息付给乙，则这笔借款的年利率为：

$$\frac{12\,000}{100\,000} \times 100\% = 12\%$$

(一) 利率的形式

利率并非只有一种,而是多种多样的,既有中央银行决定的利率,又有商业银行决定的利率;既有官方利率,又有市场利率;等等。这些利率之间存在内在的联系,它们相互制约、相互影响,构成一个完整的利率体系。在利率体系中,根据不同的标准,可划分出多种形成的利率。

1. 年利率、月利率和日利率

这是根据存款(或贷款)时间长短不同进行的划分,也称年息率、月息率和日息率。年息率一般按本金的百分之几表示,通常称为年息几厘。例如,年息 4 厘,就是指本金 100 元,每年利息 4 元。月息率一般按本金的千分之几表示,通常也称为月息几厘,但若月息 3 厘,即指本金 1 000 元,每月利息 3 元。同样地,日息率一般按本金的万分之几表示,通常称日息几厘,若日息 1 厘,就是指本金 10 000 元,每日利息 1 元。年利率/12＝月利率,月利率/30＝日利率,年利率/360＝日利率。

2. 存款利率与贷款利率

存款利率是指客户在银行或其他金融机构存款所取得的利息与存款额的比率。存款利率的高低直接决定了存款者的利息收益和银行及其他金融机构的融资成本,对银行集中社会资金的数量有重要影响。贷款利率是指银行和其他金融机构发放贷款所收取的利息与贷款本金的比率。贷款利率的高低直接决定了利润在企业和银行之间的分配比例,因此影响着借贷双方的经济利益。

存贷款利率之间应保持一定的差距,以保证金融业有利可图,否则,银行业就失去了生存发展的基础。一般来说,当贷款利率与存款利率存在很大差距时,可能使直接融资趋于活跃,通过银行进行的间接融资减少。当存款利率较高而贷款利率较低时,或者当存款利率提高的幅度大于贷款利率提高的幅度时,可能会促使存款增加,特别是当存款利率高于投资收益时,企业趋向于把资金存入银行而不去投资,从而造成投资减少。反之,亦然。

3. 市场利率与官方利率

市场利率是指由资金借贷双方通过相互竞争而形成的利率,包括借贷双方直接融通资金时商定的利率和在金融市场上买卖各种有价证券时的利率,它随着借贷资金供求状况的变化而变化。官方利率是指一国政府通过中央银行确定和公布,各金融机构以此为参照或必须执行的利率。

市场利率与官方利率有密切关系。官方利率代表了一国政府货币政策的意向,对市场利率有重要影响。当官方利率与市场利率背离时,官方利率就会产生某些政策效应,例如,再贴现利率提高快于市场利率提高,就会产生紧缩效应,反之则有扩张效应。但是,市场利率又要受借贷资金供求关系以及一系列复杂因素的影响,因此两者并不一致。市场利率是客观存在的,它的变化非常灵敏地反映着借贷资金的供求状况,是国家规定官方利率的重要依据。

4. 固定利率与浮动利率

固定利率是指在整个借贷期内利率不随借贷资金供求状况变化而变化的利率。固定利率具有简便易行、易于计算借款成本等优点。在借款期限较短或市场利率变化不大的条件下,可采用固定利息率。

浮动利率又称可变利率,是指在借贷期内利率随借贷资金市场供求状况的变化而定期调整的利率。调整期限和调整时作为基础的市场利率的选择,由货币资金借贷双方议定。实行浮动利率,在计算利息成本时要困难一些,利息负担也可能加重,但是借贷双方承担的利率风险较小,利息负担同资金供求状况紧密结合,所以一般中长期贷款都选用浮动利率。

5. 一般利率与优惠利率

优惠利率是指银行及其他金融机构发放贷款时对某些客户所收取的比一般贷款利率低的利率。

发达国家的商业银行对往来关系密切、资信较高,并且处于有利竞争地位的大客户,发放贷款时收取低于其他商业利率的优惠利率。对其他客户的放款利率则以优惠利率为基准,逐步上升。所以在发达国家,优惠利率往往成为确定其他商业利率的基础利率,其他商业利率与优惠利率之间的差额,基本上可以反映出其他贷款所负担的额外风险的费用。

6. 名义利率与实际利率

名义利率是指以名义货币表示的利率。在现代信用货币流通的条件下,由于通货膨胀因素的存在,产生了货币的名义价值和实际价值之分,进而也就出现了名义利率与实际利率之别。实际利率是指名义利率剔除通货膨胀因素后的真实利率。实际利率等于名义利率减去通货膨胀率。用公式表示为:

$$R_S = R_B - R_P$$

式中,R_S 代表实际利率;R_B 代表名义利率;R_P 代表通货膨胀率(物价上涨率)。

名义负利率与实际负利率

名义负利率就是将通常的存款利率改为负值。所谓负利率,是指对于商业银行存放在央行的存款,央行不但不付利息,还要收取一定的费用。事实上,一些国家已经开始实行负利率了,例如,丹麦国家银行、欧洲央行、瑞典央行、瑞士国家银行,以及2016年1月份宣布实行−0.1%利率的日本央行。央行实行负利率的是为了鼓励商业银行放贷,释放流动性。

实际负利率是指通货膨胀率(CPI)高过银行存款利率。这种情形下,如果只把钱存在银行里,会发现财富不但没有增加,反而随着物价的上涨缩水了。例如,自2014年11月至2016年初连续六次降息后,一年期存款利率从3%下降至1.5%,惨遭腰斩。而2016年2月CPI涨幅为2.3%,也就是说,你把钱放银行是跑不赢通胀的,只会"越存越少"。

你存银行1万元钱,一年后你本息收入是10 150元,物价若维持2.3%的上涨,那么一年前1万元可以买到的商品一年后就需要10 230元,你存银行一年净亏80元!

一年前的1万元购买力仅相当于一年后的9 920元。这直接导致了你的财富缩水,更别提增值了。

(二)决定和影响利率水平的因素

1. 决定利率水平的因素

(1)社会平均利润率。如前所述,利息是利润的一部分,所以利息率必然依存于利润率,受利润率的制约。但利息率的高低并非由个别商品生产经营者的利润水平决定,而是由大多数商品生产经营者的利润水平共同决定。在现代社会化大生产的条件下,各个商品生产经营者的利润在竞争中具有平均化趋势,所以利息率决定于社会平均利润率。

在正常的经济生活中,利率必然在零和社会平均利润率之间进行波动,即0＜利率＜社会平均利润率,这是利息率确定的经济区间,在这样的区间内确定出的具体利率才具有正常的经济意义。至于利率在该区间内究竟如何确定,还取决于社会资金供求状况。

(2)社会资金供求状况。平均利润率对利率的决定作用是就利率总水平而言的,某一时刻的市场利率则是由社会资金供求状况决定的。这是因为在信用经济中,货币资金是一种特殊商品。一方面,这种特殊商品的投资和使用能带来价值的增值;另一方面这种特殊商品以利率表示其价格。在金融市场上,货币资金这种商品的价格——利率的高低自然要受其供求关系状况左右。当社会资金供大于求时,利率相应降低;当社会资金供不应求时,利率则相应提高。利率对社会资金供求关系反映的程度取决于供求决定机制是否健全。供求决定越充分的市场,利率越能反映资金供求的真实状况。

2. 影响利率水平变动的因素

社会平均利润率和社会资金供求状况所决定的是利率的基本水平,现实的利率水平还要受以下诸多因素的影响:

(1)物价水平的变动。物价变动对利率的影响主要表现为货币本身的升值或贬值的影响。若一国发生通货膨胀,货币贬值,物价上涨,从而使货币的实际购买能力下降。表现在借贷活动中,就是投资或信贷本金的价值随物价上涨而发生贴水,于是利息成为补偿贴水的手段。如果利率不能补偿贴水率,投资和信贷就会受到抑制。反之,若一国发生通货紧缩,货币升值,物价下跌,货币的实际购买力提高。表现在借贷活动中,就是投资或信贷本金的价值因货币升值而发生升水,利率水平必然回调。所以利率水平与物价水平变动具有同步发展的趋势,物价变动的幅度制约着利率水平的高低。

(2)国家的经济政策。在现代经济运行中,国家对经济的干预成为必然。利率作为一个金融变量,它既是一个决定于某些经济因素的经济运行机制中的内生变量,又是一个中央银行货币政策可以影响的外生变量,所以利率成为国家对经济活动进行调节的重要工具。世界各国政府都根据本国经济发展状况和经济政策目标,通过中央银行制定的官方利率来影响市场利率,以达到调节经济,实现其经济发展目标的目的。利率不再完全随着借贷资金供求状况在其确定的经济区间内自由波动,而必须受国家的调节与控制。在经济高涨时期,国家实行紧缩的金融政策,相应会提高利率水平;在经济衰退时期,国家实行扩张的金融政策,相应会降低利率水平。

(3)国际利率水平。随着国际经济联系的日益加深,国际利率水平对一国国内利率水平的影响越来越大。国际利率水平对国内利率的影响是通过借贷资本在国际的流动来实现的。

若一国国内利率水平高于国际利率水平,外国资本就会向国内流动,国内借贷资本供应就会增加,受供求关系影响,国内利率水平就会慢慢下降,直至与国际利率水平相当。若一国国内利率水平低于国际利率水平,国内资本就会向国外输出,国内借贷资本供应就会减少,受供求关系影响,国内利率水平就会慢慢上升,直至逼近国际利率水平。

(4) 其他因素。除上述决定和影响利率水平的因素外,还有其他因素也会对利率产生影响。一是借贷期限。利率随借贷期限的长短而不同,通常借贷期限愈长,利率就愈高,反之则愈低。二是借贷成本。银行经营的成本主要有借入资金成本和业务费用。而银行收益除中间业务的手续费等收入外,主要是来自存、贷款利率之间的差价收益。所以,银行在确定利率水平,尤其是贷款利率水平时,就必然要考虑经营成本,使贷款利率水平高于存款利率水平。

除此之外,一国的民族融资习惯、利率管理、国际协议等都在一定程度上对利率水平产生影响。

(三) 利率制度与利率市场化

1. 利率制度

在现代经济生活中,利率发挥着重要作用,但利率的杠杆作用能否充分发挥出来,与利率制度息息相关。所谓利率制度,即利率管理体制,是指一个国家的中央银行或金融管理当局对利率的管理权限、方式、范围及程度等。利率管理体制大致可分为以下三种类型:

(1) 利率管制。在实行利率管制的国家,政府对直接融资和间接融资活动中的利率实行统一管制,制定各种利率,各经济主体都必须遵照执行。我国在改革开放之前就是严格的利率管制。

(2) 利率市场化。在实行利率市场化的国家,政府只控制基准利率,其他利率基本放开,由市场的资金供求关系确定。

(3) 国家管理与市场决定相结合。这是大多数国家在很长一段时间内所采用的利率管理体制。

比较这三种利率管理体制,利率杠杆要能有效地发挥作用,利率市场化是基本前提。

2. 利率市场化

目前,我国已基本实现利率市场化。利率市场化,是指政府放松对商业银行利率的直接控制,把利率的决定权交给市场,中央银行通过制定再贴现率、再贷款率、公开市场业务等手段间接调控利率。利率市场化的具体内容如下:

(1) 金融交易主体享有利率决定权。金融交易主体应该有权对其资金交易的规模、价格、偿还期限、担保方式等具体条款进行讨价还价。

(2) 利率结构由市场自发选择。利率管理当局既无必要也无可能对利率的数量结构、期限结构和风险结构进行科学的测算。相反,金融交易的双方应该有权就某一项交易的具体数量(或称规模)、期限、风险及其具体利率水平达成协议,从而为整个金融市场合成一个具有代表性的利率数量结构、期限结构和风险结构。

(3) 同业拆借利率或长期国债利率将成为市场利率体系中的主导利率。根据其他国家的经验,同业拆借利率或者长期国债利率是市场上交易量最大、信息披露最充分从而也是最有代表性的市场利率,它们将成为制定其他一切利率水平的基本标准,也是衡量市场利率水平涨跌的基本依据。

(4)政府(或中央银行)享有间接影响金融资产利率的权力。利率市场化并不是主张放弃政府的金融调控。但在利率市场化条件下,政府(或中央银行)对金融的调控只能依靠间接手段,例如,通过公开市场操作影响资金供求格局,从而间接影响利率水平;通过调整基准利率影响商业银行资金成本,从而改变市场利率水平。

贷款市场报价利率

贷款市场报价利率(loan prime rate,LPR)也就是贷款基础利率,是指由报价行根据其对最优质客户执行的贷款利率,按照公开市场操作利率(主要指中期借贷便利利率)加点形成的方式报价,由中国人民银行授权全国银行间同业拆借中心计算得出并发布的利率。各银行实际发放的贷款利率可根据借款人的信用情况,考虑抵押、期限、利率浮动方式和类型等要素,在贷款市场报价利率基础上加减点确定。

每月20日(遇节假日顺延)9时前,LPR各报价行以0.05个百分点为步长,向全国银行间同业拆借中心提交报价,全国银行间同业拆借中心按去掉最高和最低报价后算术平均,并向0.05%的整数倍就近取整计算得出LPR,于当日9时30分公布,公众可在全国银行间同业拆借中心和中国人民银行网站查询。目前,LPR包括1年期和5年期以上两个期限品种。

中国人民银行在2013年7月全面放开金融机构贷款利率管制,随后为了进一步推进利率市场化,完善金融市场基准利率体系,指导信贷市场产品定价,于2013年10月创设了LPR。为深化利率市场化改革,提高利率传导效率,推动降低实体经济融资成本,央行又于2019年8月17日发布公告,改革完善贷款市场报价利率形成机制。为提高贷款市场报价利率的代表性,报价行类型在原有的全国性银行基础上增加城市商业银行、农村商业银行、外资银行和民营银行,由10家扩大至18家,今后定期评估调整。贷款市场报价利率由原有1年期一个期限品种扩大至1年期和5年期以上两个期限品种。银行的1年期和5年期以上贷款参照相应期限的贷款市场报价利率定价,1年期以内、1年至5年期贷款利率由银行自主选择参考的期限品种定价。并规定自即日起,各银行应在新发放的贷款中主要参考贷款市场报价利率定价,并在浮动利率贷款合同中采用贷款市场报价利率作为定价基准。

引例解析

1. 高达百万法郎的巨款,就是当时3个金路易的本金,以5%的年利率,在187年的指数效应下的产物。

2. 经过一番冥思苦想,法国人用如下的措辞获得了卢森堡公民的谅解:今后,无论在精神上还是在物质上,法国将始终不渝地对卢森堡公国中小学教育事业予以支持与赞助,来体现我们的拿破仑将军一诺千金的"玫瑰花许诺"。

3. 玫瑰花债务案让我们看到了复利的力量,更让我们认识到诚信的重要性。

第三节 利息与利息率

 **思维导图**

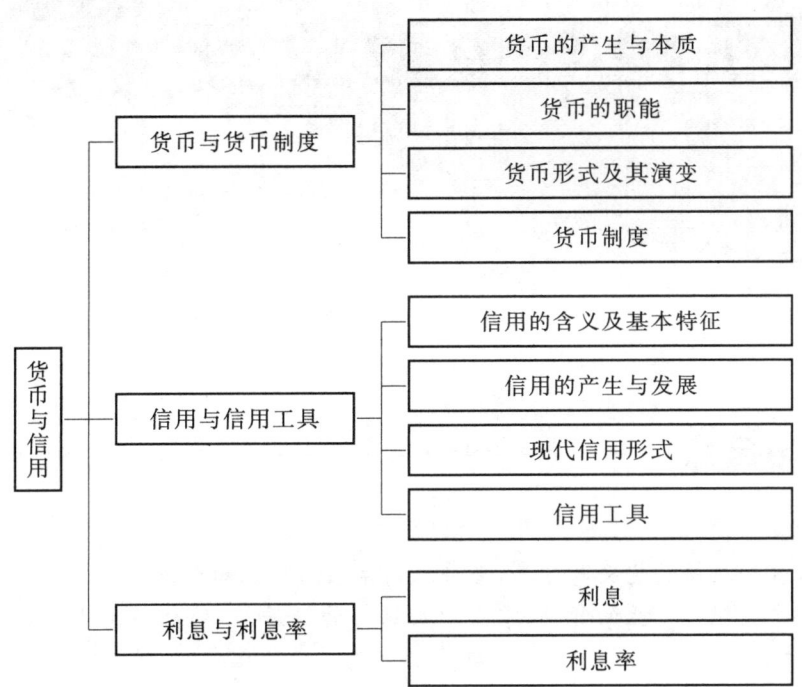

第七章 金融机构与金融业务

知识目标

1. 认知金融机构的定义与分类,金融机构体系的基本构成。
2. 了解中央银行产生的背景,掌握中央银行的性质与职能,熟悉中央银行的组织制度及主要业务。
3. 理解商业银行的性质、职能及经营原则,掌握商业银行的类型与组织制度。
4. 掌握保险、信托与租赁等相关概念,熟悉保险、信托与租赁的职能。了解保险、信托与租赁的主要业务。

能力目标

1. 能够根据金融机构业务内容,判断身边金融机构的属性。
2. 能够运用所学知识,辨析中央银行与商业银行的关系及中央银行业务与货币供给的关系。

素养目标

通过掌握金融机构的基本概念和分类,了解不同类型的金融机构的职能、业务特点和经营模式,培养金融知识与理论素养。

第一节 金融机构体系概述

· 引 例 ·

次贷危机中的美国金融机构

在美国,个人向银行等放贷机构申请住房抵押贷款,放贷机构再将住房抵押贷款作为一种资产"卖给"美国最大的两家房贷企业房利美和房地美等机构。后者将各种住房抵押贷款打包成"资产支持证券",经由标准普尔等评级公司评级,然后再出售给保险公司、养老基金、对冲基金等投资者。这个过程被称为"资产证券化"。

2007年4月,以第二大次级房贷供应商新世纪金融公司破产事件为标志,美国爆发了房地产次级按揭贷款危机。2007年6月,美国第五大投行贝尔斯登宣布,旗下两只持有大量与次贷有关证券的对冲基金停止赎回。2008年3月,为防止金融市场出现灾难性暴跌,在美国财政部和美联储极力撮合下,贝尔斯登以每股10美元的价格将自己卖给了摩根大通银行。进入2008年9月,这场由房地产泡沫引发的金融危机愈演愈烈。鉴于房贷企业房利美和房地美濒临破产,9月7日,美国政府以少有的接管方式采取了救助行动。9月15日,美国第四大投资银行雷曼兄弟宣布破产。同日,美国第三大投行美林公司被美国银行收购。9月17日,美联储被迫对保险业巨头美国国际集团(AIG)提供高达850亿美元的紧急贷款,避免该公司陷入破产。9月21日,美联储宣布批准美国第一大投行高盛和第二大投行摩根士丹利实施业务转型,转为银行控股公司,即普通商业银行。9月25日,美国监管机构接手美国最大储蓄银行华盛顿互惠银行,并将其部分业务出售给摩根大通银行。

至此,金融危机使美国前五大投行全军覆没,华尔街经历了一场"世纪洗牌"。面对一个个相继倒下的金融巨头,美联储前主席格林斯潘把这次危机称为"百年不遇"。

上文引例中提到的多家金融机构,分别是哪种类型的金融机构?

一、金融机构与金融机构体系

(一)金融机构及其分类

金融机构泛指从事金融业务、协调金融关系、维护金融体系正常运行的机构。金融机构通过提供各种金融服务,促进资金从盈余者向资金短缺者的流动,使货币资金融通得以顺利进行。金融机构是随着商品经济和信用制度的发展而产生、发展起来的,在现代经济中,金融机构种类繁多,常见的分类有以下几种:

1. 按照金融机构的性质不同,可分为银行金融机构和非银行金融机构

银行金融机构包括中央银行、商业银行、专业银行和政策性银行等;非银行金融机构主要包括证券公司、保险公司、信托公司和金融租赁公司等。

2. 按照金融机构是否吸收公众存款,可分为存款类金融机构与非存款类金融机构

存款类金融机构是指通过吸收各种存款而获得资金的金融机构,是金融市场的信用中介,主要包括商业银行、储蓄机构、信用合作社等。非存款类金融机构是以接受资金所有者根据契约规定缴纳的非存款性资金为主要来源的金融机构。其主要是通过发行证券或以契约性的方式聚集社会闲散资金而形成资金来源,一般包括保险公司、养老基金、证券公司等。

3. 按照金融机构从事金融活动的目的不同,可分为金融监管机构和金融企业

金融监管机构是指承担金融宏观调控和金融监管职责、不以营利为目的的金融机构。

如我国的"一行一局一会",即中国人民银行、国家金融监督管理总局、中国证券监督管理委员会。金融企业就是以营利为目的,通过向公众提供金融产品和金融服务而开展经营的金融机构,如商业银行、投资银行或证券公司、保险公司、信托公司等。

我国金融监管机构体系的变迁

1984年开始,中国人民银行专司中央银行职能,自此我国有了真正意义上的金融监管,之后历经"分分合合"。大体上讲,我国金融监管体系可分为以下几个阶段。

(1) 统一监管阶段(1984—1992年)。中国人民银行作为全能的金融监管机构,对金融业采取统一监管模式。

(2) "一行两会"阶段(1992—2003年)。1992年10月,国务院决定将证券监管职能从中国人民银行分离出来,成立中国证券监督管理委员会(简称中国证监会),依法对全国证券市场进行统一管,这是我国分业监管的起点。1998年11月18日,成立中国保险监督管理委员会(简称中国保监会),原中国人民银行行使的保险监管权交由该会行使,我国分业金融监管体制进一步完善。

(3) "一行三会"阶段(2003—2018年)。2003年3月,十届全国人大一次会议审议批准了国务院机构改革方案,授权立了中国银行业监督管理委员会(简称中国银监会)。至此,由中国人民银行、中国银监会、中国证监会、中国保监会组成的"一行三会"分业监管格局正式形成。

(4) "一委一行两会"阶段(2018年至今)。2017年第五次全国金融工作会议提出设立金融稳定和发展委员会(下称金融委),作为国务院统筹协调金融稳定和改革发展重大问题的议事协调机构。2018年3月,国务院发布金融监管改革的相关方案,将中国银监会与中国保监会职责整合,组建成立中国银行保险监督管理委员会,共同接受国务院金融稳定发展委员会的监管协调,"一委一行两会"的格局就此形成。

根据2023年3月印发的中共中央、国务院《党和国家机构改革方案》,关于金融机构改革的内容主要有以下6项。

(1) 组建中央金融委员会。加强党中央对金融工作的集中统一领导,负责金融稳定和发展的顶层设计、统筹协调、整体推进、督促落实,研究审议金融领域重大政策、重大问题等,作为党中央决策议事协调机构。不再保留国务院金融稳定发展委员会及其办事机构。

(2) 组建中央金融工作委员会。统一领导金融系统党的工作。

(3) 组建国家金融监督管理总局。作为国务院直属机构,在中国银行保险监督管理委员会基础上组建,统一负责除证券业之外的金融业监管,将中国人民银行对金融控股公司等金融集团的日常监管职责、有关金融消费者保护职责、中国证券监督管理委员会的投资者保护职责划入国家金融监督管理总局。不再保留中国银行保险监督管理委员会。

(4) 深化地方金融监管体制改革。建立以中央金融管理部门地方派出机构为主的地方金融监管体制,统筹优化中央金融管理部门地方派出机构设置和力量配备。

(5) 中国证券监督管理委员会调整为国务院直属机构。中国证券监督管理委员会由国务院直属事业单位调整为国务院直属机构,强化资本市场监管职责,划入国家发展和改革委员会的企业债券发行审核职责,由中国证券监督管理委员会统一负责公司(企业)债券发行审核工作。

(6)统筹推进中国人民银行分支机构改革。撤销中国人民银行大区分行及分行营业管理部、总行直属营业管理部和省会城市中心支行,在31个省(自治区、直辖市)设立省级分行,在深圳、大连、宁波、青岛、厦门设立计划单列市分行。不再保留中国人民银行县(市)支行,相关职能上收至中国人民银行地(市)中心支行。

至此,形成"一行一总局一会"的新格局。

(二)金融机构体系

金融机构体系是指金融机构的组成及其相互联系的统一整体。在金融机构体系中,各类金融机构相互依存、相互竞争、相互影响,共同促进金融机构体系的发展,共同为经济社会提供金融产品和服务,在经济和金融活动中发挥重要作用。

在市场经济条件下,各国金融体系大多数是以中央银行为核心来进行组织管理的,因此形成了以中央银行为核心、商业银行为主体、各类银行和非银行金融机构并存的金融机构体系。

二、我国金融机构体系的构成

(一)银行金融机构

1. 中央银行

中央银行是指国家赋予其制定和执行货币政策、对国民经济进行宏观调控和管理监督的特殊的金融机构。中国人民银行是我国的中央银行,简称央行,它是领导与管理全国金融事业的机关,是我国金融机构体系的核心。

2. 政策性银行

政策性银行是指由政府出资成立、为贯彻政府的社会经济政策而在特定领域从事金融活动的金融机构。政策性银行的性质是政府金融机构,它既具有政府机关性质,不以营利为目的;同时又具有金融企业性质,应坚持银行管理的基本原则,力争保本微利。政策性银行的资金来源(即负债业务)主要是财政拨款、发行金融债券,此外还包括财政借款、财政政策性亏损补贴和财政贴息及从中央银行甚至商业性金融机构借入资金等。其资金运用(即资产业务)主要是贷款与投资,此外还开展担保等业务。

1994年,我国相继组建了国家开发银行、中国进出口银行和中国农业发展银行三家政策性银行。其中,国家开发银行2008年12月改制为国家开发银行股份有限公司;2015年3月,国务院明确国开行定位为开发性金融机构。

小案例

三峡工程启动初期,很多人对其商业价值表示怀疑,早期资金介入非常谨慎。国开行基于对国家宏观政策导向的深刻认识,经评审,为三峡工程提供总额300亿元人民币贷款,为三峡一期工程建设提供了重要资金保障。一期工程的顺利启动优化了负债结构,并引导其他社会资金积极进入。

3. 商业银行

商业银行是指以经营工商业存款和放款为主要业务,并以获取利润为目的的金融机构。商业银行是我国金融机构体系的主体。根据国家金融监督管理总局的管理口径划分,我国商业银行大致可分为以下三种类型:

一是大型商业银行。包括中国工商银行、中国农业银行、中国银行、中国建设银行、交通银行和中国邮政储蓄银行,均为国有控股商业银行。

二是股份制商业银行。是按股份制原则组建的银行。包括中信银行、光大银行、华夏银行、广东发展银行、平安银行、招商银行、上海浦东发展银行、兴业银行、中国民生银行、恒丰银行、浙商银行、渤海银行等。

三是城市商业银行。最初称为城市合作银行。它是为了规范城市信用社的发展,增强其抵御风险的能力,从1995年开始,在原城市信用社的基础上,由城市企业、居民和地方财政投资入股组成的地方性股份制商业银行。其定位是为城市中小企业和地区经济发展提供金融服务。

小资料

创立于1926年的《银行家》杂志为全球银行界和企业界财务决策者提供金融信息。自1970年以来,《银行家》杂志综合不同国家和地区的银行资本实力、经营规模、盈利能力和经营效率等情况,连续发布全球银行1000强榜单,被视为衡量全球银行综合实力的权威标尺,是透视全球银行业发展变化趋势的重要窗口。

2022年7月4日,《银行家》杂志发布了"2022年度全球银行1000强"榜单,共有140家中资银行上榜,略低于2021年的144家。按照最新一级资本排名,工商银行、建设银行、农业银行、中国银行位列前四,这也是国有四大行连续5年包揽该榜单前四。

与此同时,交通银行排名有所提升,由全球第11位上升至第10位;招商银行位居全球第11位,较上一年上升3位;邮储银行排在第13位;兴业银行排名第16位,较上一年上升3位;浦发银行排名与上一年相同,为第18位;中信银行入选20强,名列榜单第19位。

除上述银行外,江苏银行、南京银行、上海农商行等也入选2022年全球银行1000强,我国商业银行的国际影响力和竞争力正持续提升。

4. 村镇银行

村镇银行是指主要为当地农民、农业和农村经济发展提供金融服务的新型农村金融机构。村镇银行不同于银行的分支机构,属一级法人机构,其具备贷款服务功能的营业网点只能设在县(市)或县(市)以下的乡(镇)和行政村。

为什么说村镇银行是新型农村金融机构?

2014年以来,民营资本纷纷涉足银行业。截至2023年年末,经中国银保监会批准,共设立了19家民营银行,其中深圳前海微众银行、浙江网商银行、四川新网银行、武汉众邦银行、江苏苏宁银行、吉林亿联银行、北京中关村银行和福建华通银行等均为互联网银行。

(二)非银行金融机构

1. 保险公司

保险公司是指经营保险业务、提供风险保障的金融机构。按经营险种不同,保险公司可分为财产保险公司、人寿保险公司、火灾及意外伤害保险公司、信贷保险公司、存款保险公司,等等。由于保险公司获得的保费收入经常远远超过它的保费支付,因此聚集起大量的货币资本。这些货币资本往往比银行存款更为稳定,是金融体系长期资本的重要来源。保险公司的资金运用业务,主要是长期证券投资,如投资于公司债券和股票、市政债券、政府公债,以及发放不动产抵押贷款、保单贷款等。由此,保险公司成为各国最重要的非银行类金融机构。

1949年10月20日,新中国第一家保险公司——中国人民保险公司成立,但从1959年起停办国内保险业务。伴随着改革开放的浪潮,从1979年起我国又逐步恢复国内保险业务。1988年以前,保险业由中国人民保险公司独家经营。随后,保险市场主体逐步增加。截至2023年年末,我国共有保险机构237家。其中,保险集团控股公司13家,保险公司187家,保险资产管理公司33家,其他公司3家。保险公司中,财险公司88家,寿险公司75家,养老保险公司10家,健康险公司7家。经过几十年的发展,我国保险市场经营主体从一枝独秀到百花齐放,目前已初步建成了多种组织形式和所有制形式并存、功能相对完善、分工比较合理、公平竞争、共同发展的保险市场体系。

2. 信托公司

信托公司是指受人之托、为人管业、代人理财的金融机构。我国第一家信托投资公司是1979年成立的中国国际信托投资公司,其后信托公司逐步发展起来。截至2023年年底,我国共有67家信托公司。

3. 证券机构

证券机构是指从事有价证券经营和相关业务的金融机构,主要包括证券公司、证券交易所、证券登记结算机构等。

证券公司又称券商,是指专门经营证券业务的金融机构。它具有证券交易所的会员资格,普通投资人的证券投资都要通过券商来进行。在不同的国家,证券公司有着不同的称谓。在美国,证券公司被称作投资银行或者证券经纪商;在英国,被称作商人银行;在欧洲大陆(以德国为代表),由于一直沿用混业经营制度,投资银行仅是全能银行的一个部门;在东亚(以日本为代表),则被称为证券公司。1987年9月,我国成立了第一家证券公司——深圳经济特区证券公司,之后在上海、北京以及全国各地陆续成立了多家证券公司。我国证券公司的主要业务有:证券经纪,证券投资咨询,与证券交易、证券投资活动有关的财务顾问,证券承销与保荐,证券自营,证券资产管理,其他证券业务。

证券交易所是指由证券管理部门批准的,为证券的集中交易提供固定场所和有关设施,并制定各项规则以形成公正合理的价格和有稳固的秩序的正式组织。经国务院批准,我国分别于1990年11月与1990年12月成立了上海证券交易所(1990年12月开业)和深圳证券交易所(1991年7月开业)。

证券登记结算公司是指为证券交易提供集中登记,存管与结算服务,不以营利为目的的法人。2001年3月30日,中国证券登记结算有限责任公司成立。这标志着全国集中、统一的证券登记结算体制的组织构架已经基本形成。

证券公司、证券交易所和证券登记结算公司三类不同的证券机构,在证券市场上各司其职,共同支撑证券市场的日常运作。

4. 信用合作社

信用合作社是指一种互助合作性质的金融机构。这类金融机构一般规模不大。其资金来源于合作社成员缴纳的股金和吸收存款;贷款主要用于解决其成员的资金需要。起初,信用合作社主要发放短期生产贷款和消费贷款;现在,一些资金充裕的信用合作社已开始为解决生产设备更新、改进技术等提供中、长期贷款,并逐步采取了以不动产或有价证券为抵押的贷款方式。按照地域的不同,一般可分为农村信用合作社和城市信用合作社。

我国的农村信用合作社是由农民和农村集体经济组织自愿入股组成,由入股人民主管理并主要服务于入股人的具有法人资格的金融机构。1997年之前由中国农业银行管理,之后从农行独立出来。2005年开始,有的地方已把农村信用合作社改制为农村商业银行。

城市信用合作社是由个体工商户和城市集体经济组织自愿入股组成,由入股人民主管理并主要服务于入股人的具有法人资格的金融机构。它是改革开放以后适应城市集体经济和个体经济的发展需要而在大中城市中产生的。目前,我国城市信用社大都改制为"城市商业银行"。

5. 金融租赁公司

金融租赁公司是指以经营融资租赁业务为主的非银行金融机构。我国允许金融租赁公司以发行金融债券、向金融机构借款、境外外汇借款等,作为长期资金来源渠道;在资金运用方面,限定主要从事金融租赁及其相关业务。我国的金融租赁业起始于20世纪80年代初期。经历从无序发展到严厉整顿、从收缩到逐步恢复的我国金融租赁业,自2007年后进入再度扩张及迅速发展时期。但与发达国家相比,我国金融租赁业仍处于初级发展阶段,未来仍有很大提升空间和市场潜力。近几年,受限于宏观经济增长放缓、金融监管趋紧、行业竞争加剧,金融租赁业增速放缓。截至2023年年底,我国金融租赁公司总数达70家。

6. 财务公司

财务公司是指由企业集团组建的,称作企业集团财务公司。现行《企业集团财务公司管理办法》明确规定,财务公司是以加强企业集团资金集中管理和提高企业集团资金使用效率为目的,为企业集团成员单位提供财务管理服务的非银行金融机构。其特点就是为集团内部成员提供金融服务,其业务范围、主要资金来源与资金运用都限定在集团内部,而不能像其他金融机构一样到社会上去开拓生存空间。财务公司的业务有存款、贷款、结算、票据贴现、融资性租赁、投资、委托以及代理发行有价证券等。我国第一家企业集团财务公司建立于1987年。截至2023年年底,企业集团财务公司法人机构增至241家。

7. 汽车金融公司

汽车金融公司是指从事汽车消费信贷业务并提供相关汽车金融服务的非银行金融机构。通常说来，汽车金融公司隶属于较大的汽车工业集团，成为向消费者提供汽车消费服务的重要组成部分。近年来，我国汽车生产和消费快速发展。通过成立汽车金融公司，专门办理汽车消费信贷业务，对完善服务、促进消费、适应汽车流通体系的发展产生了积极影响。截至 2023 年年末，我国共有 25 家汽车金融公司。在传统的汽车金融相关企业开始将传统的汽车金融业务与互联网结合的同时，阿里巴巴、京东、易车网、汽车之家等互联网企业也开始布局汽车金融。

8. 小额贷款公司

小额贷款公司是指由自然人、企业法人与其他社会组织投资设立，不吸收公众存款，经营小额贷款业务的有限责任公司或股份有限公司。与银行相比，小额贷款公司更为便捷、迅速，适合中小企业、个体工商户的资金需求；与民间借贷相比，小额贷款更加规范、贷款利息可双方协商。截至 2023 年 3 月末，全国共有小额贷款公司 5 081 家，贷款余额 8 722 亿元。

9. 典当行

典当行亦称典当公司或当铺，是指以财物作为质押进行有偿有期借贷融资的非银行金融机构。以物换钱是典当的本质特征和运作模式。当户把自己具有一定价值的财产交付典当机构实际占有作为债权担保，从而换取一定数额的资金使用。当期届满，典当公司通常有两条营利渠道：一是当户赎当，收取当金利息和其他费用营利；二是当户死当，处分当物用于弥补损失并营利。典当行作为一种既有金融性质又有商业性质的、独特的社会经济机构，融资服务功能是其最主要的，也是首要的社会功能。此外，典当行还发挥着当物保管功能和商品交易功能以及其他功能，如提供对当物的鉴定、评估、作价等服务功能。我国当铺的出现一般认为不迟于南北朝。1949 年后，中国大陆的典当业完全停顿。1987 年 12 月挂牌营业的成都市华茂典当服务商行成为中华人民共和国成立后第一家典当行。截至 2024 年 6 月末，我国正常运营的典当行数量已不足 6 000 家。

小案例

某工地包工头李先生在北京接了几个项目的施工，由于甲方的工程款总是拖延，资金周转出现了困难。他找到一家房地产经纪公司，要求把上地的一套住房低价卖掉，条件是要快。经纪公司的工作人员建议他先把房子抵押给典当行。李先生的房子价值在 55 万元左右，典当行可以支付的当金为评估价格的 80%，大约 40 万元。这样一来，李先生可以迅速得到一笔资金解决燃眉之急，而房地产经纪公司也会替他寻找合适买家，争取卖个满意的价格。李先生觉得办法不错，于是当天下午就带着身份证及房产证来到某典当行办理相关事宜。两天后，李先生和典当行完成了对该房屋的公证与抵押手续，顺利拿到了他所需要的资金。而半个月后，经纪公司替他的房子找到了买家，出价比他此前想卖的价格整整高了 55 000 元。李先生除还掉典当款，支付 13 800 元的利息、评估等综合费用，比原想的还多出了 4 万多元。经纪公司的工作人员为什么不建议李先生到商业银行申请抵押贷款？

此外，我国的非银行金融机构还有消费金融公司、基金管理公司、资产管理公司、金融期货公司、信用担保公司、货币经纪公司等。

我国消费金融公司发展现状

消费金融公司是指不吸收公众存款，以小额、分散为原则，为居民个人提供以消费为目的的贷款的非银行金融机构。

2009年，我国出台《消费金融公司试点管理办法》，先行在北京、上海、天津和成都试设消费金融公司。2013年，当时的银监会修订了《消费金融公司试点管理办法》，从出资人、经营范围、经营区域及监管指标等方面降低准入门槛，同时强化风险责任意识，并将试点范围扩大到16个城市。消费金融公司在其后三年迎来获批筹建的小高潮，2014年至2016年消费金融公司的数量由之前的4家增加到21家。2017年后，国家加强了对校园贷及互联网金融的治理整顿，但并未阻碍消费金融公司的设立进程，到2019年消费金融公司增至24家。

2020年以来，消费金融迎来新的发展机遇。一方面，从宏观环境看，"十四五"规划明确提出构建以国内大循环为主体、国内国际双循环相互促进的新发展格局。作为促进国内大循环的助推器，消费金融市场仍获鼓励发展。另一方面，从监管环境来看，伴随着P2P清零、网络小贷新规出台，金融领域"非持牌"时代终结，消费金融持牌化成为趋势。截至2023年年末，我国消费金融公司数量已经达到31家。

消费金融公司不能吸收公众存款，其资金来源主要包括四个方面：一是接受股东境内子公司及境内股东的存款；二是向境内金融机构借款；三是经批准发行金融债券；四是境内同业拆借。其中，金融机构借款和同业拆借是目前消费金融公司主要的融资手段。

当前，大部分消费金融公司集中开展线上业务，而线上业务中所涉及的自主获客能力、智能风险控制能力等，都依赖于金融科技。目前，已有7家消费金融公司通过自行研发，开发出自己的智能信贷系统。这些系统主要涉及人工智能和大数据两项技术，应用场景主要覆盖智能支付、信用评分、智能催收、智能客服、风险管理、反欺诈识别等领域。

引例解析

1. 金融业是一个高风险的行业。风险控制是从事不同金融业务的金融机构的生命线。在美国次贷危机中，很多金融机构业务经营陷入困顿，或破产，或被收购。

2. 美国联邦储备体系（简称美联储）是美国的中央银行。除中央银行外，美国的银行体系还包括商业银行、储蓄银行、不动产抵押银行等。摩根大通银行、美国银行均是商业银行，华盛顿互惠银行倒闭前系美国最大的储蓄银行。

3. 投资银行是指专门针对工商企业办理各项有关投资业务的银行。投资银行的资金来源主要依靠发行股票和债券来筹集。其业务主要有：对工商企业的股票、债券进行直接投资;为工商企业代办发行或包销股票与债券;参与企业的创建、改组、兼并、收购活动;包销本国政府和外国政府的公债券;提供有关投资方面的咨询服务等。

4. 新世纪金融公司、房利美和房地美以及友邦保险集团(AIG)均属于非银行金融机构。

第二节 中央银行

引 例

"央妈"的来由

"央妈"一词最早活跃于金融业交易员这个小而专的圈子之内,是金融界人士对央行的昵称。而"央妈"一词真正大红大紫,还是因为2013年6月起源于银行间流动性紧张的风暴。该年6月21日"钱荒"潮涌动,银行嗷嗷待哺,央行却反应"淡定",疑似"狠心断奶"。媒体发文调侃道:"央妈翻脸变后妈:银行疯狂找钱,奔走相问还有钱吗?"在新浪微博上,网民痛心疾呼:"央妈"是"虎妈","央妈"成"后妈"。有媒体官微在发布相关的新闻时,甚至配上了当年经典电影《妈妈再爱我一次》的剧照。

想一想,中央银行为什么会被人们称为"央妈"?

一、中央银行的产生和发展

(一)中央银行的产生

中央银行是在商业银行不断发展的基础上产生的。当时,资本主义经济发展面临的如下问题迫切需要中央银行这样一个机构来解决。一是银行券的集中发行问题。二是票据交换和清算要求建立一个全国统一和公正的权威性清算机构,作为金融支付体系的核心,能够快速清算银行间各种票据从而使资金顺畅流通,保证商品经济的快速发展。三是为了保护存款人的利益,维护整个金融业的稳定,客观上需要有一家权威性机构,适当集中各银行的一部分准备金作为后盾,在银行出现难以克服的支付困难时,给予必要的贷款支持,充当银行的"最后贷款人"。四是为了保证银行和金融业的公平有序竞争,减少金融运行的风险,政府需要设置一个专门机构对金融业进行监督管理。

在实践中,最早全面发挥中央银行各项职能的则是英格兰银行。它成立于1694年,是世界上第一家现代股份制银行。该行在成立之初,就在接受政府存款、向政府提供贷款,以及发行银行券等方面具有一定的特权。1833年,国会规定英格兰银行发行的银行券具有无限法偿资格。1844年,英国首相皮尔主持通过了《英格兰银行条例》(又称《皮尔条例》),对英格兰银行之外的银行发行银行券进行限制,进一步确立了英格兰银行的特殊地位。随着英格兰银行地位的提高,许多商业银行便把自己的一部分准备金存入英格兰银行,并利用该部分准备金来结清同其他银行之间的各种债权债务关系。这样英格兰银行便逐渐取得了清算银行的地位,并于1854年成为英国银行业的票据交换中心。在19世纪出现的多次经济金融危机中,英格兰银行担负起最后贷款人的角色,为其他银行提供暂时的资金支持。这样英格兰银行便越来越成为现代意义上的中央银行。之后,法国、德国、日本等国也纷纷建立了中央银行制度。

(二) 中央银行的发展

19纪末到20世纪中叶是世界中央银行制度的普遍推行时期。20世纪中叶至今,是世界中央银行制度的强化时期。这一时期的表象是第二次世界大战以后发达国家中央银行掀起国有化浪潮和大部分发展中国家国有资本形式的中央银行制度的建立。其实质是中央银行制度的职能进一步深化。大多数国家都通过立法,授权中央银行调节国民经济、调节金融、稳定货币,促进经济增长、充分就业和国际收支平衡。中央银行已成为政府的组成部分,是国家金融货币政策的制定和监督管理机构。

二、中央银行的性质和职能

(一) 中央银行的性质

中央银行的性质是指其自身特有的属性。中央银行既是为商业银行等普通金融机构和政府提供金融服务的特殊金融机构,又是管理金融、调控经济的特殊政府机构。

从中央银行业务活动的特点看,它是特殊的金融机构。这种特殊性表现在它与商业银行相比有其自己的特点:第一,中央银行的经营活动主要是宏观金融活动,它通过运用货币政策工具,对经济进行调节、管理和干预;而商业银行则主要从事微观经济活动,充当信用中介,直接经营货币信用业务。第二,中央银行的业务对象主要是政府、商业银行和其他金融机构;商业银行则主要面向企业和居民提供服务。第三,中央银行的业务活动不以营利为目的,而是以稳定货币、发展经济作为目标;商业银行则是追逐利润最大化的金融企业。第四,中央银行在一国金融体系中居于核心地位,与商业银行和其他金融机构之间是调控与被调控、管理与被管理的关系。第五,中央银行享有货币发行的特权和维护币值稳定的责任,而商业银行和其他金融机构则没有这两项功能。

从中央银行发挥的作用看,主要是保障金融稳健运行、调控宏观经济的政府机构。中央银行与一般的政府机关有明显的区别,主要表现为:第一,中央银行的业务仍具有一般商业银行业务的特征,在办理存贷款及清算等业务的过程中,虽然不以营利为目的,但客观上可能产生盈利,这与完全依靠国家财政拨款的政府机关有很大不同。第二,中央银行履行其职责主要是通过特定金融业务进行的,对金融和经济的管理调控基本上是采用经济手段,如调整利率和法定存款准备金率、在公开市场上买卖有价证券等,这些手段的运用更多地具有银行业务操作的特征,而其他的国家机关则主要依靠行政手段进行管理。第三,中央银行对宏观经济的调控是间接的,即通过货币政策工具操作调节金融机构的行为和金融市场运作,然后再通过金融机构和金融市场影响到各经济部门,其作用比较平缓,市场的回旋空间较大,而一般国家机关的行政决定则是直接作用于各微观主体,缺乏弹性。第四,中央银行在政策制定上有一定的独立性。中央银行的独立性,是指中央银行在履行法定职能时的自主性,能不受外界压力、干扰的影响。中央银行与政府的关系是一种相对独立的关系,而一般政府机关在行为决策上必须与政府的意愿相一致。

(二) 中央银行的职能

中央银行职能是中央银行性质的具体体现。中央银行具有发行的银行、银行的银行和国家的银行三大职能。

1. 发行的银行

中央银行是发行的银行,是指国家赋予中央银行集中与垄断货币发行的特权,是国家唯一的货币发行机构。集中与垄断货币发行权是中央银行最基本、最重要的标志,也是中央银行发挥其全部职能的基础。在信用货币流通情况下,中央银行按照经济发展的客观需要和货币流通及其管理的要求发行货币。中央银行通过掌握货币发行,可以直接地影响整个社会的信贷规模和货币供给总量,从而实现对经济的调控作用。

2. 银行的银行

中央银行与一般商业银行一样,也办理存、贷款。但它的业务对象不是一般的企业和个人,而是商业银行和其他金融机构,所以它又被称作银行的银行。具体来说,这一职能体现在:集中保管各商业银行及其他存款机构的准备金;组织全国范围内的资金清算;充当商业银行最后贷款人等。

3. 政府的银行

政府的银行,是指中央银行代表国家贯彻执行金融政策,代理国库收支以及为政府提供各种金融服务。作为国家银行的职能,主要是通过以下几方面得以体现:代理国库;充当政府的金融代理人,代办各种金融事务;为政府提供资金融通;作为国家的最高金融管理当局,执行金融行政管理,制定、实施各种金融货币政策等。

三、中央银行的组织制度

中央银行的结构随各国具体国情的不同而存在较大的差异。根据中央银行组织形式和组织结构的不同,可以将中央银行制度分成以下四种类型:

(一) 单一中央银行制

单一中央银行制是最主要、最典型的中央银行制度形式。它是指国家设立专门的中央银行机构,使之与一般的商业银行业务相分离,而纯粹地行使各项中央银行职能。单一中央银行制又可分为一元式和二元式两种类型。

一元式是指一国由独家中央银行及其众多的分支机构来执行中央银行职能。这种由总分行构成的中央银行的特点是:权力集中、职能齐全、分支机构众多。世界上大多数国家,如英国、日本、法国的中央银行都采取这种形式。我国自1984年之后也实行这种中央银行制度。二元式是指在一国建立中央和地方两级相对独立的中央银行机构。中央级机构是最高权力或管理机构,地方级机构受中央级机构的监督管理,但是在它们各自的辖区内有较大的独立性。实行联邦制的国家多采取这种中央银行体制,如美国、德国等。

(二) 复合中央银行制

复合中央银行制是指在一国之内,不设立专门的中央银行,而是由一家大银行来同时扮演商业银行和中央银行两种角色,也就是所谓的"一身二任"。复合中央银行制主要存在于过去的苏联和东欧部分国家。我国在1983年以前也实行这种中央银行制度。

(三) 跨国中央银行制

跨国中央银行制是指两个以上的主权国家设立共同的中央银行。它一般是与一定的货币联盟联系在一起的。第二次世界大战后,一些在地域上相邻、经济上与某一发达国家联系密切的欠发达国家,为促进共同的经济发展,组建一个货币联盟。在联盟内发行共同的货币,执行共同的金融政策,并建立共同的中央银行。其典型代表是欧元区中央银行,此外还有西非国家中央银行、中非中央银行以及东加勒比海货币管理局等。

(四) 准中央银行制

准中央银行制是指某些国家或地区没有建立通常意义上的中央银行,而只设有类似中央银行的机构,或由政府授权某个或某几个商业银行行使部分中央银行职能的制度形式。例如,在新加坡有两个类似中央银行的机构,即金融管理局与货币发行局,由它们配合行使中央银行职能。中国香港实行的也是准中央银行制,金融管理局是香港的金融监管机构,但是却不拥有发钞权,发钞权掌握在汇丰、渣打和中国银行及中银集团手中。马尔代夫、利比里亚等国实行的也是准中央银行制。

四、中央银行的业务

中央银行的业务按是否与货币运用活动相关,分为银行性业务和管理性业务。银行性业务是中央银行作为发行的银行、银行的银行、国家的银行所从事的业务。这些业务直接与货币资金相关,都会引起货币资金的运动和数量的变化。管理性业务是中央银行作为一国最高金融管理当局所从事的业务。这类业务主要服务于中央银行履行宏观金融管理的职责。管理性业务主要包括金融调查统计业务,对金融机构的稽核、检查、审计业务、征信业务等。中央银行的银行性业务大都体现在各国中央银行编制的资产负债表中。

(一) 中央银行的资产业务

中央银行资产业务是指中央银行运用其资金的业务活动,主要包括中央银行贷款业务、再贴现业务、证券买卖业务、黄金外汇储备业务等。

1. 贷款业务

中央银行贷款的对象一般是商业银行和政府。在特殊情况下,经过批准,中央银行可以向特定的非金融机构提供贷款。

中央银行对商业银行的贷款,主要是解决其短期资金周转的困难。为了加强宏观金融调控的需要,各国中央银行对商业银行的贷款都作了具体的规定。我国的《中国人民银行法》规定,中国人民银行根据执行货币政策的需要,可以决定对商业银行贷款的数额、期限、利率和方式,但贷款的期限不得超过一年。

中央银行对政府的贷款要给予限制,否则就会削弱中央银行的宏观金融调控能力。

2023年2月中国人民银行资产负债表如表7-1所示。

表 7-1	2023 年 2 月中国人民银行资产负债表		单位：亿元
资　产		负　债	
国外资产	229 061.8	储备货币	350 383.69
外汇	216 182.12	货币发行	113 860.09
货币黄金	3 270.77	金融性公司存款	213 456.77
其他国外资产	9 608.91	其他存款性公司存款	213 456.77
对政府债权	15 240.68	其他金融性公司存款	
其中：中央政府	15 240.68	非金融机构存款	23 066.82
对其他存款性公司债权	143 390.44	不计入储备货币的金融性公司存款	5 962.73
对其他金融性公司债权	1 551.26	发行债券	950
对非金融性部门债权		国外负债	1 571.72
其他资产	28 435.17	政府存款	51 300.31
		自有资金	219.75
		其他负债	7 291.16
总资产	417 679.36	总负债	417 679.36

2. 再贴现业务

再贴现业务是指中央银行通过买进商业银行持有的已贴现但尚未到期的商业票据，向商业银行提供融资支持的行为。从广义上来讲，再贴现也应属于中央银行贷款的范畴。因为这两种业务都是中央银行贷出资金，对商业银行进行资金融通。中央银行规定的再贴现率是其执行货币政策的重要手段之一。

3. 证券买卖业务

证券买卖业务是指中央银行在二级市场上公开买卖各类证券。中央银行在公开市场上买进证券就是直接投放了基础货币，而卖出证券则是直接回笼了基础货币。中央银行进行证券买卖的目的在于对货币量进行调节，以影响整个宏观经济。当然，在此期间中央银行也会获得一些证券买进或卖出的价差收益。中央银行在公开市场上买卖的证券主要是政府债券、国库券以及其他市场性非常高的有价证券。

中国人民银行的公开市场业务

中国人民银行的公开市场业务即证券交易，主要包括回购交易、现券交易和发行中央银行票据。其中回购交易分为正回购和逆回购两种，正回购为中国人民银行向一级交易商卖出有价证券，并约定在未来特定日期买回有价证券的交易行为，正回购为央行从市场收回流动性的操作，正回购到期则为央行向市场投放流动性的操作；逆回购为中国人民银行向一级交易商购买有价证券，并约定在未来特定日期将有价证券卖给一级交易商的交易行为，逆回购为央行向市场上投放流动性的操作，逆回购到期则为央行从市场收回流动性的操作。现券交易分为现券买断和现券卖断两种，前者为央行直接从二级市场买入债券，一次性地投放基础货币；后者为央行直接卖出持有债券，一次性地回笼基础货币。中央银行票据即中国人民银行发行的短期债券,央行通过发行央行票据可以回笼基础货币,央行票据到期则体现为投放基础货币。

4. 黄金外汇储备业务

国际储备,是指各国政府为了弥补国际收支逆差、保持汇率稳定以及应付对外紧急支付的需要而持有的国际可以接受的一切资产。其主要包括黄金和外汇储备,此外,还有特别提款权和在国际货币基金组织的头寸等。目前各国政府都赋予中央银行掌管一国国际储备的职责。中央银行保管黄金、外汇储备,可以起到稳定币值、稳定汇率、调节国际收支的作用。

(二)中央银行的负债业务

央银行的负债是指形成中央银行资金来源的业务,主要包括货币发行业务、存款业务、资本业务等。

1. 货币发行业务

货币发行具有双重含义:一是指货币从中央银行的发行库,通过各家银行的业务库流向社会;二是指货币从中央银行流出的数量大于流入的数量。这两者通常都被称为货币发行。

人民币现金发行及回笼示意,如图7-1所示。

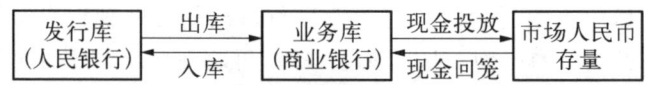

图7-1 人民币现金发行及回笼示意图

货币发行业务是中央银行的主要负债业务。中央银行通过经营货币发行业务,一方面提供了流通手段和支付手段,满足了社会经济发展的需要;另一方面也满足了中央银行履行其各项职能的需要。

2. 存款业务

中央银行的存款一般可分为商业银行等金融机构的准备金存款、政府存款、非银行金融机构存款、外国存款、特定机构和私人部门存款等。

准备金存款是中央银行存款业务中最主要的一项。存款准备金分为法定准备金和超额准备金两部分。多数国家中央银行对准备金存款是不支付利息的,但我国中央银行却是个例外。

政府存款的构成各国有所差异。有些国家政府存款就是指中央政府的存款,而有的国家则将各级地方政府的存款、政府部门的存款也列入其中,即使如此,政府存款中最主要的仍是中央政府存款。

非银行金融机构在中央银行存款的主要目的在于清算。目前,我国各种非银行金融机构在中国人民银行都有存款,主要也是用于清算。

外国存款或是属于外国银行,或者是属于外国政府,其持有的这些债权构成本国的外汇,随时可以用于贸易结算和清算债务。

特定机构是指非金融机构,中央银行收存这些机构的存款,或是为了特定的目的,如对这些机构发放特别贷款而形成的存款,或是为了扩大中央银行资金来源。中国人民银行收存的特定机构存款主要有机关团体部队的财政性存款。私人部门存款,多数国家法律规定不允许中央银行收存,仅限于特定对象,并且数量很小。

3. 资本业务

中央银行的资本业务实际上就是筹集、维持和补充自有资本的业务。世界各国中央银行按资本所有权不同可划分为以下三种主要类型：

(1) 政府出资。政府出资是指中央银行的全部资本由政府出资，目前绝大多数国家都是如此。

(2) 混合持股。混合持股是指中央银行的资本，一部分由政府掌握，其股份一般都在一半或以上；另一部分由其他部门或个人所持有。但是，私人股东一般都只有每年收取固定股息的权利而没有投票表决权、经营管理权等实质性权利。

(3) 银行持股。银行持股是指中央银行的资本，是由该国的商业银行按一定资本量认购其股票。采取这种方式的国家有美国和意大利。如美联储的资本是由几千家商业银行按其资本的一定比例认购股份，股东只享受每年固定6%的股息，无权参与管理，股份也不准转卖。

需要指出的是，由于中央银行拥有特殊的地位和法律特权，其资本金的使用实际上比一般金融机构要小得多，有的国家中央银行甚至没有资本金。

4. 中央银行的其他负债业务

(1) 发行中央银行票据。发行中央银行票据是中央银行的一种主动负债业务。中央银行发行票据的目的：一是针对商业银行和其他金融机构超额储备过多的情况，发行票据减少它们的超额储备，以便有效地控制货币供应量；二是以此作为公开市场操作的工具之一，通过中央银行票据的市场买卖行为，灵活地调节货币供应量。许多发展中国家在由直接调控转向间接调控的过程中，由于金融市场不发达，尤其是国债市场不发达，中央银行票据往往成为公开市场操作的主要工具。

(2) 对外负债。中央银行的对外负债业务主要包括从国外银行借款、对外国中央银行负债、向国际金融机构贷款、在国外发行中央债券等。各国中央银行对外负债的目的一般是为了平衡国际收支。

(三) 中央银行的中间业务

中央银行的中间业务是指中央银行为商业银行和其他金融机构办理资金划拨清算和资金转移的业务。各国中央银行都设立了专门的票据清算机构，处理各商业银行的票据并结清其差额。中央银行的清算业务大体可分为五项：组织票据交换和清算；办理异地跨行清算；为私营清算机构提供净额清算服务；提供证券及金融衍生工具交易清算服务；提供跨国支付清算服务。

引例解析

1. "央妈"一词蕴含了中央银行的职能，揭示了央行与其他金融机构的关系。

2. 中央银行的职能决定了在现代金融体系中，中央银行是核心，居于领导地位。中央银行可以运用再贴现政策、存款准备金政策、公开市场业务等货币政策工具调控信用规模，调节货币供应量，对金融市场所有参加者产生影响。同时，央行还依法对金融活动进行监管。

3. 作为"银行的银行"，在商业银行出现短期资金周转困难时，中央银行通过再贷款、再贴现等业务为其提供服务。2013年6月银行同业拆借市场闹"钱荒"，而中央银行却没有出手相救，所以人们说"央妈"是"虎妈"，"央妈"成"后妈"。

第三节 商业银行

引例

农业银行"惠农通"产品助力乡村振兴发展

在西藏尼木县吞巴镇吞达村,"水磨藏香"是当地知名的手工艺产品。吞达村广大农牧民积极弘扬民族文化,长期从事"水磨藏香"生产销售,特别是旅游旺季藏香销量较大,一直以来需收付大量现金。为有效解决农牧民商户面临的收款难问题,农业银行尼木县支行积极增设"惠农通"服务点,客户经理主动上门对接,为商户提供"聚合码"收款服务,并安装了藏汉双语播报云音箱,有效满足了广大少数民族客户的电子化结算需求,为当地农牧民生产经营活动提供了更高效、更快捷的支付结算服务环境。

请思考,农业银行"惠农通"主要办理哪些业务?农业银行为什么积极推动"惠农通"服务点转型升级?

一、商业银行的性质与职能

(一)商业银行的性质

(1)商业银行是企业。商业银行的经营以营利为目的,这是商业银行发展的内在动力,它与一般的工商企业一样,具有独立法人资格、自主经营、独立核算、自担风险、自负盈亏。

(2)商业银行是特殊的企业。与一般工商企业相比,商业银行的经营对象、活动领域、社会责任及其对整个经济的影响程度均不相同,因此,它是一种特殊的企业。具体表现在:商业银行经营的是具有特殊使用价值的特殊商品——货币和货币资本,经营的内容包括货币的收付、借贷以及各种与货币运动相关的金融服务产品。这种商品的特殊性决定了商业银行所面对的对象是全社会的各行各业,所经营的业务是渗透各个领域的服务项目,它贯穿整个经济社会正常运行的命脉。也正因此,商业银行对整个经济发展的影响程度要比一般工商企业大得多。

(3)商业银行是特殊的金融企业。商业银行是唯一能吸收活期存款、创造存款货币的金融机构。

(二)商业银行的职能

1. 信用中介职能

信用中介是商业银行最基本的职能。商业银行通过负债业务将社会上各种闲散资金集中起来,再通过资产业务把资金投向社会经济各部门中去,即在资金盈余者和资金短缺者之间充当中介人,实现资金融通。

2. 支付中介职能

支付中介是指商业银行利用活期存款账户,为客户办理各种货币结算、收付、兑换等业务活动。充当支付中介、从事货币的结算经营也是商业银行的基本职能。支付中介职能的发挥,使商业银行成为居民、企业乃至国家的总会计和总出纳,成为社会经济的公共簿记,发挥着反映社会经济状况"晴雨表"的作用。

3. 信用创造职能

信用创造是指在实行转账结算的前提下,商业银行利用吸收活期存款的有利条件,通过发放贷款、从事投资等业务衍生出新的存款,以扩大社会货币供应量。这一职能是在信用中介职能和支付中介职能的基础上产生的。商业银行创造的新存款是货币供给量的一部分,即存款货币,商业银行也因此被称作存款货币银行。

4. 金融服务

金融服务是指商业银行利用其在国民经济活动中的特殊地位及其在业务运作过程中所获得的大量信息,运用电子计算机等先进手段和工具进行加工提炼,为客户提供的其他服务。这些服务主要包括财务咨询、代理业务、信托租赁、计算机服务和资产保管等。

二、商业银行的类型

从世界各国商业银行业务经营的发展过程来看,商业银行大致可分为分离型和全能型两种。前者以英国银行为典型,后者以德国银行为代表,故又称为"英国型"和"德国型"。

(一)分离型商业银行

按照分业经营原则,银行业务与证券、信托、保险等业务相分离,商业银行不得兼营证券、信托、保险等业务。分离型银行从事的业务主要有吸收存款、发放贷款、代理支付和汇兑等,对于有价证券的承销、代理客户进行投资、直接向工商企业投资等都是不允许的。这种银行制度在相当长时期内,被英美国家和受英美传统影响的国家广泛采用。

分离型银行的主要优点有:一是能限制银行业的垄断;二是有利于银行业的风险控制;三是有利于金融当局的监管和控制。但在现代金融业务不断发展,金融创新广泛兴起的条件下,分离型银行的弱点也愈来愈明显,首先它限制了商业银行的业务发展;其次它不利于银行向客户提供更充分的服务。

(二)全能型商业银行

全能型商业银行是指依据混业经营的原则,不区分银行业务与证券、信托、保险业务,银行可以全面经营各种金融业务。其最大特点是不实行商业银行业务与投资银行业务的严格区分,是综合性的银行。全能型商业银行以德国的商业银行最为典型。

全能银行的最大优点是可以经营一切银行业务、证券业务、保险业务等,可以向客户提供全方位的金融服务,故被称为"金融百货公司"或"万能银行"。在现代金融环境下,全能银行也有一些缺点:首先是容易导致金融行业的垄断;其次是可能加大银行业的风险。

分离型商业银行和全能型商业银行制度各有优缺点,相比之下,全能型商业银行更能适应经济发展的客观需要。所以,整个欧洲金融界大体都采取了所谓"混业经营"的模式。就连历来采取"分业经营"模式的美国也于1999年11月颁布了《金融服务现代化法》,拆除了银行与证券机构之间的"防火墙",实行"混业经营"。

根据《中华人民共和国商业银行法》的规定和我国商业银行发展的实际情况,我国商业银行实行分业经营原则,属分离型商业银行。不过,随着金融竞争的加剧,银行改革的深化,我国商业银行以金融控股集团为平台实现混业经营。

三、商业银行的组织制度

各国商业银行的组织形式大体上可分为以下四类:

1. 分支行制

分支行制又称总分行制,是指法律允许在总行之下,在国内外各地普遍设立分支机构,形成以总行为中心的、庞大的银行系统和网络。目前,世界各国的商业银行普遍采用这种银行制度。

2. 单一银行制

单一银行制又称单元银行制或独家银行制,是指一种不设分支机构或限设分支机构的商业银行组织形式。即法律上只允许在银行总部经营,不允许在同一地区或不同地区设立分支机构。单一银行制是一种传统的商业银行组织形式,实行这种制度的国家主要是美国。

3. 集团银行制

集团银行制又称银行持股公司制,是指由一个经济法人发起组织成立一家持股公司,再由该股权公司控制或收购一家或两家以上银行所形成的一种银行组织形式。被控股的银行在法律上是独立的法人,但其业务经营活动则由股权公司控制。

4. 连锁银行制

连锁银行制又称联合制,是指由某一自然人或某个法人购买若干独立银行的股票,从而实现对这些银行控制的一种银行组织形式。它是与集团银行制相类似的一种银行制度。其区别在于,连锁银行制没有股权公司的存在形式,无须成立控股公司。

四、商业银行的业务

商业银行的业务活动种类繁多,其基本业务活动由负债业务、资产业务和其他业务组成。其中,负债业务和资产业务反映在银行的资产负债表中。

(一) 商业银行的负债业务

商业银行的负债业务是指形成商业银行资金来源的业务,是商业银行资产业务和中间业务的基础。在银行的资金来源中,银行自有资金所占比例是很低的,银行主要是通过各种负债工具来筹措资金。

1. 资本金

商业银行作为企业,与其他工商企业一样,也要有一定数量的自有资金。银行资本一般有两个来源:一是商业银行创立时所筹措的资本;二是商业银行经营利润的一部分,主要包括实收资本、资本公积、盈余公积和未分配利润。《关于统一国际银行的资本计算和资本标准的协议》(简称《巴塞尔协议》)把这四部分称为核心资本。但是,按照《巴塞尔协议》,商业银行的资本除核心资本外还有一类附属资本,包括重估储备、普通准备金和长期次级债务。商业银行的自有资本金总额与经过调整的资产总额之比不得低于8%。

2. 存款业务

存款业务是商业银行最基本的传统负债业务,吸收存款是商业银行最主要的资金来源。

(1) 活期存款。活期存款是指顾客无须提前通知即可随时提取或支付的存款,也称为支票存款。这种存款传统上只能由商业银行经营,是商业银行创造存款货币的基础,但是目前在西方国家,储蓄银行和其他金融机构也能经营。活期存款从传统上说是不付息的,有的甚至还要收取一定的手续费,因为活期存款是银行资金来源中最具波动性和最不可预测的部分,客户可以不事先通知银行而随时将其取走,这便加大了银行的经营成本。

(2) 定期存款。定期存款是相对于活期存款而言的,是一种由储户预先约定存储期限的存款。定期存款的期限一般为3个月、6个月、1年、3年、5年等。定期存款的利率也随期限长短而高低不等,但总是高于活期存款利率。定期存款的存期确定,而且期限较长,从而为商业银行提供了稳定的资金来源,对商业银行长期放款和投资具有重要意义。

(3) 储蓄存款。储蓄存款一般是指个人为积蓄货币和取得利息收入而开立的存款账户。储蓄存款不使用支票,而是用存款凭证(银行卡、存折或存单),手续比较简单。储蓄存款有活期和定期两种。活期储蓄存款无一定期限,只凭存款凭证便可提现。存款凭证一般不能转让流通,存户不能透支款项。定期储蓄存款类似于定期存款,必须先约定期限,利率较高。

美国商业银行存款业务创新

20世纪60年代开始,美国的商业银行面临严重的"脱媒"问题,威胁商业银行的生存。究其原因主要是存款收益太低。当时美国商业银行受到Q条例的限制,存款利率有上限不能逾越,而同时美国的货币基金市场已经发展起来,投资者在货币市场投资获得的收益远远超过商业银行的存款利息,因此造成商业银行大量存款外流。为了吸引和留住存款,商业银行纷纷开发出一些创新性的存款业务。如大额可转让定期存单、可转让支付命令账户、货币市场存款账户、自动转账服务账户、协定账户等,这些创新产品的共同特点是既具备了活期存款流动性功能,又具有货币市场收益。

3. 借款业务

借款业务是指商业银行主动向中央银行、其他金融机构和金融市场借入资金的一种信用活动,是商业银行的主动负债业务。商业银行的借款业务主要有以下内容:

(1) 向中央银行借款。当商业银行出现资金的临时性或季节性需要时,向中央银行借款是它的一个重要资金来源。商业银行向中央银行借款的方式主要有再贴现与再贷款两种。

(2) 商业银行同业之间的借款。包括银行同业拆借和转贴现。同业拆借是指商业银行相互之间短期的或临时性的融资活动。即头寸不足的银行从有多余头寸的银行借入资金。转贴现是指商业银行将其已贴现的未到期商业汇票向同城或异地的另一家商业银行进行贴现的资金融通行为。

(3) 回购协议。回购协议是指证券卖方在出售证券的同时与证券的购买方签订协议,约定在一定期限后按约定价格购回所卖出的证券,从而及时获得可用资金的一种交易行为。随着商业银行业务的不断发展,其持有政府债券的规模越来越大,商业银行可以用签订回购协议的方式,从非金融性的大企业、政府机构、证券公司等借入资金。

4. 发行金融债券

发行金融债券是商业银行为筹集长期资金而采用的筹资方式。金融债券的期限较长,其收益率一般高于同期定期存款的利率。

(二) 商业银行的资产业务

商业银行的资产业务是指商业银行运用其资金从事各种信用活动以获得利润的业务。

1. 现金资产

狭义的现金资产是指库存现金,一般意义上的现金资产是广义的,包括库存现金、托收未达款、在央行的存款和同业存款。现金资产虽然收益低,但流动性是所有资产中最强的,对于保证商业银行安全经营有重要意义。

2. 贷款

贷款是商业银行最重要的资产业务,也是商业银行收益最稳定的经济活动。贷款业务种类很多,可以按照不同标准加以分类。

(1) 按期限长短为标准,贷款可分为短期贷款、中期贷款和长期贷款。短期贷款是指贷款期限在1年(含1年)以内的贷款,短期贷款在整个贷款业务中所占比重很大。中期贷款是指贷款期限在1年以上5年(含5年)以下的贷款。长期贷款是指贷款期限在5年以上的贷款。中长期贷款主要是不动产抵押贷款。

(2) 按有无担保为标准,贷款可分为信用贷款和担保贷款。信用贷款是指商业银行完全凭借款人的信誉而发放的贷款,一般用于资信优良、生产经营稳定且利润丰厚并与银行关系密切的客户。担保贷款,根据担保方式不同又分保证贷款、抵押贷款和质押贷款。保证贷款是指以第三人承诺在借款人不能偿还贷款时,按约定承担一般保证责任或连带责任而发放的贷款。抵押贷款是指以借款人或第三人的财产作抵押物而发放的贷款。质押贷款是指以借款人或第三人的动产或权利作为质物而发放的贷款。质押与抵押的区别在于质押贷款的质物由贷款人(商业银行)保管,而抵押物则仍由客户保存,因此质押贷款的质物一般应为动产。

(3) 按发放贷款的风险程度,分为正常、关注、次级、可疑、损失五大类贷款。正常贷款是指贷款人能够履行合同、有充分把握按时足额还本付息的贷款;关注贷款是指尽管目前借款人有能力偿还本息,但存在一些可能对偿还产生不利影响因素的贷款;次级贷款是指借款人的还款能力出现明显问题,依靠其正常的经营收入已无法保证足额还本付息的贷款;可疑贷款是指借款人无法足额还本付息,即使执行抵押或担保,也肯定要造成部分损失的贷款;损失贷款是指在采用所有可能采取的措施和一切必要的法律程序后,本息仍然无法收回或只能收回极少部分的贷款。次级、可疑、损失这三类也称为不良贷款。

3. 票据贴现

票据贴现是指持票人(贴现申请人)在需要资金时,将其持有的未到期承兑汇票,经过背书转让给银行,银行把从票面额中扣除贴现利息后剩余的票款付给持票人,汇票到期时,银行凭票向承兑人收取款项。用于贴现的商业汇票主要包括商业承兑汇票和银行承兑汇票两种。票据贴现从形式上看是票据买卖,但实质上是商业银行办理以票据作担保的贷款。

4. 投资

投资是指商业银行购买有价证券的一种业务活动。商业银行开展证券投资业务的目的主要有:一是增加银行的收益;二是实现资产多样化以分散风险;三是提高资产的流动性。我国目前还是实行较为严格的分业经营,即商业银行不得从事股票等有价证券投资业务,也不得投资于非自用房地产,但购买政府债券则不受限制。

为什么说商业银行投资业务能提高资产的流动性?

(三) 商业银行的中间业务

商业银行的中间业务是指银行不动用自己的资金,利用自己在人才、信息、技术、机构网络、资金和信誉等方面的优势为顾客提供服务,并据以收取手续费的业务。中间业务只会为银行带来服务性收入,而又不会影响其表内业务质量,主要包括支付结算类业务、银行卡业务、代理业务等。

1. 支付结算类业务

支付结算类业务是指由商业银行为客户办理因债权债务关系引起的与货币支付、资金划拨有关的收费业务。主要包括同城结算和异地结算,其借助的主要结算工具包括银行汇票、商业汇票、银行本票和支票。

2. 银行卡业务

银行卡业务是由银行发行、供客户办理转账结算、存取款业务、消费信用等全部或部分功能的信用支付工具的业务。有信用卡和借记卡等多种形式。商业银行开办银行卡业务,除了减少现金流通,节约社会流通费用,方便持卡人消费外,一个主要目的是扩大商业银行与客户的联系,以提高商业银行的社会声誉,增强竞争力。

3. 代理类业务

代理类业务是指商业银行接受客户委托、代为办理客户指定的经济事务、提供金融服务并收取一定费用的业务。包括代收代付款业务;代理保险业务;代理发行、兑付、买卖各类有价证券的业务;代理银行卡收单业务等。银行承办该类业务,可占用客户一部分资金。

4. 基金托管业务

基金托管业务是指有托管资格的商业银行接受基金管理公司委托,安全保管所托管的基金的全部资产,为所托管的基金办理基金资金清算款项划拨、会计核算、基金估值,并监督管理人投资运作。

5. 咨询顾问类业务

咨询顾问类业务是指商业银行依靠自身在信息、人才、信誉等方面的优势,收集和整理有关信息,并通过对这些信息以及银行和客户资金运动的记录和分析,形成系统的资料和方案,提供给客户,以满足其业务经营管理或发展需要的服务活动。其主要包括:企业信息咨询业务、资产管理顾问业务、财务顾问业务和现金管理业务等方面。

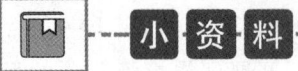

我国商业银行中间业务发展概况

中间业务不构成商业银行表内资产和负债,形成银行非利息收入。中间业务对商业银行推动业务转型、优化收入结构和做好客户金融服务、支持实体经济发展等都起到了重要作用。随着国内市场对外开放、经济增长、居民收入提升以及金融科技等发展变化,我国商业银行中间业务在发展过程中也呈现出不同特点。

一是起步阶段,逐步建立中间业务的金融服务基础。1995年发布的《中华人民共和国商业银行法》规定商业银行办理业务,提供服务,按照相关规定收取手续费。1995年到2000年,中间业务整体处于起步阶段,在此时期中间业务产品相对单一,主要是银行卡、代收代付、代理结算等产品,主要目的是维护客户关系和稳存增存,对整体的营收和利润拉动作用不明显。

二是快速增长阶段,产品数量较快增长、手续费及佣金收入总量较快提升。随着2001年正式加入WTO,我国市场进一步开放,经济保持高速增长,资本市场不断完善,金融领域的中外合作不断加深。部分商业银行开始转型发展,引入战略投资者,学习外国商业银行经验,加大产品创新,发挥集团金融牌照优势,不断提升综合服务能力。此外,由于利率市场化导致的息差收窄,中间业务收入体量逐年提升,商业银行管理层更加重视收入结构优化。2001年到2011年期间,我国商业银行中间业务借助良好的外部条件和发展机遇,整体保持较高增速,业务发展逐步呈现产品多元化、方案综合化和服务个性化等特点。

三是稳健发展阶段,产品结构、机构特点差异化逐步展现。2012年至今,商业银行中间业务整体实现了收入稳健增长,但受市场竞争加剧、减费让利、各类行业新规等因素影响,增速较前两个阶段逐渐放缓。在这段时期,各行通过加大市场拓展、发力产品创新、借力金融科技等多样化手段,进一步围绕客户资产管理、消费升级、线上支付等金融需求,促进中间业务发展,并呈现出以下特点:从产品维度看,支付结算等传统业务、基础服务收入在整体手续费及佣金收入中占比下降,财富管理、信用卡、新型支付结算等产品收入贡献明显提升。从机构维度看,国有大型银行在全行业收入占比保持较高水平,但较前期有所回落;股份制银行加快发展,加大向轻资本、轻资产发展模式转型,手续费及佣金收入增速高于行业平均,十年中在上市银行收入总量中占比由20%提升至36%左右。

(资料来源:摘编自《中国银行业中间业务发展报告暨创新案例选编》(2022))

(四)商业银行的表外业务

表外业务有狭义和广义之分。狭义的表外业务是指那些未列入资产负债表,但同表内资产业务和负债业务关系密切,并在一定条件下会转为表内资产业务和负债业务的经营活动,即或有资产和或有负债,它们是有风险的经营活动。广义的表外业务包括中间业务和狭义的表外业务。此处是指狭义的表外业务,包括以下三类业务:

(1)担保类业务。担保类业务是指即商业银行接受客户的委托对第三方承担责任的业务,包括担保(保函)、备用信用证、跟单信用证、承兑等。

(2) 承诺类业务。承诺类业务是指商业银行在未来某一日期按照事先约定的条件向客户提供约定的信用业务,如贷款承诺等。

(3) 金融衍生交易类业务。金融衍生交易类业务是指商业银行为满足客户保值或自身头寸管理等需要而进行的货币(包括外汇)和利率的远期、掉期、期权等衍生交易业务。

表外业务对商业银行的利润有很大贡献,同时带来了极大的风险,因此,商业银行在经营表外业务时,必须加强风险管理。

五、商业银行的经营原则

商业银行的经营原则是指商业银行在经营活动中所必须遵循的行为准则。通常所说的"三性原则"是指安全性、流动性和盈利性原则,这是商业银行的一般经营原则。

(一) 安全性原则

安全性是指商业银行的资产、收益、信誉以及所有经营生存发展条件免遭损失的可靠性程度。其核心是保证资金安全。安全性原则是商业银行经营业务的前提。银行遵循安全性原则,就是要正确处置风险,尽可能减少风险。银行经营中存在的风险很多,主要有信用风险、利率风险、流动性风险、操作风险、国家风险、法律风险等。商业银行遵循安全性原则,加强风险管理,主要采用规避、分散、转嫁和补偿风险等方法。

(二) 流动性原则

流动性是指商业银行要能够随时满足客户提现或正常的借款需要,它具体表现为商业银行的清偿能力或支付能力。只有保证资金的正常流动,才能确立银行的信用中介地位,并使其业务自动顺利进行,可以说流动性是银行正常经营的条件。银行为保持流动性的传统方法,是持有相当数量的现金资产和短期有价证券,即通过持有一定量的变现能力较强的资产来满足流动性的需要。商业银行保持流动性的新方法,是从负债方面,即银行通过借入资金来满足流动性要求。

(三) 盈利性原则

盈利性是指商业银行获取利润的能力。商业银行作为企业,追求盈利是加强内部管理、改进服务和进行金融业务创新的内在动力,同时也是其经营发展的基本保证。衡量商业银行盈利水平的指标主要有利差收益率、收入盈利率、资本盈利率等。

上述三个原则从根本上说是统一的,但同时三者之间也存在着矛盾:强调和偏重资金的安全性和流动性,一般会削弱盈利性;反之,则会使安全性和流动性受到影响。所以,如何使资金的安全性、流动性和盈利性实现最优组合,便成了商业银行经营管理中需要研究的核心问题。

引例解析

1. 商业银行是特殊的金融企业,以营利为目的。在激烈的市场竞争中,若要盈利就必须抓牢客户。为此商业银行不断根据市场需要进行金融创新。

2. 作为金融服务"三农"的国家队和主力军,农业银行积极履行服务"三农"社会责任,努力为乡村振兴提供全面、优质的金融服务,提升县域地区金融服务的适应性和普惠性。

3. 在移动支付广泛应用的新形势、新要求下,农业银行深入研究农户金融需求,创新惠农专属产品,提高电子机具效能,逐步拓宽服务"三农"广度和深度,推动"惠农通"服务点转型升级。在夯实服务点取现、转账等金融服务基础上,增加"我要办卡""我要办贷""我要理财"等特色服务,将机具功能由原先以支付结算、小额取现、转账查询为主,向办卡、贷款、理财、缴费以及分行特色等融合功能转变,农户"足不出村"就能享受到安全、便捷的基础金融服务。并且创新推出藏语、维语版"惠农通"产品,提升少数民族客户体验。

4. 在国家全面推进乡村振兴战略中,农业银行着力健全农村金融服务体系,积极扩展农村特色支付场景,发挥金融支持作用。试点并推广"惠农通"服务点大屏收银终端,支持农户在客显屏办理助农业务;提升"惠农通"电子机具覆盖面,累计推动19.58万个服务点迭代升级。截至2022年7月,"惠农通"服务点乡镇覆盖率超80%。

(资料来源:摘编自《中国银行业中间业务发展报告暨创新案例选编》(2022))

第四节 保险、信托与租赁

引 例

泰国国王的"意外保险"

曾任泰国国王的帕拉贾德希波克一生中最值得称道的事情之一,就是他在其地位、声望达到巅峰的时候,对自己命运的清醒预测。1925年,帕拉贾德希波克登基,当上了泰国国王。他执政之后,政绩平平,无所建树,终日担心有朝一日被政敌废黜,成为一个一贫如洗的贫民。为防不测,他同时向英国和法国的两家保险公司投保了失业保险,这两家保险公司虽然都从未办理过以国王作为被保险人的"意外保险",但谁也不愿意错过这一扩大公司影响的机会,欣然接受了投保,开出了保险金额可观的保险单。事实的发展证明了帕拉贾德希波克并非杞人忧天,1935年他被迫放弃了王位。成为平民的前国王虽不再享受一国之君的荣华富贵,但也无穷困潦倒之虞,靠着两家保险公司为他支付的丰厚的失业保险金,他安然度过了退位后的6年余生。

想一想,在这份"意外保险"的保单中,谁是保险合同的投保人和被保险人?谁是承保人?保险责任是什么?

银行、证券、保险、信托与租赁是当代金融业最主要的构成部分。

一、保险

(一) 保险的概念

1. 保险的含义

风险是客观存在的,是不以人的意志为转移的,时时刻刻可能威胁着人的生命和物质财产的安全。风险的发生直接影响社会生产过程的继续进行和家庭的正常生活,因此产生了人们要求对损失进行补偿的需要。保险是一种被社会普遍接受的经济补偿方式。因此,风险是保险产生和存在的前提,风险的存在是保险关系的基础。

保险有广义和狭义之分。广义的保险,是指由国家政府部门经办的社会保险、由专门的保险公司按商业原则经营的商业保险和由被保险人集资合办、体现自保互助精神的合作保险等。狭义的保险,是指商业保险,通过合同形式,运用商业化经营原则,由专门机构向投保人收取保险费,建立保险基金,用作对被保险人在合同范围内的财产损失进行补偿,或者当被保险人死亡、伤残、疾病或达到合同约定的年龄、期限时承担给付保险金责任的商业保险行为。

保险既是一种经济制度,也是一种法律关系。保险首先是一种经济制度,它是为了确保经济生活的安定,对特定风险事故或特定事件的发生所导致的损失,运用多数经济单位的集体力量,根据合理的计算,共同建立基金,进行补偿或给付的经济保障制度。其次,保险是一种法律关系。保险这一经济制度对于国民经济发展有着重要作用,世界上大多数国家均将调整保险经济关系的准则用法律形式固定下来,借以巩固这一经济补偿制度。

2. 保险的主体

保险的主体,包括保险人、投保人、被保险人与受益人。其中,前两者是保险合同当事人,后两者是保险合同关系人。

(1) 保险人。保险人也称承保人,是指与投保人订立保险合同,并承担赔偿或者给付保险金责任的保险公司。包括我国在内的大多数国家的法律都规定,只有法人才能成为保险人,自然人不得从事保险人的业务。

(2) 投保人。投保人也称要保人,是指与保险人订立保险合同,并按照保险合同负有支付保险费义务的人。自然人、法人均可成为投保人。

(3) 被保险人。被保险人是指其财产或人身受到保险合同保障,并享有保险金请求权的人。人身险中被保险人是自然人,财产险中自然人、法人均可。当投保人为自己的利益投保时,投保人与被保险人为同一人。

(4) 受益人。受益人是指人身保险合同中由被保险人或投保人指定的享有保险金请求权的人。不同于法定继承人。投保人、被保险人可以成为受益人。当由投保人指定受益人时,必须经被保险人同意。

(二) 保险的类型

1. 按照保险实施方式不同,分为自愿保险与强制保险

(1) 自愿保险是指在自愿的原则下,投保人与保险人双方在平等互利、等价有偿的原则基础上通过协商,采取自愿方式订立保险合同而建立的保险关系。自愿保险投保人可以自由决定是否投保、向谁投保、中途退保,也可以自己选择保险金额、保障范围、保障程度和保险期限等。保险人也有可以自由决定是否承保、如何承保。

(2) 强制保险又称为法定保险,是指根据国家的法律或法规,凡是在规定范围内的单位或个人,不管愿意与否都必须参加的保险。强制保险具有全面性与统一性的特征。在我国,交强险就是一种强制保险。

2. 按照保险标的不同,分为财产保险与人身保险

(1) 财产保险是指以各种财产物资及其有关利益、责任和信用为保险标的的一种保险。财产保险业务性质具有补偿性,承保范围具有广泛性,经营内容具有复杂性,单个保险关系具有不等价性。单个保险关系具有不等价性是指,一方面,投保人根据保险合同约定缴纳的保险费只占保险标的的千分之几到百分之几,一旦发生保险事故,保险人要赔付所收保险费的数倍保险赔款;另一方面,保险公司在一定时期内所签订的财产保险合同大部分没有发生所保的风险,保险人在这些合同上只有收入而没有支出。所以保险人在经营单笔保险业务时,收取的保险费与支付的保险赔款事实上并非等价的。

(2) 人身保险是指以人的寿命和身体为保险标的的保险。人身保险具有如下特点:① 人身保险是一种定额保险。人身的价值是无法用货币估量的,人身保险也就无法通过保险标的的价值确定保险金额。因此,在一般情况下,人身保险的保险金额由双方当事人自由约定,发生保险事故时,保险人按合同约定的保险金额给付。② 人身保险是给付性保险。人身的价值无法估量,补偿人身损失也就无从谈起,发生保险事故时,保险人支付的保险金只能是一种经济帮助和抚慰。所以,人身保险中的保险金不称为补偿金,而称为给付金。同时,人身保险还具有长期性和储蓄性。

3. 按照承保形式不同,分为原保险、再保险、重复保险与共同保险

(1) 原保险是指投保人向保险人转移风险,通过签订保险合同,与保险人建立权利义务关系,保险人对保险标的承担直接风险责任的保险。通过原保险建立的是最初的保险关系。当保险标的遭受保险责任范围内的损失时,保险人直接对被保险人承担赔偿责任。

(2) 再保险又称分保,是指保险人将其所承保的保险业务分给另外一个或几个保险人分担的保险。其中,转让业务的是原保险人,接受分保业务的是再保险人。

(3) 重复保险是指投保人就同一保险标的、同一保险利益、同一保险事故分别与两个或两个以上保险人签订保险合同,各保险合同的保险金额加起来超过保险价值的保险。

(4) 共同保险又称为共保,是指由几个保险人联合直接承保同一标的或同一风险而保险金额不超过保险标的的价值的保险。在发生赔偿责任时,各保险人按照各自承保的金额比例分摊。共同保险这种转嫁风险的方式属于风险的第一次转嫁,而再保险是属于风险的第二次转嫁。共同保险与重复保险均存在多个保险人、一个投保人。但是,重复保险有多份保险合同,而共同保险只有一份保险合同;共同保险的保险金额之和不超过保险价值,而重复保险的保险金额之和超过保险价值。

4. 按投保人不同,分为个人保险和团体保险

个人保险是指以个人作为投保人的保险。个人保险的投保人是单个的自然人,被保险人也是单个的自然人或家庭。团体保险是指以企业单位等组织作为投保人的保险。团体保险的投保人一般是该组织的法定代表人,被保险人是该组织的成员。

5. 按性质不同,分为商业保险和社会保险

商业保险即前述的狭义保险。社会保险是指国家通过立法形式,对社会成员在年老、疾病、失业、伤残、生育等情况下的基本生活给予一定的物质帮助的一种社会保障制度。

(三)保险的功能

1. 保障功能

保险的保障功能是保险的基本功能,包括经济补偿功能和保险金给付功能。经济补偿功能是指在发生保险事故造成损失后根据保险合同,按所保标的的实际损失数额给予赔偿,这是财产保险的基本功能。保险金给付功能是指在保险事故发生时,保险双方当事人根据保险合同约定的保险金额进行给付,这是人身保险的功能。

2. 资金融通功能

资金融通功能是保险的衍生功能。保险资金中闲置的部分可以重新投入社会再生产过程中,因此,保险可以发挥金融中介作用。保险资金的运用是有其必要性和可能性的。首先,保险人为了使保险经营稳定,收取保费后必须保证保险资金的保值与增值,这就要求保险人对保险资金进行运用。其次,在收取保费与赔偿之间存在的时间差和资金数量差使投资成为可能。保险资金的融通应以保证保险的赔偿与给付为前提,同时要坚持合法性、流动性、安全性和收益性的原则。随着我国保险资金运用渠道的进一步拓宽,其资金融通功能对我国金融市场的影响力越来越大。

3. 社会管理功能

保险的社会管理功能是在保险业逐步发展成熟并在社会发展中的地位不断提高和增强之后衍生出来的一项功能。它主要体现在社会保障管理、社会风险管理、社会关系管理、社会信用管理等方面。

社会保障被誉为"社会减震器",是保障社会稳定的重要条件。商业保险在完善社会保障体系方面发挥着重要作用。商业保险可以为没有参加社会基本保险的劳动者提供保险保障,有利于扩大社会保障的覆盖面;商业保险灵活多样的保险产品可以为社会提供多层次的保障服务。在社会风险管理方面,保险公司能够积极配合有关部门做好防灾防损,并通过采取差别费率等措施,鼓励投保人和被保险人主动做好各项预防工作,实现对风险的控制和管理。保险公司对保险事故处理的过程,就是参与社会关系管理的过程。保险可以逐步改变社会主体的行为模式,减少社会摩擦,大大提高社会运行效率。保险经营对增强社会诚信意识具有潜移默化的作用。随着保险业的发展,保险正朝着一种社会制度的方向发展,逐渐成为社会管理功能的重要组成部分,承担起更多的社会责任,保险业在社会管理中所起的作用也越来越不容忽视。

你怎么理解"保险让生活更美好"这句话。

保险的三大功能之间既相互独立,又相互联系、相互作用,形成一个统一、开放的现代保险功能体系。

(四)主要的保险业务

1. 人身保险

(1)人寿保险。人寿保险简称"寿险",是指以被保险人的生命为保险标的,以生存和死亡为给付保险金条件的人身保险。人寿保险与意外伤害保险和健康保险一起构成了人

身保险的三大基本险别,并在全部人身保险业务中占绝大部分而成为主体。人寿保险的种类主要有以下内容:

① 死亡保险。死亡保险是指以被保险人的死亡为保险事故或以被保险人的死亡为给付保险条件的保险。死亡保险可以分为定期死亡保险和终身死亡保险两种。定期死亡保险简称定期寿险,是指在保险合同中有明确的保险期限,当被保险人在保险期限内死亡时,保险人向受益人给付保险金。如果被保险人在保险期限内未发生死亡事故,则保险合同终止,保险人不给付保险金。终身死亡保险又叫终身寿险,是一种不定期的死亡保险,即自保单生效之日起,不论被保险人何时死亡,保险人都给付保险金。

② 生存保险。生存保险是指以被保险人于保险期满时仍然生存为保险金给付条件的保险。生存保险与死亡保险正好相反,被保险人在保单规定的保险期满时,若还生存于世,则保险人给付保险金;如果被保险人在保险有效期内死亡,则保险人不给付任何保险金,保单失效。生存保险可以分为两类:单纯生存保险和年金保险。单纯生存保险是以被保险人在规定期限内生存为给付条件,并一次性给付保险金的保险。年金保险是指在被保险人生存期间,保险人按照合同约定的周期(通常是1年)给付保险金的保险。目前,生存保险通常采用年金保险的形式。

③ 两全保险。两全保险又称生死合险,是指把定期死亡保险和生存保险结合起来的保险形式。被保险人无论在保险期内死亡还是生存,到保险期届满,保险人都给付保险金的保险,即在保险有效期内,被保险人死亡,保险人给付受益人约定数额的死亡保险金;若被保险人生存至保险期满,被保险人得到约定数额的生存保险金。

④ 新型人寿保险。新型人寿保险是指20世纪70年代以来,保险人为适应新的保险需求,增强产品竞争力而开发的一系列新型的保险产品。与传统人寿保险相比,新型人寿保险除了保障服务之外,还可以让客户参与由保险人管理的投资活动,是保险产品与其他金融产品的巧妙结合。这类产品目前主要有以下几种:变额寿险、万能寿险、变额万能寿险。我国推出的新型寿险产品主要有分红保险、投资连接保险、万能保险等。

(2) 意外伤害保险。意外伤害保险是指以被保险人的身体为保险标的,当被保险人遭受意外伤害而致残、致死时,保险人按合同约定给付保险金的一种人身保险。所谓"意外伤害",是指外来的、突然的、非本意的使被保险人身体遭受剧烈伤害的客观事件。意外伤害保险包括普通意外伤害保险和特定意外伤害保险两大类。

(3) 健康保险。健康保险又称疾病保险,是指以被保险人的身体为保险标的,被保险人在患疾病时发生医疗费用支出,或因疾病所致残疾或死亡时,因疾病、伤害不能工作而减少收入时,由保险人负责给付保险金的一种人身保险。健康保险所承保的疾病风险应符合以下要件:由于非先天的原因引起的;由被保险人自身内部原因引起的;由于非长存的原因造成的。健康保险按承保内容的不同,主要分为医疗保险、疾病保险、生育保险和收入损失保险。

2. 财产保险

(1) 火灾及其他灾害事故保险。包括企业财产保险、家庭财产保险。

(2) 运输保险。分为运输工具保险和货物运输保险两大类:① 运输工具保险。运输工具保险包括机动车辆保险、船舶保险和飞机机身保险。机动车辆保险主要分为车辆损失险和第三者责任险两个部分,并有多种附加险,其保险标的包括汽车、摩托车、拖拉机以及多种特种车辆。② 货物运输保险。运输保险主要有进出口货物运输保险和国内货物运输保险。

（3）工程保险。工程保险是指以在建工程作为承保对象，以在建工程相关的经济利益作为保险标的的一种综合性保险业务。工程保险的主要险种有建筑工程保险、安装工程保险、机器损害保险和锅炉保险等。

（4）责任保险。责任保险是指以被保险人依法应负的民事损害赔偿责任或经过特别约定的合同责任作为承保责任的一类保险。被保险人在日常工作中，由于过失行为给他人造成损害，或无过错但依照法律应承担赔偿责任，在接到赔偿要求时，由保险人承担保险责任。责任保险主要有公众责任保险、产品责任保险、雇主责任保险、职业责任保险等。

（5）信用保险。信用保险是指以信用交易中债务人的信用作为保险标的，在债务人未能如约履行债务清偿而使债权人遭受经济损失时，由保险人向债权人提供风险保障的一种保险。信用保险主要有商业信用保险、贷款信用保险、信用卡保险等。

二、信托

（一）信托的概念

信托，即信任委托。信托是一种经济行为，是指委托人为了自己或第三者的利益，将自己的财产或有关事务委托给所信任的人或组织（如信托公司）代为管理、经营的经济活动。信托是一种以财产为核心，以信任为基础，以委托和受托为方式的财产管理制度。

信托的基本性质是"受人之托，代人理财"。信托业务是建立在委托人对受托人充分信任基础之上的。财产所有权是信托成立的前提。信托财产的委托人必须是该项财产的合法所有者，受托人才能接受这项信托，信托行为才能成立。同时，为了保障受益人利益，信托财产必须与受托人本身的财产在法律上区别对待；不同委托人的信托财产也要区别对待、分开核算。信托是为了使受益人享受信托的利益，受托人不能占有信托财产的收益，只能从委托人或受益人那里得到信托合同所约定的信托报酬，即手续费。受托人在恪尽职守，履行诚实、信用、谨慎、有效管理信托财产的义务的前提下，不承担信托财产损失的风险。信托关系示意，如图7-2所示。

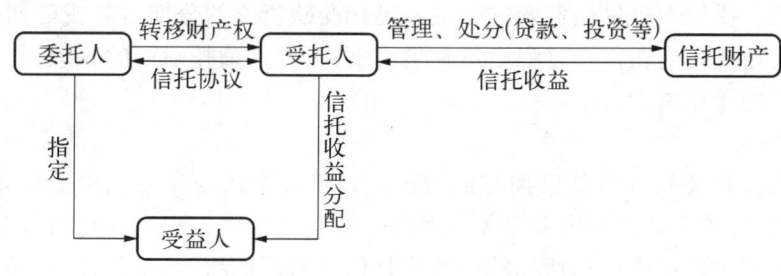

图7-2 信托关系示意图

（二）信托的种类

根据划分的标准不同，可将信托划分成不同种类。以信托关系成立的方式为标准划分为：任意信托与法定信托；以信托财产的性质为标准划分为：资金信托、财产信托、权利信托；以信托目的为标准划分为：担保信托、管理信托、处理信托、管理和处理信托；以信托事项的法律立场为标准划分为：民事信托、商事信托；以委托人为标准划分为：个人信托(生前信托、身后信托)、法人信托;以受托人承办信托业务的目的为标准划分为:营业信托、非营业信托;以受益人为标准划分为:自益信托、他益信托、私益信托、公益信托;等等。下面介绍以信托财产的性质为标准划分的资金信托、财产信托、权利信托。

1. 资金信托

资金信托业务是指委托人基于对信托机构的信任,将自己合法拥有的资金委托给信托机构,由信托机构按委托人的意愿,以自己的名义,为受益人的利益或者特定目的管理、运用和处分信托资金的行为。资金信托是现代信托的核心。

根据资金来源划分,资金信托为单一资金信托和集合资金信托。单一资金信托是指信托机构接受单个委托人委托,依据委托人确定的管理方式(指定用途)或由信托机构代为确定的管理方式(非指定用途)单独管理和运用货币资金的行为。集合资金信托是指信托机构接受两个或两个以上委托人委托,依据委托人确定的管理方式(指定用途)或由信托机构代为确定的管理方式(非指定用途)管理和运用货币资金的行为。

资金信托的受托人运用资金的方式主要有贷款信托、投资信托、融资租赁信托、养老年金信托等。

2. 财产信托

财产信托是指受托人接受委托人的委托,进行有形财产的管理、运用和处分的一种信托业务。财产信托是信托公司的基本信托业务之一。

根据信托财产的性质不同,财产信托可分为动产信托和不动产信托。动产信托是指委托人将自己拥有的动产委托给信托公司,由信托公司代为出租或出售的一种财产信托方式。动产信托中的信托财产最常见的是设备,因此动产信托又称为设备信托或动产设备信托。不动产信托是指不动产的所有者将不动产委托给信托公司,由信托公司对不动产进行管理、运用或处分的信托业务。信托公司管理、运用或处分不动产的常见行为有买卖、经营开发、租赁、交换、转让等。

根据受托人在信托期间是否提供融资服务,财产信托可分为融资性财产信托和服务性财产信托。融资性财产信托是指在财产信托中,受托人除了受托将信托财产转让或出售给指定或不指定的购货方外,还根据合同约定或接受委托人(或购货方)的请求提供融资的信托方式。受托人提供融资的方式主要是接受购货方的分期付款或延期付款。服务性财产信托是指受托人在信托过程中不提供融资,只提供信托财产的管理、处分服务。服务性财产信托的受托风险较小。

3. 权利信托

权利信托是指委托人将其已拥有或通过创设而拥有的权利委托给受托人,由受托人以自己的名义,为了受益人的利益行使权利的一种信托行为。权利信托与资金信托、财产信托最大的不同之处在于权利信托的标的物是信托财产的权利,如债权、担保权、股权、专利权等,受托人受托行使权利,而不是处理财产。

常见的权利信托主要有:公司债发行信托、表决权信托、职工持股信托和管理层收购信托。公司债发行信托是在公司债券发行中,因抵押物价值大、不可分割,而投资者分散,故由信托公司受投资者之托代为管理抵押物,行使抵押权的一种信托业务。公司债发行信托中受托人受托行使担保权,而表决权信托、职工持股信托和管理层收购信托三者的受托人受托行使股权。因此,公司债发行信托可称为债权信托,后三种信托可称为股权信托。

（三）信托的功能

1. 财产管理功能

信托的财产管理功能又称代人理财功能，是指信托公司通过发行信托产品将闲散的企业资金、个人资金通过信托方式加以运用，转化为投资资金投资于金融市场上各种金融工具或进行实业投资，为企业资金、个人资金的增值提供了保证。财产管理功能是信托的基本职能。

2. 投资融资功能

信托业作为金融业的一个重要组成部分，本身就有调剂资金余缺之功能，并作为信用中介为一国经济建设筹集资金。由于在商品货币经济条件下，财产有相当一部分以货币资金形态存在，因此对这些信托财产的管理和运用就必然伴随着货币资金的融通。

信托的投资职能是指信托业运用信托业务手段参与社会投资活动的功能。信托业务的开拓和延伸，必然伴随着投资行为的出现，也只有信托机构在享有投资权和具有适当的投资方式的条件下，其财产管理功能的发挥才具有可靠的基础，因此，信托机构开办投资业务是世界上许多国家信托机构的普遍做法。

上海市通过信托为城市基础设施项目集合社会闲散资金

在深化城建投融资体制改革中，上海积极拓宽投融资渠道，有效引导、调动和集聚自然人、法人和其他组织的投资，形成政府、企业和个人组成的多元化投资格局。信托成为上海城市基础设施建设的新动力。例如，上海爱建信托投资有限责任公司推出的"外环隧道信托投资计划""磁悬浮交通项目股权信托收益投资计划"，上海国际信托投资公司推出的房地产信托项目"新上海国际大厦信托投资者计划"等，这些信托产品的购买者有三分之二都是个人。信托在城市基础设施项目与社会公众投资者之间建立起了更为直接的联系。

3. 协调经济关系功能

协调经济关系功能是指信托业处理和协调交易主体间经济关系和为之提供信任与咨询事务的功能。因其不存在所有权的转移问题，所以有别于前两种功能。在现代经济生活中固有的信息不完备和交易主体内存的机会主义行为倾向，使得交易费用越发昂贵。因此，为降低交易费用，弱化交易对方的机会主义行为，交易主体通常都要了解与之经营有关的经济信息，如经济政策、技术可行性、交易对方资信、经营能力、付款能力、经营作风、市场价格、利率、汇率甚至生活习俗等。信托机构通过其业务活动而充当"担保人""见证人""咨询人""中介人"，为交易主体提供经济信息和经济保障。

4. 社会公益服务功能

社会公益服务功能是指信托业可以为欲捐款或资助社会公益事业的委托人服务，以实现其特定目的的功能。随着经济的发展和社会文明程度的提高，越来越多的人热心于学术、科研、教育、慈善、宗教等公益事业，纷纷捐款或者设立基金会，但他们一般对捐助或募集的资金缺乏管理经验,却又希望所热心支持的公益事业能持续下去,于是就有了与信托机构合作办理公益事业的愿望。信托业对公益事业的资金进行运用时,一般采取稳妥而且风险较小的投资方法,例如,选取政府债券作为投资对象。信托机构开展与公益事业有关的业务时,一般收费较低,有的甚至可不收费,提供无偿服务。

三、租赁

(一)租赁的概念

1. 租赁的含义

租赁是指出租人在一定期限内以收取租金为条件将某项物资财产交付承租人使用的行为。出租人是物资财产的所有者,承租人是该物资财产的使用者。在整个租赁期内,物资财产并不变更所有权,只是将其使用权从出租人手里转给承租人,承租人以交付租金的形式作为对租赁期间使用物资财产的回报。因此,租赁是一种以收取租金为条件的实物借贷行为,属于广义的信用活动。

租赁是随着商品经济的发展而产生和发展的,最初的租赁只是一种调剂余缺的借贷行为。远在两千年前,就出现了租用农具、船只、房屋的租赁行为,但那种租赁只是简单的、偶然的和不稳定的。直至资本主义发展时期,才出现了专门经营租赁业务的行业,有了房屋租赁公司,汽车租赁商,船舶租赁商等。第二次世界大战后,又兴起了出租工业器材、设备的现代租赁业,20世纪60年代起普及于欧、美、日等发达资本主义国家。20世纪70年代,国际性的租赁业务广泛展开。现代租赁业务不仅在地理上超越国界,而且在种类上无所不包。几乎一切生产、运输设备、办公、生活设施乃至军工、太空用品都可以成为租赁的对象,对发展经济起了重要作用。

2. 现代租赁的形式

现代租赁主要有金融租赁、使用租赁和维修租赁三大类。

(1)金融租赁。金融租赁是以融资为目的的租赁,所以又称融资租赁或资本租赁,其具体形式多种多样。

① 直接租赁。直接租赁是金融租赁的典型形式,是指出租人根据承租人提出的要求,并按照承租人选定的租赁对象,先出资购进,然后再租赁给承租人使用的一种租赁形式。这种租赁方式的租期一般较长。在出租期内,出租人通过租金收回租赁设备的大部分或全部投资并取得利润;承租人用租赁设备创造的利润分期支付租金,并且要负责设备的维修、保养和保险等事宜。租赁期满后,承租人有以廉价购买的特权,也可以根据需要作出续租、退租的选择。由于自营租赁项目的全部资金都是由出租人提供的,所以又称为整租。

② 转租赁。转租赁是指出租人从另一租赁机构租进设备后再租赁给用户的租赁方式。办理转租赁业务的出租人有双重身份,起着租赁中介的作用。它作为承租人(称为第一承租人)向另一家租赁公司(称为第一出租人)租入设备,后又以出租人(称为第二出租人)的身份将设备租给用户(第二承租人)使用。办理转租业务需要分别订立两个独立的租赁合同,各方分别行使出租人和承租人的权利和义务。

③ 回租租赁。回租租赁又称售后租回,是指租赁机构先买下某单位自制或外购的设备,然后再以租赁的方式提供给原单位使用的一种租赁方式。当一个企业既需要继续使用原有设备,又急需要现款时,可以向租赁机构申请回租,将设备的所有权出售给租赁机

构,再租回设备的使用权。回租租赁既保持了企业对原有设备的使用权,又使这些设备占用的资金转变成现款,用于各种急需的开支。

④ 衡平租赁。衡平租赁又称杠杆租赁或借贷式租赁,是指出租人对一些较大的项目,如飞机、轮船、海上勘探和开采设备,只付出设备投资的20%～40%,其余大部分采用对外举债的办法,由银行、保险公司等金融机构提供贷款,并以设备为贷款的抵押,出租人将设备的使用权出租给承租人的一种租赁方式。由于衡平租赁是以租赁公司为主,银行和保险公司等金融机构也参与投资,因此这种形式能使出租人在利息、加速折旧和投资减税等方面享受更多的优惠,获得比一般的租赁形式更高的投资收益,从而能更多地降低租金,增强竞争力。因此,这种租赁形式成为目前国际租赁中比较流行的一种租赁形式。

⑤ 百分比式租赁。这是一种使租赁收益与设备运用收益相联系的租赁形式。这种形式只确定承租人必须向出租人按规定缴纳一定的基本租金,除基本租金以外,其余全部租金都按承租人生产收益的一定百分比来支付。这种租赁方式,把租赁同生产经营更紧密地联结起来,使出租人分享一部分经营成果。

(2) 使用租赁。使用租赁又称经营租赁或业务租赁,是指出租人将自己经营的设备财产反复出租,直至该设备被淘汰为止的一种租赁业务。在租赁期间,出租人有提供必要的设备使用技术、操作人员、维修管理服务的义务,还要承担该设备无形损耗的风险,因此租金比较昂贵。而承租人的目的在于即时使用,使用期一结束,租赁关系随即解除。使用租赁适用于技术更新快,需要专门服务或短期使用,并且通用和易于找到接替用户的设备财产。其他如日常生活中常见的出租婚纱、汽车等,也属于使用租赁的范围。

(3) 维修租赁。维修租赁又称服务租赁,是指在金融租赁基础上附加各种维修项目的一种租赁业务。例如,汽车维修租赁提供购货、登记、上税、保险、维修、验车、代用车、事故处理等一系列服务项目。租金因加上这些服务费用而高于金融租赁,但用户可以充分利用租赁机构在技术等方面的优势,比自备维修力量更省钱。这种租赁一般是1～3年的中期租赁。

3. 租赁的作用

租赁业务不需要整笔现款,只要支付首期租金即可使用租赁物,这样可以方便企业,尤其是小型企业的生产经营。当今市场竞争激烈,技术设备更新换代频繁,租赁比自购设备更为灵活主动,可以把技术进步造成的资产更新损失限定在最小的范围内。此外,租赁可以改善企业的财务状况,一些项目的租金可以列支冲减收益,从而可以降低税负。由于租赁业务的种种优势,使得现代租赁业发展迅速,成为促进生产力发展的重要手段。

引例解析

1. 在这份"意外保险"的保单中,泰国国王帕拉贾德希波克是保险合同的投保人和被保险人,英、法两国的两家保险公司是承保人,保险责任是被保险人失去王位的"失业风险"。

2. 保险最基本的功能就是提供风险保障。凭借这份"意外保险",泰国国王帕拉贾德希波克失去王位之后依然能够丰衣足食,安享余生。

3. 这份保单并不是真正意义上的"意外保险",而是两家保险公司为投保人量身定做的一份失业保险。

思维导图

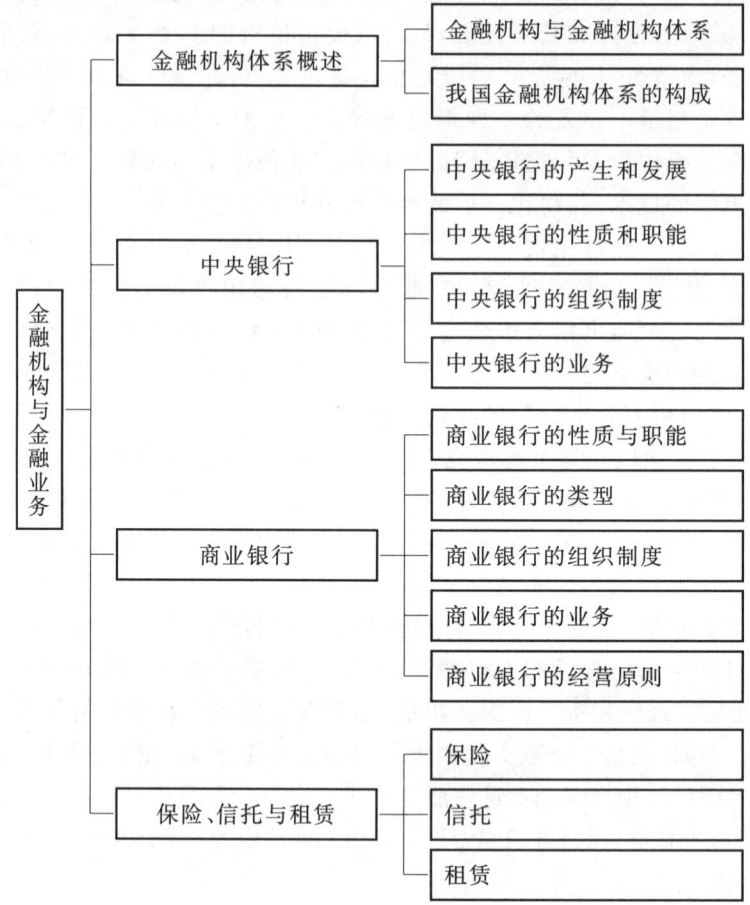

第八章 金融市场

学习目标

知识目标

1. 认识金融市场的含义与作用以及金融市场的构成要素。
2. 把握货币市场的特点,熟悉货币市场的构成,认识货币市场在金融市场体系中发挥的作用。
3. 了解资本市场的特点,掌握股票、债券及证券投资基金的发行与流通相关知识,一级市场与二级市场的关系。
4. 掌握金融远期、金融期货、金融期权、金融互换等主要的衍生性金融产品的特点。

能力目标

1. 能够正确区分不同类型的金融市场。
2. 能够应用所学知识,对金融市场的现象进行简单分析和判断。
3. 能够依据金融衍生品市场基本知识,辩证性地看待金融品衍生市场的作用。

素养目标

通过学习股票市场、债券市场和证券投资基金市场的基本知识,自觉增强风险意识、合规意识,树立正确的投资理财观念。

第一节 金融市场概述

引 例

人人离不开的金融市场

假如你手中有10万元人民币的闲钱,你可以投资股票、债券,也可以购买证券投资基金……最起码你会存银行来获得一定的收益;假如你是步入社会不久的年

> 轻人,有不错的工作,收入尚可,但是短期内难以积累大笔资金,若要在都市买房又不想啃老,你可以向银行申请住房按揭贷款来圆自己的安居梦;假如你是企业主,手头有好的项目但缺乏资金,除了申请银行贷款,条件允许你还可以选择发行债券或者股票;政府入不敷出也可以发行国库券或者公债,等等,不一而足。这些经济活动的集合就是所谓的金融市场。无论是政府还是企业、个人,无论是生产还是生活,在当今社会可以说人人离不开金融市场。

请思考,金融市场在经济活动中都有哪些作用?能够提供哪些金融服务?

一、金融市场的概念

现实的经济社会是由居民、企业和政府机构这几类基本经济单位组成的。在某个时期内,总有一些经济单位或由于收入增加,或由于缺乏合适的消费和投资机会,或为了预防不测,或为了将来的需要积累,因而其总收入大于总支出,这些单位被称为盈余单位(或资金供给者)。同时,又有一些经济单位或由于收入减少,或由于消费超前,或由于进行额外投资,或由于发生意外事故等,因此其总收入不敷总支出,这些单位被称为赤字单位(或资金需求者)。

在经济生活中,盈余单位有多余的资金,但他们并不想在当前作进一步的开支;赤字单位想有更多的开支,但他们缺少资金。资金是有时间价值的,要解决这一矛盾,就需要有某种机制使两者之间通过有偿交易,实现资金余缺的调剂,满足各自的需要。这就产生了金融市场。

金融市场有广义和狭义之分。广义的金融市场是指货币资金融通关系的总和。它不论哪类资金的交易,也不管时间的长短和交易的方式,所有的资金供需交易,包括货币的借贷,票据承兑与贴现,有价证券的买卖,黄金、外汇的交易,办理国内外保险等都属于广义金融市场的范围。狭义的金融市场是指有价证券市场,即股票、债券的发行和买卖市场。本章所指的是广义的金融市场。

二、金融市场的构成要素

金融市场既可以是有形的,有具体的固定场所和设施;也可以是无形的,没有固定的具体场所,而只是在一定区域范围内,通过电信手段、网络技术相互联系,进行金融交易活动。和普通的商品劳务市场一样,金融市场由交易主体、交易客体、交易价格、交易组织形式与方式等要素构成。

(一) 交易主体

金融市场的交易主体是指金融市场的参与者,主要包括居民(也称为个人或家庭)、企业、政府部门、金融机构和中央银行及其他金融市场监管部门。交易主体参与金融市场交易的动机是多样化的,而且具有可变性。

居民主要是作为金融市场的资金供给者进入市场的。家庭和个人的各类收入减去支出后的余额即为储蓄,这是金融市场主要的资金来源。除了储蓄的方式以外,家庭和个人也通过购买证券,如国债、债券和股票等多种方式向金融市场输送资金。

工商企业是金融市场中主要的资金需求者,同时也是重要的资金供给者。为解决资金不足,企业通常在金融市场上通过贷款或者发行证券来借入资金。同时,企业也是金融市场上资金的供给者,当企业资金有盈余时,也会投资于金融市场获取收益。

政府部门一般包括中央政府、地方政府及与政府有关的行政部门。政府在金融市场上主要是作为资金的需求者,所需资金一般金额大、期限长。

金融机构是金融市场上重要的参与者,其主要任务是充当中介角色,沟通资金的需求者与资金的供给者,实现金融功能的转化。

中央银行及其他市场监管部门主要以金融市场监督和管理者的身份参与市场活动。金融市场管理是指国家根据有关金融市场法律、法规,规范金融市场交易行为,以达到引导金融市场健康有序运行、稳定发展的目的的行为。金融市场监管则是为了实现上述目的,对金融市场进行全面监测、分析,发现问题并及时整治,使市场运行遵纪守法,严格遵循市场管理的过程。金融市场监督与管理相互补充、紧密联系。由什么机构负责对金融市场监管往往和一国的金融监管体制有关。

(二)交易客体

金融市场的交易客体是指金融市场交易对象或交易标的物。金融市场上流动的货币资金这一特殊商品,直接表现为各种金融工具,如票据、债券、股票、可转让大额定期存单,等等。由于需求的多样性,作为金融市场交易对象的金融工具是多样化的。

(三)交易价格

金融市场的交易价格,在具体的市场上价格表现形式不一样。在借贷市场上,交易价格表现为利率;在证券市场上,交易价格表现为股票、债券的价格;在外汇市场上,交易价格表现为汇率。

(四)交易组织形式与方式

金融市场的交易组织形式主要有两类:第一类是交易所交易,交易双方集中在交易所内通过公开竞价的方式进行资金交易的组织形式;第二类是场外交易,即没有固定的交易场所,交易双方通过经纪人,借助于通信工具来进行交易。金融市场的交易方式主要有现货交易、期货交易、期权交易和信用交易等。

此外,金融市场的构成要素还包括一定的设施、一定的社会条件。金融市场的设施包括有形市场上的(如证券交易所内的各种设施)和无形市场上的(如各种通信设备等)两个方面。一定的社会条件则是指社会的文化习俗、道德准则以及有关金融市场的法律法规和具体规章制度等。

三、金融市场的特点

与普通商品、劳务市场相比较,金融市场具有如下特点:

(一)金融市场主体之间所发生的不是单纯的买卖关系,而是信用关系

商品、劳务市场交易的是各种各样的普通商品或劳务,其交换过程是一个简单的一次性买卖。而金融市场交易的却是一种特殊商品,即作为货币资金载体的各种金融工具。资金供给者可以贷出多余资金,资金需求者可以借入所缺资金,双方在金融市场上融通资

金余缺,实现资金交易,它是一种复杂的信用关系。

(二)商品的单一性和"价格"的一致性

金融市场的交易对象不是具有各种各样使用价值的普通商品,而是作为货币资金载体的金融工具,即金融商品。金融商品没有质的差别性,只有单一的货币形态和单一的使用价值,即当它转化为资本时能够增值,带来利息、股息、红利等收益。由于金融工具期限长短不同,安全可靠的程度不一,因此形成了高低不同的利息率。在其他条件不变的前提下,利息率的高低由资金的供求关系和金融商品市场竞争情况两个因素决定。利息率被称为金融商品的"价格"。受平均利润率的制约,市场竞争的结果使得利息率必然趋于一致。在普通的商品市场上,商品形态各异,使用价值千差万别;并且其交易价格围绕商品自身价值在供求关系作用下上下波动,由于各种商品价值量大小不一,所以其价格差别较大。

(三)金融市场是一个抽象市场

商品市场一般是以固定的交易场地为主来实现商品交易的。而金融市场则是一个复杂而庞大的市场体系,它可以有具体的交易场地,但更多的是通过现代化的网络、通信进行交易,只要讲清价格并且双方都可以接受,就可通过金融服务机构转账实现交易,不必看货拍板,所以,金融市场更多的时候是无形的、抽象的。金融市场的空间分隔在很大程度上已失去意义。

四、金融市场的类型

按照不同的标准,金融市场可划分为不同的类型。

(一)按金融交易的对象不同,可分为货币市场、资本市场、黄金市场、外汇市场

货币市场即短期资金市场,是指期限在一年以内的短期资金交易的市场。该类市场由于各种交易的资金期限短,流动性强,风险小,具有"准货币"的性质,所以也称货币市场。

资本市场即长期资金市场,一般是指期限在1年以上的中长期资金交易的市场。由于长期市场筹集的资金主要作为资本运用,所以该类市场也称资本市场。

黄金市场、外汇市场是专门以黄金、外汇为交易对象的市场。

(二)按金融交易的性质不同,可分为发行市场和流通市场

发行市场也叫初级市场或一级市场,是指从事新证券或票据等金融工具首次发行的市场。流通市场也叫次级市场或二级市场,是从事已上市的旧证券或票据等金融工具买卖转让的市场。

发行市场是流通市场的基础和前提,没有发行市场就没有流通市场;流通市场是发行市场存在与发展的重要条件之一,无论从流动性上还是从价格的确定上,发行市场都要受到流通市场的影响。

(三)按金融交易交割方式的不同,可分为现货市场和衍生品市场

现货市场是金融交易成交后,立即或在很短的时间内(一般不超过3个营业日)进行交割的市场。所谓交割,即买卖双方履行交易契约,进行钱货(金融商品)两清的授受行为。现货交易是最基本的交易形式,其风险性和投机性都很小。

衍生品市场是金融交易成交后,买卖双方不立即交割,而是签订协议,约定好交割的金融商品品种、价格、数量,在将来某一特定时间完成交割的交易所形成的市场。金融衍生品市场主要有远期、期货、期权和互换四种交易形式。

(四)按资金融通方式的不同,可分为直接融资市场和间接融资市场

资金融通有两种形式,即直接融资与间接融资。相应地,金融市场也分为直接融资市场和间接融资市场。间接融资,是指资金的需求者与供给者分别与银行或其他金融机构形成各自独立的信用关系,以金融机构作为媒介体进行资金转移的融资活动。直接融资,是指资金供求双方借助于金融工具直接形成信用关系,以实现资金转移的融资活动。

直接融资与间接融资的区别主要在于融资过程中资金的供求双方是否直接形成信用关系,如图8-1所示。

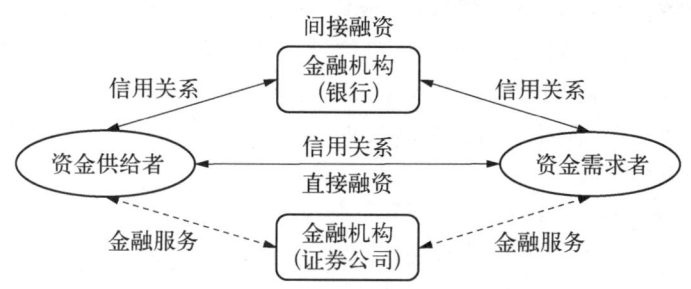

图8-1 直接融资与间接融资的区别

在直接融资与间接融资中,金融机构发挥的作用有什么不同?资金供求双方的关系有什么不同?

(五)按金融交易的地理范围不同,可分为国内金融市场和国际金融市场

国内金融市场是指在一个国家范围内进行融资活动,交易活动发生在本国居民之间的金融市场。如目前我国的银行间外汇市场。

国际金融市场是指金融活动超越国界,其他国家居民可以参与金融交易的市场。国际金融市场是国内金融市场在国际范围的延伸,全球著名的国际金融市场大都在国际金融中心城市,如纽约、伦敦、我国香港地区、新加坡等。

五、金融市场的作用

(一)有效地动员和筹集资金

作为资金供给者,在为闲置资金寻求出路时,要求兼顾其资金流动性和盈利性。而资金需求者在筹集资金时,也要求在降低成本的同时,满足在数量和时间上的需要。因此,要充分有效地动员社会储蓄向生产性投资转化,需要为双方创造一个满意的场所。金融市场上有多种融资形式可供双方进行选择。各种信用工具的自由买卖和灵活多样的融资交易活动,增强了信用工具的流动性和安全性,提高了融资的效率,使资金供应者能够灵活地调整其闲置资金的保存形式,达到既能获得盈利,又能保证安全性和流动性的目的;使资金需求者能从众多的筹资方式中选择适当的有利方式,及时地、灵活地、有效地筹集到所需资金。所以,金融市场无论是对资金的供给者还是需求者都有强大的吸引力,是投

资和筹资的理想场所。

（二）合理地分配和引导资金

金融市场通过利率的差异和波动，通过市场上优胜劣汰的竞争以及对有价证券价格的影响，能够引导资金流向最需要的地方，流向那些经营管理好、产品畅销、有发展前途的经济单位，从而有利于提高投资效益，实现资金在各地区、各部门、各单位的合理流动，完成社会资源的优化配置。

（三）灵活地调度和转化资金

金融市场上多种形式的融资交易，形成纵横交错的融资活动，这种融资活动不受行业、部门、地区或国家的限制，便于各经济单位灵活地调度资金，充分运用转化资金的性质和期限。例如，股票、债券的发行能将储蓄资金转化为生产资金，将流动的短期资金转化为相对固定的长期资金；证券的出售能将长期投资即刻转变为现金；远期票据的贴现能使将来的收入转变成现期收入。

（四）实施金融宏观调控

中央银行通过金融市场进行公开的市场业务操作，吞吐有价证券以调节货币供应量，实施再贴现政策，调整再贴现率以影响信用规模。两者的实施通过影响利率水平调节资金供求。金融市场的利率变化又是宏观金融调控的重要参考依据。金融市场的这些功能，通过众多参与者在各种融资交易中公平竞争而得到充分发挥。

引例解析

1. 金融市场最基本的功能就是实现资金融通。金融市场上有多种融资形式可供交易双方进行选择。借助股票、债券等金融工具融通资金是所谓的直接融资；以银行为媒介，通过存、贷款等方式融通资金是所谓的间接融资。

2. 金融市场的参加者涵盖了企业、居民个人、政府机构、金融机构等所有的经济主体。不管是作为资金需求者，还是作为资金供给者，不管是为了扩大经营规模，还是为了实现资产的保值、增值，我们都需要金融市场。

3. 除了便利的资金融通，我们在金融市场上还可以享受到支付结算、代理服务、货币兑换等多种多样的金融服务。

第二节 货币市场

引例

巧用线上智能化贴现产品　助力重点农业龙头企业发展

邮储银行深圳分行积极响应党和政府号召，推出全流程线上智能化贴现产品"智能秒贴"，助力小微企业转型升级，服务实体经济发展。

深圳市金某米业有限公司为广东省重点农业龙头企业,经营范围涵盖稻米种植、加工、仓储、销售、物流、服务等,业务经营条线广泛,除传统贷款外,基于行业结算特点的票据融资需求较大。

邮储银行深圳民康支行通过日常调研走访,了解到企业"额度小、频次高、用款急"的票据融资需求与邮储银行智能秒贴产品自助、智能、便捷的特点高度契合。于是,该行工作人员积极向客户推荐并签约"智能秒贴"产品,实现了客户从申请到放款成功仅用几十秒,以其业务流程的无感化和资金的"秒级"到账的优质服务,获得客户高度好评。

据了解,"智能秒贴"产品采用全流程线上智能化服务模式,支持 7×10 小时办理业务,周末节假日无休办理,365 天"不打烊",办理时间灵活,线上实时报价,操作简单便捷,极大解决了传统票据贴现业务询价流程长、审批时间久、资金到账慢等痛点,为客户提供了极速贴现服务,更好地满足客户的金融服务需求。

(资料来源:深圳新闻网)

请思考,"线上贴现"的特点是什么?商业银行为何能够推出此类服务?

一、货币市场的特点

货币市场,是指期限在 1 年以内的短期资金交易市场。货币市场为各经济部门调节其资金流动性提供了便利,同时又是一国中央银行调节货币供应量的重要领域。相对于资本市场来说,货币市场有以下几个主要特点:

(一)货币市场融资期限短,流动性强,风险低

在货币市场上交易的信用工具期限一般在 3~6 个月,最长不超过 1 年,最短为 1 日,甚至半日,容易在短时间内变现,所以其流动性较强,风险相对较低。

(二)货币市场利率多变

由于货币市场融资期限短,交易频繁,利率也随之频繁变动,灵敏地反映短期资金供求状况。货币市场利率的变化对资本市场长期资金利率的变化起着引导作用,并且引起有价证券行市的波动。

(三)货币市场是一种批发市场

货币市场上资金交易数额极大,周转速度极快,一般投资者难以涉足,所以货币市场的主体大多是机构投资者。他们深谙投资技巧,业务精通,因而能在巨额交易和瞬息万变的行情中获取利润。

(四)货币市场是一个不断创新的市场

由于各国货币市场上的管制历来比其他市场要松,所以任何一种新的交易方式和方法,只要可行就可能被采用和发展。

二、货币市场的构成

货币市场上活动的主要是商业银行、中央银行、大公司、财政部及各级政府部门等机

构,一些机构投资者如保险公司、基金组织等也积极参与其中。他们共同创造了这个无形的,但却十分活跃、内容丰富且多层次的货币市场。货币市场由同业拆借市场、票据市场、大额可转让定期存单市场、短期证券市场和银行短期借贷市场等构成。

(一) 同业拆借市场

同业拆借市场是指金融机构之间以货币借贷方式相互融通短期资金的资金融通活动。具体是指银行等金融机构之间相互借贷在中央银行存款账户上的准备金余额,用以调剂准备金头寸的市场。随着金融市场的发展,同业拆借市场的交易对象也不仅限于商业银行的准备金,它还包括商业银行相互间的存款以及证券交易商和政府拥有的活期存款;拆借的目的除满足准备金要求外,还包括轧平票据交换的差额,解决临时性、季节性的资金要求等。它包括拆入和拆出资金,拆入是资金短缺者从资金盈余者借入款项,也称拆借;拆出是指资金盈余者向资金短缺者拆出款项,也称拆放。

同业拆借市场的交易具有几个显著的特点:一是融资期限短,同业拆借的期限大多在 7 天以内,期限短的甚至是隔夜拆借;二是交易手续简单,一般通过电话洽谈,由全国性资金清算网络完成交割;三是凭信用进行交易,交易金额大;四是利率由双方协商决定,随行就市,通常低于中央银行的再贴现率。

我国的同业拆借市场自 20 世纪 80 年代中期以后迅速发展,1996 年年初,全国银行间同业拆借交易系统建成。

上海银行间同业拆放利率

上海银行间同业拆放利率(Shanghai Interbank Offered Rate,Shibor),以位于上海的全国银行间同业拆借中心为技术平台计算、发布并命名,是由信用等级较高的银行组成报价团自主报出的人民币同业拆出利率计算确定的算术平均利率,是单利、无担保、批发性利率。目前,对社会公布的 Shibor 品种包括隔夜、1 周、2 周、1 个月、3 个月、6 个月、9 个月及 1 年。Shibor 报价银行是公开市场一级交易商或外汇市场做市商,是在中国货币市场上人民币交易相对活跃、信息披露比较充分的银行。每个交易日根据各报价行的报价,剔除最高、最低各 2 家报价,对其余报价进行算术平均计算后,得出每一期限品种的 Shibor,并于 11 点 30 分对外发布。Shibor 是市场基准利率,对宏观管理、对于市场参与者了解市场流动性松紧,都能提供很重要的参考。

(二) 票据市场

票据市场是指在商品交易和资金往来过程中产生的以汇票、本票和支票的发行、担保、承兑、贴现、转贴现、再贴现来实现短期资金融通的市场。在整个货币市场体系中,票据市场是最基础、交易主体最广泛的组成部分,是短期资金融通的主要场所,是直接联系产业资本和金融资本的枢纽。

票据市场的资金融通主要通过票据贴现市场来实现。贴现市场是指银行买进未到期票据,对持有人提供短期资金融通的市场。参与贴现活动的主要是贴现银行、商业银行和中央银行。贴现的票据主要是商业票据、银行承兑汇票,此外还有国库券和其他短期债券。

票据贴现分为贴现、再贴现和转贴现三种,如图8-2所示。

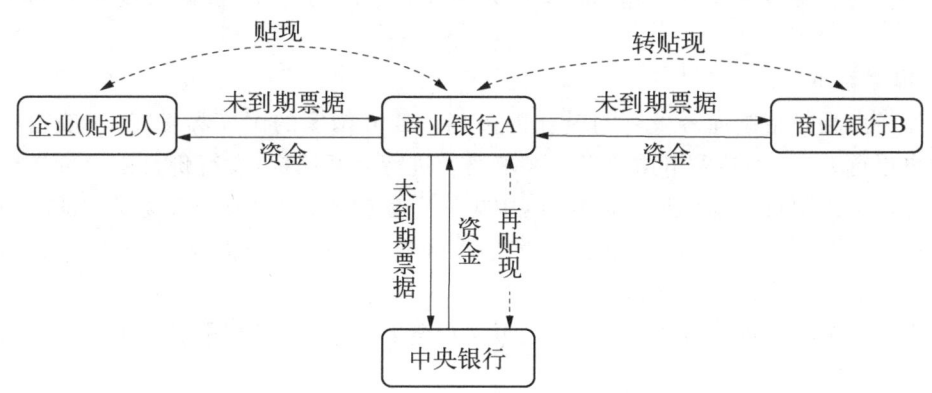

图8-2 贴现、再贴现和转账现

贴现是指商业银行买进未到期票据,从票面金额中扣除自贴现日起到票据期满日止的利息(贴现利息),将所余金额付给贴现人(票据持有者)。再贴现也称重贴现,是指商业银行将其已贴现但未到期的票据再向中央银行办理贴现,借以融通资金的行为。转贴现是指商业银行将其贴现进的未到期票据,再向其他商业银行或贴现机构进行贴现,借以融通资金的行为,它是商业银行同业拆借业务之一。

中国票据市场自20世纪80年代初创建以来,经过四十多年的探索与实践,已成为我国金融市场体系的重要组成部分,在服务实体经济、传导货币政策方面发挥着重要作用。票据业务也成为商业银行资产负债表中不可缺少的元素。随着电子票据的高速发展和全国统一票据交易平台的建立,票据业务呈现出"融资票据化、票据电子化、交易集中化、流程一体化"的大趋势。

(三) 大额可转让定期存单市场

大额可转让定期存单市场简称CD市场或存单市场,包括发行市场和流通市场。CD的发行,实际上是银行的一种负债业务,由银行出售存单取得资金,客户付出货币购买存单。西方国家银行发行存单主要采取以下两种形式:

(1) 批发式发行。批发式发行是指银行集中发行一批存单,发行时将存单发行数量、时间、利率、面额等予以公布,由投资者选购。

(2) 零售式发行。零售式发行是指银行根据客户的要求,随时出售合乎客户要求的存单,存单的面额、期限、利率等由银行与客户协商后确定。

存单有固定的面额,发行时按面额交割,利息是以面额为基础计算的。存单票面注明利率。客户购买存单时考虑的因素主要是存单利息收入的高低、期限长短以及存单的信用风险等。大银行实力雄厚,条件优越,最能吸引客户,存单发行量较大。

存单在期满前可由持有者自由转让出去,这是存单不同于其他存款的独特之处。决定存单转让价格的因素主要是利率、期限和本金。一般来说,存单原定利率越高,转让价格就越高,反之就越低;与存单原定利率相比,转让时的市场利率越高,转让价格就越低,反之就越高。

(四) 短期证券市场

短期证券市场是指期限不到 1 年的短期证券发行和转让的市场。该市场是规模最大、最活跃、地位也最重要的货币市场,主要有国库券市场、商业票据市场和回购协议市场等。

1. 国库券市场

国库券市场是指国库券发行与转让的市场。西方国家的国库券发行,一般由财政部委托中央银行办理,大多采用拍卖方式在市场上进行公开招标,发行价格由投标者经过竞争而定。任何人都可参加国库券的投标,中央银行也参加,作为公开市场操作的准备。国库券一般采用贴现方式发行,票面不记明利率,发行价格低于票面额,两者之间的差额就是国库券收益。西方国家的国库券发行时间分为定期发行和不定期发行。发行数量由国家财政部门根据将到期国库券数量、财政短期资金需要量、市场利率以及中央银行货币政策的需要确定。

国库券发行后便进入流通市场。在西方国家,其转让活动非常普遍,形成了发达的国库券流通市场。证券商在这个市场上起着重要的作用。证券商在国库券发行时包销了大部分国库券,然后在流通市场上转让出去,其利润来源于买卖之间的差额。其他投资者在其有支付需要时,也在流通市场上出售国库券。中央银行参与国库券二级市场的买卖,以调节货币供给量。

国库券的转让价格是以贴现率为基础计算的,贴现率越高,转让价格越低;贴现率越低,则转让价格越高。国库券转让价格还决定于到期日,距到期日越近,则转让价格越高;反之则越低。

2. 商业票据市场

传统的商业票据是商业信用的工具,但后来商业票据逐渐与商品交易相分离,演变为一种在金融市场上筹措资金的方式。这里的商业票据是指具有高信用等级的公司所发行的无担保的融资性短期债券。商业票据的期限很短,市场上未到期的商业票据平均期限在 30 天以内,一般不超过 270 天。

在美国,商业票据的发行者主要是金融公司或银行控股公司。对商业票据发行者的资信情况的考核是十分严格的,有专门的评级标准,根据出票人的管理质量、经营能力和风险、资金周转的速度、竞争能力、流动性评价、债务结构、经营前景展望等因素综合分析,评出等级。级别不同,发行票据的利率也相应有差异。

由于商业票据的期限短,所以商业票据市场实际上只是一级市场,没有一个成熟的二级市场。但这并不影响商业票据的流动性,大多数的出票人愿意在持有者头寸周转困难时购回票据。商业票据到期时一定要照付,减少延期支付的情况,否则会影响出票人的信誉,从而影响以后的发行。

3. 回购协议市场

回购协议市场是指通过回购协议进行短期资金融通的市场。回购协议是指出售证券以取得资金的同时,出售证券的一方同意在约定的时间按原价或约定价格重新买回该笔证券。回购有正回购与逆回购之分。正回购是指在出售证券的同时,和证券的购买商签订协议,承诺在一定期限后按照约定价格回购所出售的证券,从而及时获取资金的行为;逆回购是指买入证券一方同意按照约定期限和价格再卖出证券的行为。一笔回购交易涉

第二节　货币市场

及两个交易主体(资金融入方和资金融出方)、两次交易契约行为(初始交易和回购期满时的回购交易)和相应的两次清算。

回购协议是20世纪70年代首先在美国发展起来的一种新的货币市场信用工具,它实际上是以证券为担保品的短期资金融通,其运作方法有两种:一是双方协议按相同的价格出售与回购证券,回购时融资方另外向出资方支付约定的利息金额,即所谓质押式回购。二是双方协议使回购价格高于出售价格,其间的差价就是回购协议出资方的利息所得,即所谓买断式回购。

回购协议交易的一般是信用等级较高的证券,如国债、银行承兑汇票等,因此,具有风险小、流动性高的特点。回购交易的期限很短,一般是1天,也称"隔夜",以及7天、14天等,最长不过1年。

回购协议交易一般是通过电话进行,没有一个集中的市场,多数是通过经纪人间接成交。在我国,回购交易可以通过证券交易所和银行间债券市场进行。交易所回购市场是指通过证券交易所(主要指上海证券交易所)完成的债券回购,其期限较短,包括1天、2天、3天、4天、7天、14天、28天、91天、182天;抵押品包括国债和企业债,目前主要为国债。但交易所回购市场远远没有银行间债券市场活跃,后者已经成为金融机构短期资金融通的主要市场。

(五)银行短期借贷市场

银行短期借贷市场是指商业银行通过吸收各种存款,然后对农、工、商各业及其他货币资金需求者提供短期信贷或押款,是间接金融市场的组成部分。

引例解析

票据市场是货币市场的重要组成部分,发展票据业务对解决企业的合理资金需求,特别是缓解中小企业融资难题具有积极的作用。

"贴现通"业务是指票据经纪机构受贴现申请人委托,在中国票据交易系统进行贴现信息登记询价发布、交易撮合后,由贴现申请人与贴现机构通过电子商业汇票系统办理完成票据贴现的服务机制。2022年6月17日,上海票据交易所发布《"线上贴现"功能建设工作方案》,依托新一代票据业务系统,"线上贴现"业务模块在充分继承原有"贴现通"业务功能的基础上,进行升级优化。

"线上贴现"功能的目的在于撮合有票据融资需求的企业和有贴现需求的银行达成交易,因此一个高效的信息撮合模式尤为重要。"线上贴现"主要采取询价交易的方式,包括意向询价、挂牌询价、对话报价三种方式,其中意向询价+对话报价是主要方式,即先通过意向询价达成成交意向,再通过对话报价达成成交。"线上贴现"功能升级最大的变化在于增加了意向询价的场景,不仅支持贴现申请人发起意向询价,也支持贴现机构发布贴入需求。

依托票交所"线上贴现"功能,建设银行推出"建融e贴"线上秒贴业务,浦发银行推出"浦银e贴"产品,邮储银行推出全流程线上智能化贴现产品"智能秒贴",等等,不一而足。这些票据业务的开展显著提高了业务办理效率,有助于缓解小微企业"贴现难、贴现长"问题,为新金融服务小微企业发展注入新动能。

第三节 资本市场

> **引 例**
>
> **中芯国际创 10 年来最大 IPO**
>
> 2020 年 7 月 5 日,中芯国际披露首次公开发行股票并在科创板上市发行公告,确定发行价格为 27.46 元/股。按本次发行 16.86 亿股计算,中芯国际本次 IPO(首次公开发行的简称)融资将达 462.87 亿元;若超额配售选择权全额行使,公司募集资金总额为 532.3 亿元。中芯国际不仅是科创板最大的 IPO,也是自 2010 年 7 月农业银行 IPO(融资 687.36 亿元)后,A 股 10 年来最大的 IPO。
>
> 中芯国际这次赴科创板上市,创下许多纪录,从上交所受理到过会只有 19 天,创造了科创板审核最快纪录。到 7 月 7 日上网申购,也不过 37 天,可以说是史上最快的 IPO 了。

想一想,中芯国际 IPO 成功募集资金 532.3 亿元,体现了金融市场的何种功能?

资本市场又称长期资金市场,是指经营 1 年以上中长期资金借贷的市场。与货币市场相比,其特点主要有:① 融资期限长,在 1 年以上,最长可达数十年,甚至没有期限;② 融资的目的是解决中长期融资需求,流动性和变现性相对较差;③ 资金融通规模大;④ 收益较高、风险较大。由于融资期限较长,发生重大变故的可能性也大,市场价格容易波动,投资者需要承受较大风险。同时,作为对风险的报酬,其收益也较高。

资本市场对经济的最大贡献就是提供了一条储蓄向投资转化的有效途径:它通过价格机制合理地引导和分配资金。因此,资本市场的完善与否影响到一国投资水平、投资结构、资源的合理分配和有效利用,乃至国民经济的协调增长。

资本市场主要包括股票市场、债券市场、证券投资基金市场和银行中长期信贷市场。中长期信贷属于商业银行业务,在这里不述及。

一、股票市场

股票市场是专门进行股票公开交易的市场,包括股票的发行市场与流通市场。

(一)股票发行市场

股票发行市场是指通过发行股票进行筹资活动的市场,又称为初级市场或一级市场。它一方面是资本需求者筹集资金的场所,另一方面又是资本供给者的投资场所。虽然发行市场不像流通市场那样引人注目,但是它在整个金融市场中的地位却是至关重要的,因为在直接融资中,资金由盈余单位向赤字单位的转移正是通过发行市场来完成的。新股票的发行,反映市场上股票总量的增加和社会融资总额的增长情况。

发行市场的参与者主要包括股票发行人(股份公司)、承销商和股票投资者。由于股份公司发行的股票数量巨大,发行程序复杂,因此一般由专业机构代为销售,此类专业机构就是承销商。承销商是发行市场的媒介人,地位非常重要。其重要性表现在,一是向发行者提供咨询,如发行什么类型的证券、定价应为多少、何时何地发行比较适宜等问题;二是帮助甚至替代发行者准备各种发行材料和办理申报、审批手续;三是利用自己的销售渠道,运用一定的销售方式将证券推销给最终投资者。

1. 股票发行类型

股票发行分为首次公开发行(简称为IPO)和上市公司增资发行。首次公开发行是指拟上市公司首次在证券市场公开发行股票募集资金并上市的行为。上市公司增资发行是指股份公司上市后为达到增加资本的目的而发行股票的行为,即再融资,具体方式为增发或配股。配股是对原有股东,增发可以是对原有股东也可以对所有投资者。

2. 股票发行方式

(1) 直接发行与间接发行。在发行市场上,根据是否通过媒介来发行证券,可以将证券发行划分为直接发行和间接发行。

直接发行是指由发行者将证券直接推销给投资者,如公司内部发行证券、股息再投资。直接发行有利于节约各种手续费,减轻发行成本。但对企业来说,融资数量有限,发行风险较大,所以直接发行在发行市场上仅占极小部分。

间接发行是指通过证券发行中介机构进行承购推销。根据证券发行中介机构承购证券的方式,可以将间接发行再划分为:① 代销。证券的发行者与发行中介机构签订委托代销合同,并缴纳一定委托手续费,由中介机构代销证券。发行风险全部由发行者自己承担。② 助销。即余额包销,在委托推销的合同中规定,当中介机构实际推销的结果未达到委托推销合同所规定的证券发行额时,其差额部分由中介机构买进。对发行者来讲这种发行方法成本低而且发行风险小,能保证证券发行总额的完成。③ 包销。即全额承销,证券发行者与发行中介机构签订的是购买合同,由中介机构把发行者需要发行的证券全额买下,然后根据市场行情再逐渐卖出。在这种发行方式中,中介机构承担的是所有发行风险,赚取的则是买卖的差价。

对发行者来说,选择哪种方式发行,应考虑本身在金融市场上的知名度和信誉度、使用资金的时间性、信息成本以及中介机构的技术能力和资金实力等因素。我国股票发行通常采用公开发行、承销商余额包销的方式。

(2) 公募发行与私募发行。公募发行是指向广泛的不特定的投资者发行证券的一种方式。为了保证投资者的合法权益,政府对证券的公募发行控制很严,要求发行人具备较高的条件。公募证券可以上市流通,具有较高的流动性,因此易于被广大投资者接受。不足之处在于手续比较复杂,发行成本较高。私募发行(又称不公开发行或内部发行)是指面向少数特定的投资人发行证券的方式。私募发行有确定的投资人,发行手续简单,可以节省发行时间和费用。私募发行的不足之处是投资者数量有限,流通性较差,且不利于提高发行人的社会信誉。

3. 股票发行价格

股份公司发行股票时要确定股票发行价格。股票发行价格一般有五种。一是面值发行,即发行价格与面值相等,也叫平价发行;二是溢价发行,即以高于面值的价格发行;三是折价发行,即以低于面值的价格发行;四是时价发行,即对于增资扩股发行股票,可以依照规定按该公司股票的市价发行;五是中间价发行,即对于再次融资发行的股票,可以按照公司股票市价和面值的中间平均价发行。大多数国家包括我国禁止股票折价发行。

4. 股票发行程序

股票发行程序一般是:股份公司制订新股发行计划;形成董事会决议;选定承销商;编制股票发行申请书,准备相关申请文件;证券监督管理机构依照法定条件负责核准股票发行申请;投资者认购股票等。股票发行程序,如图 8-3 所示。

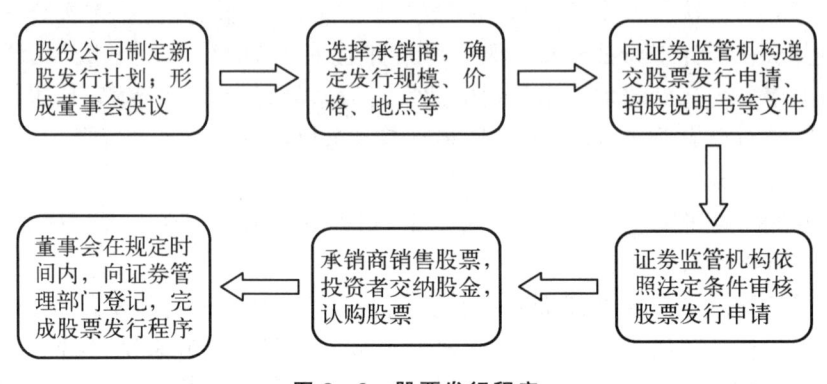

图 8-3 股票发行程序

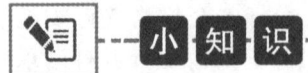

注册制和核准制

注册制是指证券发行申请人依法将与证券发行有关的一切信息和资料公开,制成法律文件,送交主管机构审查,主管机构只负责审查发行申请人提供的信息和资料是否履行了信息披露义务的一种制度。其最重要的特征是:在注册制下证券发行审核机构只对注册文件进行形式审查,不进行实质判断。如果公开方式适当,证券管理机构不得以证券发行价格或其他条件非公平,或发行者提出的公司前景不尽合理等理由而拒绝注册。注册制主张事后控制。注册制的核心是只要证券发行人提供的材料不存在虚假、误导或者遗漏,即使该证券没有任何投资价值,证券主管机关也无权干涉,因为自愿上当被认为是投资者不可剥夺的权利。

核准制即所谓的实质管理原则,以欧洲各国的公司法为代表。依照证券发行核准制的要求,证券的发行不仅要以真实状况的充分公开为条件,而且必须符合证券管理机构制订的若干适于发行的实质条件。符合条件的发行公司,经证券管理机关批准后方可取得发行资格,在证券市场上发行证券。这一制度的目的在于禁止质量差的证券公开发行。

目前,我国股票发行制度正在从核准制过渡到全面实施注册制。从 2019 年 6 月开始设立科创板并试点注册制,再经过在创业板、北交所的试点,到 2023 年 2 月 17 日,历时近 4 年,注册制终于在 A 股全面落地。

全面实行股票发行注册制标志着新一轮资本市场改革迈出了决定性的一步。注册制改革的本质是把选择权交给市场,强化市场约束和法治约束。从核准制到注册制,最为重要的变化是充分贯彻以信息披露为核心的理念,将核准制下的价值判断尽可能转化为信息披露要求,发行上市全过程更加规范、透明、可预期。全面注册制会加快企业上市和融资速度,直接融资比例不断提升,对我国经济发展影响深远。

（二）股票流通市场

股票流通市场是指已发行的股票进行买卖、转让的市场,也称为股票二级市场或次级市场。这一市场为股票提供了流动性。股票流通市场的交易量,只代表现有股票所有权的转移,而不代表社会资本存量的增加。股票流通市场健全与否,直接影响到发行市场的成交成效。该市场通常可分为有组织的场内交易市场和场外交易市场两种市场组织形式。

1. 场内交易市场——证券交易所交易

场内交易市场即证券交易所交易。证券交易所是有组织的、专门买卖有价证券的二级金融市场。该市场上的交易是按照一定的时间、一定的规则买卖特定种类的上市证券。证券交易所一般采用公司制和会员制两种组织形式。会员制证券交易所由具有会员资格的机构共同出资组成,不以营利为目的。它与会员的关系是自律关系。而公司制证券交易所是按股份公司形式组建的以营利为目的的法人社团。它与证券商的关系是契约关系。

证券交易所本身并不买卖有价证券,也不决定有价证券的价格,它主要为买卖有价证券提供方便,提供场所,向投资者提供上市证券的数量、价格、发行者的财务状况等信息。证券交易所交易价格由买卖双方按"价格优先、时间优先"的原则竞价确定,竞价方式有集合竞价和连续竞价两种。集合竞价是指在每日开盘时,交易所电脑主机对开市前接受的全部有效委托进行的一次性撮合处理过程。连续竞价则是在开市后的正常交易时间电脑主机对投资者申报的委托进行逐笔连续撮合的过程。

（1）证券交易所的结构。在证券交易所场上活动的有两大类人员：一类是交易所中的工作人员,如记录员、计算机操作人员等,其作用是维持交易市场内的正常运作;另一类是交易参与者,他们属于交易所的成员。每家交易所成员都有一定限额,这些交易所的成员一般都在交易场内获有"席位",成员席位可转让或出租。证券交易所内交易参与者按其在场上活动的性质又可分为三类：第一类是证券经纪人,他们是交易所内专门帮助客户进行证券买卖从中收取佣金的会员；第二类是证券自营商,他们实质上是利用市场行情的波动,为自己的账户买进或卖出进行投机的证券交易商；第三类是专员,他们的主要职责是维持整个市场公平有秩序地运行。为完成这种职能,他们既充当经纪人,又充当自营商。他们尽可能将未配平的委托单配平,但在必要情况下,为了保持市场价格和交易的连续性,这些专员往往从自己的证券账户上买进或卖出证券,以缓和某类证券的供求失衡。当专员在配平委托单时,他是经纪人,当他从自己的账户上买进或卖出时,他是自营商。这种两位一体的角色,使专员成为整个市场的核心。需要指出的是,这种划分是相对的,一家证券公司或投资银行往往同时充当三种角色。

（2）证券交易所交易的一般程序。作为一般的个人投资者和机构投资者,不能直接进入交易所进行交易,只能委托经纪公司来完成。一般来说,证券交易所交易的一般程序包括开户、委托、成交、清算与交割等程序,如图8-4所示。

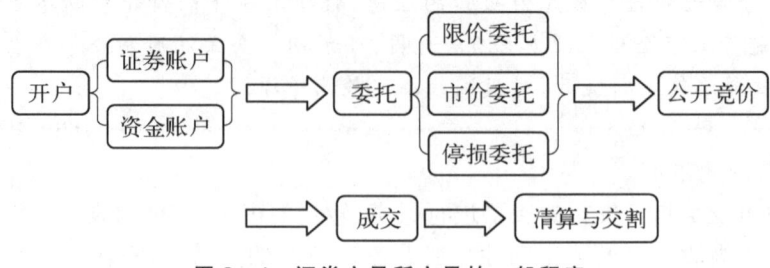

图8-4 证券交易所交易的一般程序

(3) 证券交易所的交易方式。

证券交易所的交易方式主要有现货交易、信用交易、期货交易和期权交易四种。前两者为传统的证券交易方式,后两者是20世纪70年代兴起的交易方式。

① 现货交易。现货交易又称现款交易,是指买卖双方成交后即时交割。即时交割通常是指当天完成交割。不同地区市场习惯不同,即时交割的日期规定也不同,有的是在成交的次日办理交割,也有的是在成交后的四五天内办理交割。从事现货交易的人,既可获得股息或红利方面的收益,也可获得证券价差方面的收益。我国股票现货交易实行的是"T+1"。

② 信用交易。信用交易又称垫头交易或保证金交易,是指投资者买卖有价证券时,只交付一定比例的现金或股票(保证金),其余由经纪人垫付的一种交易方式。成交后投资者要归还经纪人所垫付的现款或股票,并要支付一定的利息和佣金。信用交易在我国称为融资融券。

信用交易有利于投机活动。例如,某投机商对证券市场上某种证券价格看涨,可以先支付部分价款作为保证金,其余由经纪人垫付,购买该种证券。如果过一定时期该证券价格真的上涨了,这时将证券卖出后,除归还经纪人垫款和利息外,超过预先支付定金的差额即为投机收益,称为保证金"买长"。反之,如果某投机商人对某项证券价格看跌,自己手中又无证券可卖,也可向经纪人借入一定量证券卖出。如果过一定时期该证券价格下跌了,投机者可用卖得的大部分价款,以现价买入同量的证券归还经纪人,其余款项减去借用经纪人证券的利息等支出后的差额,即为投机者的收益。这种情况称为保证金"卖短"。

期货交易和期权交易方式将在本章第四节进行介绍。

(4) 股票上市。股票上市是指股票在交易所登记注册,并有权在交易所挂牌买卖。在交易所上市的股票就是所谓的上市(或挂牌)股票。公司要在某一交易所注册,必须符合注册的条件,并且遵守该交易所的规章制度。从申请上市程序来讲,申请上市有两种情况:一种是由证券交易所主管机构予以认可,即授权上市;另一种是由证券交易所同意,即认可买卖。

各证券交易所的上市条件不一,但都包括申请上市公司的资本额、获利能力、资本结构、股权分散情况的规定。在证券交易所上市的证券都要经过严格的筛选。

2. 场外交易市场

场外交易市场是证券交易所交易之外的各种证券交易活动的总称,它与交易所共同构成一个完整的证券交易市场体系。场外交易市场又可以进一步划分为以下三种类型：

（1）店头市场。店头市场又称柜台交易市场，是指投资者在证券交易所以外某一固定场所进行未上市股票交易所形成的市场。未在证券交易所登记的股票可能有下列两种情况：一种是发行股票的企业不符合交易所规定的条件不能登记；另一种是不愿受交易所规定的条件限制而不去登记。证券交易所交易通常称为第一市场，柜台交易市场通常称为第二市场。

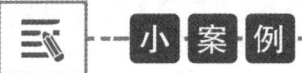

美国纳斯达克（NASDAQ）市场

纳斯达克（NASDAQ）市场的全称是"全美证券交易商自动报价系统"，该系统于1971年正式启动，它利用现代电子计算机技术，将美国三千多个证券商网点联结在一切，形成了一个全美统一的场外二级市场。1975年又通过立法，确定这一系统在证券二级市场中的合法地位。

纳斯达克（NASDAQ）市场作为美国高科技企业成长的摇篮，在美国高科技产业的发展过程中扮演了极其重要的角色，也是全球知识经济迅速发展的强大助推器。

（2）第三市场。第三市场是指非证券交易所成员，交易已在证券交易所登记的普通股的场外交易市场。参加这一市场交易的主要是金融机构、大证券经销商和大投资者。这一市场的好处是买卖证券可以直接进行，从而可以节约巨额佣金、费用等。

（3）第四市场。第四市场是指机构投资者绕开证券商，彼此通过计算机网络直接进行交易的市场。

场外交易市场和证券交易所不同之处有：一是市场分散各地，规模大小不等，没有像交易所那样严格的入场限制。二是股票价格的决定机制不同。证券交易所对于证券价格的决定是运用竞价方式，由经纪人不断报出买进价和卖出价。场外交易则是采取议价方式，即由交易双方协商确定。因此，在同一时间内，由于交易地点不同等原因，场外交易同类证券的价格可能差异较大。

我国多层次资本市场体系初步形成

成熟的多层次资本市场，应当能够同时为大、中、小型企业提供融资平台和股份交易服务，在市场规模上，则体现为"金字塔"结构。我国的资本市场从1990年沪、深两市开办至今，已经形成了主板（含中小板）、创业板、科创板、三板市场、区域性产权交易市场、股权交易市场等多种股份交易平台，多层次资本市场体系初步形成。

主板（含中小板）市场，又称一板市场，是一个国家或地区证券发行、上市及交易的主要场所。其主要为大中型成熟企业融资服务，公司在上交所和深交所两个市场上市。2004年5月深交所在主板市场内设立的中小企业板块，从资本市场架构上从属于一板市场。

创业板市场,始创于2009年,俗称二板市场,相对于主板市场而言。2020年6月,证监会发布《创业板首次公开发行股票注册管理办法(试行)》等一系列规则,进行创业板改革并试点注册制,对创业板的定位作了进一步的明确,即"主要服务成长型创新创业企业,支持传统产业与新技术、新产业、新业态、新模式深度融合",更加强调推动传统产业的创新升级。该市场设于深圳证券交易所。

科创板市场,设立于2018年11月,是独立于现有主板市场的新设板块,在该板块内进行注册制试点。科创板坚持面向世界科技前沿、面向经济主战场、面向国家重大需求,主要服务于符合国家战略、突破关键核心技术、市场认可度高的科技创新企业。是提升服务科技创新企业能力、增强市场包容性、强化市场功能的一项资本市场重大改革举措。该市场设于上海证券交易所。

新三板改革与北京证券交易所设立

三板市场,俗称新三板市场,是指全国中小企业股份转让系统,是2013年12月经国务院批准设立的全国性证券交易场外市场。为深化新三板改革,2021年9月设立了北京证券交易所,这是我国第一家公司制证券交易所。北京证券交易所定位于服务创新型中小企业,它与沪深交易所、区域性股权市场错位发展、互联互通,发挥转板上市功能;与新三板现有创新层、基础层统筹协调、制度联动,维护市场结构平衡。

区域性股权交易市场,又称四板市场,是为特定区域内的企业提供股权、债券的转让和融资服务的私募市场,一般以省级为单位,由省级人民政府监管。是我国多层次资本市场的重要组成部分,对于促进中小微企业股权交易和融资,鼓励科技创新和激活民间资本,加强对实体经济薄弱环节的支持,具有积极作用。

3. 股票交易价格

股票交易价格,又称股票行市,它是交易市场的核心因素。股票作为一种纸制的凭证,之所以有价格是因为它本质上是一种产权凭证,既代表一定的资产价值,又能给持有人带来一定的收益,所以,人们就把它看作一种有价之物。股票交易价格与股票面值关系不大,它是股票预期收益资本化的结果,即以股票的预期收益为基础,比照市场利率(以银行存款利率为代表)倒算出来。这是因为购买者在买入股票时,主要考虑的是按照什么样的价格买入,才能获得相当于目前银行存款利率水平的收益;而卖出者在出售股票时,主要考虑的是按照什么样的价格出售,才能获得相当于原有水平的收益。买卖双方对股票的面值都不太关心。

因为股票是一种无限期证券,所以其交易价格从理论上说就取决于预期收益和市场利率两大要素,用公式表示为:

$$股票行市 = \frac{预期收益}{市场利率}$$

上述公式看似简单,而实际上其背后却隐含着复杂的股票价格决定机制。关于预期收益,由于实际股息分配额一般都不大,大部分应分配的收益都作为留存盈余进行再投资,所以,考察股票预期收益大小并不能只看股息的多少,而应当考虑到企业未来的总的盈利水平高低。关于市场利率,尽管一般情况下都可采用现实的市场利率,如银行存款利率,但在利率频繁变动的情况下,也还要考虑到利率的未来变化趋势。这就使得股票市价的具体决定因素相当复杂。这些因素大体可分为以下两类:

第一类是股票市场以外的基本因素,是指在长期趋势中影响股票市场价格变动的潜在因素,包括:宏观经济因素(经济增长与经济景气循环、物价、宏观经济政策等);行业因素(行业景气度、经济周期等);社会心理(如羊群效应);公司自身因素(财务状况、盈利能力等);政治性因素(战争、国际形势等);其他因素(投机等)。

第二类是股票市场的技术因素,这些因素影响股价短期波动,例如,股票交易量、买空、卖空和大户的买卖行为等都会造成股市短期的波动。

小思考

企业是在发行市场上发行股票获得资金,流通市场上的交易是投资者之间的事,所以,企业管理者不必为本企业股票在流通市场上价格的涨落而操心。这种说法正确吗?

4. 股票价格指数

股票价格指数是指反映股票价格总体水平变动情况的统计指标。通常是用报告期的股票价格与选定的基期价格相比,反映报告期的股价总水平相对于基期价格的变动情况。由于股票价格指数选取的是股票市场上不同行业中最具代表性的重要股票作为样本进行计算,因此它能够客观地、灵敏地反映出股票价格的变动情况。世界上大多数国家均采用加权平均法来编制股价指数。目前,世界上比较著名的股票价格指数有美国道·琼斯股价指数、标准·普尔500股价指数,英国的金融时报股价指数,日本的日经225股价指数、东证股价指数和中国香港的恒生股价指数等。

二、债券市场

债券市场是指债券发行和交易的市场。债券市场是政府、企业和金融机构筹集长期资金的主要市场之一,分为发行市场和流通市场。

(一)债券发行市场

债券发行市场是指发行单位初次出售新债券的市场。债券发行市场的作用是将政府、金融机构以及公司企业等为筹集资金向社会发行的债券,分散发行到投资者手中。债券的发行市场通常无固定场所,是一个无形市场。

1. 债券的发行条件

债券发行的条件是指债券发行者在发行债券时所必须考虑的有关因素,包括发行金额、偿还期限、票面利率、付息方式等。如果债券发行人对这些因素考虑不周全,就会影响到发行的效果,降低发行收入,增大融资成本。在债券发行的基本条件中,债券的偿还期限和票面利率是首要考虑的因素。在这两项确定之后,再确定债券的发行价格。从债券发行之日起到还本付息完毕止这段时间称为债券偿还期限。决定债券期限的因素有资金使用周转期、市场利率发展趋势等。决定债券票面利率的第一个因素是债券期限的长短,债券的偿还期越长,债券的票面利率就越高;反之,亦然。

决定债券票面利率的第二个因素是债券的信用等级。

若不考虑其他因素,市场利率上升时,债券发行者应该发行长期债券还是短期债券?

2. 债券的信用评级

进行债券信用评级主要是方便投资者进行债券投资决策。投资者购买债券是要承担一定风险的。由于受时间、知识和信息的限制,投资者,尤其是中小投资者无法对众多债券进行分析和选择,因此需要专业机构对准备发行的债券还本付息的可靠程度,进行客观、公正和权威的评定,也就是进行债券信用评级,以方便投资者决策。债券信用评级的另一个重要原因,是减少信誉高的发行人的筹资成本。一般来说,资信等级越高的债券,越容易得到投资者的信任,能够以较低的利率出售;而资信等级低的债券,风险较大,只能以较高的利率发行。

世界三大著名的信用评级机构

信用评级机构被称为债券市场的看门人,他们有一套完整的系统用来分析企业信用高低的指标体系,世界三大著名的信用评级机构,分别是标准·普尔公司、穆迪投资者服务公司和惠誉国际信用评级有限公司。三家机构信用等级划分大同小异。标准·普尔公司信用等级标准从高到低可划分为:AAA级、AA级、A级、BBB级、BB级、B级、CCC级、CC级C级和D级。前四个级别债券信誉高,风险小,是"投资级债券";第五级开始的债券信誉低,是"投机级债券"。

《纽约时报》专栏作家弗里德曼曾说:"我们生活在两个超级大国的世界里,一个是美国,一个是穆迪。美国可以用炸弹摧毁一个国家,穆迪可以用债券降级毁灭一个国家。有时候,两者的力量说不上谁更大。"可以看出,评级机构对于债券市场的作用是相当重要的,他们的评级直接决定了企业融资成本的高低。不仅如此,他们还可以决定一个国家信用的好坏,现在世界上发生的很多主权国家的债务危机,例如葡萄牙和西班牙债务危机,还有美国的次贷危机,后面都有三大评级机构的身影。

3. 债券的发行价格

债券的发行价格是指在发行市场上,投资者购买债券时实际支付的价格。与股票发行不同的是,债券在发行时很少采用溢价发行,一般为按面值平价发行和折价发行。按面值平价发行是指债券按面值发行,到期时按照票面利率一次性还本付息;折价发行是指以低于面值的价格发行,到期按面值偿还,面值与发行价之间的差额,即为债券利息。

4. 债券的发行方式

债券发行方式有直接发行与间接发行、私募发行和公募发行之分。具体来说,债券的发行方式主要有以下三种:

(1) 定向发行。定向发行又称"私募发行",是指面向特定投资者发行。一般由债发行人与某些机构投资者,如人寿保险公司、养老基金、退休基金等直接洽谈发行条件和其他具体事务,属于直接发行。

(2) 集团认购。集团认购又称承购包销,是指发行人与由商业银行、证券公司等金融机构组成的承销团通过协商条件签订承购包销合同,由承销团分销拟发行债券的发行方式。

(3) 招标发行。招标发行是指通过招标方式确定债券承销商和发行条件的发行方式。按照国际惯例,根据标的物不同,招标发行可分为价格招标、收益率招标;根据中标规则不同,可分为荷兰式招标(单一价格中标)和美式招标(多种价格中标)。

(二) 债券流通市场

债券流通市场是债券的二级市场,与股票市场类似,也可分为证券交易所交易、柜台交易市场以及第三市场和第四市场多个层次。证券交易所是债券二级市场的重要组成部分,在证券交易所申请上市的债券主要是公司债券,国债一般不用申请即可上市,享有上市豁免权。大多数债券的交易是在场外市场进行的,场外交易市场是债券二级市场的主要形态。关于债券二级市场的交易机制,与股票并无差别,只是由于债券的风险小于股票,其交易价格的波动幅度也较小。

影响债券交易价格的主要因素如下:

一是市场利率。货币市场利率的高低与债券价格的涨跌有着密切的关系。债券价格和市场利率成反比关系,即市场利率上升,则债券价格下跌,市场利率下降,则债券价格上涨。这是由于,当货币市场利率上升时,用于债券的投资减少,于是债券价格下跌;当货币市场利率下降时,可流入债券市场的资金增多,投资需求增加,于是债券价格上涨。

二是经济发展情况。经济发展情况的好坏,对债券市场行情有较大的影响。当经济发展呈上升趋势时,生产对资金的需求量较大,投资需求上升,债券发行(供给)量增加,市场利率上升,由此推动债券价格下降;当经济发展不景气,生产过剩时,生产企业对资金的需求急剧下降,债券发行减少,市场利率下降,债券价格随之上涨。

三是物价水平。物价的涨跌会引起债券价格的变动。当物价上涨的速度较快时,人们出于保值的考虑,纷纷将资金投资于房地产或其他可以保值的物品,债券供过于求,从而会引起债券价格的下跌。

四是汇率。汇率的变动对债券市场行情的影响很大。当某种外汇升值时,就会吸引投资者购买以该种外汇标值的债券,使债券价格上涨;反之,当某种外汇贬值时,人们纷纷抛出以该种外汇标值的债券,债券价格就会下跌。

除此之外,债券价格还会受到中央银行的公开市场操作、新债券的发行和投机操纵等因素的影响。为调节货币供应量,中央银行于信用扩张时在市场上抛售债券,这时债券价格就会下跌;而当信用萎缩时,中央银行又从市场上买进债券,这时债券价格则会上涨;当新债券的发行量超过一定限度时,会破坏债券市场供求的平衡,使债券价格下跌;在债券交易中进行人为的投机操纵,会造成债券行情的较大变动,特别是在初建证券市场的国家,由于市场规模较小,人们对于债券投资还缺乏正确的认识,加之法规不够健全,因此使一些非法投机者有机可乘,以哄抬或压低价格的方式造成市场供求关系的变化,影响债券价格的涨跌。

三、证券投资基金市场

（一）证券投资基金与证券投资基金市场

1. 证券投资基金的含义

证券投资基金是指由发起人发起设立,通过发行证券(股票或基金单位)募集资金,由基金托管人(即具有资格的银行)托管,基金管理人(受托人)管理和运作资金,为基金份额持有人(即投资者、委托人)的利益,以资产组合方式进行证券投资的一种利益共享、风险共担的集合投资方式。作为一种现代化的投资工具,投资基金是一种间接的证券投资方式,其实质是一种信托投资方式。证券投资基金主要具有以下三个特征：

（1）集合投资。投资基金是将零散的资金汇集起来,交给专业机构投资于各种金融工具,以谋取资产的增值。基金对投资的最低限额要求不高,投资者可以根据自己的经济能力决定购买数量,有些基金甚至不限制投资额大小,因此,基金可以最广泛地吸收社会闲散资金,汇成规模巨大的投资资金,获得规模效益的好处。

（2）分散风险。"不能将所有的鸡蛋都放在一个篮子里"是证券投资的箴言。对小额投资者而言,由于资金有限,很难做到这一点。投资基金可以凭借其雄厚的资金实力,在法律规定的投资范围内进行科学的组合,分散投资于多种证券,达到分散投资风险的目的。

（3）专家理财。基金实行专家管理制度,这些专业管理人员经过专门训练,具有丰富的证券投资和其他项目投资经验,善于分析各种信息资料,对金融市场上各投资品种的价格变动趋势作出预测,尽量避免投资决策的失误,提高投资成功率。

2. 证券投资基金的种类

证券投资基金可按照不同的标准进行各种分类。

利用 ETF 基金分散风险

（1）按照基金的组织形式不同,可分为契约型基金和公司型基金。我国的投资基金一般都是契约型基金。契约型基金是指根据一定的信托契约原理组建的代理投资制度。契约型基金没有基金章程,也没有董事会,而是通过基金契约来规范委托者、受托者和受益者三方当事人的行为。基金管理人(受托者)负责基金的管理运作,基金托管人作为基金资产的名义持有人,负责基金资产的保管和处置,对基金管理人的运作实行监督；投资者(实际委托人、受益人)享有投资收益。公司型基金是按照股份公司方式运营的。投资者购买公司股票成为公司股东。股东大会选出董事会成员,后者选出公司总经理。公司选择某一投资管理公司,委托其管理本公司的资产。公司型基金涉及四个当事人：投资公司,是公司型基金的主体；管理公司,为投资公司经营资产；保管公司,为投资公司保管资产,一般由银行或信托公司担任；承销公司,负责推销和回购公司股票。

（2）按照存续期内基金份额是否可以变动为标准,可分为封闭式基金和开放式基金。封闭式基金是指事先确定基金的发行总额,在封闭期间,基金规模不再扩大或缩小,投资者只有在证券交易市场上买卖基金单位。开放式基金的基金单位总数可以随时增减,投资者可以随时购买基金单位,也可以随时将其持有的基金单位赎回变现。由于开放式基金的开放性,基金总规模在不断变化中。

此外,根据投资目标和风险差异,基金可分为成长型基金、收入型基金和平衡型基金；根据投资标的不同,基金可分为债券基金、股票基金、货币市场基金、黄金基金、衍生证券投资基金、指数基金和对冲基金等。按照资金募集方式和资金的来源划分,可以将基金分为公募基金和私募基金。

3. 证券投资基金市场

证券投资基金市场是指进行证券投资基金认购、申购和赎回的市场,即进行投资基金发售和交易的市场。

(二)证券投资基金发行市场

1. 证券投资基金的设立方式

证券投资基金的设立有两种基本方式:注册制和核准制。基金注册制是指基金只要具备法规规定的条件,便可以申请并获得注册。基金核准制是指基金不仅要具备法规规定的条件,还要通过基金主管机关的实质审查才能设立。目前我国实行的是基金注册制。

2. 证券投资基金的设立程序

基金的募集和股票及债券的发行一样,有两种基本方式,即公募和非公开募集(私募)。

公募基金的设立程序包括申请、注册和募集。基金管理人须向国务院证券监督管理机构提出申请,提交按《中华人民共和国证券投资基金法》规定制作的募集申请材料。证券监督管理机构自受理公开募集基金的注册申请之日起六个月内依照法律、行政法规及国务院证券监督管理机构的规定进行审查,作出注册或者不予注册的决定,并通知申请人;不予注册的,应当说明理由。基金的募集是指基金管理人在募集申请经注册后,发售基金份额。我国批准设立的公募基金份额的发售,由基金管理人负责办理;基金管理人可以委托经国务院证券监督管理机构认定的其他机构代为办理。

非公开募集基金是指向合格投资者募集资金,且合格投资者累计不得超过200人。所谓合格投资者,是指达到规定资产规模或者收入水平,并且具备相应的风险识别能力和风险承担能力、其基金份额认购金额不低于规定限额的单位和个人。非公开募集基金募集完毕后,基金管理人要向基金行业协会备案。对募集的资金总额或者基金份额持有人的人数达到规定标准的基金,基金行业协会应当向国务院证券监督管理机构报告。

(三)证券投资基金流通市场

1. 证券投资基金的交易方式与场所

开放式基金与封闭式基金的交易有所不同。对于开放式基金而言,购买首次发行的基金称为认购,以后的基金买卖称为申购(基金单位的买入)和赎回(基金单位的卖出)。开放式基金的申购和赎回手续十分简便,申购时投资者只需填写有关申请表格,连同购买基金的款项交给基金销售机构(如委托发行的银行、证券公司等),当基金托管人复核无误后,将相应的基金单位划在该投资者账户下。投资者在赎回基金单位时,只需填写赎回申请,交与基金销售机构,即可售出基金赎回款项。开放式基金的交易实际上是在投资者和基金管理公司之间进行的。封闭式基金在封闭期间不能向基金管理公司提出赎回,封闭式基金一般在证券交易所挂牌交易,买卖方式类似于股票买卖。

2. 证券投资基金的交易价格

基金的交易价格是指基金单位的交易价格。封闭式基金和开放式基金交易价格决定原理有很大的不同。开放式基金的价格是指柜台交易价格,它完全以基金单位净值为基础,申购价等于基金单位净值加上基金申购费;赎回价等于基金单位净值减去基金赎回费。所谓基金单位净值即每份基金单位的净资产价值,等于基金的总资产减去总负债后的余额再除以基金单位份额总数。封闭式基金价格是在证券交易所（二级市场）投资者的买卖过程中形成，基金价格与基金单位净值不符，完全由供求关系决定，存在着很大的波动性。

（四）基金的收益与分配

基金持有人投资于基金的收益分为两部分：一是投资基金的分红派息，二是买卖投资基金单位的价差收益。无论是开放式基金还是封闭式基金，其价格都是随着证券市场的波动而不断变动的。基金的收益主要来自以下三个方面：利息、股利、资本利得。基金的收入减去应扣除的费用后构成基金的净收益，就是可供基金持有人分配的收益。基金投资取得利润后要按照分配方案（项目、时间和方式）进行分配。

引例解析

1. 2019年7月22日，科创板正式开市，中国资本市场迎来了一个全新板块。科创板首批上市了25家公司。

2. 科创板重点支持新一代信息技术、高端装备、新材料、新能源、节能环保以及生物医药等高新技术产业和战略性新兴产业，推动互联网、大数据、云计算、人工智能和制造业深度融合，引领中高端消费，推动质量变革、效率变革、动力变革。中芯国际集成电路制造有限公司及其子公司是世界领先的集成电路晶圆代工企业之一，也是中国内地技术最先进、配套最完善、规模最大、跨国经营的集成电路制造企业集团之一，提供0.35微米到14纳米不同技术节点的晶圆代工与技术服务，符合科创板的市场定位及上市条件。

3. 中芯国际通过IPO，最高可以募集总额约为532.3亿元的资金，充分体现了资本市场（主要是发行市场）的融资功能。

第四节 金融衍生品市场

引 例

"327"国债期货事件

1992年12月，上海证券交易所设计并推出12个品种的国债期货合约。次年，财政部决定参照央行公布的保值贴补率，给予一些国债品种保值补贴。国债收益率炒作空间扩大，国债市场开始火爆，聚集资金量远远超过股市。"327"作为一个国债期货合约的代号，对应1992年发行、1995年6月到期兑付的3年期国库券，发行总量240亿元。

当时国家提出3年内大幅降低通货膨胀率，到1995年年初，通胀率已经被控下调了2.5%左右。国内最大券商万国证券总经理、"证券教父"管金生预测，"327"国债的保值贴息率应维持在8%的水平,不可能上调。按照这一计算,"327"国债将以132元的价格兑付。当市价在147元至148元波动时,万国证券联合辽宁国发集团,开始大举做空。他们的对手是隶属于财政部的中国经济开发信托投资公司(中经开)和众多市场大户。

当所有空头以市场化的眼光断定保值贴补率不可能再增加时,财政部发布公告称,"327"国债将按148.50元兑付,保值贴补率竟然提高到12.98%!1995年2月23日一开盘,双方展开生死厮杀,下午辽宁国发集团看到势头不对,突然调转枪口做多,万国证券被逼进死胡同,面临60亿元巨亏。收市前8分钟,万国证券违规下单,透支卖出国债期货。最后一个卖单对应面值1 460亿元,而"327"国债总价值仅仅300多亿元。如果按照收盘价交割,以中经开为代表的多头将出现约40亿元的巨额亏损,全部爆仓。

当晚十点,上交所经过紧急会议后宣布:2月23日16时22分13秒之后的所有交易是异常的、无效的,当日327品种的收盘价为151.30元。市场被上交所翻转。万国证券亏损56亿元濒临破产,被申银证券接管,管金生被捕入狱。

请思考,在"'327'国债期货事件"中,哪些风险因素导致了市场的剧烈波动?

衍生品市场是相对于基础市场而言的,基础市场包括商品市场、货币市场、资本市场、外汇市场等。金融衍生品也称金融衍生工具或金融衍生物,是指依赖于原生性金融工具的一类金融产品,其价值大都取决于原生金融工具的价格及其变化。原生金融工具一般是指股票、债券、存单、货币等。

虽然金融衍生品市场是20世纪90年代以来才引起世人瞩目的新概念,但其许多业务早在20世纪70年代就已经开始出现。金融衍生品市场主要包括金融远期、金融期货、金融期权、金融互换等市场。

一、金融远期市场

(一)金融远期市场的概念和特点

金融远期市场是金融远期合约交易的市场。金融远期合约,是指交易双方在场外市场上通过协商,约定在将来的某一日期按约定价格(即远期价格)、约定数量买卖某种标的金融资产(或金融变量)的合约。金融远期合约是最基础的金融衍生产品,金融机构或大型工商企业通常利用金融远期合约交易作为风险管理手段。与期货交易相比,金融远期交易具有如下特点。

1. 金融远期市场是场外交易市场

金融远期交易在金融机构彼此之间或金融机构与客户之间进行,主要通过现代化的网络交易系统或电话、传真等方式达成交易。

2. 金融远期合约非标准化

金融远期交易实际上采用的是一对一交易的方式,双方可根据需要协商确定交易的价格、数量、交割日期等事项,较为灵活,因此,合约也就难以标准化。

3. 金融远期合约大多数要进行实物交割,不要求保证金

金融远期交易与现货交易本质一样,买卖双方最终为了金融商品的交收或交割,而不是其他。在合约签订后,除非买卖双方协议撤销原合约,否则到期必须交割。双方通过协定的远期价格与市场价格差异来承担风险,投机程度大大减少,"以小搏大"的可能性被降至最低,因此无须要求保证金。

4. 金融远期交易成本较高,存在违约风险

金融远期交易是场外分散交易,所以交易成本较高。随着远期市场规模的扩大,部分市场出现了专门的报价商,有助于提高交易效率。同时,从合约签订到交割期间,无法观察履约情况,买卖双方面临一定的违约风险。

(二) 金融远期交易市场的类型

根据原生金融资产的不同划分,金融远期交易市场主要有以下四大类:

1. 远期利率协议市场

远期利率协议(forward rate agreement,FRA),是指交易双方约定在未来某一日期,在交换协议期间内一定名义本金基础上分别以合同利率和参考利率计算利息的金融合约。其中,远期利率协议的买方支付以合同利率计算的利息,卖方支付以参考利率计算的利息。

远期利率协议仅就利息差额部分交割,不牵涉本金交收。在清算日时,如果参考利率高于合同利率,则远期利率协议的卖方应向买方支付参考利率与合同利率间的差价;反之,则由买方向卖方支付参考利率与合同利率间的差价。

远期利率协议主要用于规避未来某一段期间利率波动的风险。协议既可以用来锁定借款的利率(适用于资金融入方),也可以用来锁定资金运用的利率(适用于资金融出方)。要锁定借款的利率,可以买入远期利率协议,要锁定资金运用的收益,可以卖出远期利率协议。

我国的远期利率协议交易有本、外币之分。人民币远期利率协议的参考利率为经中国人民银行授权的全国银行间同业拆借中心等机构发布的银行间市场具有基准性质的市场利率或中国人民银行公布的基准利率,具体由交易双方共同约定。外币远期利率协议的参考利率一般为伦敦同业拆借利率(London interbank offered rate),即 LIBOR。

 业务示例

A 公司的资金管理人于 4 月 1 日预知 3 个月后将有一笔 1 000 万美元的收入入账,同时预测美元利率将下降,故向银行卖出 3×6 的远期利率协议(协议从起算日期后的第 3 个月开始执行,整个协议覆盖的期限为 6 个月,从起算日算起的总期限),协定利率为 1.182 5%。远期利率协议的内容如下:

卖方:A 公司

买方:银行

合约金额:USD10 000 000.00

合约日期:4 月 4 日

交割日:7 月 6 日

> 到期日：10月6日
>
> 利率确定日：7月4日
>
> 远期利率协议的价格：1.1825%。
>
> 合约期间：92天。
>
> 若7月4日市场利率如预期下跌为1.0025%，则银行需要向A公司支付协定利率1.1825%与市场利率1.0025%之间的差价，具体金额计算如下：
>
> [10 000 000×(1.1825%−1.0025%)×92/360]/(1+1.0025%×92/360)＝4 588.25(美元)
>
> 即7月6日银行将支付A公司的利息差额为4 588.25美元。也就是说，A公司由于运用远期利率协议进行避险，尽管未来利率下降，在银行支付差额部分后，公司资金运用的利息收入仍维持在原利率水平。（需要注意的是，按惯例，FRA利息差额的支付是在协议期限的期初（即利息起算日），而不是协议利率到期日的最后一日，因此利息起算日所交付的差额要按参考利率贴现方式计算。）

2. 远期外汇交易市场

远期外汇交易又称期汇交易，是指买卖双方先行签订合同，规定买卖外汇的币种、数额、汇率和将来交割的时间，到规定的交割日期进行实际交割的外汇交易。

远期外汇交易与即期外汇交易的最大区别在于交割时间。远期外汇交易的期限范围很广，最短的为3天，最长的为5年，但最常见的期限是1月期、2月期、3月期、6月期和1年期几种。远期外汇交易到期时的"交割日"一般是按月而不是按天计算的。

根据交割日是否固定，远期外汇交易分为固定交割日的远期外汇交易和选择交割日的远期外汇交易两种类型。前者指事先规定具体交割时间的远期外汇交易，是较常用的远期外汇交易形式。后者是指远期外汇的买方或卖方，有权在合同有效期内任何一天，要求银行办理交割的外汇交易方式。择期外汇交易与外汇期权交易的不同之处在于，前者必须履行合同，但可在合同有效期内任何一天办理交割；而后者在合同有效期内有权选择履行合同或放弃履行合同。在国际贸易实务中，若结算支付条件是单到国内及时付汇，但单到国内的具体日期不能肯定，而只能估计在某一特定日期的前后10天左右。为防止汇率风险，进口商与银行签订买进某币种远期外汇的择期交易合同，出口商与银行签订卖出某币种远期外汇的择期交易合同，绕过远期外汇交易交割日固定的约束。

利用远期外汇交易既可以回避外汇风险，也可以进行外汇投机。

小案例

某年7月20日，某企业与其美国贸易伙伴签订一笔出口合同，金额为500万欧元，收款日为同年10月22日。当时欧元兑美元即期汇率为1.3211，3个月后的欧元兑美元的远期贴水为贴水34点，企业预测未来欧元兑美元可能继续贬值，且贬值幅度远超过34点。

为锁定成本,企业选择与某银行做远期外汇交易业务,将3个月后的实际交割汇率固定为 1.321 1－0.003 4＝1.317 7。3个月后(10月22日),如欧元兑美元即期汇率为 1.306 5,欧元贬值幅度超过34个点,实际贬值幅度为146个点,则企业通过远期外汇交易回避了5.6万[500万×(0.014 6－0.003 4)＝5.6万]美元的损失。

3. 债权类资产远期合约市场

债权类资产远期合约主要包括定期存款单、短期债券、长期债券、商业票据等固定收益证券的远期合约。以下仅介绍债券远期交易。

债券远期交易是指交易双方约定在未来某一日期,以约定价格和数量买卖标的债券的金融合约,是债券市场运用较为普遍的规避利率风险的金融衍生工具。

2005年5月,我国推出了债券远期交易,其交易标的债券券种为已在全国银行间债券市场进行现券交易的中央政府债券、中央银行债券、金融债券和经中国人民银行批准的其他债券券种。远期交易从成交日至结算日的期限(含成交日不含结算日)由交易双方确定,但最长不得超过365天。

4. 股票远期合约市场

股票远期合约是指交易双方约定在将来某一特定日期按约定价格、约定数量买卖某一单个股票或一揽子股票的协议。远期股票合约出现时间不长,交易规模也不大。股票远期交易与外汇远期交易相似,其条款一般包括:交易的股票名称、数量;交易的结算日期;股票的交易价格;双方违约责任等。

二、金融期货市场

(一) 金融期货的概念与特点

期货交易是一种古老的交易方式,它源于商品的远期交易。期货合约是一种标准化的、可转让的延期交割合同。期货合约的规范化、标准化弥补了远期合约的不足,它在商品交易中沿用至今。金融期货是指以金融工具或金融变量作为标的物的期货合约。金融期货交易可以有效地转移价格风险,起到保值的作用,也为投机者提供了机会,同时还具有价格发现的功能。金融期货具有期货交易的一般特征。

1. 合约标准化

金融期货合约对基础金融工具的品种、交易单位、最小变动价位、每日限价、合约月份、交易时间、最后交易日、交割日、交割地点、交割方式等都作了统一规定,除某些合约品种赋予卖方一定的交割选择权外,唯一的变量是基础金融工具的交易价格。

美元兑人民币(香港)期货合约概要

项目	合约细则
合约	美元兑人民币(香港)期货
交易代码	CUS
合约月份	即月、下3个历月及之后的5个季月

合约金额	100 000 美元
报价单位	每美元兑人民币(如 1 美元兑人民币 6.248 6 元)
最低波幅	0.000 1 元人民币(小数点后第 4 个位)
价位	10 元人民币
交易时间	上午 9 时至下午 4 时 30 分(不设午休)及下午 5 时 15 分至下午 11 时 45 分(T+1 时段) (到期合约月份在最后交易日收市时间为上午 11 时)
最后结算日	合约月份的第 3 个星期三
最后交易日	最后结算日之前 2 个营业日
最后结算价	由香港财资市场公会在最后交易日上午 11 时 30 分左右公布的美元兑人民币(香港)即期汇率
结算方式	由卖方缴付合约指定的美元金额,而买方缴付以最后结算价计算的人民币金额
交易所费用	8 元人民币

2. 集中交易制度

金融期货是在期货交易所集中交易,通过公开竞价方式决定买卖价格,市场交易效率高,透明度、可信度高。期货交易所一般实行会员制,非会员进行金融期货合约买卖必须通过经纪人或交易所会员公司代理。由于直接交易限于会员之间,而会员同时又是结算会员,交纳保证金,因此交易的信用风险较小,安全保障程度较高。

3. 保证金制度和高杠杆作用

在期货交易中,买卖双方都要按照交易所的有关规定,向经纪人交纳一定的保证金,经纪人再分别向期货交易所交纳履约保证金,向结算所交付结算保证金。收取保证金的目的一是保障经纪人的利益;二是确保期货合约的执行;三是控制投机者。

期货交易的保证金比率由交易所或结算所制定,一般为期货合约价值的5%~18%。由于期货交易不是全额支付资金,因此可以小博大,投机性较强,这正是期货交易的魅力所在。

4. 结算所和每日结算制度

结算所是期货交易的专门清算机构,所有的期货交易都必须通过结算会员由结算机构进行清算,而不是由交易双方直接交收清算,即交易者均以期货交易所(或结算所)为交易中介。

结算所实行无负债的每日结算制度,又称逐日盯市制度,就是以每种期货合约在交易日收盘前最后 1 分钟或几分钟的平均成交价作为当日结算价,与每笔交易成交时的价格作对照,计算出每个交易者未平仓合约的盈亏金额,并以此来增减其保证金账户的余额,当交易者保证金账户中的余额低于维持保证金限额以下时,交易所就通知交易者追加保证金,否则就强行将对其持有的合约进行平仓。

5. 期货合约的对冲机制

期货交易是契约交易,双方成交并非凭实物,而是凭既定的标准化合约。期货合约的买卖双方可在交割日之前采取对冲交易结束其期货头寸,无须进行最后的实物交割。大多数期货都是通过对冲交易来结清头寸。

(二) 金融期货市场的类型

在金融期货市场上,外汇、利率、股票及股票价格指数等均被作为期货商品,成为买卖对象。所以,金融期货市场主要包括外汇期货、利率期货和股票指数期货、股票期货四种类型的交易。

1. 外汇期货市场

外汇期货也称"货币期货"或"外币期货",是指买卖双方签订一份期货合约,规定持有者可以在将来特定日期获得一定金额按事先商定汇率结算的货币(本币或外币)。它是金融期货中最早出现的品种。自1972年5月芝加哥商业交易所的国际货币市场分部推出第一张外汇期货合约以来,随着国际贸易的发展和世界经济一体化进程的加快,外汇期货交易一直保持着旺盛的发展势头。它不但为广大投资者和金融机构等经济主体提供了有效的套期保值的工具,而且为套利者和投机者提供了新的获利手段。

从世界范围看,外汇期货的主要市场在美国,其中又集中在芝加哥商业交易所的国际货币市场(IMM)、中美洲商品交易所(MIDAM)和费城证券交易所(PHLX)。目前,外汇期货交易的主要品种有美元、英镑、欧元、日元、瑞士法郎、加拿大元、澳大利亚元等。香港交易所开展了离岸人民币期货交易业务。

外汇期货合约的基本内容与有关规则在不同的交易所除了交易单位最小变动价位和每日价格最高限制有所不同外,其他交易条件基本相同。外汇期货合约可以在到期时有实际的外币交割发生,也可以在到期前对冲合约。一般规定,所有合约到期交割时发生的一切成本由卖方承担。

2. 利率期货市场

利率期货是指以债权类证券为基础资产的金融期货合约。它可以回避市场利率波动所引起的证券价格变动的风险。20世纪70年代,受两次石油危机等因素的影响,美国等西方国家的利率波动非常剧烈,导致与利率水平相关的生产者和交易者面临巨大的风险。美国芝加哥商品交易所(CME)于1975年推出了第一个利率期货合约,随后英国、日本、加拿大、澳大利亚、法国、德国和中国香港等国家和地区也分别推出各自的利率期货。目前,利率期货已经成为交易量最大的期货品种之一。

利率期货包括短期利率期货和长期债券期货。短期利率期货是指以货币市场的各类债务凭证为标的的利率期货;长期利率期货是指以资本市场的各类债务凭证为标的的利率期货。在美国,短期利率期货合约主要有国库券、欧洲美元、商业票据和存款单;长期利率期货合约主要有国民抵押协会抵押证券、市政公债、中长期公债。

13周美国短期国债期货合约概要

项目	合约细则
标的资产	3个月期(13周)美国国债
合约单位	1 000 000美元
报价方式	100减去不带百分号的短期国债年贴现率(例如,贴现率2.25%可表示为97.75)

最小变动价位	1/2个基点,即0.005(合约的变动值为12.50美元) (一个基点为报价的0.01,代表1 000 000×0.01‰×3/12＝25美元)
交易时间	公开喊价:周一至周五　上午7:20至下午2:00 GLBOEX电子交易:周日至下周五　下午5:00至下午4:00(次日)
最后交易日	交割月的第三个星期三　91天期美国短期政府债券的拍卖日 到期合约交易于最后交易日中午12:00收盘
最后结算价	100－最后交易日美国财政部接受的91天期美国短期政府债券拍卖最高贴现率(对应国债的最低价格)
结算方式	现金交割

3. 股票指数期货市场

股票指数期货是指以股票价格指数为交易标的物的金融期货。因为指数是一个抽象的数字,并无实际的东西,所以股票指数期货合约到期时没有实物交割,而是每日以现金清算。目前,我国的股指期货产品主要有沪深300指数期货、上证50指数期货和中证500指数期货。

沪深300指数期货合约

项目	合约细则
合约标的	沪深300指数
合约乘数	每点300元(注:合约价值＝指数点×300元,若指数点为3 200,则合约价值为3 200×300元＝960 000元)
报价单位	指数点
最小变动价位	0.2点(注最小变动值:0.2×300元＝60元)
合约月份	当月、下月及随后2个季月
交易时间	上午:9:30～11:30,下午:13:00～15:00
每日价格最大波动限制	上一个交易日结算价的±10%
最低交易保证金	合约价值的8%
最后交易日	合约到期月份的第3个周五,遇国家法定假日顺延
交割日期	同最后交易日
交割方式	现金交割
交易代码	IF
上市交易所	中国金融期货交易所

4. 股票期货市场

股票期货是指以股票为交易标的物的期货合约。其与股指期货的差别仅仅在于股票期货合约的对象是单一股票,而股指期货合约的对象是代表一组股票价格的指数。

(三)金融期货市场上的套期保值和投机行为

从事期货交易的目的一是套期保值,二是投机获利,即套利。

1. 套期保值

套期保值又称"对冲交易""对冲操作"或"对冲处置",是指在期货市场上买进(或卖出)与现货市场数量相当,但交易方向相反合约的行为,是投资者为了防范金融市场上价格的逆向运动对投资造成损失而采取的抵消性金融技术。套期保值分为多头套期保值和空头套期保值。

(1)多头套期保值又称买进套期保值,是指为防止现货价格在交割时上涨的风险而预先在期货市场上买入与现货数量相同的期货合约。其适用于那些将来需要在现货市场上买进而又担心到时价格上涨的交易者。

(2)空头套期保值又称卖出套期保值,是指为了防止现货价格在交割时下跌的风险,先在期货市场卖出与现货相同数量的期货合约。其适用于那些未来需要在现货市场上卖出而又担心价格下跌的交易者。

小 案 例

货币期货空头套期保值

某年6月1日,美国某公司向日本出口商品,收到3个月后到期的日元远期汇票2 500万元,现即期汇率为USD1=JPY120.10,该美国公司担心3个月后日元兑美元汇率下跌,就在芝加哥国际货币(IMM)市场做了卖出套期保值交易。交易过程如下:

现货市场	期货市场
6月1日	
收到日元远期汇票2 500万元	卖出两份9月到期的日元期货合同
USD1=JPY120.10	价格JPY1=USD0.008 4
折:2 500/120.10=20.82(万美元)	合同价值:2 500×0.008 4=21(万美元)
9月1日	
汇票到期卖出2 500万日元	买进两份日元合同,进行对冲
汇率为USD1=JPY125.00	价格JPY1=USD0.007 9
则仅换得20万美元	合同价值:19.75万美元
现货亏损:20-20.82=-0.82(万美元)	期货盈利:21-19.75=1.25(万美元)

现货和期货市场套做净盈利:1.25-0.82=0.43(万美元)

多头套期保值与空头套期保值操作刚好相反。

2. 投机行为

投机是指交易者利用期货市场的价格波动,在承受较大风险的同时来获取较大收益的行为,也称为套利。套利包括简单套利、跨期套利、跨品种套利和跨市场套利。在期货市场上,投机不但是一种高技巧的经济行为,而且是期货市场运转中不可缺少的部分。投机者通过买空卖空期货合约而进入市场,利用低买高卖的价差赚取利润。适度的投机行

为可以起到吸收风险、加速流动、稳定市场的作用。

利率期货多头投机交易

某年10月21日,某投资者认为未来的市场利率水平会下降,于是以97.300的价格买入50手12月份到期的欧洲美元期货合约。1周之后,该期货合约价格涨到了97.800,投资者以此价格平仓。若不计交易费用,该投资者获利50个点,即1250美元/手,总盈利为62500美元。

三、金融期权市场

期权交易的蓬勃发展始于20世纪70年代,但在17世纪荷兰的郁金香交易中就已经出现了期权交易的萌芽。真正有组织的期权市场首先出现在18世纪的伦敦,但未能得到充分发展。1973年,在美国成立了芝加哥期权交易所,对期权合约的内容进行了标准化,设立了交换机构,促进了期权交易方式的发展和完善。

(一)期权交易的含义

期权交易又称选权交易,是指交易者支付一定的费用(即期权费或权利金或期权价格),取得在规定期限内按照协议价格买进或卖出一定数量金融工具的权利。期权交易的直接对象不是金融工具本身,而是买卖金融工具的权利。期权合约购买者有买进或卖出的权利,但没有义务必须买进或卖出,如果行情发展对其有利则行使自己的权利,否则就选择放弃权利,任合约到期作废。不管权利履行与否,期权合约购买者都必须向出售者支付期权费,作为转让这种权利的补偿。对期权合约出售者来说,在买方行使期权时,必须履行合约。

(二)期权交易的类型

按相关金融工具的不同,金融期权可分为外汇期权、利率期权、股票期权、股票价格指数期权等。

按期权合约内容的不同,期权分为看涨期权和看跌期权两个基本类型。看涨期权又称买进期权,是指投资者付给卖方期权费,取得在合约期限内按照协定价格买进一定数量金融工具的权利。看跌期权又称卖出期权,是指投资者在支付一定的期权费后,取得在合约期内按照协议价格卖出一定数量金融工具的权利。

按行使权利的条件不同,期权有美式期权和欧式期权之分。美式期权是指购买者可在合约规定期限内的任何一天行使权利。欧式期权是指购买者只能在到期日行使权利。

按市场组织形成不同,期权有场内期权和场外期权之分。

美式看涨期权的操作示例

XYZ股票50美元时,某交易者认为该股票有上涨潜力,便以3.5美元的价格购买了该股票2017年5月到期、执行价格为50美元的美式看涨期权,该期权的合约规模为100

股股票,即该期权合约赋予交易者在2017年5月合约到期前的任何交易日,以50美元的价格购买100股XYZ普通股的权利,每张期权合约的价格为100×3.5=350(美元)。

在期权到期前的某交易日,该股票价格上涨至55美元,权利金升至5.5美元时,交易者分析该股票价格上涨目标基本实现,此时他有两种选择:第一,行权,按50美元的价格购买100股股票,即可在股票市场上按55美元的价格将股票卖出。交易者会获得150美元的盈利(500美元的行权收益减去350美元的权利金买价)。第二,将期权卖出平仓,权利金买卖差价损益为200美元(550美元的卖出收入减去350美元的初始买价)。通过以上分析结果可见,交易者选择将期权平仓更为有利。

如果在合约即将到期时,股票价格仍然在50美元附近徘徊,此时期权价格降至1.0美元,如果交易者认为行权无望的话,可选择将期权卖出平仓的方式将亏损降至最低。卖出平仓的总损益为负250美元(100美元的平仓卖价减去350元的初始买价)。如果交易者不甘心认赔了结,或认为标的股票仍有上涨可能,则可选择继续持仓,当合约到期时行权仍然不利的话,交易者将损失全部权利金投入350美元。

(三)期权交易与期货交易的比较优势

期权与期货交易都是延期支付的合约,都可以在到期日前通过逆向交易来抵消,但两者相比仍有所不同。

期货交易中,买卖双方的权利和义务是对等的,承担的风险大小是相当的。双方都要交纳履约保证金,都必须在交易所指定的交割日交割,损益都随合约价格的波动而变化,而且都是无限的。

期权交易则只赋予买方履约和弃约权,卖方除收取期权费外无任何权利,只能被动地等待买方的履约或弃约,并且期权合约的买方只需缴纳期权费,无须交纳保证金,但卖方则须按规定交纳履约保证金。期权合约的买方比卖方承担的风险要小得多,买方的最大损失是期权费,获利却是无限的;而卖方的潜在损失是无限的,收益则仅仅是期权费。

由此可以看出,期权交易比期货交易能更大限度地回避价格风险,具有更大的投入收益比率。因此期权交易具有更良好的套期保值作用,同时也刺激了金融市场上的投机活动。

四、金融互换市场

金融互换是指交易双方通过远期合约的形式约定在将来一段时期交换一系列货币流量。按原生性资产的种类,金融互换交易可分为货币互换、利率互换等。

货币互换是指交易一方拥有一定数量的资本和由此产生的利息支付义务,另一方拥有相应数量的另一种货币资本以及因此承担的利息支付义务,交易双方将各自拥有的资本和利息支付义务进行交换。实现货币互换,首先要求交易双方分别需要对方拥有的币种,其次是双方所持资本的数额、期限相同。货币互换涉及本金互换,因此当汇率变动很大时,双方就将面临一定的信用风险,但这种信用风险仍然比单纯的贷款风险小。

利率互换是指交易双方同意在未来一定期限内,根据同种货币的同样名义本金交换现金流。互换的期限通常在2年以上,有时甚至在15年以上。在利率互换中,初期或到期日都没有实际本金的交换,交易双方只是按照事先商定的本金交换利息的支付,因此信用风险很小。利率互换是20世纪80年代发展起来的,起因之一就是互换的一方具有浮动利率比较优势,但需要将浮动利率转换成固定利率;而另一方具有固定利率比较优势,但需要浮动利率融资,双方进行利率互换而获得互利。

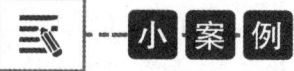

货币互换操作示例

甲公司希望筹措固定利率美元贷款1个亿,但它能以年息7.3%的优惠利率借入日元;乙公司愿意得到100亿日元贷款,但它能以年息9.3%的优惠利率获得固定利率美元资金,而此时日元贷款市场利率为7.5%,美元贷款市场利率为9.8%。在这种情况下,两家公司即可各自在能够获得优惠条件的市场上借款,然后进行货币互换。假定货币互换的汇率为1美元兑换100日元,互换起始日为2019年1月,期限为5年,甲、乙两公司货币互换的现金流量如下表所示。经过互换,甲公司减少了0.5%的筹资成本,乙公司减少了0.2%的筹资成本。甲、乙两公司货币互换现金流量表,如表8-1所示。

表8-1　　　　　　　　甲、乙两公司货币互换现金流量表

日　　期	甲公司支付乙公司	乙公司支付甲公司
2019年1月	100亿日元	1亿美元
2020年1月	930万美元	7.3亿日元
2021年1月	930万美元	7.3亿日元
2022年1月	930万美元	7.3亿日元
2023年1月	930万美元	7.3亿日元
2024年1月	1.093亿美元	107.3亿日元

互换合约大多是非标准化的,可以通过客户双方协商而定,也可以通过银行或其他金融机构进行,一般以后者为主,因为个别客户要找到一个正好愿意接受本金大致相同、互换期限相同、方向相反的互换是十分困难的,而金融机构面对众多客户,可以从中撮合。此外,金融机构还可以发挥互换资产"仓储"的功能,即金融机构在与客户签订互换协议后,要经过一段时间才能找到反方向互换的客户,或者金融机构需要将一笔大额的互换拆成几笔小额的反向互换。

引例解析

1. 期货交易具有发现价格、回避价格风险的功能。但其本身是杠杆交易,投机性强,风险高。因此,对期货交易的风险监控必须完备、有力。而当时的国债期货市场缺乏统一的期货法规与监管体系;同时,交易所管理制度不规范,过低的保证金比例助长了过度投机,没有采取涨跌停板这一国际期货界通行的控制价格波动的基本手段,没有持仓限量制度,缺少对每笔下单的实时监控,等等,从而导致了"327"事件的发生。

2. 作为金融衍生产品,期货交易实质上是合约交易,其价值大都取决于原生金融工具的价格及其变化。当时我国现货市场上的可流通国债数量只有 930 亿元,这有限的现券数量对应着全国 14 个国债期货交易场所,在风险控制措施不力的情况下,很容易发生逼仓现象。真正意义上的国债期货的价格决定因素是市场利率,而当时我国的国债期货价格主要是由保值贴补率和贴息所决定的,再加上当时我国在制定和公布保值贴补率和贴息的实际操作方法上不是很科学,市场和社会公众根本无法对国债的到期价格产生一个正确的预期,实际上变成了多空双方对保值贴补率和贴息的一场对赌,在市场监管存在漏洞的情况下,出现各种违规事件也就不足为怪了。

3. "327"国债期货事件深刻改变了中国证券市场的进程。中国证监会鉴于当时不具备开展国债期货交易的基本条件,作出了暂停国债期货交易试点的决定,中国第一个金融期货品种宣告夭折,直至 2013 年方才恢复。

 思维导图

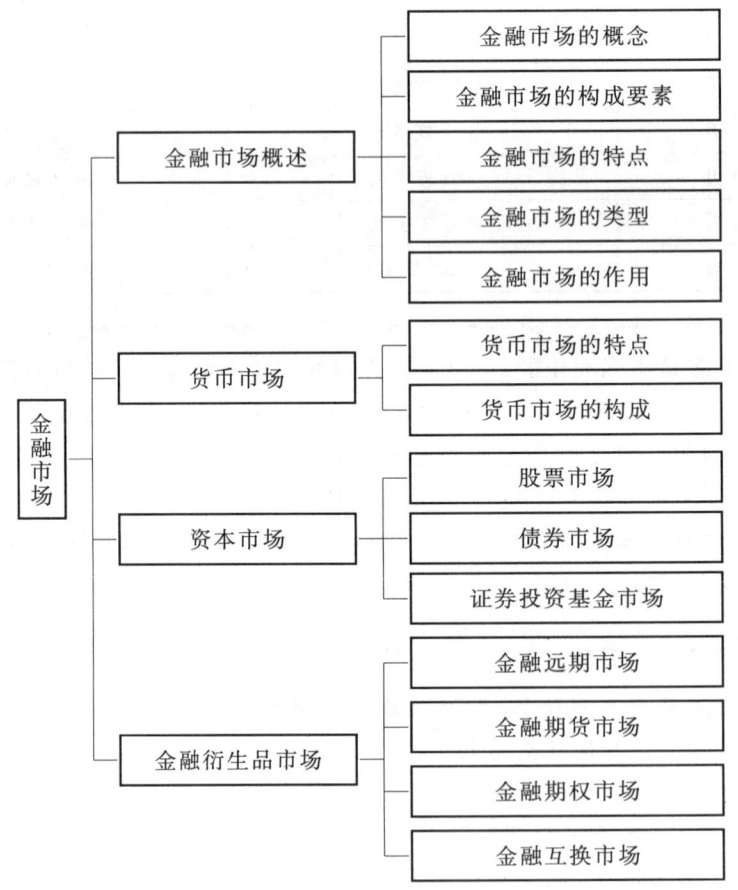

第九章 国际金融

学习目标

知识目标

1. 掌握国际收支平衡表的编制原理,熟悉国际收支平衡表的内容,掌握国际收支不平衡的原因及其调节措施。
2. 掌握外汇与汇率的定义,外汇与汇率的种类及汇率的标价方法,熟悉汇率变动的因素及汇率变动对经济的影响。
3. 了解国际货币基金组织、世界银行等国际金融机构的宗旨及其主要业务。

能力目标

1. 能够读懂国际收支平衡表,可以对一国国际收支状况进行简单分析。
2. 能够初步判断市场汇率的基本走势,看懂外汇牌价,正确进行不同货币之间的汇率折算。

素养目标

培养学生具备从全球视角审视经济问题的能力,能够分析国际经济现象背后的金融逻辑,培养全球金融视野素养。

第一节 国际收支

引例

2023 年中国国际收支状况

国际收支平衡表初步数据显示,2023 年我国国际收支保持基本平衡,国际收支状况呈现如下三个特点。

一是货物贸易顺差规模为历年次高。2023 年,我国国际收支口径的货物贸易顺差 6 080 亿美元，仅次于 2022 年顺差规模，为历年次高。其中，货物贸易出口 31 796 亿美元，进口 25 716 亿美元，均处于历史较高水平。2023 年，我国经济持续恢复，对外贸易韧性增强，货物贸易进出口规模逐季抬升，支撑我国经常账户保持较高规模顺差。

二是服务贸易运行更加均衡。2023 年，我国服务贸易逆差 2 294 亿美元，呈现有序恢复态势。一方面，旅行、运输仍为服务贸易的主要逆差项目。其中，旅行逆差 1 806 亿美元，赴境外留学和旅行支出规模已恢复至 2019 年的近八成。另一方面，服务贸易顺差项目保持增长。其中，咨询、广告等其他商业服务顺差 380 亿美元，维持在近年来较高水平，较 2019 年增长 96%；电信、计算机和信息服务顺差 192 亿美元，较 2022 年增长 8%，较 2019 年增长 1.4 倍。

三是来华投资总体呈现净流入态势。其中，外商股权性质直接投资全年净流入 621 亿美元，四季度净流入规模环比明显提升。经初步测算，全年来华证券投资亦呈现净流入，四季度净流入规模达到近两年高位，9 至 12 月外资连续净增持境内债券累计逾 600 亿美元。以上显示更多外资来华投资兴业和配置人民币资产。

（资料来源：国家外汇管理局）

请思考，国家为什么要编制国际收支平衡表？国际收支平衡表可以告诉我们哪些经济信息？

一、认知国际收支

随着社会科技的发展，国际的交通、通信愈来愈发达，地球似乎变得越来越小，各国间的经济、政治、文化等交往日益频繁。例如，各国企业都在积极参与世界市场的竞争，国际的商品贸易、资本流动空前发展；居民出国旅游、出国留学也成为经常之事；等等。所有这一切必然引起一国与他国之间的货币收付关系，即国际收支。国际收支，是指一国在一定时期内各种对外往来所产生的全部经济交易的系统记录。在把握这一概念时，需要注意以下几个方面：

（一）时间性

当提及国际收支时，须指明是哪一段时间的国际收支。"一定时期"一般是指 1 年，但为了动态地反映和及时调节国际收支，也可以半年、季度或月份作为报告期。

（二）交易性而非支付性

国际收支的内容反映的是经济交易，它不仅包括对外货币收支，而且还包括不涉及对外货币收支的国际经济关系，如无偿援助、捐赠、战争赔款、国际易货贸易等。

（三）居民性而非国籍性

一国国际收支所记载的经济交易必须是在该国居民和非居民之间发生的。即使是同一国籍的公民，只要他们分别属于该国的居民和非居民，那么他们之间的交易就要记入该国的国际收支。

国际收支中的"居民"

所谓居民,既可以是自然人,也可以是政府机构或法人组织。自然人属于哪国居民不以他们的国籍为依据,而以下列原则决定:首先,身在国外且代表本国政府的个人,包括军队,一般认作本国的居民。例如,我国向驻外使馆人员汇款,虽然跨越了国界,却仍属于国内汇款。只有当我国使馆人员在国外购买商品、劳务时,所发生的货币收付才属于国际收支。其次,身在国外而不代表政府的个人属于哪一国居民,依"利益中心"所在国确定。利益中心即一个人收入的主要来源地。在利益中心很难确定的情况下,以工作地作为判断标准。如果依这两个标准仍无法确定,则以长期居住地为判断标准。例如,一个在日内瓦国际组织工作的英国人,他不代表英国政府,利益中心也不在瑞士,由于他长期工作、居住在纽约,从国际收支的角度看,他是美国居民,他汇回英国的款项属于国际收支。所有政府机构,无论还是派驻国外的,无论在国外时间的长短都属于本国居民。就法人组织而言,在哪国成立、注册就是哪国的居民。它在国外的分支机构和分公司属于外国居民。例如,跨国公司中母公司和子公司间的贸易是国际贸易,交易所发生的收支应分别记入两国的国际收支。

二、国际收支平衡表

(一)国际收支平衡表的概念

一个国家的国际收支通常用国际收支平衡表来反映。国际收支平衡表是指系统地记录一个国家或地区一定时期内全部对外经济交易项目及其金额的统计报表。

国际收支平衡表是按复式簿记原理编制的。一切收入项目或负债增加、资产减少的项目都列入贷方或称"正号项目";一切支出项目或资产增加、负债减少的项目列入借方或称"负号项目"。

2023 年中国国际收支平衡表如表 9-1 所示。

表 9-1　　　　　　　　　　2023 年中国国际收支平衡表　　　　　　　　单位:亿美元

项　　目	金　　额
1. 经常账户	2 530
贷方	37 887
借方	−35 357
1.A　货物和服务	3 861
贷方	35 112

(续表)

项　　目	金　　额
借方	−31 252
1.A.a　货物	5 939
贷方	31 792
借方	−25 853
1.A.b　服务	−2 078
贷方	3 321
借方	−5 399
1.B　初次收入	−1 482
贷方	2 400
借方	−3 882
1.C　二次收入	152
贷方	375
借方	−223
2. 资本和金融账户	−2 151
2.1　资本账户	−3
贷方	2
借方	−5
2.2　金融账户	−2 148
资产	−2 282
负债	134
2.2.1　非储备性质的金融账户	−2 099
资产	−2 234
负债	134
2.2.2　储备资产	−48
3. 净误差与遗漏	−379

（资料来源：国家外汇管理局官网）

（二）国际收支平衡表的内容

为了便于会员国编制平衡表，并使各国的平衡表具有可比性，以及统计发展的需要，国际货币基金组织（IMF）出版了《国际收支手册》，对国际收支账户分类进行了标准设置。从1948年1月《国际收支手册》第一版出版至今共出版了六版。目前大多数国家使用第五版对本国(地区)的对外交易进行统计,但将逐步过渡到第六版。为反映有关交易、其他变化和头寸的一体化观点,第六版改名为《国际收支和国际投资头寸手册》,虽对第五版的总体框架未作修改,但加入了1993年以来全球化、资产负债表问题的日益细化和金融创新等内容,更加强调国际收支统计与宏观经济统计之间的联系。我国国家外汇管理局2015年5月12日首次按照IMF最新标准公布第一季度国际收支平衡表初步数据。目前,包括美国、欧盟、加拿大、新加坡、沙特等在内的世界主要经济体均已进行了相关修改。《国际收支手册》第五版和第六版都有经常账户、资本账户、金融账户和错误与遗漏账户,但具体科目有差异。以下是第六版的账户设置。

1. 经常账户

经常账户是指对实际资源在国际的流动行为进行记录的账户。它是国际收支平衡表中最基本的往来账户,包括货物与服务、初次收入和二次收入三个科目。

(1) 货物与服务。该科目属于生产活动成果的交易项目。

① 货物,又称有形贸易。货物是有形的生产性项目,分为两大类,即一般商品与其他商品。一般商品包括经济所有权在居民与非居民之间发生变更并且不包括转手买卖货物、非货币黄金,以及部分旅行携带品、建设物和别处未涵盖的政府货物及服务的商品。而其他商品主要包括转手买卖货物、非货币黄金。与第五版相比,将加工贸易即"他人拥有的有形投入所提供的制造服务"调整到第六版的服务贸易项下,而将转手贸易从服务贸易调整到第六版的货物贸易统计中。该项目贷方记录货物出口,借方记录货物进口,出口与进口货物价格均以离岸价格(FOB)为准进行统计。

② 服务,又称无形贸易。该科目记录的交易内容比较广泛,子科目包括对他人拥有的实物投入的制造服务、维护和维修服务、运输、旅游、建筑服务、保险和养老金服务、金融服务(除保险外)、专利费和手续费、电信以及计算机和信息服务、其他商业服务、个人以及文化和娱乐服务、政府服务等。与第五版不同,货物的修理从货物贸易调整到服务项下,并更名为"其他地方未包括的维修和保养";在服务项下专列金融中介的贷款和存款产生的间接计算的金融中介服务,在第五版中属于金融账户;用"知识产权使用费"取代"特许费",将研发结果视为生产性资产,将其出售记入服务项下。该项目贷方记录服务输出值,借方记录服务输入值。

(2) 初次收入。初次收入是指因对生产过程的贡献或向他人提供金融资产与出租自然资源而获得的收益。该账户显示的是作为允许另一实体暂时使用劳动力、金融资源或非生产非金融资产的回报而应付和应收的金额。初次收入主要包括雇员报酬、利息、股息、再投资收益、租金等科目。

(3) 二次收入。二次收入是指通过当期转移支付(如政府或慈善机构)的收入再分配而获得的收入。二次收入项下主要记录居民与非居民间的不发生对等偿付的单方面支付,即经常转移,分为政府和私人单方转移两个方面。政府单方转移主要有债务豁免、政府间经济和军事援助、战争赔款、捐款等,私人单方转移主要有侨民汇款、年金、赠与等。二次收入的贷方记录本国从外国取得的单方转移收入,借方记录本国向外国的单方转移支出。

2. 资本账户

《国际收支和国际投资头寸手册》第六版将资本账户和金融账户各自单独划为一个大

项。资本账户包括资本转移和非生产、非金融资产的收买或放弃。资本转移是指一个经济体的居民向非居民无偿提供的金融产品或服务,包括债务减免和投资捐赠等。非生产、非金融资产的收买或放弃是指各种无形资产如专利、版权、商标、经销权、租赁及其他转移。与第五版不同,专利权和版权从资本账户中的非生产资产调整到经常账户中的研发服务项下。

资本账户反映了资产所有权在不同经济体之间的转移,即国际资本流动,包括资本流出和资本流入。资本流出是指本国对外资产的增加,即本国居民对非居民所持有的索偿权的增加,或指本国对外负债的减少,即非居民对本国居民所持有的求偿权的减少;资本流入则是指本国对外资产的减少或本国对外负债的增加。资本账户的贷方记录的是资本流入,借方记录的是资本流出。

3. 金融账户

金融账户是指一个经济体对外资产和负债所有权变更的所有权交易。《国际收支和国际投资头寸手册》(第六版)则将证券投资中的子科目金融衍生产品分离出来作为一个新的大类,即分为直接投资、证券投资、金融衍生品和雇员认股权、其他投资、储备资产五大类。

(1) 直接投资。直接投资包括直接在国外投资建立企业、购买非居民企业一定比例股票(IMF规定最低比例为10%)、将直接投资利润进行再投资三种形式。其特征是投资者对非居民企业的经营管理拥有有效的控制权,有永久利益。

(2) 证券投资。证券投资是指购买非居民政府的长期债券、非居民公司的股票和债券等。但若拥有非居民企业股权达到一定比例时(IMF规定10%以上,我国规定25%以上),就被视作直接投资而非证券投资。

(3) 金融衍生品和雇员认股权。金融衍生品合约是指与其他特定的金融工具、指标或商品联系,并通过它特定的金融风险(如利率风险、外汇风险、权益和商品价格风险、信用风险等)可以在金融市场交易的金融工具。指企业给予其雇员在将来某一段时间内按照一定价格购买其股票的选择权,以作为一种报酬或激励。

(4) 其他投资。即剩余项目,直接投资、证券投资、金融衍生品和雇员认股权、储备资产未包括的金融交易均在此记录。具体有政府贷款、银行贷款、贸易融资、存款、短期票据等。

(5) 储备资产。即国际储备(或称官方储备),是指货币当局随时可以动用并控制在手的外部资产,包括货币黄金、特别提款权、在基金组织的储备头寸、外汇资产和其他债权。国际收支平衡表所反映的仅仅是统计期间储备资产的增减变化额,按照借贷记账法的原理,储备资产的增加额记入借方,减少额则记入贷方。

4. 错误和遗漏账户

错误和遗漏账户是指人为设置的抵消账户。国际收支账户运用的是复式记账法,所以所有账户的借方总额和贷方总额应该相等。但是,由于从事国际交往的行为主体成千上万,统计资料来源不一,再加上一些人为因素,如数据隐瞒或虚报,造成国际收支平衡表出现净的借方或贷方余额,这就需要人为设置一个抵消账户,数目与上述余额相等而方向相反,以实现国际收支平衡表的平衡。

三、国际收支调节

(一) 国际收支平衡与不平衡的标准

国际收支平衡表的最终差额恒等于零,这是由其复式记账方法所决定的。但这并不是说国际收支平衡表的各个具体项目的借方数额和贷方数额也是相等的,相反,每个项目的借贷双方数额总是不相等的。这是因为一个国家的货物进口与出口、服务的收入与支出、资本的流入与流出很难恰好相等。国际收支平衡表每个项目的借贷双方收支相抵后经常出现差额,称为国际收支差额。主要的国际收支差额有：贸易账户差额、经常账户差额、非储备性质的金融账户差额、综合账户差额。

以哪一种差额作为判断国际收支是否平衡的标准？经济学家对此有很多不同的看法,其中比较流行的观点是以自主性交易是否平衡作为判断国际收支平衡与否的标准。

按照这一观点,所有的国际经济交易可以按发生的动机不同分为自主性交易(或称事前交易)和补偿性交易(或称事后交易、调节性交易)。自主性交易是指根据自主的经济动机(如追逐利润、赡养亲友等)而进行的各种交易活动。商品贸易、直接投资、各种服务交易、赠与等都是此类交易。补偿性交易是指为弥补自主性交易的差额而进行的交易活动。贸易融资、动用储备资产等均属这一类交易。若自主性交易的差额为零,则称国际收支平衡；若这一差额为正数,则称国际收支顺差；若自主性交易的差额为负数,则称国际收支逆差。后两者统称为国际收支不平衡。

2016—2023年我国国际收支差额主要构成如表9-2所示。

表9-2　　　　　　　　我国国际收支差额主要构成　　　　　　　　单位：亿美元

项目	2016年	2017年	2018年	2019年	2020年	2021年	2022年	2023年
经常账户差额	1 913	1 887	241	1 029	2 488	3 529	4 019	2 530
与GDP之比	1.7%	1.5%	0.2%	0.7%	1.7%	2.0%	2.2%	1.4%
非储备性质的金融账户差额	−4 161	1 095	1 727	73	−611	−303	−2 110	−2 099
与GDP之比	−3.7%	0.9%	1.2%	0.1%	−0.4%	−0.2%	−1.2%	−1.2%

资料来源：《2023年中国国际收支报告》

根据上述资料,国家外汇管理局称2023年我国国际收支延续基本平衡,你知道为什么这么说吗？

(二) 国际收支不平衡的原因

一国的国际收支不平衡可以由多种原因引起,概括地说有以下几种：

1. 周期性不平衡

周期性不平衡是指一国经济周期波动引起的国际收支不平衡。在经济周期的不同阶段,国际收支的状况也各不相同。在经济繁荣时期,一是投资和消费需求的旺盛,会引起本国进口需求的增加,贸易收支可能出现逆差；二是伴随经济的快速增长,出口也会增加,又可能导致贸易收支顺差；三是繁荣的经济前景会吸引外国投资,资本项目容易出现顺差。这一时期的国际收支状况,应是上述三个因素共同作用的结果。而在经济萧条时期,仍是这三个主要因素共同作用于国际收支,不过作用的方向相反。关于经济周期波动对国际收支的影响应作具体分析,不能一概而论。

2. 结构性不平衡

结构性不平衡是指国内经济、产业结构不能适应世界市场的变化而发生的国际收支不平衡。结构性不平衡通常反映在贸易账户上。例如,当国际市场发生变化,新产品不断涌现时,一国对其出口商品不力求创新来提高其竞争力,则迟早会被别国商品所取代,使出口商品日渐减少,产生国际收支逆差。

3. 货币性不平衡

货币性不平衡是指在一定汇率下,一国货币成本与物价普遍上升,高于其他国家,必然导致出口减少,进口增加,国际收支发生逆差。反之,如果一国货币成本与物价发生变动,低于其他国家,则会发生相反的情形。所以,货币性不平衡主要是由通货膨胀与通货紧缩引起的。

4. 收入性不平衡

收入性不平衡是指一国由于国民收入的变化而引起的国际收支失衡。若一国国民收入相对快速增长,导致进口需求的增长超过出口增长,则会引起国际收支逆差。反之,则会引起国际收支顺差。

(三) 国际收支调节措施

1. 现代经济政策

(1) 财政政策。在国际收支出现逆差时,政府实行紧缩性财政政策,提高税率,减少公共支出与私人支出,从而抑制总需求和物价上涨,改善国际收支逆差。反之,在国际收支出现大量顺差的情况下,政府则实行扩张性财政政策,以扩大总需求,平衡国际收支顺差。

(2) 货币政策。货币政策是许多西方国家普遍频繁采用的调节国际收支的政策措施,调节国际收支的货币政策手段主要是贴现政策和存款准备金政策。一般来说,当国际收支出现巨额逆差时,则可通过紧缩性货币政策,即通过提高再贴现率和法定存款准备率,来加以调整。而当国际收支出现大量顺差时,可通过扩张性货币政策来调整,即通过降低再贴现率和法定存款准备率的方法来消除顺差。

一国采取财政、货币政策调节国际收支时必须考虑国内经济需要。

2. 外汇缓冲政策

外汇缓冲政策是指一国运用外汇储备的变动或临时向外筹借资金来抵消超额的外汇需求或供给,以调节国际收支。在国际收支出现逆差时,管理当局通过减少外汇储备或对外借款,来弥补超额外汇需求;反之,则增加外汇储备,消除超额外汇供给。

外汇储备:一种重要的国际收支调节措施

3. 汇率政策

汇率政策是指一国运用汇率的变动来平衡国际收支。一般做法是:当国际收支出现逆差时,就实行本币对外贬值,提高外汇汇率。这样,一方面使本国出口商品的外币价格下跌,增强其在国际市场上的竞争力,从而刺激出口,增加贸易收入。另一方面,汇率的提高使进口商品的本币价格升高,从而抑制进口,减少国际支出。在两方面的综合作用下,国际收支逆差可以逐步消除。当国际收支顺差时,则实行本币对外升值,进而实现国际收支平衡。

4. 利用国际信贷

利用国际信贷是西方国家调节国际收支最经常采用的办法。当国际收支逆差时,可以通过向国际金融市场借款,或者利用国际金融机构贷款、政府贷款等来弥补差额。国际信贷也是国际收支顺差国调节其国际收支的一项措施。在1973—1981年,随着油价的大幅度提高,石油输出国经常项目收支产生巨额盈余,他们曾把大部分石油美元投放于国际金融市场和贷款给国际金融机构。

5. 直接管制

直接管制是指政府以行政命令的方法直接干预经济交易的政策措施。直接管制包括:① 财政性管制,如关税壁垒、出口补贴、出口信贷等。② 贸易性管制,如进口许可证、进口限额等。③ 货币性管制,如外汇管制、预缴进口保证金等。三种直接管制的效果比较迅速和显著,而且具有较强的针对性和可选择性,但它容易招致对方国家的报复,最终抵消预期的效果。

6. 国际经济合作

一般来说,一国的国际收支逆差必然反映为其他国家国际收支的顺差,反之亦然。每个国家出于本国的利益而采取的政策必然会对其他国家产生不利的影响,因此随着国际相互依赖程度的加深,国际经济合作和政策协调就显得日益重要。国际经济合作的方式包括加强国际清算制度、恢复贸易自由以及促进生产要素自由移动等。从长期看,加强国际经济合作是解决国际收支失衡的有效途径。

引例解析

国际通行的、能够完整衡量一国涉外经济运行全貌的是国际收支平衡表,其中非储备性质的金融账户常被用来衡量一国跨境资本流动状况。一国的国际收支状况不仅影响本国国内的经济运行,也会影响到一国的对外经济交往。

2023年,我国国际收支运行总体稳健,年末外汇储备保持在3.2万亿美元以上。经常账户顺差2 530亿美元,与国内生产总值(GDP)之比为1.4%,继续处于合理均衡区间。其中,货物贸易顺差5 939亿美元,为历史次高值,体现了我国持续推进产业升级以及外贸多元化发展的成效;服务贸易逆差2 078亿美元,居民跨境旅游、留学有序恢复但仍低于前几年,生产性服务贸易发展势头良好。非储备性质的金融账户逆差与经常账户顺差保持自主平衡格局。其中,来华各类投资呈现恢复发展态势,外商直接投资延续净流入,四季度规模稳步回升;外资对我国证券投资由2022年净流出转为净流入,四季度投资境内债券明显提升向好;外债变化总体趋稳。境内主体稳步开展对外直接投资,对外证券投资趋稳放缓。2023年年末,我国对外净资产2.9万亿美元,较2022年年末增长20%。

2024年,我国国际收支更有条件也更有基础保持基本平衡。一方面,主要发达经济体货币政策逐步调整,全球流动性收紧局面将有所缓解。另一方面,随着各项宏观政策效应持续释放,我国经济延续回升向好态势,基本面对国际收支的支撑作用将进一步增强。

第二节 外汇与汇率

> **引 例**
>
> ### 汇率波动如何影响中国老百姓
>
> 2022年3月美联储强势加息开始,美元指数一路狂飙,迄今已创下20年来最高纪录,并且横扫其他非美货币。2022年以来,美元对英镑、日元、欧元、韩元都大幅升值。较为坚挺的人民币2022年年初对美元下跌约11%,但对英镑、日元分别升值约8%、11%。全球外汇市场的大幅波动,不仅影响全球宏观经济,还波及老百姓的日常生活,日常资产配置、留学、消费等都在其中。
>
> 《环球时报》记者注意到,随着美元的持续升值,"换美元"的讨论正在增多。采访中,招商银行的一名工作人员告诉《环球时报》记者,个人可通过银行APP自行进行外汇兑换,美元、英镑、欧元、日元等全球主要币种可以实时到账。
>
> "我在人民币汇率为6.2、6.4、6.7的时候分批换了一些美元,如按今年盘中最高汇率7.2计算,我换的这些美元收益率大概达到10%。"一名经常赴国外出差旅行的北京市民受采访时告诉《环球时报》记者,鉴于目前美联储鹰派姿态不改,自己还将持有手中的美元。
>
> 人民币对美元贬值,对英镑、欧元、日元等升值,也影响中国留学生的费用支出。《环球时报》记者了解到,年初兑换1万美元需要约6.3万元人民币,而现在则需要7.1万元人民币。加上学费的上涨,使得一些在美留学生的花费上涨了不少。但在日本留学的学生,则因为日元对人民币汇率的下跌,节省不少费用。一位留日学生为记者算了一笔账:3年前,1元人民币能换15日元,而现在1元人民币可以换20日元,按100万日元的学费计算,现在只需要5万元人民币,而3年前则需要超过6万元人民币,能够节省至少1万元人民币。
>
> 另外,英镑、日元、韩元的贬值,也有利于中国居民海淘或者境外购物。不过,外派到欧洲工作的刘女士告诉《环球时报》记者,欧洲正处在高通胀中,人民币对欧元升值的收益远远抵不上当地的物价上涨,因此,她还在缩减日常支出清单。
>
> 汇率的波动对企业也产生明显的影响。商务部研究院国际市场研究所副所长白明接受《环球时报》记者采访时表示,人民币汇率波动是一把双刃剑,对于不同类型的企业各有利弊。
>
> 粤开证券分析师陈梦洁在最新的一份研报中分析称,以出口为主的企业,海外营收占比越大,所受汇率波动的影响就越大。其中,家用电器、电子产品行业企业海外收入超过三成,人民币对美元汇率贬值将利好这些企业的盈利表现;而石油石化、基础化工、钢铁等原料进口型企业,人民币贬值会提升进口原材料的成本,进而对企业盈利产生负面影响。

另外,人民币贬值会对外币负债高的行业造成负面影响,导致这些企业外债负担更加沉重。数据显示,截至2022年8月底,房地产行业外债规模较大,达到1 816.6亿美元。另外,电子、石油石化、交通运输、有色金属等行业短期偿债压力较大。

(资料来源:根据2022年10月9日《环球时报》同名文章整理,原作者:倪浩)

请思考,汇率波动会对经济生活产生哪些方面的影响?人们又该如何去应对?

由于各国实行的货币制度不同,使用的货币不同,所以在国际进行货币收付时,必须通过银行把一国货币换成另一国货币,这就涉及外汇与汇率问题。

一、外汇

(一) 外汇的界定

说起外汇(foreign exchange),人们往往会把它和外国货币划等号,其实不然。外汇是国际汇兑的简称。按中文的解释,"汇"是指货币资金异地间的转移,"兑"表示货币的交换,不同国家间的货币汇兑就称为"国际汇兑"。外汇有动态和静态两种含义。

1. 动态意义上的外汇

动态意义上的外汇,是指把一个国家的货币兑换为另一个国家的货币,以清偿国际债权债务的专门性经营活动。这个意义上的外汇概念等同于国际结算。

2. 静态意义上的外汇

随着世界经济的发展,国际经济活动日益活跃,外汇也逐渐由一个动态的概念演变为静态的概念。静态的外汇又可以从广义和狭义两个方面来理解。

(1) 广义的静态外汇是指一切以外币表示的资产。对此,国际货币基金组织(IMF)的解释是:"外汇是指货币行政当局(中央银行、货币管理机构、外汇平准基金组织及财政部)以银行存款、财政部库券、长短期政府债券等形式所持有的国际收支逆差时可以使用的债权。其中包括中央银行间及政府间协议而发行的在市场上不流通的债券,而不论它是以债务国货币还是以债权国货币表示。"

2008年修订的《中华人民共和国外汇管理条例》第3条规定,外汇是指以外币表示的可以用作国际清偿的支付手段和资产:① 外币现钞,包括纸币、铸币;② 外币支付凭证或者支付工具,包括票据、银行存款凭证、银行卡等;③ 外币有价证券,包括债券、股票等;④ 特别提款权;⑤ 其他外汇资产。

(2) 狭义的静态外汇是指以外币表示的可直接用于国际结算的支付手段和工具。根据狭义外汇的定义,外国货币(现钞)、外币有价证券、黄金等不能视为外汇,因为它们不能直接用于国际结算。只有在国外银行的外币存款,以及索取这些存款的外币票据和外币凭证(如汇票、支票、本票和电汇凭证)等才是外汇。狭义的外汇就是我们通常所说的外汇,国外银行存款是狭义外汇的主体。

3. 外汇的特点

(1) 相对性。外汇是以外币表示的支付手段或资产。任何以本国货币表示的信用工具、支付手段、有价证券等对本国人来说都不能称其为外汇。例如,美元资产是国际支付中最为常用的一种外汇资产,但这是针对美国以外的其他国家而言的。

(2) 可自由兑换性。一种外币要成为外汇必须能自由兑换成其他货币或以其表示的资产或支付手段。如果某种资产在国际的自由兑换受到限制则不能称其为外汇。

(3) 普遍接受性。外汇必须能在国外得到偿付。因为国际债权债务的清偿比较复杂,币种的要求、支付手段的形态、支付地点等都不同,只有为各国所普遍接受的,并能在外汇市场上自由买卖的外币及外币支付手段,才能兑换成各国货币,满足复杂的清偿要求,才能称作外汇。

(二) 外汇的种类

划分标准不同,所得到的外汇种类也就不同。常见的外汇种类划分有以下两种:

1. 根据外汇能否自由兑换,可分为自由外汇和记账外汇

(1) 自由外汇,是指不用货币发行国批准,可以自由换成其他货币或向第三国办理支付的外汇。目前,世界上能够作为自由外汇的货币有 50 多种,如美元、英镑、日元、瑞士法郎等。这些货币或用这些货币表示的支付凭证是世界各国广泛采用的国际结算手段。

 小资料

常用自由兑换货币名称及标准代码如表 9-3 所示。

表 9-3 常用自由兑换货币名称及标准代码

货币名称		习惯写法	ISO 国际标准代码
中文	英文		
美元	US Dollar	$/US$	USD
欧元	Euro	€	EUR
英镑	Pound Sterling	£	GBP
日元	Japanese Yen	JP¥	JPY
瑞士法郎	Swiss France	SF	CHF
瑞典克朗	Swedish Krona	SKr	SEK
挪威克朗	Norwegian Krone	NKr	NOK
加拿大元	Canadian Dollar	Can$	CAD
澳大利亚元	Australia Dollar	A$	AUD
新加坡元	Singapore Dollar	S$	SGD
港元	Hong Kong Dollar	HK$	HKD
澳门币	Pataca	P/Pat	MOP
马来西亚林吉特	Malaysian Ringgit	M$	MYR
泰国铢	Thai Baht	B	THB
韩国元	South Korea Won	W	KRW

(2) 记账外汇,又称双边外汇或清算外汇,是指未经货币发行国批准,不能自由兑换为其他国家货币或不能向第三国办理支付的外汇,是经两国政府协商在双方银行各自开立专门账户记载使用的外汇。记账外汇可以是本国货币、对方国货币、第三国货币或复合货币(如特别提款权)。但无论确定使用何种货币,都必须同时确定它们之间的汇率,通过双方银行所规定的货币和汇率借记、贷记双方贸易或非贸易往来账户。结算期满时所发生的外汇收支差额,一般有三种处理办法:一是转入下一结算期贸易项下;二是逆差国用价值相当于差额的黄金或自由外汇偿还;三是顺差国从逆差国购买价值相当于差额的商品。由此可见,记账外汇是不能进行实际支付的,使用记账外汇的主要是为了节省自由外汇。

2. 根据外汇的来源与用途,可分为贸易外汇和非贸易外汇

(1) 贸易外汇。贸易外汇是指由商品输出输入引起收付的外汇。对大多数国家来说,贸易外汇收入是其最主要的外汇资金来源,贸易外汇支出是其最基本的外汇资金运用。

(2) 非贸易外汇。非贸易外汇是指由非贸易往来引起收付的外汇。它主要包括劳务外汇、旅游外汇及侨汇等。随着国际经济交易的扩大与发展,非贸易外汇发挥着越来越重要的作用。对于瑞士、美国等少数国家来说,非贸易外汇所占的比重颇高,是其重要的外汇收入来源。

二、汇率

(一)汇率的概念

假设中国某公司从德国进口一台设备,双方约定用美元支付,但中方只有人民币,为解决支付问题,中方先用人民币(RMB)向中国银行兑换美元,取得美元汇票付给德方,德方持票向当地银行兑换欧元,双方的债权债务关系得以清偿。在这一债务清偿过程中,发生了人民币与美元、美元与欧元的兑换,从而引出了外汇汇率问题。汇率又称汇价,是指用一个国家的货币折算成另一个国家的货币的比率或比价;也可以说是以本国货币表示的外国货币的"价格"。

(二)汇率的标价方法

折算两个国家的货币,先要确定用哪个国家的货币作为标准,由此产生了不同的标价方法。

1. 直接标价法

直接标价法又称应付标价法,是指以一定单位(如1个单位或100个、1万个、10万个单位)的外国货币为标准,来折算应付若干单位本国货币的标价方法。世界上绝大多数国家都采用直接标价法,我国人民币汇率也采用直接标价法。例如,中国人民银行授权中国外汇交易中心公布的,2024年8月22日我国银行间外汇市场人民币汇率中间价为1美元对人民币7.1228元,1欧元对人民币7.9463元,100日元对人民币4.9139元,1港元对人民币0.91411元,1英镑对人民币9.3254元。

在直接标价法下,若一定单位的外币折合的本币数额多于前期,则说明外币升值或本币贬值,称作外汇汇率上升,本币汇率下跌;反之则相反。

来自中国外汇交易中心的数据显示,2023年5月5日人民币对美元汇率中间价报

7.122 8,较前一交易日上调 79 个基点。前一交易日,人民币对美元汇率中间价报 7.130 7。这意味着人民币是升值了还是贬值了?为什么?

2. 间接标价法

间接标价法又称应收标价法,是指以一定单位(如 1 个单位或 100 个、1 万个、10 万个单位)的本国货币为标准,来计算应收若干单位外国货币的标价方法。世界上采用间接标价法的有英、美、澳等国及欧元区。其中,英国由于英镑最早成为国际结算的主要货币,所以英国一直采用间接标价法。同时,英镑的计价单位较大,用 1 英镑等于若干外国货币,计算上也比较方便。美国则是 1978 年 9 月 1 日开始,鉴于美元在国际支付和国际储备中地位的加强,并与国际外汇市场上对美元的标价保持一致,而将直接标价法改为间接标价法,但美元对英镑、欧元、澳大利亚元等货币的汇率仍采用直接标价法。例如,某日纽约外汇市场上美元对英镑、加拿大元、瑞士法郎、日元的开盘汇率分别为:GBP/USD＝1.283 6;USD/CAD＝1.327 7;USD/CHF＝0.888 5;USD/JPY＝142.150 0。

在间接标价法下,若一定数额的本币能兑换的外币数额比前期少,则表明外币升值,本币贬值,即外汇汇率上升,本币汇率下跌;反之则相反。

3. 美元标价法

美元标价法又称纽约标价法,即以一定单位的美元为标准表示的其他国家货币的价格。美元标价法的目的是简化报价并广泛地比较各种货币的汇价,除英镑、欧元、澳元和新西兰元外,美元标价法基本已在国际外汇市场上通行。非美元外汇买卖时,则是根据各自对美元的比率套算出买卖双方货币的汇价。例如,若向苏黎世的银行询问瑞士法郎对港元的汇率,苏黎世外汇银行不会直接报出,而是报美元对瑞士法郎的汇率及美元对港元的汇率。然后进行交叉套算,即可得到港元对瑞士法郎的汇率。

(三)汇率的种类

在实际运用中,因考虑的角度不同,划分的标准不同,形成了不同种类的外汇汇率。

1. 按汇率制度不同划分,有固定汇率和浮动汇率

国际社会就各种货币之间的汇率确定与调整所作的安排和规定称为汇率制度。它是国际货币制度的核心内容之一。汇率制度有固定汇率制和浮动汇率制之分,汇率也就有固定汇率和浮动汇率之别。

(1)固定汇率制。固定汇率制是指一国货币与另一国货币的比价基本上固定,汇率的波动幅度局限在一定范围内。它包括金本位制下的固定汇率制和以美元为中心的固定汇率制。

① 金本位制下的固定汇率制。它主要有三个方面的特点:一是各国流通中的货币都是金币,金币可以自由铸造,黄金可以自由进出口,银行券可以自由兑换成黄金。二是各国货币间的汇率由铸币平价决定,波动的幅度以黄金输送点为限。三是国际收支平衡通过自动调节机制,即休谟的"价格-铸币流动机制"来实现。

② 以美元为中心的固定汇率制。它是根据 1944 年 7 月在布雷顿森林会议上通过的国际货币基金组织协定建立起来的汇率制度。国际货币基金组织协定确定了 1 盎司黄金等于 35 美元的官方价格,美国政府允许各国中央银行以黄金官价向其兑换黄金;各国货币和美元实行固定比价,波动幅度为±1%,如超过其上下限,各国中央银行有义务进行干预。

但随着美元持续疲软,从20世纪60年代开始,多次发生美元危机。70年代初美国宣布放弃黄金官价,其他各国货币不再和美元保持固定比价,以美元为中心的固定汇率制崩溃。

(2)浮动汇率制。浮动汇率制是指一国货币与另一国货币的比价由外汇市场的供求关系自发地决定。

从政府是否干预外汇市场来看,如果政府当局对汇率的波动不作任何干涉,那么这种浮动就叫自由浮动或清洁浮动。如果政府当局为保证本国利益,使汇率向有利于本国的方向浮动而对汇率进行干涉或操纵的话,那么这种浮动就叫管理浮动或肮脏浮动。

从实行浮动汇率制的国家是否组成国家集团这一角度来看,如果一国不与其他国家组成集团而单独实行浮动汇率制,就称为单独浮动。如美国、日本、加拿大等国均属单独浮动。如果某些国家组成集团来实行浮动汇率制,则称为联合浮动。在联合浮动下,成员国之间的货币保持固定汇率,如1979年建立的欧洲货币体系。

此外,还有两种浮动汇率制,即钉住某种货币的浮动汇率制和按一套指标加以调整的浮动汇率制。前者是指一国货币钉住某种主要储备货币或一篮子货币,与钉住货币保持相对固定的关系,而对其他货币则自由浮动;后者是指一国货币随选定的指标体系的变动而对其他外币比价不断调整的浮动汇率制。

我国目前实行的是以市场供求为基础、参考一篮子货币进行调节、有管理的浮动汇率制。

2. 按外汇管制程度划分,有官方汇率和市场汇率

(1)官方汇率,是指由一国货币当局制定、调整和公布的汇率。凡规定官方汇率的国家,除有关法令允许的交易以外,一切外汇交易均须以官方汇率为准。官方汇率有单一汇率和复汇率两种形式,其中,复汇率多为根据不同的交易物规定不同的汇率,如贸易汇率(用于进出口商品及其从属费用的结算)和金融汇率(用于资本流动和旅游等非贸易收支的结算)。

(2)市场汇率,是指在外汇市场上根据外汇供求状况而确定的外汇买卖实际汇率。市场汇率随行就市,政府不进行直接干预。在外汇管制较松的国家,官方汇率往往只是形式,有行无市,交易均按市场汇率来进行。

3. 按制定汇率的方法不同,有基本汇率和套算汇率

(1)基本汇率,是指一国货币与关键货币的比率。关键货币是指一国在国际结算和国际储备中使用最多、普遍接受且可以自由兑换的货币。由于美元在国际结算中使用较多,所以各国一般都把美元作为关键货币,一国货币同美元的比率作为基本汇率。基本汇率是套算其他货币汇率的基础。

(2)套算汇率,又称交叉汇率,是指按两种货币的基本汇率之比所确定的汇率。基本汇率确定之后,一国货币对其他国家货币的汇率,就可通过基本汇率套算得出。例如,在中国香港地区美元被作为关键货币,假设某日美元基本汇率为:USD1=HKD7.752 7,且同日纽约市场上美元兑瑞士法郎汇率为:USD1=CHF0.936 0,那么,可以套算出瑞士法郎兑港元为:CHF1=HKD8.282 8(7.752 7÷0.936 0)。

4. 按外汇汇付方式的不同划分,有电汇汇率、信汇汇率和票汇汇率

(1)电汇汇率,是指银行以电报或电传解付方式买卖外汇时所使用的汇率。电汇汇率是外汇市场的基准汇率,其他各种汇率都以电汇汇率为基准。一般外汇市场上公布的

都是电汇汇率。

(2) 信汇汇率,是指银行以信函解付方式买卖外汇时所使用的汇率。信汇汇率比电汇汇率要低一些,其差额相当于一个邮程的利息。

(3) 票汇汇率,是指银行以汇票为支付工具买卖外汇时所使用的汇率。汇票从售出到付款有一定的时间间隔,所以票汇汇率比电汇汇率低。

为什么电汇汇率比信汇汇率和票汇汇率要高?

5. 按银行买卖外汇划分,有买入汇率、卖出汇率、中间汇率和现钞汇率

(1) 买入汇率和卖出汇率。买入汇率又称买入价,是指银行向同业或向客户买入外汇时所使用的汇率。卖出汇率又称卖出价,是指银行向同业或向客户卖出外汇时使用的汇率。银行在报价时一般都是双向报价,即同时报出买入价和卖出价。不同的标价方法,所表示的买入价和卖出价也不同。在直接标价法下,前者是买入价,后者是卖出价。在间接标价法下,前者为卖出价,后者为买入价。例如,在纽约外汇市场上,某日所挂出的美元兑英镑和日元的即期汇率是:

GBP/USD　　　　1.411 8/1.421 0　　　(直接标价法)
　　　　　　　　英镑买入价/英镑卖出价
USD/JPY　　　　123.40/122.60　　　(间接标价法)
　　　　　　　　日元卖出价/日元买进价

买入汇率与卖出汇率相差的幅度一般在 0.1‰～0.5‰,各国不尽相同。两者之间的差额,就是银行买卖外汇的利润。

(2) 中间汇率。又称中间价,是买入汇率和卖出汇率的中间数,即

$$中间汇率 = \frac{买入汇率 + 卖出汇率}{2}$$

在对汇率进行分析时常用中间汇率。

(3) 现钞汇率。又称现钞价,是指银行买卖外币现钞时使用的汇率。分为现钞买入价和现钞卖出价。外币现钞不能在本国流通使用,需要把它们运送到发行国才能充当流通或支付手段。由于银行运送外币现钞要花一定的费用(如运费、保险费、利息损失等),所以,外币现钞买入价比外汇买入价要低,而外币现钞卖出价和外汇卖出价相同。

6. 按外汇买卖交割的期限划分,有即期汇率和远期汇率

(1) 即期汇率。又称现汇汇率,是指进行即期外汇买卖时所使用的汇率。即期汇率是确定远期汇率的基础。

(2) 远期汇率。又称期汇汇率,是指进行远期外汇买卖时所使用的汇率。远期汇率报价有两种方式:一是直接报价,二是报出远期差价即远期汇率同即期汇率之间的差额。远期差价可以升水、贴水和平价表示。升水表示远期外汇比即期外汇贵,贴水表示远期外汇比即期外汇贱,平价表示两者相等。

7. 按银行营业时间划分,有开盘汇率和收盘汇率

(1) 开盘汇率,又称开盘价,是指银行在每一营业日刚开始营业时进行的首笔外汇买卖的汇率。

(2) 收盘汇率,又称收盘价,是指银行在每一营业日即将结束时进行的最后一笔外汇买卖的汇率。

(四)影响汇率变动的因素

在浮动汇率制下,汇率的决定基础是两国货币的购买力。同时,汇率的波动还受其他因素的影响,这些因素主要有:

1. 国际收支状况

国际收支状况对一国汇率的变化产生直接的、长期的影响。众所周知,国际收支是一国对外经济活动的综合反映,若国际收支顺差,说明外汇收入大于外汇支出,外汇供大于求,外汇汇率趋于下降;若国际收支逆差,说明外汇收入小于外汇支出,外汇供不应求,外汇汇率趋于上升。例如,2020年下半年和2021年,在出口快速增长驱动下银行结售汇保持顺差,其背后是对人民币需求增加,成为支撑当时人民币对美元汇率走强的一个重要因素。根据国家外汇管理局的统计数据,进入2023年以来,前两个月银行累计结售汇保持顺差,但1月至4月逆差98亿美元。这意味着对美元需求增加,也推动美元对人民币汇率走强。

2. 通货膨胀的差异

在信用货币流通的情况下,两国货币的比价从根本上说是由各自货币所代表的价值量决定的。因此,若一国发生通货膨胀,说明该国货币代表的价值量减少,购买力减弱,则外汇汇率上升,反之,则外汇汇率下跌。但在各国普遍存在通货膨胀的条件下,一国发生通货膨胀对汇率的影响结果,要看该国通货膨胀与其他国家通货膨胀程度的比较。如果一国通货膨胀率较高,则会导致该国出口商品价格上涨,国际竞争能力下降,使出口减少,同时,较高的通货膨胀使该国的实际利息率降低,引起资本外流,从而使国际收支出现逆差,外汇汇率上涨。反之,则外汇汇率下跌。通货膨胀对汇率的影响是通过影响国际收支实现的,一般要经过一段时间才能显示出来。

3. 经济增长率的差异

一国与他国经济增长率的差异对汇率变动的影响是多方面的。① 一国经济增长率较高意味着国民经济的扩张,从而会引起进口急剧扩大,外汇支出大幅增加,造成外汇汇率上升的压力。② 一国经济增长率较高意味着劳动生产率的提高,所以可通过成本的降低,改善本国出口商品的国际竞争力,从而扩大出口,抑制进口,有利于稳定汇率。③ 一国经济增长率较高,意味着投资的预期利润率高,由此可吸引外资流入,从而改善资本和金融账户收支。一般来说,一国经济增长率高于别国,在短期内往往不利于本币在外汇市场的行市,但从长期看,却能有力地支撑本币的强劲势头。反之,亦然。

4. 利率的差异

利率对汇率的影响是通过国际资本流动来实现的。如果一国的利率水平相对高于其他国家,就有可能引起大量资本流入,从而使外汇供给增加,在外汇需求不变的情况下,就会使外汇汇率下降。相反,如果一国的利率水平相对低于其他国家,就有可能引起大量资本流出,从而使外汇供给减少,外汇汇率上涨。

5. 中央银行干预

在浮动汇率制下,中央银行没有义务一定要保持本币汇率的稳定。但为了实现某种经济政策目标,或屈服于国际压力,则会主动或被动地对外汇市场进行直接干预。中央银行的这种干预活动,虽无法从根本上改善汇率的长期走势,但对汇率的短期走向会产生一定影响。进入20世纪70年代以后,特别是80年代以来,西方国家货币当局的联合干预,更使直接干预成为影响汇率变动的一个不可忽视的因素。

小资料

日本政府与央行动用5.5万亿日元干预汇市

2022年以来,日元对美元汇率持续贬值,特别是进入2024年后,日元进一步加速下跌。年初日元对美元汇率约为140日元/美元,2月跌破了150日元/美元的关口,4月22日跌至154.85日元/美元,刷新34年来最低纪录,持续逼近业内人眼中155的"危险"关口。

新华社2024年8月1日报道称,日本财务省7月31日说,6月27日至7月29日动用了约5.5万亿日元(1人民币约合20.68日元)干预汇市。8月1日,日元对美元汇率盘中一度升至1美元兑换148.5日元上方,创四个月以来日元对美元汇率高位。

日元对美元汇率7月11日至12日突现大涨。按共同社说法,市场普遍认为日本政府与中央银行在这两天干预了汇市。此外,日本政府和央行很可能在4月29日和5月2日出手干预,购入日元出售美元,总额大约9.8万亿日元。

共同社报道说,包括4月至5月在内,今年以来,日本政府和央行干预汇率总金额合计达到15.3万亿日元。前财务官神田真人7月接受共同社采访时说:"干预汇市是有效的。"

除上述干预汇市措施推升日元汇率外,最新货币政策同样助推日元对美元汇率大幅上涨。投资者意识到日本和美国货币政策方向差异,倾向购买日元出售美元。

日本央行在7月31日结束的货币政策会议上决定,将政策利率从0%至0.1%提高至0.25%左右。这是日本央行今年3月结束负利率政策以来首次加息。会议还决定,将央行国债购买额从目前每月约6万亿日元逐步缩减,到2026年1月至3月减至每月3万亿日元左右。

与此同时,日本央行行长植田和男并未否认未来继续加息的可能性,因此市场普遍认为央行将继续推进货币政策正常化。另一方面,美国联邦储备委员会主席杰罗姆·鲍威尔7月31日暗示将在9月降息。投资者认为日美利率差缩小,买入日元的势头看涨。

---

6. 预期与投机因素

心理预期是指人们对将来事物发展变化情况的预计。当外汇市场的参与者预期某种货币的汇率在今后有可能下跌时,他们为了避免损失或获取额外的好处,便会大量地抛出这种货币,进而引起该种货币汇率下跌。反之,则会使该种货币汇率上涨。

当今国际金融市场上,投机资本以万亿美元计算,这对汇率的变动也会产生巨大的影响。东南亚金融危机的爆发,就源于国际金融"大鳄"索罗斯在外汇市场上对泰铢与美元汇率的打击。此外,一些国际、国内的重大事件也会对汇率产生一定的影响。

（五）汇率变动对经济的影响

汇率是一个重要的经济杠杆，其变动会影响到一国的国际贸易、国内物价、资本流动及生产等方面，从而对国民经济的发展发挥重要的调节作用。

1. 汇率变动对国际贸易收支的影响

一般来说，外汇汇率上升，本币汇率下降，以外币表示的本国商品的价格降低，从而增加外国居民对本国商品的需求，减少本国居民对外国商品的需求，即利于出口而不利于进口。反之，则利于进口而不利于出口。

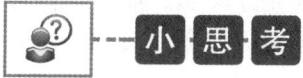

2024 年上半年，人民币对美元即期汇率大致为 7.10～7.27，走势呈现双向波动、基本稳定的特点。截至 6 月底，人民币对美元年内走贬 2.17%，不过跌幅相对于其他主要货币较小。同期，欧元和加拿大元对美元均跌超 3%，瑞士法郎和瑞典克朗分别对美元跌近 7% 和跌超 5%，而日元更是对美元贬值达 11.92%。如果你近期要通过跨境电商海淘进口商品该如何应对？

（数据来源：《全球主要货币汇率月报》2024 年第 7 期）

2. 汇率变动对国际非贸易收支的影响

本币对外贬值，汇率下跌，外国货币的购买力相对提高，本国的商品、劳务、交通、旅游和住宿等费用变得相对便宜，这无疑增加了对外国游客的吸引力，会促进本国的旅游业发展以及相关收入的增加；同时，由于本币的购买力相对下降，国外的商品、劳务价格变得相对昂贵，进而抑制了本国的服务进口。所以若不考虑本国国内物价水平的变动，货币对外贬值所形成的国内外相对价格的变化，将有利于一国非贸易收支的改善。

3. 汇率变动对资本流动的影响

汇率变动对长期资本流动影响较小，因为其流动主要受利润和风险的影响。但汇率变动对短期资本流动影响较大。外汇汇率上升，本币汇率下跌，为防止本币贬值带来的损失，国内资本会流向国外，造成国内投资规模下降，国际收支恶化。外汇汇率下降，本币汇率上升，国外资本会流向国内，改善国际收支状况，扩大投资规模。

4. 汇率变化对外汇储备的影响

本币汇率变动，通过影响进出口贸易、非贸易以及资本流动，直接影响国际收支状况，从而影响外汇储备的增减。此外，若储备货币贬值，则以该种货币持有的外汇储备实际价值下降，使保有该储备货币的国家遭受损失，而储备货币发行国则因此而减轻了债务负担，转嫁了货币贬值的损失，并从中获利。因此，应尽可能选择持币值稳定的储备货币，并尽量使储备货币多元化，通过分散化投资保持储备资产的稳定。

5. 汇率变动对国内物价的影响

汇率变动对一国国内经济的影响基本上都集中在对物价的影响上。若外汇汇率上升，本币汇率下跌，对进口商品而言，以本币表示的价格提高，带动国内同类商品价格上升。如果进口商品是制成品、设备、原材料并将它们投入生产，还会促使国内生产成本提高，引起相关商品价格普遍上涨，诱发和加剧国内通货膨胀。对出口商品而言，随着外币购买力的增强，国外市场对本国出口商品或劳务的需求量增加，若本国出口商品或劳务的数量不能同时增长,则这些商品或劳务的国内价格必然趋于上升。若外汇汇率下降,本币汇率上升,对国内商品价格的影响与上述情况刚好相反。

商品价格是相互影响、相互推动的,进出口商品国内价格的变化,必然导致国内整体物价水平发生相应的变化。

6. 汇率变动对生产的影响

汇率变动影响进出口的同时,也对产量产生影响。如上所述,若一国外汇汇率上升,本币汇率下跌,可以使本国的贸易收支得到改善。如果该国还存在闲置的生产要素,贸易收支改善将通过乘数效应扩大总需求,带动国内经济的发展,实现充分就业。如果该国经济已经处于充分就业状态,外汇汇率上升会带来物价的上升,而不会有产量的扩大,除非本币对外贬值能通过纠正原先的资源配置扭曲来提高生产效率。

此外,汇率变动还会对国民收入、资源配置等方面产生影响。限于篇幅,本书不再阐述。

引例解析

1. 汇率作为重要的经济杠杆,其波动会影响到一国的国际贸易、国内物价、资本流动及生产等诸多方面,不仅影响宏观经济,还会波及老百姓的日常生活。

2. 汇率不论涨和跌都是有利有弊的,没有说升值就是好事,贬值就是坏事。具体到本案例,显然对有美元外汇收入,美元外汇资产的市场主体来讲是有利的,比如以出口为主的家用电器、电子产品行业企业,持有美元头寸的投资者。对于有对外美元支付需求或者有对外美元负债者来讲则是有损的。比如在美留学生,石油石化、基础化工、钢铁等原料进口型企业,需要偿还美元债务的房企。而对英镑、日元来说,情况恰恰相反。

3. 在人民币汇率双向波动常态化背景下,树立汇率风险中性的理念至关重要。企业和个人应保持对市场的合理预期,择优选择汇兑时机。对于外向型企业而言,应积极寻求专业金融机构咨询方案,利用远期结售汇、外汇期权等金融衍生工具降低交易风险,更好地管理境内外资产,保持收益稳定。

4. 对居民而言,有海外留学或者海外业务需求的人群可以适当换一些外币,普通老百姓也可以适当配置一些外币作为理财。但外汇市场的波动性和风险性都比较大,决定汇率的原因也错综复杂,不太适合风险偏好比较低的普通民众。况且,将外币再换回人民币时还需要支付额外的手续费,这些费用都会通过汇率差价方式收取。

第三节 国际金融机构

引 例

世界银行将提供3亿美元贷款助力中国黄河流域生态系统保护

北京日报客户端记者从世界银行获悉,世行执行董事会于2024年3月28日,在华盛顿批准了中国利用世界银行贷款黄河流域生态保护修复和环境污染治理示

> 范项目(二期)。该项目旨在支持黄河上游甘肃省脆弱的黄土生态系统和下游山东省黄河三角洲湿地生态系统的保护修复。项目与2022年3月批准的世行贷款项目形成互补,后者旨在支持位于黄河中游的河南省和陕西省的生态保护和环境污染治理。这两个项目将共同助力中国实施《黄河保护法》,落实黄河流域生态保护和高质量发展国家战略。
>
> 该项目执行期为2024年至2029年,总金额为17.1亿美元。

> 请思考,上述世界银行提供的贷款属于什么类型贷款?

国际金融机构也称国际金融组织,是指从事国际融资业务、协调国际金融关系、维持国际货币及信用体系正常运作的超国家机构。国际金融机构大体分为两种类型:一类是全球性的国际金融组织,如国际货币基金组织、世界银行等;另一类是区域性的国际金融组织,如亚洲开发银行、非洲开发银行等。

一、国际货币基金组织

国际货币基金组织(International Momentary Fund,IMF)是目前世界上最重要的经济组织之一,是为协调国际货币政策、加强货币合作而建立的政府间金融机构。IMF是根据1944年布雷顿森林会议所签订的《国际货币基金协定》,于1945年12月正式成立,1947年3月开始工作,同年11月成为联合国的一个专门机构,总部设在华盛顿。

中国是国际货币基金组织创始成员国。1980年我国席位恢复以后,中国的份额和地位不断提升。截至2024年8月,中国在IMF的份额为304.8亿特别提款权(SDR),占总份额的6.40%,排名第三位,仅次于美国和日本。

(一) IMF的投票权

IMF的议事规则很有特点,实行加权投票表决制。投票权由两部分组成,每个成员国都有250票基本投票权,以及根据各国所缴份额所得到的加权投票权。由于基本票数各国一样,因此在实际决策中起决定作用的是加权投票权。加权投票权与各国所缴份额成正比,每增加缴纳10万美元的份额,则给成员国增加一票,认缴份额越大,增加的票数越多。根据以上两项计算出成员国的票数,还要做以下调整:到投票日为止,IMF贷出的成员国货币每达到40万美元,则给成员国增加一票;成员国从IMF的借款,每借40万美元,则给该成员国减少一票。IMF的一切重大问题要有80%的票数通过才有效,有些特别重大问题要有85%的多数票通过才能有效。

(二) IMF的宗旨

根据《国际货币基金协定》第一条规定,IMF的宗旨为:

(1) 为会员国在国际货币问题上进行磋商和协作提供平台,以促进国际货币领域的合作。

(2) 促进国际贸易的均衡发展,借此达到高水平的就业与实际收入,并扩大会员国的生产能力。

（3）促进汇率稳定和会员国井井有条的汇率安排，以避免竞争性的货币贬值。

（4）为会员国经常性交易建立一个多边支付和汇兑制度，并极力消除阻碍世界贸易发展的外汇管制。

（5）在临时性的基础上和有保障的条件下，为会员国融通资金，使它们在无须采取有损本国和国际经济繁荣的情况下，纠正国际收支的失衡。

（6）力争缩短和减轻国际收支不平衡的持续时间和程度。

(三) IMF 的资金来源

IMF 的资金来源主要有以下三个方面：

1. 基金份额

IMF 的资金主要来自成员国缴纳的份额。基金份额的性质类似股份公司的入股资金，成员国缴纳后，即成为 IMF 的资本。成员国应缴份额的大小，要综合考虑每个成员国的国民收入、黄金外汇储备以及对外贸易量的大小（平均进口额、出口变化率以及出口占国民生产总值的比例）等因素，由 IMF 与成员国磋商后确定，每 5 年对份额进行一次审查与调整。

基金份额的计值单位原定为美元，1969 年起改用 IMF 创立的记账单位——特别提款权（Special Drawing Rights，SDR）表示。成员国向 IMF 缴纳的份额，除作为 IMF 发放短期信用的资金来源外，一国基金份额的大小对其在 IMF 的活动起着十分重要的作用，一是决定成员国从国际货币基金组织借款或提款的额度；二是决定成员国投票权的多少；三是决定成员国分得的特别提款权的多少。

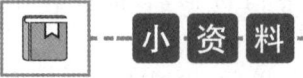

人民币与特别提款权

特别提款权创设于 1969 年 9 月，它是国际货币基金组织根据成员国认缴的份额分配的，可用于偿还国际货币基金组织债务、弥补会员国政府之间国际收支逆差的一种账面资产。

特别提款权是一种使用资金的权利。会员国在发生国际收支逆差时，可用它向基金组织指定的其他会员国换取外汇，以偿付国际收支逆差或偿还基金组织的贷款，还可与黄金、自由兑换货币一样充当国际储备。因为它是国际货币基金组织原有的普通提款权以外的一种补充，所以称为特别提款权。

特别提款权最初发行时每一单位等于 0.888 克黄金，与当时的美元等值。2010 年以来，特别提款权的价值由美元、欧元、英镑和日元这四种货币所构成的一篮子货币的当期汇率确定，所占权重分别为 41.9%、37.4%、11.3% 和 9.4%。

2016 年 10 月 1 日人民币加入 SDR，这标志着人民币成为第一个被纳入 SDR 篮子的新兴市场国家货币。人民币入篮之后，在 SDR 篮子中比重为 10.92%。其他四种货币的权重则相应减少：美元 41.73%；欧元 30.93%；日元 8.33%；英镑 8.09%。

2022 年 5 月国际货币基金组织执董会完成了五年一次的 SDR 定值审查，决定维持现有 SDR 篮子货币构成不变，新的特别提款权（SDR）货币篮子于 8 月 1 日生效，人民币权重由10.92%上调至12.28%,升幅为1.36个百分点。美元权重由41.73%上调至43.38%,同时欧元、日元和英镑权重分别由30.93%、8.33%和8.09%下调至29.31%、7.59%和7.44%,人民币权重仍保持第三位。

2. 借款

IMF可以通过与成员国协商,向成员国借入资金,作为对其他成员国提供资金融通的来源。它可以选择任何货币和任何来源寻求所需款项,不仅可以向官方机构借款,还可以向私人组织借款,包括商业银行借款。

3. 信托基金

信托基金设立于1976年。国际货币基金组织废除黄金条款以后,在1976年6月至1980年5月间将持有黄金的六分之一以市价出售后,用所获利润(市价超出35美元官价的部分)建立信托基金(trust fund),然后再以低息方式向低收入国家或重债国提供优惠贷款。这是一项特殊的资金来源。

(四)IMF的业务活动

1. 汇率监督与政策协调

国际货币基金组织成立初期,在以美元为中心的固定汇率制下,成员国汇率平价的改变必须与国际货币基金组织进行磋商并得到它的批准。在目前的浮动汇率制条件下,成员国调整汇率虽不必征求IMF的同意,但是,IMF汇率监督的职能并没有因此而丧失,它仍然要对会员国的汇率政策进行全面估价,这种估价要考虑其对内和对外政策对国际收支调整以及实现持续经济增长、财政稳定和维持就业水平的作用。

除了对汇率政策的监督外,IMF在原则上每年与各会员国进行一次磋商,以对会员国经济和金融形势以及经济政策作出评价。目的是使基金组织能够履行监督会员国汇率政策的责任,并且有助于使基金组织了解会员国的经济发展状况和采取的政策措施,从而能够迅速处理会员国申请贷款的要求。IMF每年派出经济学家组成的专家小组到会员国收集统计资料,听取政府对经济形势的估计,并同一些特别重要的国家进行特别磋商。

2. 贷款业务

当成员国发生国际收支暂时性不平衡时,IMF会向成员国提供短期信贷。IMF发放贷款的对象仅限于成员国政府,它只对成员国的政府、财政部、中央银行、外汇平准部门或其他类似财政金融机构发放贷款,对私人企业和组织概不贷款。贷款用途仅限于弥补成员国因经常项目收支而发生的国际收支的暂时不平衡。贷款额度受成员国缴纳的份额限制,与成员国在IMF缴纳的份额成正比。贷款期限一般为3~5年,其中有3年宽限期,属于中期贷款。IMF的贷款方式采取特有的"购买"和"购回"方式。成员国借款时要用本国货币向IMF换取其他成员国的货币(即外汇)或特别提款权,这种行为称为"购买",或称为"提款"。归还时,借款的成员国必须用原来借取的其他成员国的货币或特别提款权换回本国货币,这种行为称为"购回"。

国际货币基金组织的贷款种类包括以下两类:

(1)普通贷款。普通贷款又称普通提款权,是IMF最基本的贷款,期限不超过5年,贷款累计最高额度为成员国所缴纳份额的125%。IMF对普通贷款采取分档政策,将成员国的提款权分为储备部分贷款和信用部分贷款。其中储备部分贷款的限额为成员国份额的25%，此贷款是无条件的，成员国只需事先通知IMF便可借用，可视为一国政府的自有储备。信用部分贷款是储备部分贷款之上的普通贷款，其最高限额为成员国份额的100%，共分四档，每档25%，贷款条件逐档升高，年限3~5年。

(2) 专门贷款。这是IMF针对一些成员国的特殊情况、特殊需要而陆续设置的贷款，包括补偿与应急贷款、缓冲库存贷款、石油贷款、中期贷款、信托基金贷款、补充贷款、结构调整贷款、制度转型贷款、紧急贷款机制等。

补偿与应急贷款的前身是进出口波动补偿贷款，此贷款设立于1963年，对象是因市场因素而出现国际收支困难的初级产品出口国。缓冲库存贷款是1969年6月为帮助初级产品出口国维持库存进而稳定国际市场上初级产品价格而设立的一种贷款。石油贷款专门用于解决成员国因石油涨价而引起的国际收支困难，1976年5月此项贷款业务已告结束。中期贷款又称延伸贷款，设立于1974年9月，是为解决成员国长期性、结构性的国际收支失衡而提供的贷款。信托基金贷款设立于1976年，向最贫困的发展中国家提供优惠贷款。补充贷款又称"韦特文基金"，设立于1977年4月，用以帮助成员国解决持续的巨额国际收支逆差。结构调整贷款设立于1986年3月，主要是想通过提供优惠贷款，促使低收入成员国制定和执行全面的宏观经济调整和结构改革政策，以恢复经济增长和改善国际收支，从而解决它们长期存在的国际收支困难。制度转型贷款于1993年4月设立，旨在帮助解决由计划价格向市场价格转变引起的收支困难；由双边贸易向多边贸易转化引起的收支困难；由游离于国际货币体系之外到融入国际货币体系之内的过程引起的收支困难。这项贷款已于1995年12月停止运作。紧急贷款机制是IMF为解决成员国出现的突发性金融危机，防止危机在更大范围内蔓延而设置的贷款安排。

二、世界银行集团

世界银行集团(World Bank Group，WBG)，由国际复兴开发银行(International Bank for Reconstruction and Development，IBRD)、国际开发协会(International Development Association，IDA)、国际金融公司(International Finance Corporation，IFC)、解决投资争端国际中心(International Center for Settlement of Investment Disputes，ICSID)和多边投资担保机构(Multilateral Investment Guarantee Agency，MIGA)组成。

(一) 世界银行

世界银行(World Bank，WB)是国际复兴开发银行的简称，根据布雷顿森林会议通过的《国际复兴开发银行协定》而设立，是世界银行集团中成立最早、提供贷款最多的金融机构。世界银行与IMF同时成立，两者紧密联系、相互配合。

世界银行的会员必须是IMF的成员国。世界银行的成员国有权随时退出，银行接到书面通知，退出即生效。如成员国失去了IMF的会员资格，3个月后即自动丧失作为世界银行成员国的资格。

中国于1980年恢复在世界银行的代表权，世界银行1981年向中国提供第一笔贷款支持大学发展项目。四十多年来，中国和世界银行集团之间的关系已发展成为成熟和重要的合作伙伴关系。

1. 世界银行的宗旨

按照《国际复兴开发银行协定》的规定,世界银行的宗旨如下:

(1) 通过对生产事业的投资,协助成员国经济的复兴与建设,鼓励不发达国家对资源的开发。

(2) 通过担保或参加私人贷款及其他私人投资的方式,促进私人对外投资。当成员国不能在合理条件下获得私人资本时,可运用该行自有资本或筹集的资金来补充私人投资的不足。

(3) 鼓励国际投资,协助成员国提高生产能力,促进成员国国际贸易的平衡发展和国际收支状况的改善。

(4) 在提供贷款保证时,应与其他方面的国际贷款配合。

2. 世界银行的资金来源

世界银行的资金主要来自五个方面:成员国缴纳的银行股份、借款、业务净收益、转让债权和贷款资金回流,其中,借款是世界银行的主要来源。

(1) 银行股份。世界银行同 IMF 一样,也是采用由成员国入股方式组成的企业性金融机构。凡世界银行的成员国都要认缴一定数额的银行股份,每个成员国认缴额的多少取决于该国的经济和财政力量,同时参照该国在 IMF 中所缴纳的份额,由世界银行与有关国家协商确定,并由世界银行董事会批准。成员国所认缴的银行股份分两部分缴纳:一是实缴股金,是成员国在加入世界银行时必须缴纳的股份,约占 20%,其中 2% 要用黄金或美元缴纳,这部分资金世界银行可以自由使用。其余 18% 可以用成员国本国的货币缴纳,世界银行必须在征得成员国同意的情况下,才能将这笔资金用于贷款。二是待缴股金。余下的 80% 股份,由成员国保存,当世界银行遇到资金困难或其他危机时,可要求成员国以黄金、美元或银行所需要的货币支付。

(2) 借款。世界银行不像商业银行那样吸收存款,发行债券成为其最主要的资金来源。世界银行发行债券取得借款的途径主要有两种:一是直接向成员国政府、政府机构或中央银行出售中、短期债券;二是通过投资银行、商业银行等中间包销商向私人投资市场出售债券。世界银行的债券币种多达十几种,并具有多样化的期限结构,有利于降低筹资成本。

(3) 业务净收益。世界银行历年来的业务净收益不分配给股东,除赠与国际开发协会和撒哈拉以南非洲地区特别基金款项外,都留作准备金,作为银行的一个资金来源。

(4) 转让债权。为了扩大贷款能力,世界银行还把贷出款项的债权转让给私人投资者,主要是国际商业银行等金融机构,这样可以迅速收回一部分资金,提高世界银行贷款资金的周转能力。

(5) 贷款资金回流。世界银行将按期收回的贷款资金供周转使用。

3. 世界银行的主要业务活动

作为世界上提供发展援助最多的机构之一,世界银行在成立之初,主要是资助西欧国家恢复被战争破坏的经济,但在 1948 年后,欧洲各国开始主要依赖美国的"马歇尔计划"来恢复战后的经济,世界银行转向主要给发展中国家提供中长期贷款与投资,促进发展中国家经济和社会发展。

(1) 世界银行的贷款条件。按照世界银行协定的有关规定,世界银行在办理贷款业务时必须满足以下条件：

① 贷款对象是成员国政府,公私机构贷款必须由政府担保。

② 贷款必须用于审定为在技术和经济上是可行的工程项目,专款专用,且有助于该国的生产发展和经济增长,而且要接受世界银行的监督。

③ 世界银行只有在申请借款国确实不能以合理的条件从其他方面获得资金时,才考虑给予贷款。

④ 世界银行只向有偿还能力的成员国发放贷款,以确保贷款能按期收回。

⑤ 贷款的利息、还本方法、期限及偿还日期均由世界银行决定。近年来,世界银行为了达到项目贷款的经济效益和社会效益的统一,主要向处于经济和社会发展较高阶段的发展中国家提供贷款。

(2) 世界银行的贷款特点：

① 贷款多为项目贷款。世界银行贷款90%以上是项目贷款,这些工程项目须经世界银行精心挑选,详细核算,严密监督和系统分析。借款国必须提供有关经济、财政以及贷款项目等情况和全部资料。

② 贷款期限长、利率相对低。世界银行贷款结合建设项目进行,期限较长,一般为20～30年,宽限期5～10年。贷款实行浮动利率,每3个月或半年调整一次,但一般低于市场利率。世界银行对贷款收取的杂费很少,只对已订立贷款契约而未提供的部分按年征收0.75%的承诺费。

③ 贷款程序严密、审批时间长。世界银行贷款有一套科学的论证和审批程序。在项目选择、建设和管理方面积累了丰富的经验,逐步形成了一套严格的管理制度、管理程序和管理方法。世界银行的项目贷款从开始到完成必须经过选定、准备、评估、谈判、执行、总结评价6个阶段,称为"项目周期"。借款国从提出项目到最终同世界银行签订贷款协议获得资金,一般需要1年半到2年的时间。

④ 贷款不受贷款国份额的限制,但要承担汇价变动的风险。世界银行贷款主要是考虑是否有偿还能力和份额无关。款额以美元计值,借款国要承担与美元之间汇价变动的风险。

⑤ 贷款国需要自己筹集国内的配套费用。世界银行通常对其资助的项目只提供货物和服务所需要的外汇部分,约占项目总额的30%～40%,个别项目可达50%,其他部分需要借款国自己准备。但在某些特殊情况下,世界银行也提供建设项目所需要的部分国内费用。

(3) 世界银行的贷款种类。世界银行的贷款分为项目贷款、非项目贷款、联合贷款和第三窗口贷款等几种类型,其中项目贷款是世界银行贷款业务的主要组成部分。

① 项目贷款和非项目贷款。这两项贷款是世界银行的传统贷款业务,属于一般性贷款。项目贷款用于资助成员国某个具体的发展项目。世界银行对农业和农村发展、教育、能源、工业、交通、城市发展等方面的大部分贷款都属于此类贷款。非项目贷款是指没有具体项目作保证的贷款。世界银行只有在特殊情况下才发放此类贷款。此类贷款是为了解决成员国实行发展计划或进口短缺的原料和先进设备所需要的外汇资金,或者当成员国遇到自然灾害,出口收入突然下降而产生的国际收支逆差时需要的应急性贷款。

1980年设立的结构调整贷款也属于非项目贷款。此项贷款用于帮助借款国在宏观经济、部门经济和结构体制等方面进行必要的调整和改革,使其能够有效地利用资金,在较长时期内维持国际收支的平衡。该贷款发放时,要让借款国进行经济调整、机构体制改革。结构调整贷款的拨付速度比项目贷款要快得多,拨付的方式也比较灵活。每笔贷款的执行期为1年,分两期拨付。但是,贷款的使用要受世界银行的监督。

② 联合贷款。是指世界银行与借款国以外的其他贷款机构联合起来,包括官方援助、出口信贷机构、私人金融机构对世界银行的项目共同筹资和提供的贷款。其方式有两种:一是世界银行与其他贷款机构分别承担同一项目的一部分;二是由世界银行作为介绍人,动员有关贷款机构对项目或与项目有关的建设计划提供资金。

③ 第三窗口贷款。是指在世界银行发放的一般贷款和世界银行附属机构国际开发协会发放的优惠贷款之间新增设的一种贷款,设立于1975年12月。其贷款条件宽于前者,但又不如后者优惠。利差由工业发达国家和石油生产国自愿捐赠形成的"利息贴补基金"解决。贷款的期限为25年。这种贷款主要用于援助低收入国家。

(二)国际开发协会

1960年9月24日,世界银行通过决议,正式成立国际开发协会(International Development Association,IDA),同年11月正式营业。总部设在华盛顿。凡世界银行的成员国均可成为IDA的成员国。

国际开发协会的宗旨是向符合条件的低收入国家提供比世界银行条件更优惠的长期贷款,帮助这些国家加速经济发展,达到提高劳动生产率和改善人民生活的目的。

国际开发协会的资金,来源于成员国认缴的股份、成员国和其他赞助国提供的补充资金和特别基金捐款、世界银行从其业务净收益中拨出的赠款以及协会的业务净收益。2007年12月,我国向国际开发协会捐款3 000万美元。

国际开发协会的主要业务是向较贫穷的发展中国家的公共工程和发展项目提供比世界银行贷款条件优惠的长期贷款。国际开发协会提供的贷款期限为50年,头10年为宽限期不必还本,从第二个10年起每年还本1%,其余30年每年还本3%。在整个贷款期限中免收利息,只对已拨付的部分每年收取0.75%的手续费。因此,国际开发协会的信贷具有明显的援助性质,它作为世界银行贷款的补充,能够促进世界银行目标的实现。

硬贷款与软贷款

世界银行的贷款由于利率较高,条件严格,被称为硬贷款。而国际开发协会提供的贷款条件优惠,被称为软贷款。

(三)国际金融公司

为了扩大对成员国私人企业的国际贷款,1956年7月,世界银行根据联合国授权正式成立了国际金融公司(International Finance corporation,IFC)。

国际金融公司的宗旨是:配合世界银行的业务活动,向成员国特别是发展中国家的重点私人企业提供无须政府担保的贷款或投资,鼓励国际私人资本流向发展中国家,以推动这些国家私人企业的成长,促进其经济发展。

国际金融公司的资金来源。国际金融公司的资金主要来源于成员国认缴的股份、借款和业务净收益三个方面。

国际金融公司的主要业务是提供贷款和对中小企业直接投资。国际金融公司的贷款对象主要是亚、非、拉地区的不发达国家。贷款资助的行业主要为制造业、加工业和开采业,如钢铁、建筑材料、纺织、采矿、肥料、化工、能源、木材、造纸以及旅游和非金融服务业。

国际金融公司的贷款不需要政府机构担保,可以直接贷给成员国的私人企业。贷款的期限较长,一般为 7~15 年,如确属需要,贷款的期限还可以更长。贷款的利率一般高于世界银行的贷款利率。每笔贷款的数额一般在 200 万~500 万美元。

国际金融公司办理贷款业务时,通常采用与私人投资者、商业银行和其他金融机构联合投资的方式。这种联合投资活动,既扩大了国际金融公司的业务范围,又促进了发达国家对发展中国家私人企业的投资。

另外,国际金融公司在进行投资的同时还向项目主办企业提供必要的技术援助,并且还向成员国政府提供政策咨询服务,以协助创造良好的投资环境,从而达到促进私人投资的目的。

(四) 多边投资担保机构

多边投资担保机构(Multilateral Investment Guarantee Agency,MIGA)成立于 1988 年 4 月,是世界银行集团中最年轻的成员。它的宗旨是向外国私人投资者提供政治风险担保,包括由于资本管制而造成的货币转移风险、武装冲突和动乱造成的风险、投资所在国法律变动造成的失去所有权的风险等。作为担保业务的一部分,多边投资担保机构帮助投资者和政府解决可能对其担保的投资项目造成不利影响的争端,防止潜在索赔要求升级,使项目得以继续。多边投资担保机构还帮助各国制订和实施吸引和保持外国直接投资的战略,并以在线服务的形式免费提供有关投资商机、商业运营环境和政治风险担保的信息。中国是该机构的创始会员国。

三、国际清算银行

国际清算银行(Bank for International Settlements,BIS)是由美国摩根保证信托公司、纽约花旗银行和芝加哥花旗银行组成的银行团同英、法、德、意、比、日等国的中央银行于 1930 年 1 月在荷兰海牙签订国际协议,共同出资而成立的,总部设在巴塞尔。BIS 成立的初衷是为了处理第一次世界大战后德国的赔偿支付及其有关的清算等业务问题。第二次世界大战后,它成为经济合作与发展组织成员国之间的结算机构,该行的宗旨也逐渐转变为促进各国中央银行之间的合作,为国际金融业务提供便利,并接受委托或作为代理人办理国际清算业务等。国际清算银行不是政府间的金融决策机构,也非发展援助机构,实际上是"中央银行的银行"。1996 年 11 月,中国人民银行成为国际清算银行的正式成员。

国际清算银行的资金主要来源于成员国缴纳的股金、向成员国中央银行的借款及吸收客户存款。国际清算银行接受各国中央银行的存款,并向中央银行发放贷款;办理各国政府国库券和其他债券贴现和买卖业务,买卖黄金、外汇或代理各国中央银行买卖;为各国政府间贷款充当执行人或受托人;同有关国家中央银行签订特别协议,代办国际清算业务。国际清算银行是各国中央银行进行合作的理想场所。

四、亚洲开发银行

亚洲开发银行(Asian Development Bank，ADB)简称亚行，是西方国家和亚洲及太平洋地区发展中国家联合创办的面向亚太地区的区域性政府间金融机构。它是根据联合国亚洲及太平洋经济与社会委员会的决议，于1966年11月正式建立，总部设在菲律宾首都马尼拉。截至2024年，亚行有68个成员，其中48个来自亚太地区，其余来自其他地区。1986年3月我国成为亚行正式成员国。

（一）亚洲开发银行的宗旨

亚行的宗旨是向其成员国与地区成员（以下简称"成员"）提供贷款与技术援助，帮助协调成员在经济、贸易和发展方面的政策，同联合国及其专门机构进行合作，以促进亚太地区经济的发展。同时，鼓励各国政府及私人资本向亚太地区投资，以促进该地区发展中国家的经济发展。亚行的具体任务如下：

（1）为亚太地区发展中成员国的经济发展筹集与提供资金。

（2）帮助本地区各成员国协调经济发展政策，以更好地利用自己的资源、在经济上取长补短，并促进其对外贸易的发展。

（3）为成员国拟订与执行发展项目、规划提供技术援助。

（4）通过亚行的活动同联合国及其所属机构共同促进成员国公营和私营部门的开发性投资。

（5）发展符合亚行宗旨的其他活动。

（二）亚洲开发银行的资金来源

亚行的资金主要来源于普通资金、各项基金。此外，亚行还从其他资金渠道为项目安排联合融资。

1. 普通资金

普通资金用于亚行的硬贷款业务。它是亚行进行业务活动的最主要资金来源，包括股本、普通储备金、净收益以及借款等。

（1）股本。凡参加亚行的成员国都需认缴银行的股本。亚行理事会每5年对法定股本进行一次审查，根据业务经营的需要，决定是否增资和调整认缴股本的分配。截至2023年12月，日本和美国是亚行最大的出资国，其认缴股本额相等，均占亚行总股份的15.571%。中国认缴额在亚行总股份中占6.429%，位居第3位。

（2）普通储备金。根据亚行章程规定，亚行理事会每年从亚行的业务净收益中划拨一部分款项作为普通储备金。

（3）净收益。亚行对其经营业务所获得的净收益不进行分红或再分配，都作为自有资金。

（4）借款。亚行借款的方式主要有三种：一是以发行债券的方式从国际资本市场上筹措资金；二是与有关国家政府、中央银行以及其他金融机构直接安排证券销售吸收资金；三是直接从商业银行借款。

2. 基金

基金主要用于亚行的硬贷款业务。

（1）亚洲开发基金。建立于1974年6月28日，专门向亚太地区贫困成员国发放优惠贷款。亚洲开发基金主要来源于亚行发达成员国的捐赠。除此之外，亚洲开发基金还有两个来源：一是亚行理事会按照银行章程规定，从各成员国缴纳的未核销实缴股本中拨出10%的款项留给该基金；二是亚行从其他渠道取得的一部分捐款。

(2) 技术援助特别基金。建立于1967年，主要用于提高发展中国家人力资源的素质和加强执行机构的建设。具体来说，是资助发展中国家聘请咨询专家、培训人员、购置设备进行项目准备和项目执行、制订发展战略、加强机构建设和技术力量、从事部门研究等。技术援助基金主要来源于各成员国的捐赠、亚洲开发基金拨款、普通资金贷款净收益拨款、日本特别基金捐款以及多边和双边赠款。

(3) 日本特别基金。1988年3月，亚洲开发银行和日本政府签署协议，正式设立日本特别基金。日本特别基金旨在帮助亚行发展中成员国调整经济结构，以适应世界经济环境的变化，开拓新的投资机会，在此基础上使本地区资本富裕成员国和地区的资本回流到发展中成员国和地区。

(4) 日本扶贫基金。2000年5月，日本向亚行捐款100亿日元，建立了该项基金。该项基金重点支持那些直接向贫困人口提供经济和社会服务的项目，帮助贫困人口获得自我发展的能力，使亚行贫困成员的脱贫计划能持续进行。

3. 联合融资

亚行的联合融资是指一个或一个以上的外部经济实体与亚行共同为某一开发项目融资。亚行安排联合融资的渠道主要有：① 工业发达国家的政府机构；② 多边国际组织，如联合国开发计划署、欧盟、国际农业开发基金等；③ 有关国家的出口信贷机构；④ 工业发达国家的商业银行等。联合融资已成为亚行业务资金来源的重要组成部分。

(三) 亚洲开发银行的主要业务

1. 贷款

亚行的主要业务是向本地区发展中成员国提供贷款。

亚行按贷款发放的条件划分，有硬贷款、软贷款和赠款三类。硬贷款的贷款利率为浮动利率，每半年调整一次，贷款期限为10～30年(2～7年宽限期)。软贷款也就是优惠贷款，只提供给人均国民收入低于标准，且还款能力有限的会员国或地区成员，贷款期限为40年(10年宽限期)，不收取利息，仅有1%的手续费。赠款用于技术援助，资金由技术援助特别基金提供，赠款额没有限制。按贷款方式划分，亚行贷款有项目贷款、规划贷款、部门贷款、开发金融机构贷款、特别项目执行援助贷款和私营部门贷款等。

亚行贷款主要投向农业和以农业为基础的工业、运输、通信、供水和卫生、城市发展、健康和人口、工业、能源、电力等领域，此外，亚行贷款还涉及金融行业，促进发展中成员国金融体系、银行体制和资本市场的管理、改革和开放。

2. 技术援助

技术援助可分为项目准备技术援助、项目执行援助、咨询技术援助和区域活动技术援助。技术援助项目由亚洲开发银行董事会批准，如果金融不超过35万美元，行长也有权批准，但须通报董事会。

3. 股本投资

股本投资始自1983年，是亚行对私营部门开展的一项不需要政府担保的业务。除亚行直接经营的股本投资外，还通过发展中成员国的金融机构进行小额的股本投资。

4. 联合融资和担保

亚行不仅自己为其发展中成员的发展提供资金,而且吸引多边、双边机构以及商业金融机构的资金,投向共同的项目。亚行对参加联合融资和私营机构所提供的贷款还提供担保服务。担保服务可以帮助发展中成员从私营机构那里争取到优惠的贷款。

五、亚洲基础设施投资银行与金砖国家新开发银行

（一）亚洲基础设施投资银行

亚洲基础设施投资银行(Asian Infrastructure Investment Bank,AIIB)简称亚投行,是一个政府间性质的亚洲区域多边开发机构。亚投行于2015年12月25日正式成立,总部设在北京,创始成员国57个,法定资本1000亿美元。截至2023年9月,亚投行有109个成员国。

亚投行是全球首个由中国倡议设立的多边金融机构,其宗旨一是通过在基础设施及其他生产性领域的投资,促进亚洲经济可持续发展、创造财富并改善基础设施互联互通;二是与其他多边和双边开发机构紧密合作,推进区域合作和伙伴关系,应对发展挑战。

亚投行的业务分为普通业务和特别业务。普通业务是指由亚投行普通资本(包括法定股本、授权募集的资金、贷款或担保收回的资金等)提供融资的业务;特别业务是指为服务于自身宗旨,以亚投行所接受的特别基金开展的业务。两种业务可以同时为同一个项目或规划的不同部分提供资金支持,但在财务报表中应分别列出。亚投行可以向任何成员或其机构、单位或行政部门,或在成员的领土上经营的任何实体或企业,以及参与本区域经济发展的国际或区域性机构或实体提供融资。在符合银行宗旨与职能及银行成员利益的情况下,经理事会多数投票同意,也可向非成员提供援助。亚投行开展业务的方式包括直接提供贷款、开展联合融资或参与贷款、进行股权投资、提供担保、提供特别基金的支持以及技术援助等。

（二）金砖国家新开发银行

金砖国家新开发银行(New Development Bank,NDB)简称新开发银行,俗称金砖银行,是由金砖国家(BRICS)共同倡议建立的国际性金融机构。

2008年国际金融危机爆发以来,美国金融政策变动导致国际金融市场资金的波动,对新兴市场国家的币值稳定造成很大影响。尽管中国货币波动较小,但是印度、俄罗斯、巴西等国都经历了货币巨幅贬值,最终导致通货膨胀。而IMF的救助存在不及时和力度不够的问题,金砖国家为避免在下一轮金融危机中受到货币不稳定的影响,计划构筑一个共同的金融安全网,一旦出现货币不稳定,可以借助这个资金池兑换一部分外汇来应急。2013年3月27日,在南非德班举行的第五届金砖国家领导人峰会上,各国领导人同意成立金砖银行。2014年7月15日,在巴西举行的第六届金砖国家领导人峰会落实了金砖银行的成立问题。2015年7月21日金砖银行正式开业。

金砖银行总部设在上海,核定资本为1000亿美元,初始认缴资本为500亿美元,由5个创始成员国平均出资。另外,第六届金砖国家领导人峰会还决定建立1000亿美元金砖国家应急储备基金。

金砖银行的宗旨是为金砖国家及其他新兴经济体和发展中国家的基础设施建设和可持续发展项目动员资源,作为现有多边和区域金融机构的补充,促进全球增长与发展。为

履行其宗旨,金砖银行通过贷款、担保、股权投资和其他金融工具为公共或者私人项目提供资金支持,同时还与国际组织和其他金融实体开展合作,并为银行支持的项目提供技术援助。

亚投行与金砖银行是对现有国际多边开发金融体系的有益补充,有利于国际金融治理体系的完整和多元化。二者都是由新兴经济体主导建立的,中国在其中都发挥了积极且重要的作用。二者的功能既有区别又有重叠,但是并不冲突,是互补与合作的关系。

亚投行与金砖银行都旨在服务于基础设施建设,为本地区经济增长提供持久动力。亚投行侧重于基础设施建设,不以减贫为主要目标,而是投资于准商业性的基础设施,主要服务于"一带一路"建设,旨在实现国家间的互联互通,进而促进全球经济增长。金砖银行则是以减贫为目的,为金砖国家及其他发展中国家的基础设施建设及可持续发展筹集资金,其定位类似于世界银行和IMF的补充。

六、非洲开发银行

非洲开发银行(African Development Bank,AFDB)成立于1964年,是非洲最大的地区性政府间开发金融机构。其宗旨是为成员国的经济和社会发展提供资金或给予援助,并充分利用本大陆的人力和资源,协调各国发展计划,促进非洲经济的一体化。非洲开发银行共有53个非洲国家及24个非非洲区国家为其会员。中国于1985年加入非洲发展银行。

非洲开发银行的经营业务分为普通业务和特别业务两种。前者是用银行普通股本资金提供贷款和担保业务;后者是用银行专门用途的"特别基金"开展的贷款业务,其贷款条件较为优惠。非洲开发银行贷款主要用于公用事业、交通运输、农业、银行和社会部门。

七、泛美开发银行

泛美开发银行(Inter-American Development Bank,IADB)是拉丁美洲国家和其他西方国家联合举办的政府间国际金融组织。该行于1959年12月正式成立,是世界上历史最久、规模最大的地区性政府间开发金融机构,总部设在美国的华盛顿。其宗旨是促进拉美及加勒比地区经济和社会发展。中国是该集团第48个成员国。

引例解析

中国同世界银行合作了数十年,双方在贷款等领域开展了富有成效的合作,实现了互利共赢。中国仍是发展中国家,中国的发展需要世界银行的支持,世界银行的发展也离不开中国的贡献。在世界银行执行董事会审议通过的《2020—2025财年对华国别伙伴框架》文件中,世界银行强调将与中国开展强有力并具有选择性的合作,在这5年期间IBRD对华贷款规模将保持在每年10亿～15亿美元,IFC对华业务规模将保持在每年8亿～12亿美元。世界银行与中国的合作将聚焦市场与财政改革、绿色增长和包容性增长。

本引例中世界银行提供的3亿美元贷款中,1.38亿欧元(等值1.5亿美元)贷款期限为24年(含6年宽限期),另外1.5亿美元贷款期限为30年(含6年宽限期),均为浮动利率贷款;其余资金由国内出资。此为典型的项目贷款。

案例项目符合世界银行《2020—2025 财年对华国别伙伴框架》,旨在帮助中国应对发展挑战,特别是在环境可持续增长等全球公共产品相关领域。项目将为世界银行最新提出的"森林与发展、气候变化和生物多样性全球挑战计划"和"水安全与气候适应全球挑战计划"作出贡献。

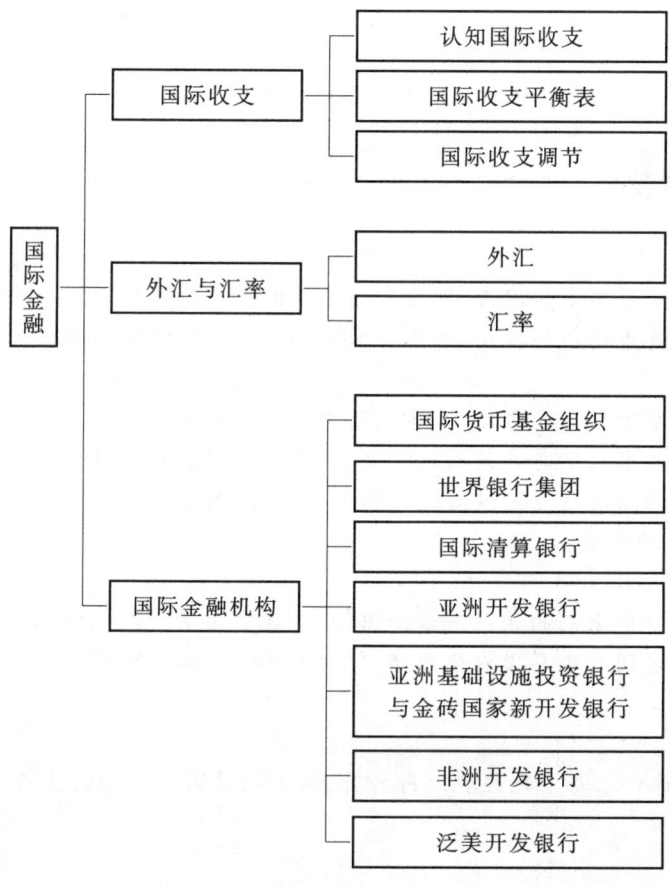

第十章 货币供求与货币均衡

 **学习目标**

知识目标

1. 认识影响货币需求的因素,学习不同货币需求理论的核心思想。
2. 认知现代货币的供给机制,熟悉中央银行、商业银行及其他经济主体在货币供给中的作用。
3. 掌握货币层次划分的依据,了解我国货币层次划分的情况。
4. 掌握货币供求均衡与否的判定标准,熟悉货币失衡的调节方式。
5. 掌握通货膨胀与通货紧缩的含义和内容,熟悉通货膨胀与通货紧缩的经济效应和形成原因,了解应对之策。

能力目标

1. 能够运用货币需求的相关基本知识,分析现实生活中人们的货币需求及其变化。
2. 能够根据我国货币层次划分的情况,结合相关数据,简单分析货币供求状况及宏观经济运行情况。

素养目标

通过学习货币供求与宏观经济运行的关系,加强对国家金融政策的了解,培养宏观金融分析能力。

第一节 货币需求

引 例

你我身边的货币需求

1. 居家过日子,开门7件事,柴米油盐酱醋茶。在现代社会,谁也不可能自给自足,必须到市场上购买。购买就需要货币。

2. 企业要正常运转,就要支付工人工资,购买原材料、燃料、动力等,还要有管理费支出。这同样需要货币。

3. 若你是一个经验丰富的证券市场投资者,证券价格高位,你又获利颇丰,想必你会选择落袋为安。这也是货币需求。

上述场景随时出现在你我身边,在市场经济条件下,货币需求可以说无处不在。

归纳一下人们货币需求的动机有哪些。

一、货币需求的含义

现代社会是一个高度货币化的经济社会,在这个社会中,各经济主体都需要持有一定量的货币进行交易、支付费用、偿还债务、从事投资或价值贮藏,由此产生了货币需求。

关于货币需求,经济学家有不同的定义。一种定义认为,货币需求是指社会各部门在既定的收入或财富范围内能够而且愿意以货币形式持有的数量。另一种定义认为,货币需求是指在某一时点,在一定的经济条件下,整个社会需要用于执行交易媒介、支付手段和价值贮藏的货币数量。两种定义虽然说法不同,但含义是一致的。对于货币需求含义的理解,需要注意以下几点:

(一)货币需求是一个存量的概念,而非流量的概念

货币需求考察的是在某个时点、某一特定空间内(一般是指一个国家),社会各部门在其拥有的全部资产中愿意以货币形式持有的数量或份额。例如,可以考察 2024 年年底我国的货币需求,但不能说考察 2024 年 1—12 月份我国的货币需求。

(二)货币需求是能力与愿望的统一

对于经济个体来说,货币是一种财富,若不考虑客观因素,这种仅出自主观愿望的货币需求是无限的。然而,经济学中的需求,是愿望与能力的统一。货币需求是指以收入或财富的存在为前提,在具备获得货币的能力范围之内愿意持有的货币量,即客观货币需求。因此,构成货币需求必须同时具备两个条件:一是有能力获得或持有货币;二是愿意以货币形式保有其财产。两者缺一不可。

(三)货币需求既包括对现金的需求,也包括对存款货币的需求

货币需求是所有商品、劳务的流通以及有关一切货币支付所提出的需求。在现代信用货币流通的条件下,现金和存款货币都可以满足这种需求,因此不能把货币需求与现金需求划等号。

(四)人们对货币的需求既包括执行流通手段和支付手段职能的货币需求,也包括执行价值贮藏手段职能的货币需求

两者差别只在于持有货币的动机不同或货币发挥职能作用的不同,但都在货币需求的范畴之内。

二、主要货币需求理论

货币需求理论是指对决定货币需求的因素进行研究的学说,它是货币政策选择的出发点。中国在古代就有货币需求思想的萌芽,全国每人平均铸造多少钱币即可满足流通需要的思路,曾经是长期控制我国铸币发行数量的主要原则。西方经济学家从两个不同的角度来探讨货币需求。一是从社会的角度出发,仅仅把货币视为交易的媒介,从而探讨为完成一定的交易量,需要多少货币来支撑。马克思的货币必要量公式和费雪的交易方程式都属于这种类型。二是从微观的个人角度出发,把货币视为一种资产,也就是说,货币和股票、债券及各种实物资产一样,是人们持有财富的一种形式,从这一角度出发,货币需求不是理解为经济中为完成一定的交易量所需要的货币量,而应该理解为:当某人拥有一定财富的总额时,他可以选择多种形式来持有该笔财富。而他愿意以货币这种资产形式来持有的那部分财富就构成他对货币的需求。

（一）马克思关于流通中货币量的理论

马克思认为,流通中客观货币需要量（即货币必要量）取决于三个要素:商品平均价格、待出售的商品数量和货币流通速度。用公式表示为:

$$M = \frac{PQ}{V}$$

式中,M 表示货币需求量;Q 表示待售商品数量;P 表示商品平均价格。

马克思认为,商品的价格取决于价值,而价值取决于生产过程,所以商品是带着价格进入流通的;V 表示货币流通速度。可见,货币需求量与待售商品数量和平均价格成正比,与货币流通速度成反比。

马克思关于流通中货币量的理论是以金属货币流通为前提研究的。但在纸币流通条件下,纸币是没有内在价值的货币符号,当流通中的货币数量过多或过少时,它不可能自发地调节。针对此,马克思在上述货币需求量规律的基础上提出了纸币流通规律。指出单位纸币所代表的价值量等于流通中所需要的金属货币量除以流通中的纸币总额,用公式表示为:

$$单位纸币所代表的价值量 = \frac{流通中金属货币需要量}{流通中纸币总量}$$

从这个公式中,可以看出纸币与其所代表的金币之间的价值量有平值、贬值、升值三种不同的状况。在纸币流通条件下,纸币流通规律要求纸币发行总量与流通中所需货币量保持一致,这样才能保证纸币流通的正常。

（二）传统的货币数量论

货币数量论是一种古老的经济理论。早期的货币数量论并不把货币需求作为直接的研究对象,而是研究名义国民收入及物价是如何决定的。但是,由于它建立了名义国民收入同货币量之间的关系,从而从一个侧面说明了在一定名义国民收入条件下需要的货币量,因此也被看成是一种货币需求理论。

1. 费雪方程式

美国经济学家欧文·费雪在他 1911 年出版的《货币的购买力》一书中,对古典的货币数量论进行了最好的概括。提出了著名的"交易方程式",也称为"费雪方程式"。费雪认为,假设以 M 为一定时期内流通货币的数量;V 为货币流通速度;P 为各类商品价格的加权平均数;T 为各类商品的交易数量,则有:

$$MV = PT$$

这个方程式是一个恒等式。费雪分析,M 是一个由模型之外的因素所决定的外生变量;V 由于制度性因素在短期内不变,因此可视为常数;T 对产出水平常常保持固定的比例,也是大体稳定的。因此,只有 P 和 M 的关系最重要。所以,P 的值主要取决于 M 数量的变化。

费雪虽然关注的是 M 对 P 的影响,但是反过来,从这一方程式中也能导出一定价格水平之下的名义货币需求量。也就是说,由于 $MV = PT$,则:

$$M = \frac{PT}{V} = \frac{1}{V}PT$$

这说明,仅从货币的交易媒介功能考察,全社会一定时期一定价格水平下的总交易量与所需要的名义货币量具有一定的比例关系。这个比例是 $1/V$,即货币流通速度的倒数。

2. 剑桥方程式

以马歇尔和庇古为代表的剑桥学派认为,处于经济体系中的个人对货币的需求,实质是选择以怎样的方式保持自己资产的问题。决定人们持有货币多少的,有个人的财富水平、名义收入、利率变动,以及持有货币可能拥有的便利等诸多因素。但是,在其他因素不变的情况下,对每个人来说,名义货币需求与名义收入水平之间保持着一个较稳定的比例关系;对整个经济体系来说也是如此。因此有:

$$M = kPY$$

式中,Y 代表实际总收入,P 代表价格水平,k 表示以货币形式拥有的财富占名义总收入的比例,M 为名义货币需求。

这就是著名的剑桥方程式。该理论认为货币需求与人们的财富或名义收入之间保持一定的比率。

剑桥方程式和费雪方程式看似相同,实际上存在显著的差异,主要有以下几点:

第一,对货币需求分析的侧重点不同。费雪方程式强调的是货币的交易手段功能,而剑桥方程式侧重货币作为一种资产的功能。

第二,费雪方程式把货币需求和支出流量联系在一起,重视货币支出的数量和速度,而剑桥方程式则是从用货币形式拥有资产存量的角度考虑货币需求,重视这个存量占收入的比例。所以,对费雪方程式,有人称为现金交易说,而剑桥方程式则被称为现金余额说。

第三,两个方程式所强调的货币需求决定因素有所不同。费雪方程式用货币数量的变动来解释价格,反过来,在交易商品量给定和价格水平给定时,也能在既定的货币流通速度下得出一定的货币需求结论。而剑桥方程式则是从微观进行分析的产物,考虑的是人们对于拥有货币存在满足程度的问题,拥有货币要付出代价,例如,不能带来收益的特点,就是对拥有货币数量的制约。这就是说,微观主体要在两相比较中决定货币需求。显然,剑桥方程式中的货币需求决定因素多于费雪方程式,特别是利率的作用已成为不容忽视的因素之一。

(三) 凯恩斯的货币需求理论

凯恩斯对货币需求的研究是从经济主体对货币的需求动机研究出发的。凯恩斯认为,人们对货币的需求出于以下三种动机:

1. 交易动机

货币的交易性需求是指企业或个人为了应付日常的交易而愿意持有一部分货币。这是由于货币的交易媒介职能而导致的一种需求。凯恩斯认为,虽然货币的交易性需求受诸多因素的影响,但它主要还是取决于收入的多少。

2. 预防动机

货币的预防动机是指企业或个人为了应付突然发生的意外支出,或者捕捉一些突然出现的有利时机而愿意持有一部分货币。根据凯恩斯的观点,货币的预防性需求是同收入成正比的。

3. 投机动机

凯恩斯货币需求理论的真正创新之处在于他引入了对货币的投机性需求的分析,从而强调了利率在货币需求中的影响。货币的投机性需求,是指人们为了在未来某一适当的时机进行投机活动而愿意持有一部分货币。凯恩斯假定人们可以以两种形式来持有其财富:货币或生息资产,后者可以用长期政府债券来作代表。货币的投机性需求与利率呈反向变化。利率越高,持有生息资产的利息收入较多;并且当利率高于合理利率,其在未来时期内下降的可能性也较大,所以持有生息资产获得资本利得的可能性也较大。因此,利率越高,生息资产越有吸引力,货币的投机性需求越小。反之亦然。

在货币需求的三种动机中,由交易动机和预防动机而产生的货币需求均与商品和劳务交易有关,故而称为交易性货币需求(L_1)。而由投机动机而产生的货币需求主要用于金融市场的投机,故称为投机性货币需求(L_2)。交易性货币需求是收入(Y)的递增函数。即:

$$L_1 = L_1(Y)$$

投机性货币需求主要与货币市场的利率(r)有关,是利率的递减函数,即:

$$L_2 = L_2(r)$$

而货币总需求(L)等于货币的交易需求(L_1)与投机需求(L_2)之和,即:

$$L = L_1(Y) + L_2(r)$$

流 动 性 陷 阱

所谓"流动性陷阱",是指凯恩斯分析的货币需求发生不规则变动的一种状态。凯恩斯认为,在一般情况下,由流动偏好决定的货币需求在数量上主要受收入和利率的影响。其中交易性货币需求是收入的递增函数;投机性货币需求是利率的递减函数,所以,货币需求是有限的。但是当利率降到一定低点之后,由于利率太低,人们不再愿意持有没有什么收益的生息资产,而宁愿以持有货币的形式来持有其全部财富。这时,货币需求便不再是有限的,而是无限大了。不论中央银行增加多少货币供给量,都将被货币需求所吸收。也就是说,利率在一定低点以下对货币需求是不起任何作用的。这就像存在着一个大陷阱,中央银行的货币供给都落入其中,在这种情况下,中央银行试图通过增加货币供给量来降低利率的意图就会落空。

(四) 弗里德曼的货币需求理论

弗里德曼是沿着剑桥方程式来表达他的货币需求思想的,同时,吸收了凯恩斯主义关于收入和利率决定货币需求量的思想。他认为,在剑桥方程式 $M=kPY$ 中,P、Y 是影响货币需求许多变量中的两个变量,k 代表其他变量,实际上是货币流通速度的倒数($1/V$)。而影响货币流通速度的因素是相当复杂的,如财富总量、财富构成、各种财产所得在总收入中的比例,以及各种金融资产的预期收益等。因此,人们的资产选择范围非常广泛,并不限于凯恩斯主义货币需求理论中的二元资产选择——货币与债券。基于上述认识,弗里德曼提出了自己的货币需求函数模型:

$$\frac{M_d}{P}=f\left(Y, W, r_m, r_b, r_e, \frac{1}{P}\frac{dP}{dt}, u\right)$$

式中:Y 是实际恒久性收入;W 是非人力财富占总财富的比率;r_m 是货币的预期收益率;r_b 是固定收益的证券(债券)的预期收益率;r_e 是非固定收益的证券(股票)的预期收益率;$\frac{1}{P}\frac{dP}{dt}$ 是预期物价变动率,即实物资产的预期收益率;u 是其他的影响货币需求的因素。上述影响货币需求量诸多因素可划分为四类:

1. 财富总量

在实际生活中,财富很难加以估计,所以必须用收入来代表。但是弗里德曼认为,现期收入会受到经济波动的影响,必须用恒久性收入来作为财富的代表。恒久性收入,是指一个人在较长一段时间内所能获得的平均收入。恒久性收入与货币需求正相关。

2. 财富结构

财富结构是人力财富与非人力财富的比重。人力财富是指个人的赚钱能力。由于人力财富向非人力财富的转化往往受很多条件约束,所以人力财富的流动性较差,而不像债券、股票那样随时可以出售。因此,人力财富在财富总额中占较大比例的所有者将试图通过持有较多的货币来增加其资产的流动性。人力财富对非人力财富的比率(或者人力财富占总财富的比率)与货币需求同样正相关。

3. 持有货币的预期收益率与机会成本

持有货币的预期收益率可以用银行存款利率来表示,它与货币需求呈正比关系。持有货币的机会成本,主要是其他资产的预期收益率,如债券的利息、股票的股息,以及实物资产的保管费用。其次是这些资产项目价格的变动,例如,债券和股票的资本利得变动,实物资产在通货膨胀时期的价格上涨等。

4. 其他因素

其他因素,即各种随机变量,包括社会富裕程度;取得信贷的难易程度;社会支付体系的状况;人们的兴趣、爱好、习惯等。例如,节俭的人和注重享受的人对货币需求就有很大不同。

三、影响货币需求的因素

货币需求理论分析与实践研究的核心内容,是考察影响货币需求量的因素是什么。结合我国的实际情况,影响货币需求量的因素主要有收入水平、价格水平、利率水平、货币流通速度、消费倾向、信用的发达程度、心理预期和偏好等。

1. 收入水平

在经济生活中,微观经济主体的收入大多以货币形式获得,其支出也是以货币支付。一般来说,收入越高,支出越多,交易需求越大,就需要更多的货币作为商品、劳务交易的媒介。因此,货币需求量与收入水平成正比关系。

2. 价格水平

在商品和劳务量既定的情况下,价格水平越高,社会商品流转额就越大,用于交易和周转的货币需求量增加。因此,价格水平与货币需求量之间成正比关系。

3. 利率水平

利率的高低决定了人们持币机会成本的大小,利率越高,持币成本越高,人们就不愿持有货币而愿意购买生息资产以获得高额利息收益,因此人们的货币需求会减少;利率越低,持币成本越低,人们则愿意手持货币而减少了购买生息资产的欲望,货币需求就会增加。利率的变动与货币需求量的变动是反方向的。

4. 货币流通速度

货币流通速度是指一定时期内货币的周转次数。一定时期内的货币总需求就是该时期的货币流量,而货币流量是货币平均存量与货币流通速度的乘积。在商品与交易总额一定的前提下,货币流通速度越快,对货币的需求量越少;反之,货币流通速度越慢,对货币需求量越大。因此,货币流通速度与货币需求成反比关系。

5. 消费倾向

消费倾向是指消费在收入中的占比。人们为了实现消费,必须以货币作为购买或支付手段。因此,计划消费的越多,人们持有的货币就越多,货币需求量就越大。反之,亦然。消费倾向与货币需求成正比关系。

6. 信用的发达程度

信用发达程度与货币需求负相关。这是因为,在信用制度健全、信用比较发达的经济中,货币需求量较少。因为在这样的经济中,相当一部分交易可通过债权债务的相互抵消来了结和清算。另外,经济主体比较容易获得贷款和现金,于是就减少了作为流通手段的货币的需要量,人们的货币需求量也就因此减少。

7. 心理预期和偏好

预期和偏好均属于心理因素和主观意愿,具有一定程度的不确定性和复杂性。预期包括对市场利率的预期、对物价变动的预期和对投资利润率的预期。如果人们预期物价上涨,就会减少对货币的需求;预期投资利润率上升,也会减少对货币的需求。根据凯恩斯的理论,人们预期利率上升,会增加货币需求,因为利率上升意味着债券价格下降,为了在未来低价买进债券,现在就必须保有较多的货币。心理偏好也因人而异,有的人偏好货币,有的人偏好其他金融资产,那么前者是增加社会货币需求的因素,后者是减少社会货币需求的因素。

> **引例解析**
>
> 根据凯恩斯的货币需求理论,人们的货币需求行为是由三种动机决定的,即交易动机、预防动机和投机动机。
>
> 在引例中,居民个人和企业的日常购买、支付属于交易动机的货币需求;其应付不时之需的货币需求属于预防动机的货币需求;证券投资者在高位获利了结的货币需求是投机动机的货币需求。

第二节 货 币 供 给

引 例

"钱"是怎么形成的

假定我国的法定存款准备金率是20%,一个储户将10万元存入中国工商银行,工商银行必须把2万元留下交给中央银行——中国人民银行,它只能贷出8万元。有一个人正好去工商银行贷款8万元,他要装修房子,签订协议后,他把这8万元交给装修公司,装修公司又把这8万元存入它的开户银行——中国农业银行。农业银行收到这笔8万元存款时,也必须把其中1.6万元上交人民银行,它只能贷出6.4万元。这时正好有一个种植户想扩建塑料大棚,去农业银行贷款,当他拿到6.4万元贷款后,到一家农资公司购买塑料薄膜等材料,把6.4万元钱交给农资公司,农资公司又把这6.4万元存入开户的中国建设银行。建设银行接到这笔钱后,还要把20%的法定准备金交到人民银行,它只能贷出5.12万元。如此下去,储户的10万元存款通过银行系统不断的存贷过程,最终变成50万元,也就意味着货币总量增加到了50万元,货币总量是原始资金量的5倍。如果法定准备金率是10%,就是10倍,初始的10万元就变成了100万元;要是5%呢?就是20倍。现代社会流动的资金,也就是"钱",都是银行创造的,所以叫作信用货币。日常用的钞票确实是印钞厂印出来的,但它也是银行通过信用渠道投放到流通中来的。

请思考,现实中的货币供给是怎么完成的呢?

一、货币供给与货币供给量

货币供给是一个动态的过程,是指货币供给主体向货币需求主体供给货币的经济行为。即货币供给主体向流通中投入、扩张或收缩货币的行为和过程。货币供给量是一个静态的存量概念,是指一个经济体在某一时点,银行体系以外的企业、个人和政府部门等持有的、由银行系统供给的货币总量,是流通中现金与存款货币两者的总和。

在现代经济社会中,能够向货币需求主体提供信用货币(现金货币和存款货币)的主体有中央银行、存款货币银行(主要是商业银行)以及特定的存款金融机构。全社会的货币供给量都是通过这些金融机构的信贷活动而形成的。例如,中央银行根据社会需要发行现金货币,商业银行向企业发放贷款,同时增加企业的存款货币等,流通中的货币增加,货币供给量扩大;反之,当现金货币回笼到中央银行,或商业银行收回贷款,企业存款货币减少,货币供给量收缩。现金货币供给与存款货币供给是两个相互区别又相互联系的过程,是由中央银行和商业银行共同完成的。

二、货币供给机制

货币供给机制是指在经济运行中,货币通过什么途径、什么方式向社会供给。现代经济条件下的货币供给机制是由两个层次构成的货币供给形成系统,第一个层次是商业银行创造存款货币;第二个层次是享有"特权"的中央银行提供基础货币和对货币供给的宏观调控。中央银行提供基础货币,商业银行依靠这些基础货币,进行存款货币的创造,最终将现金和存款货币投入流通,为个人、企业、政府部门等所持有。

(一)商业银行创造存款货币

二级银行制度下,商业银行是货币供给形成体系中的一个重要层次,是整个货币运行的最主要的载体。商业银行通过办理活期存款、发放贷款,创造存款货币。

1. 原始存款与派生存款

原始存款是指商业银行接受的客户以现金方式存入的存款以及中央银行对商业银行的再贴现或再贷款而形成的准备金存款。原始存款是商业银行从事资产业务的基础,也是扩张信用的源泉。商业银行的准备金以两种具体形式存在:一是商业银行持有的应付日常业务需要的库存现金;二是商业银行在中央银行的存款。对于商业银行来说,活期存款是其负债业务的重要内容,也是从事贷款等资产业务活动的基础,是原始存款的主要来源。

派生存款与原始存款相对应,是指由商业银行发放贷款、办理贴现或投资等业务活动引申而来的存款。派生存款产生的过程,就是商业银行吸收存款、发放贷款,形成新的存款额,最终导致银行体系存款总量增加的过程,即商业银行创造存款货币的过程。

2. 商业银行创造存款货币的条件

(1)部分准备金制度。在这种制度下,当客户在银行存入一笔现金或支票之后,银行不必将这笔金额都放在它的保险柜里,或者存入中央银行,以等着客户来提取;而只要保留一定的比例作为准备金就可以了,其余的可以贷放出去,或者用来购买证券。

(2)非全部现金提取。即实行部分准备金制度,如果客户全部提现,商业银行也不能创造存款。例如,法定准备金率为20%,商业银行在收到100元存款之后,就可以把其中的80元贷放出去。但是如果借款人在获得这笔贷款之后,立即以现金的形式将它全部从银行取走,而且在贷款归还之前这笔现金始终在公众手中流通,而不被存入银行,这时候也不会有存款创造,整个银行系统存款和贷款的增加都是一次性的,不存在多倍的存款创造。

但是,在现实中这种100%的现金提取是不大可能的。银行向某一借款人发放一笔贷款之后,通常是把该笔资金贷记在该借款人的活期存款账户上,借款人利用这笔款项进行支付时,通常也只是通过票据清算把它转到收款人的账户上。收款人的账户既可以在同一家银行,也可以在别的银行。对于整个银行系统来说,这并没有什么区别。当然借款人也可以把贷款提取出来,用现金进行付款,但是收到现金的一方通常还是要把它存入银行。因此,真正以现金的形式游离在银行系统之外的只能是贷款的一部分,而不可能是它的全部,这就使多倍的存款扩张成为可能。

3. 商业银行存款货币创造的过程

可以利用简化的资产负债表 T 式账户来详细分析派生存款的创造过程。在每一轮派生存款产生之前,每一家银行的资产负债表均处于均衡状态,T 式账户把其他项目都省略,仅仅列出特例条件下所要考察的项目。为了说明问题方便起见,先作如下假设:① 银行客户将其一切收入均存入商业银行体系,且不支取现金或归还贷款;② 存款准备金由商业银行的库存现金及其在中央银行的存款组成;③ 法定存款准备金率为 20%,其他因素暂不考虑。

假如客户甲将 100 000 元的支票交存 A 银行,那么,A 银行存款增加 100 000 元。按规定 A 银行从中提取法定存款准备金 20 000 元,其余 80 000 元均可用于贷款以获取收益。这时 A 银行的资产负债如表 10-1 所示。

表 10-1　　　　　　　　　　　A 银行的资产负债表　　　　　　　　　　　单位:元

资产		负债	
法定准备金	20 000	存款	100 000
贷款	80 000		

当 A 银行将 80 000 元贷给客户乙时,因为社会上有多家银行,该客户可以将钱存入 B 银行,由此使得 B 银行的存款增加 80 000 元。同样的道理,B 银行按 20% 提取 16 000 元的法定存款准备金,其余 64 000 元用来发放贷款。B 银行的资产负债如表 10-2 所示。

表 10-2　　　　　　　　　　　B 银行的资产负债表　　　　　　　　　　　单位:元

资产		负债	
法定准备金	16 000	存款	80 000
贷款	64 000		

B 银行贷出的 64 000 元又被借款人存入 C 银行,C 银行按 20% 提取 12 800 元准备金后,其余 51 200 元再贷放出去。C 银行的资产负债如表 10-3 所示。

表 10-3　　　　　　　　　　　C 银行资产负债表　　　　　　　　　　　单位:元

资产		负债	
法定准备金	12 800	存款	64 000
贷款	51 200		

如此类推,银行与客户之间就会不断地贷款、存款。商业银行派生存款的创造过程如表 10-4 所示。

表 10-4　　　　　　　　　　商业银行派生存款的创造过程　　　　　　　　单位：元

银 行 名 称	活期账户存款额	银行发放贷款额	银行准备金额
A 银行	100 000	80 000	20 000
B 银行	80 000	64 000	16 000
C 银行	64 000	51 200	12 800
D 银行	51 200	40 960	10 240
E 银行	40 960	32 768	8 192
……	……	……	……
整个银行系统合计	500 000	400 000	100 000

显然，各银行的活期存款增加额构成一个无穷递减等比数列。整个银行系统的存款总和为：

$$\text{存款总额} = 100\,000 \times [1 + 80\% + 80\%^2 + 80\%^3 + \cdots + 80\%^n + \cdots]$$

$$= \frac{100\,000}{1 - 80\%}$$

$$= 500\,000(\text{元})$$

若以 R 代表银行的初始准备金增加额，即原始存款，D 代表经过派生的存款总额，r_d 代表法定存款准备金率，这一过程可以用公式表示为：

$$D = \frac{R}{r_d}$$

如果把上例代入公式，得：

存款总额 $D = 100\,000 / 20\% = 500\,000(元)$

派生存款 $= D - R = 500\,000 - 100\,000 = 400\,000(元)$

通常把存款总额相对于原始存款的扩张倍数称为商业银行存款派生倍数，又称存款乘数。若以 k 表示存款乘数，依据上例得：

$$k = \frac{D}{R} = \frac{1}{r_d}$$

法定存款准备金率越高，商业银行创造存款货币的能力越弱；法定存款准备金率越低，商业银行创造存款货币的能力越强。

4. 商业银行创造派生存款的限制因素

商业银行具有创造派生存款的能力，但派生存款的扩张不是无限度的，派生存款的总量取决于原始存款和派生倍数（存款乘数）。在上面商业银行存款创造的分析当中，假定：① 银行客户不支取现金；② 商业银行只提取法定存款准备金，没有超额准备金；③ 商业银行只有活期存款，不考虑其他存款。在实际活动中，这些假定并不符合商业银行经营的实际，因此，当把这些假定放松时，商业银行存款派生倍数的大小会受以下诸多因素的制约：

(1) 法定存款准备金率(r_d)。各家商业银行均需按一定比率将其存款的一部分转存于中央银行,目的就在于限制商业银行创造存款的能力。一般在其他条件不变的情况下,存款准备率越高,派生存款的扩张倍数就越小,两者之间呈现一种减函数关系。法定存款准备金率是派生存款的主要制约因素。

(2) 现金漏损率(c)。客户总会从银行提取或多或少的现金,从而使一部分现金流出银行系统,出现所谓的"现金漏损"。现金漏损与存款总额之比称为现金漏损率,或提现率。由于现金外流,银行存款用于放贷部分的资金减少,由此也就削弱了商业银行活期存款的派生能力。现金漏损率对派生存款扩张倍数的限制与存款准备金率一样,即现金漏损率越高,派生存款就越少。两者的区别是,存款准备金率是中央银行根据客观需要制定和调整的,带有一定的主观因素,而现金漏损是在经济生活中自然发生的。

(3) 超额准备金率(e)。银行在实际经营中所提留的准备金,不可能恰好等于法定准备金,为了应付客户提现和临时放贷的需要,事实上银行实际持有的存款准备金总是高于法定准备金,这一超出部分的款额称为超额准备金。显然,超额准备金和法定准备金一样,也相应减少了银行创造派生存款的能力。超额准备金与存款总额的比率,称为超额准备金率。

(4) 定期存款准备金率(r_t)、定期存款占活期存款的比例(t)。企业等经济主体既会持有活期存款,也会持有定期存款。银行对定期存款也要按一定的比率提留准备金。对于定期存款的法定准备金率(r_t),往往不同于活期存款的法定准备金率(r_d),而且定期存款(T)同活期存款总额(D)之间也会保持一定的比例关系,令 $t = \dfrac{T}{D}$。则定期存款中按 r_t 所提取的准备金是不能用于创造派生存款的。我们可以将这部分对活期存款货币乘数 k 的影响,视同为法定准备金率的进一步提高,它的大小对派生存款的扩张倍数同样起到制约作用。

考虑以上四点对活期存款派生倍数的影响,即派生倍数的公式应加以修正,即:

$$k = \frac{1}{r_d + c + e + r_t \cdot t}$$

以上只是分析了商业银行创造派生存款过程中的基本影响因素,现实中派生存款的扩张究竟能达到多少倍,还得依国民经济情况,依所处的经济发展阶段而定。例如,客户对贷款的需求要受经济发展的制约,并非任何时候银行都有机会将可能贷出的款项全部贷出,因为银行能否发放贷款,能贷出多少,不仅取决于银行行为,还要看企业是否有贷款需求。在经济停滞和预期利润率下降的情况下,即使银行愿意多贷,企业也可能不要求贷款,从而理论上的派生规模并不一定能够实现。

(二) 中央银行提供基础货币

1. 基础货币的含义

基础货币又称强力货币或高能货币,是指处于流通界为社会公众所持有的现金及银行体系准备金(包括法定存款准备金和超额准备金)的总和。基础货币用 B 表示:

$$B = C + R$$

其中:C 代表公众持有的现金,R 是银行体系的准备金。

基础货币作为整个银行体系存款扩张、货币创造的基础,其数额大小对货币供给总量具有决定性的影响。从商业银行创造派生存款货币的过程可以看到,其创造存款货币的能力受制于法定存款准备金率、超额存款准备金率、现金漏损率等因素,但更为重要的是还需要视其所能获得的原始存款的数量。而原始存款正是来源于中央银行创造和提供的基础货币:中央银行把现金投入流通,公众用现金向银行存款,可以增加商业银行的新的原始存款;中央银行扩大信贷,最终的结果就是增加商业银行的准备金,这也就增加了它们的原始存款。如果流通中非银行部门及居民的现金持有量不变,只要中央银行不增加基础货币的供给量,商业银行的准备金便难以再增加,从而也无从反复去扩大贷款和创造存款货币。如果中央银行缩减或收回对商业银行等机构的信用支持,从而减少基础货币的供给,则必然引起商业银行准备金持有量的减少,并且必将导致银行体系对贷款乃至存款的多倍收缩。所以,基础货币量的增减变化直接决定着商业银行准备金的增减,从而决定着商业银行创造存款货币的能量。

2. 基础货币的形成

中央银行投放基础货币主要有三条渠道:一是对商业银行等金融机构、政府的再贷款和再贴现;二是通过收购黄金、外汇等储备资产投放货币;三是通过公开市场业务等投放货币。即基础货币来自中央银行资产,中央银行负债则构成基础货币的漏损。基础货币来源及方向构成,如表 10-5 所示。

表 10-5　　　　　　　　　　基础货币来源及去向构成表

基础货币的来源	基础货币的去向(漏损)
金融机构贷款及再贴现	财政存款
专项贷款	金融机构存款
黄金、外汇占款	卖出回购证券
有价证券及投资	货币发行
买入返售证券	中央银行债券

3. 影响基础货币量的因素

基础货币的增减变化,通常取决于以下四个因素:

(1) 中央银行对商业银行等金融机构债权的变动。这是影响基础货币的最主要因素。一般来说,中央银行的这一债权增加,意味着中央银行对商业银行再贴现或再贷款资产增加,同时也说明通过商业银行注入流通的基础货币增加,这必然引起商业银行超额准备金增加,使货币供给量得以多倍扩张。相反,如果中央银行对金融机构的债权减少,就会使货币供给量大幅收缩。通常认为,在市场经济条件下,中央银行对这部分债权有较强的控制力。

(2) 国外净资产数额。国外净资产由外汇、黄金占款和中央银行在国际金融机构的净资产构成。其中,外汇、黄金是中央银行用基础货币来收购的。在一般情况下,若中央银行不把稳定汇率作为政策目标的话,则对通过该项资产业务投放的基础货币有较大的主动权;否则,中央银行就会因为要维持汇率的稳定而被动进入外汇市场进行干预,以平抑汇率,这样外汇市场的供求状况对中央银行的外汇占款有很大影响,造成通过该渠道投放的基础货币具有相当的被动性。

(3) 对政府债权净额。中央银行对政府债权净额增加通常由两条渠道形成:一是直接认购政府债券;二是贷款给财政以弥补财政赤字。无论哪条渠道都意味着中央银行通过财政部门把基础货币注入了流通领域。

(4) 其他项目(净额)。中央银行在资金清算过程中应收应付款的增减变化,也会对基础货币量产生影响。

4. 货币乘数

(1) 货币乘数的含义。假定中央银行向 A 商业银行发放贷款 10 亿元。这在货币当局资产负债表中体现为:

资产	负债
金融机构再贷款　10 亿	存款准备金　10 亿

A 商业银行的资产负债表体现为:

资产	负债
存款准备金　10 亿	借款　10 亿

通常这样认为:中央银行放松了银根 10 亿元,或者说中央银行向社会(实际上是商业银行)注入(基础)货币 10 亿元。中央银行向社会注入的每一个单位的(基础)货币,经由商业银行的存贷款业务,最终会形成多于一个单位的货币供给增量。与一个单位基础货币投放相对应的这个货币供给增量,就叫作货币乘数。

因此,可以这样定义货币乘数:基础货币 B 中央银行投放出来后,进入商业银行的部分就会被成倍放大,形成数倍于基础货币的货币供给量 M_s,这个倍数就是货币乘数 m。因此得到如下式子:

$$M_s = B \times m$$

将公式变形可得:

$$m = \frac{M_s}{B}$$

式中,m 即货币乘数,其大小决定了货币供给扩张能力的大小。

(2) 货币乘数的决定因素。基础货币虽然是由流通中现金 C 和存款准备金 R 这两者构成,但其在货币乘数中的作用并不一样。流通中现金 C 虽然是创造存款货币不可或缺的根据,但它本身的量,中央银行发行多少就是多少,不可能有倍数的增加。引起倍数增加的只是存款准备金 R。因此,基础货币与货币供给量 M_s 的关系,如图 10-1 所示。

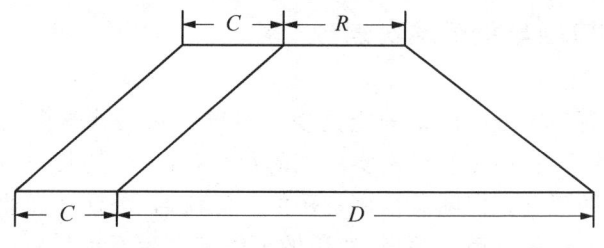

图 10-1　基础货币与货币供给量 M_s 的关系

图 10-1 中，$C+R$ 是基础货币，$C+D$ 是货币供给。代入公式 $m=\dfrac{M_s}{B}$ 可得：

$$m=\dfrac{C+D}{C+R}$$

式中的 R 即商业银行的存款准备金，既包括商业银行的法定准备金又包括超额准备金（E）；既包括商业银行的库存现金，又包括商业银行在中央银行的准备金存款。即：

$$R=r_d D+r_t T+E$$

将上述公式代入公式 $m=\dfrac{C+D}{C+R}$，并将分子、分母同除以 D，可得：

$$m=\dfrac{C+D}{C+R}=\dfrac{C+D}{C+r_d D+r_t T+E}=\dfrac{1+c}{c+r_d+r_t t+e}$$

此公式是狭义货币乘数公式，从中可以看出，影响货币乘数的因素主要是活期存款准备金率、定期存款准备金率、超额准备金率、现金漏损率、定期存款占活期存款的比例等，其中，中央银行只能控制前两个，而其他因素不由中央银行决定。由此可得出结论，中央银行并不能完全控制货币乘数 m，因此货币供给量并不是完全由中央银行决定的外生变量，它是一个内生变量，由中央银行、商业银行、政府部门及社会公众的行为共同决定。

货币供给的全过程是：中央银行发行基础货币，通过商业银行存款创造机制形成全社会货币供给量，它等于基础货币乘以货币乘数。即 $M_s=B\times m$。

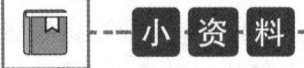

货币乘数和派生存款乘数的区别

货币乘数和派生存款乘数都是用以阐明现代信用货币具有扩张性的特点，但它们之间是有以下差别的：

第一，两者分析的角度和要说明的问题不同：货币乘数是从中央银行的角度进行的分析，关注基础货币与全社会货币供应量之间的倍数关系；而派生存款乘数是从商业银行的角度进行的分析，主要揭示了银行体系是如何创造出存款货币的。

第二，派生存款乘数主要是通过商业银行体系的派生存款活动所形成的，对货币供应量起重要的影响作用，而货币乘数则是通过基础货币来影响货币供应量的。

第三，在基础货币的基础上，商业银行在一定条件下，通过派生存款活动，就可以多倍地扩张（或收缩）存款总额，从而也就能够多倍地扩张（或收缩）货币供应量。

三、货币供给口径与货币层次划分

（一）货币供给口径

按照"货币是从商品中分离出来固定充当一般等价物的特殊商品"这一传统定义，在金属货币流通的条件下，货币必然是实实在在的货币，既无信用货币，也无信用创造，这时的货币仅指"通货"，即现金。但随着信用货币的广泛流通，公众在商业银行的活期存款也具有了支付功能，成为一种货币。这样，货币的范围扩大为通货和公众在商业银行的活期存款。在现代经济中,各种金融工具纷纷涌现,它们也都有一定的"货币性",所以货币的范围更加广泛。由此,产生了货币的现代定义:凡是在商品和劳务交易与债务清偿中,可作为交易媒介和支付工具被普遍接受的手段就是货币。随着人们对货币范围认识的扩大,货币供给包含着多种口径,货币供给量相应有宽窄之分。

(二)货币层次划分

货币作为流通手段和支付手段,有的可以立即使用,非常方便,如现钞、活期存款;有的却不那么方便,如定期储蓄和定期存款,虽然其可以并不困难地转化为现实可用的流通手段和支付手段,但终究不像现钞和活期存款随时可用那么方便。由于存在着区别,所以对货币要划分为若干类,这就是所谓的货币层次划分。

1. 货币层次划分的依据与意义

目前,大多数经济学家都认为,应根据流动性程度对货币进行层次划分。其中的流动性,是指一种金融工具迅速转换为现金而其持有人不致遭受损失的能力,或者指金融工具变为现实的流通手段和支付手段的能力,即变现力。流动性程度较高,即在流通中周转较便利,相应地,形成购买力的能力较强;流动性较低,即周转不方便,相应地,形成购买力的能力较弱。例如,现金和活期存款能够直接作为流通手段和支付手段使用,具有完全的流动性,其货币性最强,对社会购买力和物价水平的冲击最大。再例如,定期存款和储蓄存款的流动性较低,需要转化为现金或活期存款才能形成现实的购买力,提前支取要遭受一定程度的损失,它主要影响的不是现时的购买力和物价,而是相对长期的经济发展情况。

货币层次的划分,直接关系到中央银行宏观调控能力的发挥,便于进行对宏观经济运行的监测和货币政策的操作,是对中央银行划分货币层次的重要要求。例如,货币当局在讨论控制货币供给指标时,既要明确到底控制哪一层次的货币以及这个层次的货币与其他层次的界限何在,同时还要回答,实际可能控制到何等程度。否则,就谈不上货币政策的制定,制定了也难以贯彻。

2. 货币层次划分

关于货币层次划分,国际通用的是口径依次增大的 M1,M2,M3 等系列。国际货币基金组织把各国大多采用的 M1 直接称为货币(money),它主要包含通货(currency,不兑现的银行券和辅币)和可签发支票的活期存款;把 M1 之外可构成 M2 的称为准货币(quasi money),如定期存款等。在各国的货币口径中,只有"通货"和 M1 这两项大体一致。除此之外,由于各国的经济情况、银行业务名称不同,同一名称的业务内容都不一样,因此其采用的口径系列及同一口径符号包含的内容也各不相同。

我国将货币供给量划分为以下几个层次:

M0=流通中的现金

M1=M0+企业活期存款+机关团体存款+农村集体存款+个人持有的信用卡类存款+个人活期存款+非银行支付机构客户备付金

M2=M1+企业存款中具有定期性质的存款+城乡居民储蓄存款+其他存款

M3=M2+金融债券+商业票据+大额可转让定期存单等。

轻松秒懂货币供应量

M0 即流通中的现金,是在银行体系之外流通着的现金。M0 最为活跃,与消费变动密切相关。这是我国特有的货币供给口径,自 2022 年 12 月起,M0 含流通中数字人民币。

M1 即狭义货币,实际上是指流通中的现金加上商业银行的活期存款等。从 2025 年

1月起,中国人民银行将原包含在M2中的个人活期存款和非银行支付机构客户备付金调至M1。这类货币具有很强的流动性,随时可以用来进行支付。

M2即广义货币,是指在M1的基础上再加上商业银行的定期存款和储蓄存款。企业存款中具有定期性质的存款指单位定期存款和自筹基建存款;其他存款包括证券公司客户保证金、信托存款、应解汇款及临时存款、财政预算外存款、租赁保证金、非存款类金融机构在存款类金融机构的存款及住房公积金存款等。一般来说,由于定期存款和储蓄存款都不能随时支付,所以它的流动性稍差一些。

M3系出于金融创新不断出现的现状考虑而设,目前暂不编制这一层次货币供应量,官方也不公布此数据。

通常,央行会根据M1、M2两个货币供给量的指标,来判断社会中流通的货币量是不是合适,进而调整货币政策,如调整利率、法定存款准备金率等,以求促进经济增长、物价稳定。在日常生活中,M1数值高则证明老百姓手头宽裕、富足,因为M1是经济周期波动的现行指标,反映居民和企业资金松紧变化,流动性仅次于M0。M2反映的是社会总需求的变化和未来通货膨胀的压力状况,流动性偏弱。

宏观经济的运行状况一般可以通过M1和M2的增长率变化来揭示。将M2和M1的增长率进行对比,有很强的分析意义。在很长一段时间内,如果M1的增长率高于M2的增长率,则说明经济扩张较快,活期存款之外的其他类型资产收益较高。在这种情况下,会有更多的人把定期存款和储蓄存款提出进行投资或购买股票,大量的资金表现为可随时支付的形式,使得商品和劳务市场受到价格上涨的压力。影响M1数值的原因很多,例如,股票市场火爆就会影响到M1的数值变化,很多人会将定期存款和部分资产变现投放到股市,促使M1加速上扬。反之,如果在很长的一段时间内,M2的增长率较M1的增长率高,则说明实体经济中有利可图的投资机会在减少,可以随时购买商品和劳务的活期存款大量转变为较高利息的定期存款,货币构成中流动性较强的部分转变为流动性较弱的部分,这无疑将影响到投资,继而影响经济的增长。

 小 思 考

2023年6月月末,广义货币(M2)余额287.3万亿元,同比增长11.3%,增速分别比上月末和上年同期低0.3个和0.1个百分点;狭义货币(M1)余额69.56万亿元,同比增长3.1%,增速分别比上月末和上年同期低1.6个和2.7个百分点。

去年同期高基数效应下,6月M2同比增速延续回落,但仍居高位,和M1增速的"剪刀差"较大。想一想这意味着什么?

引例解析

1. 现代信用货币包括流通中现金和存款货币,商业银行通过其存贷业务可以创造存款货币。
2. 引例是对商业银行存款货币创造过程的简单描述。
3. 现实中的货币供给是由中央银行和商业银行共同来完成的。

第三节 货币均衡

> **引 例**
>
> **《2023年第四季度中国货币政策执行报告》(节选)**
>
> 2023年,我国经济回升向好,高质量发展扎实推进。全年国内生产总值(GDP)同比增长5.2%,顺利完成年初制定目标,对世界经济增长的贡献率有望超过30%;居民人均可支配收入实际同比增长6.1%,城乡收入差异继续收窄,人民生活水平不断提高。
>
> 总体看,2023年货币政策坚持稳字当头、稳中求进,为经济回升向好营造了良好的货币金融环境。货币信贷保持合理增长,年末人民币贷款余额达237.6万亿元,广义货币(M2)、社会融资规模存量同比分别增长9.7%和9.5%;全年新增贷款22.7万亿元,同比多增1.3万亿元。信贷结构持续优化,年末普惠小微贷款和制造业中长期贷款余额同比分别增长23.5%和31.9%;民营企业贷款同比增长12.6%,较上年末高1.6个百分点。社会融资成本稳中有降,12月新发放企业贷款加权平均利率为3.75%,较上年同期低0.22个百分点,持续创有统计以来新低;新发放个人住房贷款加权平均利率为3.97%,较上年同期低0.29个百分点,超过23万亿元存量首套房贷款利率平均下调0.73个百分点,每年减少借款人利息支出约1700亿元。人民币汇率双向浮动、预期收敛,保持基本稳定,年末人民币对美元汇率收盘价为7.0920,较本轮低点升值逾3%。

通过阅读引例,思考2023年我国的货币供求是一个什么样的状况?

一、货币均衡与非均衡

货币供给与货币需求之间存在三种对比状态。若用 M_s 表示货币供给,M_d 表示货币需求,则有 $M_s = M_d$;$M_s > M_d$;$M_s < M_d$。前者称为货币均衡,后两者称为货币非均衡或货币失衡。

(一) 货币均衡

货币均衡是指一国在一定时期内货币供给与货币需求基本相适应的货币流通状态。对货币均衡概念的理解应注意以下三点:

1. 货币均衡不能机械地理解为 M_d 与 M_s 绝对相等

这里的"="并非数学概念,是指货币供求基本相适应,而非绝对相等。其实,货币供给量对于货币需求量具有一定的弹性或适应性,即所谓的货币容纳量弹性。这是因为货币资产、金融资产、实物资产之间存在相互替代效应以及货币流通速度具备自动调节功能,从而使货币供给量可以在一定幅度内偏离货币需求量,而不至于引起货币贬值,物价上涨。例如,当 $M_s > M_d$ 时,首先会引起社会成员的持币量增加,消费倾向上升。但由于商品供给量有限,不可能使大家的消费愿望都得到满足,于是,必然造成部分人持币待购或购买其他金融资产——股票、债券、存款等。前者会引起货币流通速度减慢,后者会使购买力分流,从而使货币供给量同实际货币需求量基本相适应。

2. 货币均衡是一个动态的概念

货币均衡是一个由均衡到失衡,再由失衡恢复到均衡的不断运动的过程。它不要求某一时点上货币供求完全相适应,它承认短期内货币供求间的不一致,但长期内货币供求之间是相互适应的。

3. 货币均衡不仅指货币供求总量的均衡,而且包括货币供求结构的均衡

所谓货币供求结构均衡,是指各经济部门的商品或劳务基本上能顺利地转化为货币;而且各经济部门、企业和家庭持有的货币,也能顺利地、按基本设定的价格转化为商品或劳务。

(二) 货币非均衡

货币非均衡,也称货币失衡,是指在货币流通过程中,货币供给偏离货币需求,从而使两者之间不相适应的货币流通状态。货币失衡大致可划分为以下三种情况:

一是 $M_s > M_d$,货币供给量过大。整个经济必然会处于过度膨胀的状态,生产发展很快,各种投资急剧增加,市场商品物资供应不足,太多的货币追逐太少的商品,物价上涨。这就是所谓的通货膨胀现象。

二是 $M_s < M_d$,货币供给不足。客观的货币需求得不到满足,整个经济必然会处于萎缩或萧条状态,资源大量闲置,企业开工不足,社会经济的发展因需求不足而受阻。这就是所谓的通货紧缩现象。

三是货币供给与货币需求构成不相适应。一些经济部门由于需求不足,商品积压,不能顺利实现其价值和使用价值,生产停滞;而另一些经济部门则需求过度,商品供不应求,价格上涨,生产发展速度很慢。这表明整个经济结构失调,发展畸形。

二、货币均衡与社会总供求均衡

社会总供求均衡是指社会总供给与总需求的相互适应,它是宏观经济的最终平衡。而要实现这一平衡,就必须实现商品市场和货币市场的统一均衡。其中货币市场的均衡又处于主导地位,现代经济运行总体均衡的重要特征是货币形态的均衡,只有实现了货币均衡,才能实现商品劳务的供求平衡。货币均衡与社会总供求均衡的关系,如图 10-2 所示。

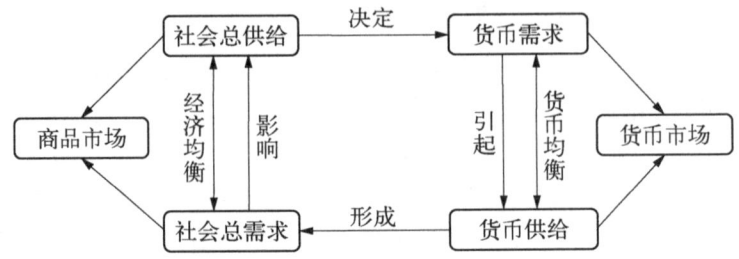

图 10-2 货币均衡与社会总供求均衡的关系

（一）货币供给量与社会总需求

社会总需求（AD）的构成通常包括：消费需求（C）、投资需求（I）、政府支出（G）和出口需求（X），用公式表示为：

$$AD = C + I + G + X$$

以上各种需求在现代经济中均表现为有货币支付能力的需求，任何需求的实现都需要支付货币。社会总需求由流通性货币及其流通速度构成，而不论是流通性的货币还是潜在的货币，都是由银行体系的资产业务活动创造出来的，由此可知，银行体系的资产业务活动创造出货币供给，货币供给量形成有支付能力的购买总额，从而影响社会总需求；调节货币供给量的规模就能影响社会总需求的扩张水平。因此，货币供给量是否合理决定着社会总需求是否合理，从而决定着社会总供求能否达到均衡。

（二）社会总供给决定货币需求

社会总供求均衡包含商品劳务总供给与商品劳务总需求的平衡，又因为任何商品（包括劳务）都需要用货币来度量其价值并通过与货币交换实现其价值，商品市场上的商品供给由此决定了一定时期货币市场上的货币需求。可见，商品供给的规模必然决定了与此相对应的货币需求。

（三）货币供给对社会总供给的影响

货币供给量在对社会总需求产生影响的同时，又通过两个途径影响社会总供给：一是货币供给量的变化发生在社会有闲置生产要素的前提下，这时货币供给量的增加导致社会总需求的相应增加，在此基础上生产要素进行有机组合，从而导致社会总供给增加和对货币需求的增加，使商品市场和货币市场都恢复均衡；二是货币供给量增加和随之而来的社会总需求增加，并未引起社会总供给的实质性增加，而是引起价格上涨和总供给价格总额增加，对货币实际要求并未增加，从而仅使货币市场和商品市场价格上涨而处于一种强制的均衡状态。

（四）单个市场的均衡要求

从单个市场看，在货币市场上，货币的需求决定了货币的供给。这是因为货币需求是货币供给的基础，中央银行控制货币供给的目的便是力图使货币供给与货币需求相适应，以维持货币均衡。在商品市场上，商品供给与商品需求必须保持平衡，这不仅是货币均衡的物质保证，而且是社会总供需平衡的出发点和复归点。

综上所述，一方面货币供给影响着社会总需求水平，进而又影响着社会总供给；另一方面，社会总供给水平的高低对货币提出了相应规模的需求，在货币市场、商品市场各自要求供需平衡的机制下，宏观经济才能在其相互作用下达到最终的平衡。

三、货币均衡的判断标准

在现实生活中，往往依据价格和利率来判断货币供求是否均衡。在货币市场上，资金就是一种商品，这种商品的价格就是市场利率，受到供求关系的影响。因此，当市场利率水平低于均衡利率时，表明货币供给多于货币需求；当市场利率水平高于均衡利率时，表明货币供给少于货币需求。

在商品市场上，一般物价水平能较好地反映货币供求关系的变动情况。在信用货币流通条件下,流通中货币数量与商品流通中货币的需要量不适应时,会引起币值的变化,而币值的变化又会通过物价水平变动反映出来。货币供应量如果超过商品流通的需要,单位信用货币代表的价值量就会下降,表现为商品价格水平上涨;反之,货币供应量如果低于商品流通的需要,单位信用货币代表的价值量提高,商品价格水平下跌。因此,物价水平数变动较大,则说明货币供求不均衡;如果一般物价水平变动较小或基本稳定,则说明货币供求均衡。运用一般物价水平衡量货币供求是否均衡,既简便、直观,又具有科学性。

利率与物价只是判断均衡存在与否的一个极其重要的方面,而不具有决定意义。货币是多还是少会有不同的显示,需要综合考察。仅凭借单一的信号判断均衡是否存在,很容易陷入片面性理解。

四、货币非均衡的调节

中央银行总是针对具体的货币供求状况来进行调节。若货币供求均衡,社会总供求也处于均衡状态,社会物价稳定,生产发展,资源得到有效的利用。这是一种较为理想的状态。此时中央银行应采取一种中立的货币政策。供应多少货币,完全由经济过程中的各种力量决定,中央银行不必从外部进行调节。若货币供求失衡,不管是通货膨胀,还是通货紧缩,抑或是货币供求结构不相适应,中央银行都需要对货币供给总量和构成进行调节,使之符合客观的货币需求。中央银行对货币供求失衡的调节方式主要有以下四种:

(一)供给型调节

供给型调节是指中央银行在对失衡的货币供需进行调整时,以货币需求量作为参照系,通过对货币供给量的相应调整,使之适应货币需求量,并在此基础上实现货币供需由失衡状态到均衡状态的调整。中央银行在货币供给量大于货币需求量的货币失衡状态时,从紧缩货币供给量入手,使之适应货币需求量;当货币供给量小于相应的货币需求量时,中央银行从扩张货币供给量入手使之迎合货币需求量。

(二)需求型调节

需求型调节是指中央银行在既定的货币供应量下,针对货币供求总量和结构失衡的情况,运用利率、信贷等措施,调节社会的货币需求的总量和构成,使之与既定的货币供应量相适应,以保持货币供求的均衡。

(三)混合型调节

混合型调节是指中央银行对货币供求总量和结构失衡的状况,不是单纯地调节货币的供应量,或单纯地调节货币需求量,而是双管齐下,既做供给型调节,也搞需求型调节,以尽快达到货币供求均衡而又不会给经济带来太大波动的效果。

(四)逆向型调节

逆向型调节是指中央银行面对货币供给量大于货币需求量的失衡状况,不是采取收缩货币供应量的政策,而是用以毒攻毒的办法,适当增加货币供应量,调整货币供给结构,以增加货币需求,从而促使货币供求恢复均衡。其具体内涵是:若货币供给量大于货币需求量,同时现实经济运行中又存在着尚未充分利用的生产要素,而且也存在着某些供不应求的短缺产品时,社会经济运行对此需求量很大,而可供能力又相对有限,那么可以通过对这类产业追加投资和发放贷款,以促进供给的增加,并以此来消化过多的货币供给,达到货币供需由失衡到均衡的调整。

中央银行在对货币非均衡调节的过程中,还需要财政政策及其他经济政策的积极配合。

引例解析

1. 引例描述的是我国2023年货币及宏观经济运行概况。

2. 2023年是全面贯彻党的二十大精神的开局之年。人民银行以习近平新时代中国特色社会主义思想为指导,全面贯彻落实党的二十大、中央经济工作会议、中央金融工作会议精神,按照《政府工作报告》部署,坚持稳字当头、稳中求进,稳健的货币政策精准有力,强化逆周期和跨周期调节,货币信贷和社会融资规模合理增长,综合融资成本稳中有降,信贷结构不断优化,人民币汇率在合理均衡水平上保持基本稳定,为经济回升向好营造了良好的货币金融环境。

3. 《2023年第四季度中国货币政策执行报告》分析认为:得益于投资继续加力、消费稳步改善,2024年我国经济有望进一步回升向好。但经济持续回升向好也需要克服一些困难和挑战。从国际看,发达经济体本轮加息周期或已结束,但高利率的滞后影响还将持续显现。2024年还是全球选举大年,世界政治经济形势的不确定性可能增大。从国内看,经济大循环也存在堵点,消费者信心指数和民间投资增速仍处低位,需求不足与产能过剩的矛盾较为突出;制造业PMI连续4个月位于收缩区间,社会预期依然偏弱。对此,既要正视困难,又要增强信心和底气,我国经济长期向好的基本趋势没有改变,有利条件强于不利因素,要坚持稳中求进、以进促稳、先立后破,扎实推动高质量发展,在发展中解决问题。预计2024年物价有望温和回升。

第四节　通货膨胀与通货紧缩

引　例

美国2022:通胀"高烧"持续

2022年,美国遭遇了40年来最严重的通货膨胀。广受关注的通胀指标——消费者价格指数(CPI)同比涨幅在6月达到9.1%的峰值后,一直保持在7%以上的高位,持续"高烧"的通胀令经济承压。

处于历史高位的食品价格,成为美国民众最为关切的问题。据美国农场局联合会的调查,2022年11月,一打A级鸡蛋的平均售价较上年同期上涨了逾一倍,1磅冷冻豌豆上涨了23%,1加仑全脂牛奶上涨了16%。除食品外,交通、住宿、取暖资源等必需品价格也较一年前飙升。美国能源信息署的数据显示,截至2022年夏季输送到发电厂的天然气平均价格为每百万英热单位8.81美元,而上年这一价格仅为3.93美元。

根据盖洛普公司最新发布的调查结果,55%的美国人认为物价上涨导致他们的家庭面临经济困难,这一比例在一年前为45%。即使是"最不可能受到高物价负面影响"的高收入群体,也有42%的人感受到高物价带来的负担,大幅高于一年前的28%。

对于低收入人群来说,通胀带来的打击更大。金融和经济情报提供商穆迪分析的测算显示,2022年9月,美国家庭平均需要多支付445美元才能购买到与一年前相同的商品和服务。薪资较少的家庭遭受的财务压力可见一斑。

为抑制通胀,美国联邦储备委员会从2022年3月开始加息,并在6月启动缩减资产负债表规模计划。截至12月中旬,美联储已累计加息425个基点,联邦基金利率目标区间从年初的近零水平升到4.25%至4.5%之间。激进的货币紧缩政策令通胀拐点初现,但距离美联储设定的长期目标仍相去甚远。与此同时,不少官员担心货币政策失灵,导致经济无法实现"软着陆"。市场对经济衰退的担忧也在加剧。

(资料来源:中国新闻网)

经济运行中为什么会出现通货膨胀现象?通货膨胀又会如何影响人们的生活?本节将为你揭晓答案。

一、通货膨胀

(一)通货膨胀的含义

通货膨胀是世界各国普遍存在的经济问题。不管何种原因诱发的通货膨胀,都会给经济发展带来不良影响。关于通货膨胀,不同的经济学流派有不同的解释,迄今为止还没有一个为人们一致接受的定义。在诸多关于通货膨胀的定义中,比较有影响的是:通货膨胀是指由于货币供应量过多而导致的一般物价水平持续、明显上涨的经济现象。正确理解通货膨胀的定义需要把握以下几点:

(1)通货膨胀不是指个别商品、劳务价格或某个行业商品价格的上涨,而是指一般物价水平即价格总水平的上涨。

(2)通货膨胀不是指一次性或短期的价格总水平的上升,而是一个持续的过程。只有当价格持续上涨趋势不可逆转时,才可称为通货膨胀。所以不能把经济周期复苏阶段的价格上升贴上通货膨胀的标签。

(3)通货膨胀是价格总水平的明显上升,轻微的价格水平上升,如0.5%,就很难说是通货膨胀。不过能够冠以"通货膨胀"的价格总水平上涨率的标准到底是多少,取决于人们对通货膨胀的敏感程度,它是一个主观性的概念。

(4)通货膨胀不一定直接以物价上涨表现出来。在自由市场经济中,通货膨胀表现为物价水平的明显上涨;而在非市场经济中,通货膨胀以一种隐性的形式存在,表现为商品短缺、凭票供应、持币待购或强制储蓄等形式。

(二)通货膨胀的表现形式及度量

市场经济中,通货膨胀必然表现为物价上涨,物价上涨率当然是测量通货膨胀的主要标准。从世界各国的实际做法看,主要采取三个标准:消费者物价指数、批发物价指数和国民生产总值平减指数。

1. 消费者物价指数(consumer price index,CPI)

消费者物价指数又称零售物价指数或生活费用指数,它反映与居民生活有关的商品及劳务价格的变动情况,是观察通货膨胀水平最为重要的指标。这一指数是各国政府根据各国若干种主要食品、衣服和其他日用消费品的零售价格以及水、电、住房、交通、医疗、娱乐等服务费用而编制计算出来的。例如,若2019年某国某个普通家庭每个月购买一组商品的费用为1 000元,而2024年购买这一组商品的费用为1 200元,那么该国2024年的消费物价指数为(以2019年为基期):CPI=1 200÷1 000÷100=120,即物价水平上涨了20%。

> **小资料**
>
> **我国编制消费价格指数(CPI)的总体情况**
>
> 我国的消费价格指数(CPI)是由国家统计局负责编制,全国按统一的调查方案开展消费价格调查。目前,国家统计局在31个省(自治区、直辖市)设立调查总队,各省(区、市)调查总队负责辖区各市县的价格调查,同时编制本省(区、市)的消费价格指数。
>
> 我国居民消费价格指数的商品分类按用途划分为八大类:即食品、烟酒及用品、衣着、家庭设备用品及维修服务、医疗保健及个人用品、交通和通信、娱乐教育文化用品及服务、居住,共262个基本分类。每个基本分类下设置一定数量的代表规格,目前约有600种的商品和服务项目的代表规格,作为经常性调查项目。

2. 批发物价指数(wholesale price index,WPI)

批发物价指数又称生产者价格指数(Producer Price Index,PPI)。它反映了包括原材料、中间品及资本品在内的各种商品批发价格的变化。由于生产者价格指数反映了企业经营成本的变动,所以企业更加关注该指标。同时,由于企业的生产成本最终要在消费品的价格中表现出来,所以批发物价指数变化预示着消费者物价指数的变化,两者呈同方向变化。

3. 国民生产总值平减指数(GNP deflator)

国民生产总值平减指数又称国民生产总值缩减指数,是指按当年价格计算的国民生产总值与按不变价格计算的国民生产总值的比率。即:

$$国民生产总值平减指数 = \frac{按当年价格计算的国民生产总值}{按不变价格计算的国民生产总值} \times 100$$

按不变价格计算,实际上是按照某一基期年份的价格进行计算。例如,某国2024年的GNP按当年价格计算为84 000亿美元,按2020年的价格计算为60 000亿美元,将2020年基期指数取为100,则该国:

2024年国民生产总值平减指数＝84 000÷60 000×100＝140

这表示和2020年相比,2024年物价上涨了40%,如果2023年的GNP平减指数为125(也是以2020年为基期)则2024年与2023年相比,物价上涨了12%(140÷125－1＝12%)。

以上三种物价指数衡量通货膨胀的前提是商品和劳务的价格可以自由波动。

在严格实行价格管制的国家里,物价上升的趋势可能被人为压抑,通货膨胀主要表现为货币流通速度减慢、货币沉淀、物资缺乏、排队抢购等现象。这些国家的通货膨胀程度也较难精确地测度出来,只能根据物价与商品流通有关的若干指标,如生产量和商品供应的增长与货币量增长的比率,外汇收支的变动幅度,商品库存的变化等,粗略地推算通货膨胀的程度。一旦国家放松管制,物价将大幅度上升。

(三) 通货膨胀的类型

按照不同的分类方法,通货膨胀可分为若干不同的类型。

1. 按表现形式不同,通货膨胀可分为开放型和抑制型

开放型通货膨胀也叫公开的通货膨胀,是指市场经济条件下出现的物价普遍上涨现象。抑制型通货膨胀也叫隐蔽的通货膨胀,是指在物价严格管制条件下出现的物资匮乏、排队抢购和货币沉淀等现象。

2. 按物价上涨速度快慢分,通货膨胀可分为爬行通货膨胀、温和通货膨胀和恶性通货膨胀

爬行通货膨胀是一种极端温和的通货膨胀,物价水平的上涨保持在社会可忍受范围之内,具体的上涨比率和上涨速度并没有定论。恶性通货膨胀则是另一个极端,它代表极其剧烈的、对经济发展有严重不良影响的通货膨胀,此时物价水平的上涨速度非常快,难以控制。当发生恶性通货膨胀时,物价飞速上涨,货币购买力急剧下降,货币体系和价格体系面临崩溃,经济被摧毁,甚至会出现社会动乱。温和通货膨胀介于爬行通货膨胀和恶性通货膨胀两者之间,此时物价水平的上涨速度较快,但是还处于可以调控的范围。

1948年上海通货膨胀影像

3. 按成因不同,通货膨胀可分为需求拉动型通货膨胀、成本推动型通货膨胀、混合型通货膨胀和结构型通货膨胀

详见下文"(四) 通货膨胀的成因"。

4. 按有无预期不同,可分为预期性通货膨胀和非预期性通货膨胀

预期性通货膨胀是指通货膨胀过程被经济主体预期到了,以及由于这种预期并采取各种补偿性行动而引起的物价上升。非预期性通货膨胀是指未被经济主体预见的,不知不觉中出现的物价上升。

此外,按是否由于国际因素传递引起,可分为内生性通货膨胀和外生性通货膨胀;按是否推行通货膨胀政策,分为自主性通货膨胀和被动性通货膨胀;等等。

(四) 通货膨胀的成因

关于通货膨胀的成因,经济学家有多种不同的理论解释,概括起来主要有以下几种:

1. 需求拉上型的通货膨胀

西方经济学家认为,由于政府实行赤字财政,刺激投资,因此使商品和劳务的总需求不断增长。当劳动力尚未达到充分就业、机器设备等资源尚未充分发挥作用时,总需求的增加引起物价上涨,可促进生产的发展。但在劳动力充分就业,资源被充分利用的情况

下,总需求的增加不再能引起总供给的增加。当政府的财政赤字支出、公众的投资支出和消费支出所构成的总需求,超过在劳动力充分就业、机器设备等资源充分利用情况下所构成的总供给就会引起物价上涨,出现通货膨胀。

2. 成本推动的通货膨胀

20 世纪 60 年代以来,一些西方经济学者认为,还有一种类型的通货膨胀,其根源在于总供给的变化,而不是总需求的变化,它是由于工资及生产成本的增加,而使一般物价水平呈上涨趋势。这种通货膨胀被称为成本推动型通货膨胀。成本推动型通货膨胀又区分为工资推动的通货膨胀和利润推动的通货膨胀。

(1) 工资推动的通货膨胀。工资推动的通货膨胀是指由于工资上升而引起的物价水平提高。它只能发生于不完全竞争的劳工市场。所谓不完全竞争的劳工市场的最重要特征是工会的存在。工会要求增加工资,就会引起成本增加,导致物价上涨。而物价上涨后,工人又要求提高工资,因而再度引起物价上涨,如此循环往复,造成工资-物价螺旋式上升。但在完全竞争的劳工市场中,工资推动通货膨胀是不可能的。因为在这种情况下,工资随劳动供求的变化而变化,而劳动供求的变动又取决于最终产品总需求的变动。因此,工资推动通货膨胀的基本条件是工会的存在,并且工会能在较大程度上影响工资率的增长。

(2) 利润推动的通货膨胀。利润推动的通货膨胀是指寡头企业或垄断企业在追求最大利润时,把价格提高到足以抵消任何成本增加额以上而引起的物价水平上升。利润推动如同工资推动一样,均是从供给方面引起通货膨胀,因而利润推动通货膨胀也要求以商品和劳务销售的不完全竞争市场的存在为前提。因为只有在不完全竞争市场中,商品的供给者才能"操纵"价格,使价格的提高快于成本的增长。而在完全竞争市场中,商品价格是买卖双方决定的,卖者不可能单独左右或操纵商品价格,利润推动的通货膨胀也就不可能产生。

除了工资推动和利润推动的成本推动型通货膨胀外,现今人们把凡是从供给方面引起的生产要素价格提高(如生产资料价格提高,进口半成品价格的上涨等)造成生产成本提高而造成的通货膨胀称为成本推动型通货膨胀。

3. 混合型通货膨胀

混合型通货膨胀是指需求拉上型通货膨胀与成本推动型通货膨胀交错在一起,共同作用,使一般物价水平迅速提高。例如,一个通货膨胀过程开始可能只是因为需求过度。需求过度将提高物价,物价上升又会提高工资率,工资率的提高就从成本开始推动通货膨胀;需求拉上在成本推动下犹如火上浇油,使通货膨胀持续发展。另一方面,通货膨胀过程也可能从供给方面开始,但如果没有需求拉上通货膨胀相助,它是不会长久持续的。例如,工资率的自动增加将在没有任何需求拉上通货膨胀的情况下提高商品价格。但是,如果需求不增长,要使这样开始的成本推动通货膨胀继续进行下去,工资就必须不停地增加,这显然是不可能的。实际上,工资的增加必然会增加对社会产品的需求,在供给不变的情况下,过度的需求将加剧商品短缺和物价上涨,结果是在成本推动和需求拉上通货膨胀共同作用下,物价持续上涨。

4. 结构型通货膨胀

结构型通货膨胀是指在整个经济总供给与总需求大体处于均衡状态时,由于经济结构方面的因素引起的物价持续上涨。该理论的核心内容是：经济中存在两大部门（需求增加部门，需求减少部门；先进部门，保守部门；扩展部门，非扩展部门；开放部门，非开放部门），由于需求转移、劳动生产率增长的不平衡或世界通货膨胀率的变化，一个部门的工资、物价相应上升，由于工资、物价存在向下的刚性，另一部门会向前者看齐，结果引起物价总水平的普遍持续上升。结构性通货膨胀可以分为以下三种类型：

（1）需求转移型通货膨胀。在总需求不变的情况下，某个部门的一部分需求转移至其他部门，而劳动力及其他生产要素却不能及时转移，需求增加了的部门的工资和产品价格上涨，而需求减少了的部门的产品价格由于攀比而趋于上涨，从而引起一般物价水平的上涨。

（2）部门差异型通货膨胀。一国不同的经济部门如产业部门与服务部门、工业部门与农业部门之间劳动生产率的提高总是有差异的，而各部门之间货币工资的增长却存在趋同的倾向。当发展较快的经济部门因劳动生产率提高而增加货币工资时，其他部门由于向其看齐也会提高货币工资，从而引起工资成本推进的通货膨胀。尤其是在一些发展中国家，传统农业部门和现代工业部门并存，在农业落后条件的制约下，政府为促进经济发展，往往不得不通过增加农业开支或提高农产品价格来促进农业的发展，从而引发价格总水平的上涨。

（3）小国开放经济的通货膨胀。该理论认为开放经济中的"小国"是世界市场上的价格接受者，它的经济可分为"开放经济部门"和"非开放经济部门"。当世界市场的价格上涨时，开放经济部门的产品价格会随之上涨，使开放经济部门的工资相应上涨，从而非开放经济部门的工资也必然向其看齐，引起非开放经济部门的生产成本上升，其产品价格必然随之提高，最后导致"小国"全面的物价上涨，发生通货膨胀。

5. 国际传递型通货膨胀

由于世界经济的一体化，一国发生通货膨胀后，会通过种种渠道传递给其他国家，致使这些国家也发生通货膨胀。这种由于国际传递而形成的通货膨胀，称为国际传递型通货膨胀。通货膨胀在国与国之间传递的渠道主要有以下四种：

（1）国际贸易传递渠道。主要包括进口性通货膨胀和出口性通货膨胀两种类型。前者的传递过程可以概括为：国外市场价格变化→进口商品价格变化→国内开放经济部门的成本和价格变化→国内非开放经济部门的成本和价格变化→国内一般物价水平的变化。后者的传递过程是当出口商品的国际市场价格上涨时，国内的出口商就会竞相抬价收购出口商品，导致出口商品的国内收购价格上涨，并导致出口替代商品价格上升以及国内部门成本和产品价格上升，最终使国内一般物价水平上升。

（2）国际资本流动传递渠道。主要是通过利率的变化和资本在国际的流动引起国内的通货膨胀。其传递过程为：若一国国内利率高，则货币供给量减少，通货膨胀率比较低；相反，国外利率低，货币供给量多，通货膨胀率高。由此引起国外资本受高利率吸引流入国内，导致国内货币量增加，利率下降，通货膨胀率上升。

（3）人力资源国际流动传递渠道。主要发生于国内劳动力或专业人才短缺，国外劳动力或人才输入时。外籍工人或外国专家的工资较高，从而对国内工人或专业人员产生效仿作用，引起国内工资成本上升和物价水平上涨。

（4）示范效应传递渠道。一类是指由于各国工会的国际联系，各国工会在工资谈判中相互效仿,增加了提高工资的压力;另一类是指消费的示范效应,即由于各国间的国际贸易渠道,低收入国家居民追求高收入国家的消费水平及高档商品的消费,造成国内需求膨胀,导致物价水平上涨。

(五)反通货膨胀政策

高通胀加重英国民众生活成本危机

2023年,英国人饱受高通胀压力,英国政府3月份评估,英国家庭正处于自20世纪50年代有可比记录以来生活水平的"最大紧缩"中。

英国国家统计局数据显示,2023年3月份,英国食物和非酒精饮料价格同比上涨19.1%,涨幅再次刷新45年来最高纪录;受食品价格大涨影响,英国3月份消费者价格指数(CPI)同比上涨10.1%,高于市场预期,为西欧国家中最高。据路透社分析,英国成为西欧地区唯一3月份通胀率保持在两位数的国家,也预示着英国可能面临比欧洲其他国家更为棘手的通胀问题。

同样来自英国国家统计局的数据显示,考虑到英国的高通货膨胀,英国员工的实际工资处于下跌状态。按实际价值计算,在截至2023年2月底的3个月里,英国员工的平均总薪酬(包括奖金)同比下跌3.0%,不包括奖金的常规薪酬则同比下降了2.3%。

英国不断上涨的物价,侵蚀了居民收入,降低了居民的生活满意度,引发了民众不满。从2022年下半年开始,在英国,与生活危机相伴随的就是持续不断的全国性大罢工。2月份,包括铁路工人、教师、医护人员在内,有50万人参加了大罢工。由于谈判没有取得成功,3月15日,英国首都伦敦的地铁工人举行新一轮24小时罢工。受罢工影响,伦敦地铁服务全部停止,市民出行只能依靠地面公共交通,公共汽车服务比平时更加拥挤。4月份,有多家工会组织提出继续实施罢工。

当前,英国经济面临能源危机、持续高通胀、民生改善乏力等多重困境,未来经济复苏仍然面临多重挑战。2023年2月份英国国内生产总值(GDP)环比零增长。

(资料来源:新华社)

在经济论著和各国政府的政策文件中,很难看到公开主张通货膨胀的论述。在现实生活中,也几乎没有人对通货膨胀持欢迎态度。可见,主张通货膨胀是不得人心的。但是实践中经济运行很难出现零通货膨胀的长期状态。这就使得经济学家和政府决策者不得不在"零通货膨胀"和"社会可容忍的通货膨胀"之间作出选择,所谓反通货膨胀实际上是反对社会可容忍限度之上的那种通货膨胀。

1. 需求政策

如果通货膨胀主要是由于总需求过度引起的,那么采取紧缩需求的政策就能取得明显的效果。紧缩总需求的措施有两条,一是紧缩的货币政策,二是紧缩的财政政策。

(1)紧缩的货币政策。紧缩的货币政策是指中央银行采取传统的三大政策工具,限制信贷规模,压缩投资,绝对减少货币存量。但紧缩的货币政策有时并不是指货币存量的绝对减少,而只是减缓货币供应量的增长速度,以遏制总需求的急剧膨胀。

（2）紧缩的财政政策。财政方面的紧缩措施一是削减政府支出；二是压缩公共工程支出和公共福利支出；三是提高税率或扩大征税范围，以增加赋税，抑制企业投资，减少个人消费支出。通过减少各经济主体的支出，可以紧缩其对市场商品和劳务的需求。但是，财政支出有很大的刚性，教育、国防、社会福利的削减都是阻力重重，有时并非能由政府完全控制。增加税收更会遭到公众的强烈反对，因此政府不敢轻易尝试。

2. 收入政策

针对成本推动型通货膨胀，应该采取以管理物价和工资为内容的收入政策，也就是由政府拟定物价和工资标准，劳资双方共同遵守，其目的一是降低通货膨胀率，二是不致造成大规模的失业。收入政策有如下几种形式：

（1）确定工资-物价指导线。这种指导线是由政府规定在一定年份内允许总货币收入增长的一个目标数值线，即根据估计的平均生产率的增长，政府当局估算出货币收入的最大增长限度，而每个部门的工资增长率应等于全社会劳动生产率增长趋势，不允许超过。只有这样，才能维持整个经济中每单位产量的劳动成本的稳定，因而预定的货币收入增长就会使物价总水平保持不变。但由于"指导线"在原则上不能直接干预，而只能说服，因此效果往往并不理想。

（2）强制性措施。强制性措施是指由政府通过立法程序，规定物价和工资上升率的限度，或将物价和工资冻结在一个既定水平上，如果超过，违犯者将受法律制裁。例如，玻利维亚的通货膨胀率一度达到 2 000%，1985 年，玻政府采取了果断的措施，冻结工资和物价就是措施之一。但是，冻结物价的结果会导致囤积居奇、等待解冻，市场商品供应不足，产品质量下降。冻结工资的结果，又会因为长期通货膨胀，居民预期物价将继续上涨，当期名义收入虽未增加，但提取存款来抢购商品，会使市场供求缺口扩大，加剧通货膨胀。所以，冻结工资和物价的做法只有在非常时期才宜使用。

（3）以税收为基础的收入政策。政府以税收作为奖励和惩罚的手段来限制工资、物价的增长。如果工资和物价的增长保持在政府规定的幅度内，政府减少个人所得税和企业所得税作为奖励；如果超出政府规定的界限，就以增加税收作为惩罚。

（4）收入指数化政策。该政策一般被当作是一种适应性的反通货膨胀政策。收入指数化是指工资、利息、各种证券收益以及其他收入一律实行指数化，同物价变动联系起来，使各种收入随物价指数的变动而作出调整，从而避免通货膨胀所带来的损失，并减弱由通货膨胀所带来的分配不均问题。但是，收入指数化政策只能缓解通货膨胀对收入阶层的损失，并不能对通货膨胀起多大的抑制作用。

3. 供给政策

供给政策是指一种长期的反通货膨胀措施。以拉弗为代表的"供应学派"认为，治理通货膨胀，摆脱滞胀困境，治本的方法在于着力增加生产和供给。供给政策抑制通货膨胀的最主要措施是减税。减税可以使企业和个人的税后净收入增加，从而提高人们的储蓄和投资能力，刺激其积极性。在减税的同时，还要辅以其他措施，一是削减政府开支，二是限制货币供应增长。这样，一方面可以争取平衡预算，消灭财政赤字，缓解对私人部门的挤出效应；另一方面可以稳定物价，排除对市场机制的干扰，保证人们储蓄与投资的实际效益，增强其信心与预期的乐观性。政府除为增加供给创造良好的环境外，不应对经济多加干预，而由市场机制对经济进行自动调节，以充分发挥减税来刺激供给的积极作用。随着商品和劳务供给的增加,彻底消除通货膨胀。增加供给还可以采取诸如提高机器设备折旧率、鼓励企业采用新技术等措施。

滞　涨

停滞性通货膨胀(stagflation),简称滞胀或停滞性通胀,是指经济停滞(stagnation)、失业及通货膨胀(inflation)同时持续高涨的经济现象。通俗地说就是指物价上升,但经济停滞不前。它是通货膨胀长期发展的结果。

4. 结构调整政策

结构调整政策,是指实行微观的财政政策与货币政策,影响需求和供给的结构,以缓和结构失调而引起的物价上涨。

微观财政政策主要包括税收结构政策和公共支出结构政策等。税收结构政策是指在保证一定税收总量的前提下,调节各种税率和施行范围等。公共支出结构政策指在一定的财政支出总量前提下,调节政府支出的项目和各种项目的数额。例如,降低财政支出中转移支付的比重,增加公共工程等投资性支出,可以扩大就业,增加产出,降低通货膨胀率。

微观的货币政策主要包括利率结构和信贷政策等。金融部门通过实行各种差别利率,变动信贷数额和条件,可以影响存款及贷款的结构与规模,鼓励资金流向生产性部门,遏制消费的扩张。

5. 货币改革政策

如果通货膨胀已达到恶性通货膨胀的程度,即物价上涨已不可遏制,整个货币制度已处于或接近于崩溃的边缘,那么反通货膨胀的对策就应该是实行货币改革。货币改革的一般做法是废除旧币,发行新币,对新币制定一些保证币值稳定的措施。例如,面对恶性通货膨胀,1993 年俄罗斯进行了币制改革。巴西出现过恶性通货膨胀,政府对付恶性通货膨胀的办法之一就是改换钞票,每换一次,删去几个"0",或者改换币名。1967 年至 1994 年,巴西换钞 5 次,因为如果不进行币制改革,1991 年 1 千克黄油的价格就要达到 4 490 亿克鲁塞罗。

发行新币的目的在于增强居民对货币的信任,增加居民储蓄存款,使货币恢复执行原有职能。但是,新币发行后如果通货膨胀得不到控制,并且继续恶化,则新货币的信誉就会一落千丈,最终导致币制改革的失败。实践证明,进行货币改革是治标不治本的措施。例如巴西,为遏制恶性通货膨胀,1986 年发行新货币克鲁扎多,但 1988 年通货膨胀又达 934%,不得不于 1989 年再次发行新货币"新克鲁扎多"。

二、通货紧缩

(一) 通货紧缩的含义

通货紧缩是与通货膨胀相对应的概念,一般定义为一段时期内价格总水平的持续下降。通货紧缩的根源是社会总需求小于总供给。准确理解通货紧缩的定义,需要把握其以下特征：

1. 商品和劳务价格持续下跌

商品和劳务价格持续下跌是通货紧缩最基本的特征。通货紧缩是一个持续的、长期的物价下跌过程，而不是物价偶然的、短暂的下跌；是一般物价水平的下降，而不是局部性和结构性的物价下跌。经济学家普遍认为，物价持续半年以上的下降才能算是通货紧缩。

2. 通货紧缩通常伴随着生产下降，经济衰退

在通货紧缩时期，消费需求疲软、投资意愿低迷、企业开工不足。随着市场的萎缩，产品价格下降，企业的订单减少，利润降低，企业不愿扩大再生产，不愿再投资，从而失业人数增加，工资收入降低，而这反过来又进一步制约了有效需求，使总需求更加小于总供给。

（二）通货紧缩的类型

按照不同的标准，通货紧缩可以划分为以下不同的类型：

1. 相对通货紧缩和绝对通货紧缩

相对通货紧缩是指物价水平虽然还是正增长，但已经低于该国正常经济发展和充分就业所需要的物价水平，通货处于相对不足的状态。相对通货紧缩已经开始轻微损害经济的正常发展，如果不加重视，可能会由量变到质变，对经济发展的损害会进一步加重。

绝对通货紧缩是指物价开始出现负增长，一国通货处于绝对不足状态。绝对通货紧缩的出现，极易造成经济衰退和萧条。根据程度不同，绝对通货紧缩又可以分为轻度通货紧缩、中度通货紧缩和严重通货紧缩，而这三者的划分标准主要是物价绝对下降的幅度和持续的时间。物价水平持续下降，并由正值变为负值，此种情况可称为轻度通货紧缩；物价水平负增长超过 1 年且未出现转机，此种情况应视作中度通货紧缩；中度通货紧缩继续发展，持续时间达到 2 年左右，或物价降幅达到两位数，此时就是严重通货紧缩。

2. 需求不足型通货紧缩和供给过剩型通货紧缩

按通货紧缩生成机理不同，可分为需求不足型通货紧缩和供给过剩型通货紧缩。

需求不足型通货紧缩是指由于总需求不足，使得正常的供给相对过剩而出现的通货紧缩。由于引起总需求不足的原因可能是消费需求不足，投资需求不足，也可能是国外需求减少或者几种因素共同造成的不足，因此，依据需求不足的主要成因，可以把需求不足型通货紧缩细分为消费抑制型通货紧缩、投资抑制型通货紧缩和国外需求减少型通货紧缩。

供给过剩型通货紧缩是指由于技术进步和生产效率的提高，在一定时期产品数量的绝对过剩而引起的通货紧缩。绝对过剩只可能发生在经济发展的某一阶段，如一些传统的生产、生活用品（像钢铁、落后的家电等），在市场机制调节不太灵敏，产业结构调整严重滞后的情况下，可能会出现绝对的过剩。

3. 长期性通货紧缩、中长期通货紧缩与短期性通货紧缩

按通货紧缩的持续时间不同，可分为长期性通货紧缩、中长期通货紧缩与短期性通货紧缩。一般将 10 年以上的通货紧缩称为长期性通货紧缩，5~10 年为中长期通货紧缩，5 年以下为短期性通货紧缩。例如，美国 1866 年到 1896 年长达 30 年的通货紧缩是长期性

通货紧缩。

(三) 通货紧缩的成因

造成通货紧缩的原因是比较复杂的,不同国家不同时期的通货紧缩有着不同的原因。通货紧缩的成因可概括如下:

1. 紧缩性的货币与财政政策

与通货膨胀一样,通货紧缩也是货币现象。当货币供应量减少,不能满足经济运行的货币需求量时,使"太多的商品追逐太少的货币",必然会导致物价水平的下降。而造成货币供应过少的主要原因是政府采取过度紧缩的货币与财政政策,大量减少货币发行或削减政府开支,导致货币供应严重不足,社会需求过分萎缩,市场出现疲软。

2. 有效需求不足

从实体经济来看,通货紧缩的根源是社会总需求小于社会总供给。社会总需求各构成部分的不足都有可能形成通货紧缩。

消费需求不足。居民收入降低,旧的消费需求已满足而没有新的消费热点使居民不愿意消费,对未来前景的不乐观,失业压力增加等都会导致消费需求的不足。

投资需求不足。如果经济不景气,企业的投资回报低,企业对未来预期不乐观,会造成企业投资动力不足,投资需求下降。

政府支出减少。根据凯恩斯的有关理论,当居民消费需求与企业投资需求不足时,扩张型财政政策是拉动需求的重要手段。但是,在很多时候,由于各种原因政府支出也会减少,造成有效需求的下降,严重时引发通货紧缩。

出口减少。出口需求是总需求的构成部分之一,尤其对于出口导向型国家,出口减少将使本国的生产出现供过于求的情况,进而造成出口产品价格下降,引起通货紧缩。

3. 劳动生产率提高,成本下降

由于技术进步以及新技术在生产上的广泛应用,会大幅度地提高劳动生产率,降低生产成本,导致商品价格的下降,从而出现成本压低性的通货紧缩。

4. 供给结构不合理

由于前期经济中的盲目扩张和投资,造成了不合理的供给结构和过多的无效供给,积累到一定程度时必然会加剧供求之间的矛盾,一方面许多商品无法实现其价值致使价格被迫下跌;另一方面大量货币收入不能转变为消费和投资,减少了有效需求,这就会导致结构型通货紧缩。

此外,通货紧缩也受经济周期、体制和制度等因素的影响。

(四) 通货紧缩的治理

通货紧缩意味着货币购买力增加,能给消费者带来一定的好处。适度的通货紧缩,通过加剧市场竞争,有助于调整经济结构和挤去经济中的"泡沫",也会促进企业加强技术投入和技术创新,改进产品和服务质量,对经济发展有积极的一面。但通货紧缩持续过久会带来经济衰退、失业加剧等严重后果,重度通货紧缩带来的有可能是灾难,例如20世纪30年代的世界经济大萧条。要保证经济的健康运行,不仅要反通货膨胀,也要治理通货紧缩。通货紧缩的成因往往比较复杂,并伴随着经济的衰退,因此治理的难度比起治理通货膨胀甚至更大。必须根据不同国家不同时期的具体情况进行细致的分析,才能采取针对性的措施加以治理。

 小　案　例

轮胎价格下跌的悲与喜

美国劳工部的数据显示,在过去的32个月中美国的轮胎零售价格有23个月是下跌的,自2012年7月份以来的累计跌幅为6.5%,而在此之前的数年均为稳定增长。

这对美国消费者来说是个好消息。但对于决策者和企业高管而言,物价不断下跌是一个切实的挑战。物价水平下滑会削弱企业的盈利能力、抑制投资并阻碍薪资增长,而企业盈利、投资和薪资的增长都是全球经济摆脱长达数年平庸增长状态所需的因素。

恩迪科特(Gene Endicott)是孟菲斯一座加油站的机械工,他表示,2015年2月他用退税款给自己的道奇Caravan买了几个轮胎,单价139美元。恩迪科特称,当他看到这些轮胎的售价时,他立刻就下了单。

不过,对一些零售商和经销商来说,通缩意味着亏损、裁员和贸易战。轮胎价格下跌如此之快,已经开始影响到轮胎经销商Del-Nat的业务模式。Del-Nat的总部位于美国田纳西州孟菲斯市。Del-Nat主要从永盛采购轮胎,之后再加价转手卖出。当永盛和其他一些中国轮胎公司开始降价时,Del-Nat进价更高的旧库存还没有消化完,如此一来,它就无法通过倒卖来赚取利润。

(资料来源:凤凰网)

1. 扩张性的需求政策

针对有效需求不足引发的通货紧缩,主要运用财政政策与货币政策两大需求管理政策,从增加需求着手。实施扩张性财政政策,主要是扩大财政开支,兴办公共工程,增加财政赤字,减免税收。同货币政策相比,财政政策具有动员迅速、作用直接的优点。

实施扩张性货币政策,主要是通过调整法定存款准备金率、再贴现率、公开市场业务等手段,增加商业银行提供贷款的能力,扩大货币供应量。货币政策具有滞后效应,在一国经济衰退阶段,利率较低、有效需求不足、投资萎缩时,货币政策就难以奏效。因此,在治理通货紧缩时,货币政策主要是配合财政政策来运用。

2. 产业结构调整

对于产能过剩等结构因素造成的通货紧缩,必须从供给侧着力,进行产业结构的调整,只有如此才能从根本上解决问题。产业结构调整主要是推进产业结构升级,培育新的经济增长点,形成新的消费热点。此外,产业结构调整还包括产业组织结构的调整,即同一产业中不同企业的兼并与重组。在某个行业生产能力过剩的情况下,为了争夺市场,往往会出现恶性竞争,价格战频发,整个行业的价格越来越低,利润越来越少,此时,通过产业结构组织调整,使一些企业退出市场,另一些企业并购重组形成新的具有优势的企业,就会抑制恶性竞争,避免价格不断下跌。

 小　思　考

上网搜集资料,看看我国为什么要进行供给侧结构性改革?做法、效果如何?

3. 引导预期行为

投资者和消费者对未来经济消极的预期心理是治理通货紧缩的一道障碍。通货紧缩初期,人们预期价格进一步下降,价格下行的压力较大。此时,经济生活中投资冲动很微弱,投资需求大幅下降。消费者预期收入下降,相应减少消费支出,出现持币待购的倾向。无论是采取宽松的货币政策,还是扩张性的财政政策,若不能引导投资者、消费者决策行为的变化是难以启动经济的。政府可通过政策引导,调整人们对未来的预期行为,努力促进社会消费需求和投资需求的回升。

4. 鼓励消费

消费需求不足是通货紧缩的根本原因之一。因此,要治理通货紧缩,就必须努力提高消费需求。鼓励消费的政策应该是综合的,要充分利用各种政策组合,从财政政策、货币政策、产业政策等方面,创造增加社会消费的条件,引导社会消费的稳定增长。一方面要取消各种不利于增加消费的政策措施和制度约束;另一方面要在经济实力允许的情况下,使居民收入能够稳步增加,增强居民对未来收入的预期和信心,以增加居民的消费需求。

除上述措施外,对工资和物价的管制政策也是治理通货紧缩的手段之一。例如,在通货紧缩时期增发工资,限制价格的下降,这与通货膨胀时期的限制工资增加与物价上涨的措施作用方向相反,但原理相同。

引例解析

通货膨胀是一种复杂的经济现象,它的产生依赖于各种条件,有着各种各样的原因。但所有的通货膨胀都表现为社会总需求大于社会总供给。严重的通货膨胀会引发一系列经济社会问题,削弱居民社会福利和幸福感,甚至造成社会恐慌,所以长期以来世界各国始终高度重视通货膨胀问题。

美国在受到新冠病毒冲击的初期,政府救济措施和央行释放的天量流动性"双管齐下",让企业和家庭得以维持正常工作和生活。然而,这也对市场多年来的供需平衡造成了影响。到2022年2月,这一局面叠加俄乌局势带来的影响,加剧了市场供需失衡,导致大宗商品价格被大幅推高。

为应对通货膨胀,美联储2022年3月启动了时隔三年多的首次加息,至2023年7月,连续11次加息,累计加息幅度达525个基点。过去一年间,美联储将联邦基金利率目标区间维持在5.25%至5.5%之间,为23年来最高水平。

2024年8月23日,美国联邦储备委员会主席鲍威尔参加堪萨斯城联储在怀俄明州杰克逊霍尔举行的年度经济研讨会时表示,调整货币政策的"时机已到"。国际观察人士认为,美国通胀压力下降、就业市场疲软是美联储准备调整货币政策的主要原因。美联储青睐的通胀指标——个人消费支出价格指数已从2022年6月的高峰值7.1%降至2024年6月的2.5%。

然而,即使美联储开始降息,高利率造成的高借贷成本仍将维持一段时间,继续拖累美国自身经济发展。同时,美联储后续货币政策走向也给全球金融市场及经济发展带来极大不确定性。

第十章 货币供求与货币均衡

思维导图

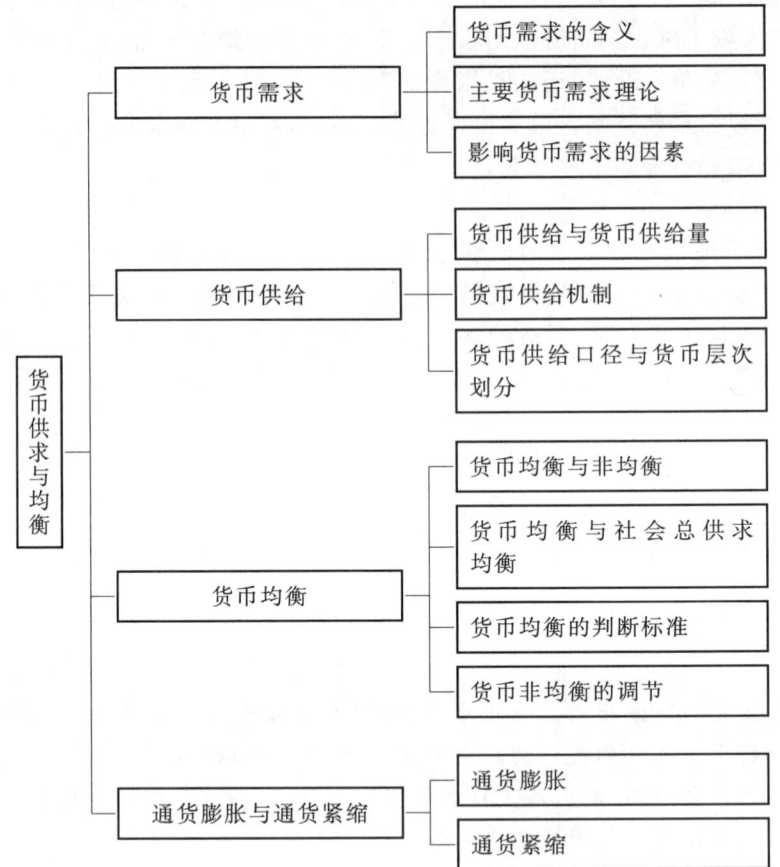

第十一章 财政政策与货币政策

知识目标

1. 掌握财政政策和货币政策的基本含义。
2. 掌握不同财政工具的不同特点。
3. 熟悉不同财政工具的操作对经济的影响途径及效果。
4. 掌握货币政策工具的不同特点。
5. 熟悉不同货币工具的操作对经济的影响途径及效果。

能力目标

1. 能够运用货币政策和财政政策知识,判断不同的经济问题应采取哪种类型的政策,选择何种政策工具。
2. 能够根据不同宏观经济背景,选用不同的财政政策和货币政策组合,有效调控经济运行。

素养目标

通过深入理解财政政策和货币政策的基本原理及其在经济调控中的重要作用,培养宏观思维与系统分析能力。

第一节　财　政　政　策

· 引　例 ·

2024 年我国积极的财政政策

积极的财政政策要适度加力、提质增效。综合考虑发展需要和财政可持续,用好财政政策空间,优化政策工具组合。赤字率拟按 3% 安排,赤字规模 4.06 万亿元,比上年年初预算增加1 800亿元。预计2024年财政收入继续恢复增长,加上调入资金等,一般公共预算支出规模28.5万亿元、比上年增加1.1万亿元。拟安排地方政府专项债券3.9万亿元、比上年增加1 000亿元。为系统解决强国建设、民族复兴进程中一些重大项目建设的资金问题,从2024年开始拟连续几年发行超长期特别国债,专项用于国家重大战略实施和重点领域安全能力建设,2024年先发行1万亿元。现在很多方面都需要增加财政投入,要大力优化支出结构,强化国家重大战略任务和基本民生财力保障,严控一般性支出。中央财政加大对地方均衡性转移支付力度,适当向困难地区倾斜,省级政府要推动财力下沉,兜牢基层"三保"底线。落实好结构性减税降费政策,重点支持科技创新和制造业发展。严肃财经纪律,加强财会监督,严禁搞面子工程、形象工程,坚决制止铺张浪费。各级政府要习惯过紧日子,真正精打细算,切实把财政资金用在刀刃上、用出实效来。

(资料来源:《中华人民共和国2024年政府工作报告》)

请思考,2024年我国为什么要选择积极的财政政策?

一、财政政策的含义与分类

(一)财政政策的含义

财政政策是指政府为达到一定目的在财政领域采取的策略和措施的总称。财政政策作为一个有机的整体,由政策目标、政策工具、政策传导等三方面的内容组成。政策目标是指通过政策的实施所要达到或实现的目的,它构成政策的核心内容,规定着财政政策的性质和方向。政策工具是指为了实现既定的政策目标所选择的组织方式和操作方式。政策工具是为政策目标服务的。而没有政策工具,政策目标就无从实现;政策工具选择得是否恰当,操作力度的大小,工具之间的配合状况,直接决定政策的质量好坏。政策传导是指政府从操作政策工具到实现政策目标所经由的媒体及其运行过程。

(二)财政政策的分类

1. 按财政收支活动与社会经济活动之间的关系不同,可分为宏观财政政策和微观财政政策

宏观财政政策是指财政政策对宏观经济发生影响,引起经济总量变化的政策,通常也称为总量财政政策。宏观财政政策又常被划分为三种类型:扩张性财政政策、紧缩性财政政策和中性财政政策。扩张性财政政策,简称松的财政政策,是指通过减税或增加财政支出以刺激社会总需求增长的政策。由于减收增支的结果表现为财政赤字,因此又被称为赤字财政政策。紧缩性财政政策,简称紧的财政政策,是指通过增税或减少财政支出以抑制社会总需求增长的政策。由于增收减支的结果表现为财政结余,也往往被称为盈余性财政政策。中性财政政策是指通过保持财政收支平衡以不影响社会总供给与社会总需求的平衡状态的财政政策。

微观财政政策是对有关经济个量发生作用,只影响经济个量增减变化的政策,因此也称为个量财政政策。例如,调整产业结构的农业财政支持政策,高新技术产业财政支持政

策,协调地区间和谐发展的西部大开发财政支持政策,解决就业问题的失业人员再就业财政支持政策等,都属于微观财政政策。

一般来说,财政政策主要是指宏观财政政策,本章分析的财政政策就是指宏观财政政策。

2. 按财政政策的期限不同,可分为中长期财政政策和短期财政政策

中长期财政政策是指为国民经济发展的战略目标服务的政策,具有长期稳定性的特点。短期财政政策属于战术性政策,适用于特定时期和特定范围。

3. 按财政政策发挥作用的方式不同,可分为自动稳定政策和相机抉择政策

自动稳定政策是指通过财政制度中的"内在稳定器",在经济波动时自动发挥调控作用的财政政策,而不再需要人为进行调节,包括诸如累进税制、转移性支出等财政工具在内。相机抉择政策是指政府根据当前经济形势的判断,选择相应的政策目标和政策工具,以稳定经济和减轻经济周期波动而采取的财政政策,如改变公共工程和其他开支方案、改变转移支付开支方案、调整税率,等等。

4. 按财政政策所规范的活动内容不同,可分为财政收入政策、财政支出政策和财政调控政策

财政收入政策是指通过调整财政收入的总量水平、结构和方式来实现对经济活动的调节。财政支出政策是指通过调整财政支出的总量水平、结构和方式来实现对经济的调节。财政调控政策是指根据一定时期的经济和社会发展要求,对中央政府和地方政府之间、政府与企业之间、预算资金和预算外资金之间关系进行调节和控制。财政调控政策又可以细分为税收政策、国债政策、政府投资政策、经费开支政策、政府预算政策、国有企业收益分配政策,等等。

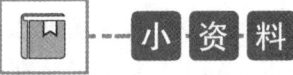

凯恩斯财政政策

现代财政政策开端于凯恩斯的理论。20世纪30年代,西方资本主义国家发生了世界性危机,人们因此看到了古典经济学关于自由放任的理论缺陷。在这样的社会历史背景下,凯恩斯从政府干预的角度提出了治理危机的理论。他主张放弃自由竞争、市场自动调节和自由放任的经济原则,力主通过政府的财政政策和倾向政策来调节消费需求和投资需求,以实现充分就业和促进经济增长。以1936年凯恩斯的不朽名著《就业、利息和货币通论》的出版为标志,建立在宏观经济学基础之上的现代财政政策开始发展起来。

二、财政政策的目标

(一)充分就业

充分就业是指有工作能力并且愿意工作的人,都能够按照现行工资水平得到工作。充分就业之所以被作为财政政策的首要目标,主要原因有两个:一是在社会物质生产资料大量闲置的情况下,不能使劳动者得到工作,不仅给社会造成极大的浪费,而且也证明政府能够做到的事没有做到,政府完全有可能凭借财政政策功能使劳动者和生产资料结合起来从事生产,为社会创造物质财富;二是高失业率造成了人们的许多苦难:家计的艰难、个人自尊心的丧失和犯罪的增加,高失业率给经济带来的损失是明显的。

虽然高失业率是件坏事,充分就业是一件好事,社会能否达到100%的就业即失业率为零的状态呢?当然是不可能的,因为经济生活中存在以下几种类型的失业:

1. 自愿性失业

自愿性失业是指人们自愿决定暂时离开工作岗位去从事其他活动,如抚养子女、重返学校学习新的技能、旅游或希望寻找更适宜于自己的工作。

2. 摩擦性失业

摩擦性失业是指由于劳动力市场功能上的缺陷造成的临时性失业,如新生劳动力找不到工作、工人转换工作岗位时出现的工作中断等。

3. 季节性失业

季节性失业是指在某些行业生产中由于季节性变化所造成的失业。

4. 结构性失业

结构性失业是指随着新技术新产业不断出现,一些人难以适应社会经济的这种快速变化,而不能在合适的岗位上得到就业。

5. 周期性失业

周期性失业是指由于周期性经济危机而造成的失业。当经济处于萧条阶段,失业增加;经济处于繁荣阶段失业减少。这种失业才是财政政策力求加以解决的问题,对于上述其他几种类型的失业,财政政策通常是无能为力的。

2023年全国就业状况

2023年年末全国就业人员74 041万人,其中城镇就业人员47 032万人,占全国就业人员比重为63.5%。全年城镇新增就业1 244万人,比上年多增38万人。全年全国城镇调查失业率平均值为5.2%。年末全国城镇调查失业率为5.1%。全国农民工总量29 753万人,比上年增长0.6%。其中,外出农民工17 658万人,增长2.7%;本地农民工12 095万人,下降2.2%。2019—2023年城镇新增就业人数,如图11-1所示。

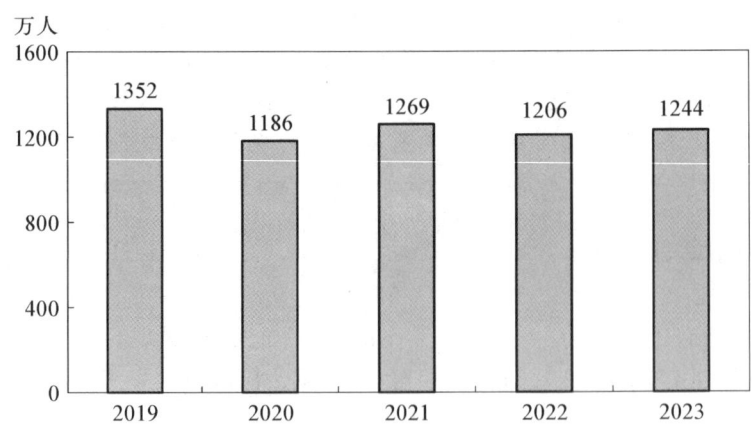

图11-1 2019—2023年城镇新增就业人数

(资料来源:中华人民共和国2023年国民经济和社会发展统计公报)

(二)经济增长

经济增长是指一个国家或一个地区在一定期间内(通常为1年)的国民生产总值或国民收入的实际总量增长。经济的实际增长有以下几层含义:

1. 经济增长是指国民经济总量的增长

它不是指某单个指标如粮食产量、家用电器产值等的增长。

2. 经济增长是指扣除价格影响因素的实际增长

在物价上涨幅度较大的年份,更需要扣除物价的影响因素。

3. 经济增长应该是扣除人为的浮夸虚增因素后的实际增长

在形式主义严重、非理性行为盛行的国家或地区,更应注意这一点。

4. 经济增长应考虑人口增长因素

只有在人口增长速度低于经济总量增长速度时,才能说经济有了真正的增长。因此有人提出应将人均国民生产总值的增长作为经济增长的标志,人均国民生产总值是表示该国人民生活水平高低的重要指标。

5. 经济增长应该是可持续的增长

在现代社会,人们越来越重视环境污染、社会不公等问题,认为经济增长速度快,并不表示人们的生活质量提高。如果环境污染加重了,社会分配更加不公平,那么这种经济增长是以牺牲人们的生活质量来获得的。因此,越来越多的经济学家认为,应该考虑用更多的指标来衡量经济增长。

(三)物价稳定

物价稳定是指一般物价水平在一定时期内大体保持稳定,不发生明显的波动,也就是要求既要防止物价上涨,又要防止物价下跌。它是各国财政政策的重要目标之一。在现代信用货币流通条件下,物价波动总体呈上升趋势,通货膨胀已成为世界性现象。除了通货膨胀以外,还有一些属于正常范围内的因素,如季节性因素、消费者嗜好的改变、经济与工业结构的改变,等等,也会引起物价的变化。在动态的经济社会里,想要将物价冻结在一个绝对的水平上是不可能的,问题在于能否把物价控制在经济增长所容许的限度内。这个限度的确定,每个国家不尽相同,主要取决于各国经济发展的情况,一般要求把物价年上涨幅度控制在2%~3%。

(四)国际收支平衡

近年来,随着各国经济的发展,国家间实力对比发生变化,贸易逆差问题引起了各个国家的重视。由于国际收支会影响一国的经济稳定增长,会影响一国的物价水平,还间接地影响一国的就业水平。同样,财政政策也会有力地影响一国的国际收支。例如,财政政策促使一国经济稳定增长,就会为扩大商品输出打下基础。财政政策还能够间接影响一国利息率的变化,而利息率的高低对于吸引外资是有很大作用的。现在越来越多的国家把国际收支平衡作为一国财政政策的目标。

2023年全国货物进出口状况

2023年全年货物进出口总额417 568亿元,比上年增长0.2%。其中,出口237 726

亿元,增长0.6%;进口179 842亿元,下降0.3%。货物进出口顺差57 883亿元,比上年增加1 938亿元。对共建"一带一路"国家进出口额194 719亿元,比上年增长2.8%。其中,出口107 314亿元,增长6.9%;进口87 405亿元,下降1.9%。对《区域全面经济伙伴关系协定》其他成员国进出口额125 967亿元,比上年下降1.6%。民营企业进出口额223 601亿元,比上年增长6.3%,占进出口总额比重为53.5%。2019—2023年货物进出口状况如图11-2所示。

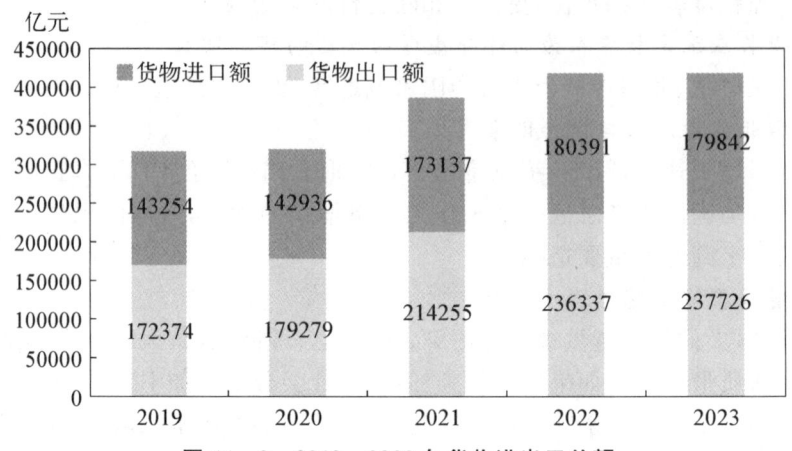

图11-2 2019—2023年货物进出口总额

(资料来源:中华人民共和国2023年国民经济和社会发展统计公报)

上述这四个政策目标并不总是一致的,而是经常处于矛盾之中。

1. 充分就业与物价稳定之间有可能发生矛盾

按照标准的凯恩斯理论的宏观经济分析,充分就业与物价稳定之间本来是可以协调的,因为需求不足引起失业,过度需求引起通货膨胀,只要消除了需求不足而又不造成过度需求,那就可以既有充分就业,又有物价稳定了。就是说,在充分就业之前,不会出现真正的通货膨胀,只有达到充分就业之后,需求继续增大,形成过度需求,这时才会有真正的通货膨胀。但经济运行的现实往往是在充分就业之前,社会上的物价已经上涨,在这种情况下,并不存在有效需求不足问题,如果再实行扩张性的财政政策来扩大就业,只能使通货膨胀更加严重,这就需要其他各种经济政策的配合了。

2. 物价稳定与经济增长之间的矛盾

本来物价稳定是有利于促进经济增长的,但在资本主义市场经济中,由于物价稳定通常以牺牲充分就业为代价,而充分就业才是促使经济增长的主要动力,这样在物价稳定和经济增长之间便产生了矛盾。要么以物价稳定、低就业率来换取经济稳定增长,要么以物价水平上涨和较高的就业率来换取经济的快速增长。但是,物价上涨并导致严重的通货膨胀,从长期来看是不可能实现真正的经济增长的。因此这两者也被认为是"鱼与熊掌不可兼得"的,各国只能根据当时的实际情况,以某一目标为主而牺牲其他目标,或者通过财政货币政策等结合使用来协调这些矛盾。

3. 充分就业、物价稳定以及经济增长目标同国际收支目标也有矛盾冲突

如前所述,充分就业通常带来物价上涨和通货膨胀,而通货膨胀通常导致经济的不稳

定,经济的不稳定就不利于扩大出口,也不利于吸引外资,从而给国际收支平衡带来了威胁。协调国内均衡和国外经济的均衡,可交替使用财政和货币政策以及汇率政策,甚至包括某些行政措施限制进口,实行贸易保护主义,等等。

2023年我国价格指数

2023年全年,我国居民消费价格比上年上涨0.2%。工业生产者出厂价格下降3.0%。工业生产者购进价格下降3.6%。农产品生产者价格下降2.3%。12月份,70个大中城市中,新建商品住宅销售价格同比上涨的城市个数为20个,持平的为2个,下降的为48个;二手住宅销售价格同比上涨的城市个数为1个,下降的为69个。2023年我国居民消费价格月度涨跌幅度,如图11-3所示。

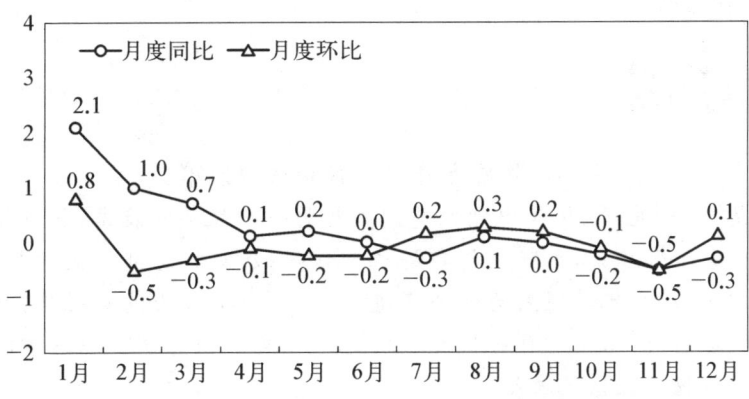

图11-3 2023年居民消费价格月度涨跌幅度

(资料来源:中华人民共和国2023年国民经济和社会发展统计公报)

三、财政政策的手段

(一)选择性政策工具

选择性政策工具,是指为实现一定的政策目标,可供政府选择操作的备选工具。主要有以下内容。

1. 税收

税收是政府组织财政收入的基本形式,也是财政实施宏观调控的重要政策手段。税收对供求总量的调控,是通过调整税负直接影响企业和居民的税后可支配收入来实现的。政府通过增加或减轻税负来减少或增加企业和居民的税后可支配收入,在预算支出规模不变情况下,一方面可以调节社会总需求,起到限制或刺激需求的作用;另一方面也可以影响企业与居民的储蓄投资能力,从而对社会总供给产生效应,起到刺激增加或限制减少社会总供给的作用。税收政策手段的运用还可对供求结构发挥调控作用,税收对供求结构的调控表现在对地区间经济结构的调控和对产业结构的调控等方面。

税收政策工具的内容主要有:① 税种的开征与停征;② 税率的提高与降低;③ 税收征收面的扩大与收缩;④ 税收优惠的增加与减少等。

税收政策工具具有乘数效应。税收作为政策工具对社会总需求的调节作用,不仅限于增加或减少税负本身,还会通过税收乘数发挥更大的作用。所谓税收乘数,是指政府增加或减少税收所引起的社会总需求的变动程度。

税收政策工具具有以下特点:

(1) 内部时滞长,外部时滞短。启动税收政策工具需要经过一定的法律程序,决策时滞较长。一国政府的税收增减都是通过调整税法来实现的,而税法是需要经过立法机构审议讨论才能通过的。但税收政策工具一旦启动,会很快地通过影响企业和家庭部门的收入传导到国民经济中去。

(2) 缺乏灵活性。税法是严肃的法律问题,不能经常变动,经常变动会扰乱正常的市场机制,增加经济活动风险。

(3) 操作的单向性。一般来说,减税容易增税难。

(4) 效用的长期性。税收直接影响人们的可支配收入,而且是无偿的永久性的影响,因此宜用于长期财政政策。

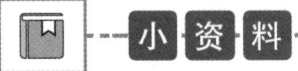

供给学派及美国政府的减税政策

供给学派是20世纪70年代中期在美国兴起的一个经济学流派,其政策取向是反对凯恩斯主义的国家干预政策,主张发挥市场机制作用;反对凯恩斯主义的刺激需求政策,主张刺激供给政策;反对凯恩斯主义的高累进税政策,主张大力消减税收,刺激供给的财政政策,如减税、加速折旧;反对政府扩大财政支出,力争预算平衡。供给学派为"里根"政府之后的美国政府税改提供了理论。

2. 政府购买支出

政府预算资金是政府可直接支配的财力,也是政府掌握的最直接有力的宏观调控手段。政府预算支出对供求总量的调控,是通过调整支出规模来实施的。因为政府预算支出是社会需求总量的重要组成部分,其规模的大小,在财政收入不变的情况下,直接影响社会总需求规模。因此政府通过扩大或缩小预算支出规模即可直接调节需求总量。此外,从长远看,政府预算支出中的投资性支出规模还会影响社会总供给能力。

预算支出投向的不同组合,是协调供求结构的重要手段。在既定的供给结构或要素可相互替代的限度内,变动预算支出的内部结构,从短期来看,可影响需求结构和积累与消费的比例关系;从长期看,可影响供给结构即产业结构。运用预算支出手段调节供求结构是我国市场经济下财政调节供求结构最直接有力的手段,但其运用的程度受到财政收入规模的制约。政府预算支出政策又包括政府投资支出政策和政府消费性支出政策。

(1) 政府投资支出政策。诸如道路、桥梁、供电供水、水利设施及其他市政建设等公共工程。一般不易由私人举办,特别是在经济萧条年份更是如此。某些本来可以由民间举办的公共工程,在萧条年份也会急剧下降。政府人为地扩大投资支出,更多地承担民间不愿意或在萧条年份不愿意投资的工程,可以扩大总需求,有助于经济复苏。

政府投资支出政策具有以下特点:

第一,富有弹性。在经济萧条,社会投资急剧下降时期,政府可以大规模地扩大投资规模;而在经济过热,社会投资膨胀时期,政府可以大规模地压缩投资规模。

第二,积累性强。政府投资支出政策的结果往往是形成若干公共投资项目,可供居民长时间消费,具有积累性质。它容易受到注重财政的生产性国家的青睐。

第三,效率低下的可能性大。公共工程效率问题是指公共工程政策启用时所决定投资的工程本身的价值问题,即是否必要的问题。由于公共工程通常具有资金需要量大、时间长及固定性、单件性的特点,其投资决策要求慎而又慎。而政府为刺激经济所进行的投资项目往往可能使决策过程流于形式。正如萨缪尔森所说:"当政府对经济萧条开始采用某些主动措施时,它们往往为失业者举办公共工程。这些公共工程的举办往往是仓促决定的,缺乏周密计划的。"就公共工程支出效率问题受到的另一种抱怨是,这一政策长期被使用所出现的公共投资过剩问题。

第四,内部时滞短,而外部时滞长。一般的公共工程投资不需要漫长的立法过程,政府可以直接进行决策。而一个工程的建设期间少则一两年,多则几年、十几年甚至是几十年,往往是用在劳动力和原材料上的开支还没有花出去之前,经济的形势就有可能是另外一种情形了。例如,经济衰退时间为1年,其后2年为稳定的上升期,那么一个为期3年的公共工程在第3年的时候,正当经济状况已经从需求太少变为需求过旺时,市场上就会突然出现目的在于挽救衰退的政府支出。这种时间的安排当然只能使财政政策不稳定性加大,而不是减少这种不稳定性。

第五,公共工程是一种地方性公共产品,本应由地方政府投资。中央政府为调节经济刺激需求在某些特定的地方建设某些公共工程,实质是用全国的资金为某些地方供给公共品,负担了本该由该地方政府支出的建设项目,结果有二:一是各地方争项目、争投资的做法,增大了投资的风险。对于地方政府来说,能够向中央政府争取来项目就是其目的,至于项目是否必要,是否可行并不是重要的问题。二是会出现新的苦乐不均现象。不一定每一个地方政府都能得到相同份额的公共投资,必然是有的地方多些有的地方少些,存在差距,造成地方政府间的新的不均衡。

(2)政府消费性支出政策。政府消费性支出政策,是指政府直接购买劳务和消费品并用于当期,如增加政府雇员、扩大办公设备的购买等等。与公共工程政策相比,政府的消费性支出政策则是一项收效大、时滞短的政策。如果政府的消费性支出发生较大变化,都会引起社会生产和分配的较大反映,因而常被各国作为重要的财政政策手段。

这一政策手段具有以下特点:

第一,时滞短。与税收相比,其内部时滞短;与政府投资支出政策相比,其外部时滞短。

第二,公平性较差。与下述的转移支出政策相比,其对国民收入分配再分配的公平性差。例如,增加政府雇员工资与增加失业人员的救济金相比,前者会扩大就业者与无业者之间的收入差距而后者不会。

第三,这一政策的效率取决于政府工作的效率。例如,政府是否有必要设置那么多的机构,雇用那么多的人员,政府雇员的工资是否已经足够高,办公设施条件是否已经足够好。

第四,有一定的刚性。政府消费性支出增长容易压缩难等。

3. 转移性支出

转移支付包括财政补贴与社会保障支出。它们共同的特点,是财政资源从政府向企业和居民家庭的单向转移。它在宏观调控中的作用与政府预算中的购买支出相比,略逊一筹。因为政府购买支出的变动将直接增减社会有效需求,而转移支付的变动对需求总量的影响,需要通过转移支付资金受益者的需求变动产生效应。例如,政府增加对居民的财政补贴支出,其对总需求的增量效应,要在居民动用这笔补贴增加消费需求时才显现。

财政补贴可分为消费性补贴与生产性补贴两大类。消费性补贴的增减一般仅影响需求总量。生产性补贴从短期看,具有扩张需求的效应。因为当财政补贴刺激的投资尚未形成生产能力时,生产性补贴不仅不会增加供给,还要从市场上取走投资品,并连带增加消费需求。但是从长远看,生产性补贴可以增加产出,从而增加供给。此外,政府通过调整生产性补贴或消费性补贴占整个财政补贴的比例,即可影响财政支出中积累与消费的比例,从而影响整个积累与消费的比例关系。同样,政府根据产业政策,有选择地发放生产性补贴即对生产者的补贴,可引导企业更多地向国民经济中的短线项目投资,从而达到调整产业结构的目的,这也是我国财政补贴的发展方向。

社会保障支出在社会保障制度健全的国家,是一项具有法律效力的支出,一般不能根据财政收支状况人为地变动。因此,社会保障支出具有自动维持社会总供求平衡的功能。当经济处于不景气即总供给大于总需求时,失业人口增加,社会保障支出就会依据既定的社会保障法规自动增加,起到抑制个人消费需求萎缩的作用,从而防止经济进一步衰退。反之,当经济处于繁荣时期即总需求大于总供给时,失业人数减少,人们收入水平上升,社会保障支出就会自动减少,加之此时税收收入增加,就可能形成财政盈余,从而限制社会总需求的进一步增加。

这一政策具有以下特点:

第一,公平性。转移支出本身具有直接影响国民收入分配的作用,政府增加对低收入者的支出,可以缩小贫富之间的差距,使国民收入分配更加公平。

第二,扩张性。因为转移支付政策支持对象是低收入家庭,而低收入家庭消费倾向高,产生的支出乘数大。并且,这类支出形成消费需求,而消费需求是最终需求,对经济增长的拉动作用也就大。

第三,缺乏弹性。由于利益刚性制约,容易形成沉重的财政负担。政府增加对个人、企业及下级政府的转移支付是受欢迎的,一旦削减这种支出则易遭到反对,成为政府财政的沉重负担。

4. 公债

公债是国家组织财政收入的一种补充形式。公债的运用使国家财政收入具有一定的弹性,同时也增强了政府运用财政进行宏观调控的能力。公债是一种具有财政金融联动机制的调控手段,因此分析公债的宏观调控功能要结合货币政策。当政府发行公债增加了由政府集中支配的有支付能力的需求量时,如果因发行公债而扩大了货币供应量,那么公债就起到了扩张社会总需求的作用。反之,政府发行公债而货币供应量不变,则所增加的需求量就是企业、居民支付能力的转移,不会产生扩张总需求的效应。此外,政府发行公债可改变国民收入的使用结构,从而能调节供求结构,尤其是消费基金与积累基金的比例。因为公债的来源中既包含了非预算部门的消费基金,也包含了积累基金。

(二)非选择性政策工具

非选择性政策工具,是指通过制度设计,内置于国民经济运行机制中并对国民经济运行状况作出自动反应的政策工具。主要有:

1. 累进税制

在国家税制中以累进的个人所得税和企业所得税为主体税。在萧条时期,累进税制自动地减税,企业和居民税后收入增加,带动企业投资和居民消费的增加,从而起到扩大内需,推动经济增长和增加就业的政策效应。而在经济过热、通货膨胀时期,累进税制自动地增税,企业和居民税后收入减少,带来企业投资和居民消费的下降,从而起到抑制内需,给过热的经济、过高的物价降温的政策效应。

2. 社会保障制度

在萧条时期,由于居民收入下降,失业人数增加,社会保险基金中的失业救济金以及其他各种福利支出都自动增加,它们起着抵消个人收入下降的作用,减轻了经济的萧条程度或加快了经济复苏的进程。反之,经济过热时,相反的效应将发生,从而对过热的经济和过热的物价起到釜底抽薪的作用。

非选择性政策工具,内置于国民经济之中,随着国民经济周期性波动而适时地作出反应,无须对当前经济形势作出判断并取得共识,省略了漫长的决策过程,避免了选择性政策工具的内部时滞;它自动的反经济周期,避免了政府对政策选择的失误,也解决了政策力度难以把握的困难;它与经济一体,避免了政策经常性变化带来的经济震动,以及因政策性原因带来的经济波动。

但一国启动非选择性政策工具需要具备一定的前提条件,首先需要有较高的财政管理水平和完善的财政制度,这样才能保证非选择性政策工具启动的可能性,以及政策工具的质量。其次,需要完善的市场机制,这样才能保证经济对政策工具变化感知的灵敏度和对应的反应能力,如果市场对政策工具反应迟钝,则政策效应很难表现出来。只有具备这两个前提条件,非选择性政策工具才能发挥其应有的效果。因此,发展中国家一般采用选择性政策工具,发达国家一般采用非选择性政策工具。

四、财政政策的传导

财政政策目标的实现是由众多的财政工具借助于中介媒体的传导,最终作用于经济而完成的。传导财政政策的媒体主要有收入、货币供应量和价格等。

(一)收入

收入是财政政策的主要传导媒介,主要表现为对企业收入和家庭部门收入的影响上。政府支出政策特别是消耗性支出和公共工程支出,都会最终增加企业收入,税率的调整也会直接影响企业的税后利润水平。财政政策对家庭部门收入的影响主要体现在改变家庭部门实际支配收入的变化上。调高或调低税率,增加或减少补贴,最终会带来家庭部门实际支配收入的增减。居民个人收入的变化会影响其消费行为和储蓄行为,引起消费需求的变化,影响劳动者的积极性,在一定程度上导致人们在工作和休闲之间的重新选择。

收入传导媒介具有非对称性特征。当财政减税,扩大支出增加企业和家庭部门收入时,很容易取得他们的配合,政策力度可以顺利地通过收入媒介传导到国民经济中去;当财政增税、压缩支出减少企业和家庭部门收入时,则阻力大,政策力度较难传导。这就是财政政策在治理通货紧缩时的作用大于治理通货膨胀的主要原因。

（二）货币供给量

财政采取的扩张性政策通常都具有货币扩张效应,采取紧缩性政策则会引起货币紧缩的效应,从而最终对社会供求总量平衡和经济的发展产生影响。财政政策如果通过货币供给量传导,必须取得货币政策的配合,否则,会带来物价水平的波动。

（三）价格

价格是市场经济条件下引导资源配置的最为灵活的杠杆,财政支出政策和税收政策所引起的某些商品价格变动,或是扩张性财政政策所产生的货币扩张效应,最终都会引起价格的变动,从而对市场供求状况产生影响,以达到实现财政政策目标。

引例解析

1. 2024年我国财政政策适度加力、提质增效。
2. 通过扩大财政支出和安排地方政府债务推动经济增长。
3. 通过发行超长期国债稳定政府债务的同时,推动政府长期投资。

第二节 货 币 政 策

引 例

从"稳健"到"适度宽松",货币政策如何影响你我?

2024年12月9日,中共中央政治局召开会议,分析研究2025年经济工作,提出明年要实施"适度宽松"的货币政策,引发了大家的关注。

我国货币政策的基调,由紧到松依次可划分为"从紧""适度从紧""稳健""适度宽松"和"宽松"等几个区间。中国人民银行会根据经济形势的变化,对货币政策进行调整。

公开信息显示,我国货币政策基调在1997—2006年是"稳健";2007—2008年是"适度从紧";2009—2010年是"适度宽松";2011—2024年一直是"稳健"。2011年以来,我国实施"稳健"的货币政策基调已长达14年之久。此次调整,是十几年来的首次。

（资料来源:大众日报）

从"稳健"到"适度宽松",这次调整释放了什么信号?对我们的生活有何影响?

货币政策是指中央银行为实现既定的经济目标而运用各种政策工具调节货币供应量和利率,进而影响宏观经济的方针和措施的总和。货币政策有四大构成要素:货币政策工具、货币政策操作指标、货币政策中介指标和货币政策最终目标。这四者之间的关系是：中央银行要根据本国的实际经济情况，确定最理想的货币政策最终目标，选择合适的货币政策工具，作用于操作指标，从而影响中介指标，通过对这些经济变量的影响作用达到一定的政策效果，如图11-4所示。这四个要素密切相关，共同构成一个国家货币政策的有机整体。

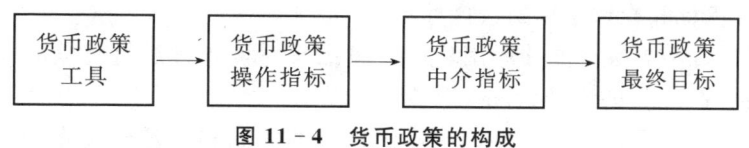

图11-4 货币政策的构成

一、货币政策最终目标

货币政策最终目标是指货币政策在一段较长的时期内所要达到的目标。作为国家宏观经济政策的重要组成部分，货币政策与财政政策一样，政策目标与一国的宏观经济目标一致，因此货币政策最终目标也被称为货币政策的战略目标或长期目标。如前文所述，货币政策所追求的稳定物价、充分就业、经济增长和国际收支平衡四个最终目标，彼此之间存在矛盾与冲突。这是当代各国政府和经济学家面临的最大难题之一。为了实现某一个目标而采取的货币政策措施，可能会对其他目标的实现或形成的良好效果造成不利影响。所以，金融调控的任务是要在这些既相互统一又相互冲突的目标之间做出取舍，寻求目标之间的最优组合。

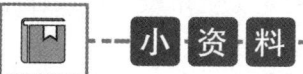

我国货币政策最终目标

关于我国货币政策的最终目标内容，理论界的理解与认识一直存在着分歧。代表性的观点主要有两种，即单一目标论和双重目标论。前者主张或者以稳定物价，或者以经济增长作为货币政策目标；而后者则认为货币政策目标不应该是单一的，主张同时兼顾经济增长和稳定物价两方面的要求。

现实中，我国对货币政策目标的提法也在不断发生变化。1986年国务院制定的《中华人民共和国中国人民银行管理条例》，首次对包括中央银行和商业银行在内的所有金融机构的"任务"做了界定，即发展经济，稳定货币，提高社会经济效益。这可以视作对中国货币政策目标的首次表述。1993年国务院发布《关于金融体制改革的决定》以及1995年通过的《中华人民共和国中国人民银行法》，将货币政策的目标表述为"保持货币币值的稳定，并以此促进经济增长"。2003年修正的《中华人民共和国中国人民银行法》依然沿用了该表述。

二、货币政策中介指标和操作指标

货币政策的中介指标和操作指标就是中央银行为了实现货币政策最终目标而设置的可供观测和调整的指标，可以统称为货币政策中间目标。从货币政策开始启动到最终目标发生变化(比如物价变动、经济增长率和失业率变动),需要一个相当长的"时间差"。为此,各国中央银行都设置一些能够在短期内显现出来,并可与货币政策最终目标高度相关的指标,作为调整货币政策工具时用于观测和控制的标的。概括起来,货币政策中介指标和操作指标的作用在于:表明货币政策实施的进度;为中央银行提供一个可追踪的指标;便于中央银行随时调整货币政策。

(一) 中介指标和操作指标的选择标准

(1) 可控性。中央银行能够运用货币政策工具对该指标进行有效的控制和调节,能够准确地控制金融变量的变动状况及其变动趋势。

(2) 可测性。货币政策中介指标和操作指标的内涵和外延要明确,有关的指标数据能连续、准确、及时地获得。只有如此,才便于观察、分析和监测。

(3) 相关性。作为中介指标必须与最终目标密切相关,作为操作指标也必须同中介指标紧密相关。一方面,通过指标的变化数值能测知货币政策的实施状况;另一方面,通过对指标的调节和控制,能够保证货币政策方向的合理和正确。

(4) 抗干扰性。货币政策中介指标和操作指标在非货币政策因素的干扰下,反应迟钝。只有如此,其反映出来的信息才真实、可靠,避免货币当局的判断失误,导致决策失误。

上述四项标准在理论上缺一不可,但实践中各项指标性能不一,各有缺陷,难以做到十全十美,中央银行只能择其较好者而用之。

(二) 货币政策的操作指标

操作指标是接近中央银行政策工具的金融变量,它直接受政策工具的影响,其特点是中央银行容易对它进行控制,但它与最终目标的因果关系不太稳定。货币政策的操作指标主要有以下几种。

1. 基础货币

如第十章所言,基础货币是中央银行可直接控制的金融变量,也是银行体系的存款扩张和货币创造的基础。在现代信用货币流通的条件下,货币供给总量等于基础货币乘以货币乘数,在货币乘数一定的前提下,控制基础货币也就控制了货币供给总量。中央银行在提供基础货币的过程中,可以运用多种货币政策工具,比如法定准备金率、公开市场业务、再贴现和再贷款、发行中央银行债券等影响基础货币,因此可控性和抗干扰性较强,可测性也不错。但相关性较弱,只有在经济机制充分发挥作用和货币乘数稳定的情况下,才能通过调控基础货币实现对货币供给的调节。

2. 银行准备金

商业银行和其他存款性金融机构的准备金分为两部分:一部分是按照法定准备金率持有的准备金,一般都存在中央银行的账户上,其数量大小金融机构无权自己变动;另一部分是超过法定存款准备金数额的准备金,称为超额准备金,金融机构可以自主决定和使用。

超额准备金是商业银行扩大贷款规模,增加货币供应量的基础。中央银行对商业银行的超额准备金是可以间接控制的,控制的方法就是通过变动法定存款准备率和实行公开市场操作。当提高法定准备率或在公开市场出售有价证券时,就会使商业银行的超额准备金减少,反之就会使商业银行超额准备金增加。

此外,通过超额准备金这个指标也可以观测经济活动的变化情况,当经济繁荣时,商业银行会减少超额准备金以扩张信用;当经济衰退时,贷款需求减少,商业银行的超额准备金会增加。因此,中央银行可以通过间接控制超额准备金来控制信用规模,进而影响经济活动水平。当然,超额准备金有非政策因素的影响,它的增减变化容易使中央银行产生错觉。

3. 短期利率

除了银行准备金和基础货币之外,中央银行自行决定的利率,如再贴现率、再贷款利率、央行票据利率、回购利率等,也可以作为操作指标,其可控性、可测性、抗干扰性都很强,但与货币政策最终目标的相关性较弱。

也有中央银行选择货币市场利率,如银行同业拆借利率作为操作指标。货币市场的交易相对集中,信息比较透明,货币市场利率作为操作指标可测性和相关性都较好,但可控性和抗干扰性较差,并且需要有一个发达的货币市场作为基础条件。

(三) 货币政策的中介指标

中介指标是距离政策工具较远但接近于最终目标的金融变量,其特点是中央银行不容易对它进行控制,但它与最终目标的因果关系比较稳定。可用作中介目标的金融指标有:长期市场利率、货币供应量和汇率等。

1. 长期市场利率

就货币政策最终目标来看,选为中介指标的主要是长期市场利率。市场利率作为中介目标具有一定的优势:一是可测性强。可随时观察到市场利率的水平及结构,资料易于获取。二是反应灵敏。利率是市场银根松紧的指示器,也是经济周期波动的指示器。三是传导性好。货币当局可通过利率影响投资需求,以调节总供求。缺点是抗干扰性弱,市场利率容易受心理预期、金融市场投机活动等各种非货币政策因素的影响而降低其真实性,其高低变动是外生性的还是内生性的难以区分。比如,为了抑制需求,想通过货币政策工具的操作来影响市场利率提高到一定预定水平。可是,经济活动本身却内生性地把市场利率抬高到这个水平,两者方向相同,很难判断这个利率水平是不是货币政策作用的结果。

2. 货币供应量

以弗里德曼为代表的现代货币数量论者认为宜以货币供应量或其变动率为主要中介指标。货币供应量作为中介指标有三个方面的优势:一是可测性强。M0、M1、M2指标都有很明确的定义,分别反映在中央银行、商业银行及其他金融机构的资产负债表内,可以很方便地进行测算和分析。二是可控性强。现金直接由中央银行发行并进入流通,通过控制基础货币,中央银行也能有效地控制M1和M2。三是具有直接相关性。一定时期的货币供应量代表了一定时期的有效需求总量和整个社会的购买力,对最终目标有直接影响,与最终目标直接相关。

但货币供应量作为中介指标也面临一些问题。首先是以哪一个口径的货币供应量作为中介目标? 20世纪90年代以前,M1是大多数国家执行货币政策的主要依据。90年代以后,随着金融创新的迅猛发展,新型金融工具大量涌现,模糊了货币的边界,越来越多的国家将M2甚至M3作为货币政策的中介目标。其次是货币供应量的计量日趋复杂,中央银行对货币供应量的控制也日益困难,货币供应量作为货币政策中介指标的可测性和可控性均受到冲击。

3. 其他中介指标

有一些国家和地区由于特定经济、金融条件,将汇率作为货币政策中介指标,比如新加坡、中国香港等国家和地区。它们具有高度外向型经济特征,对外依存度很高,国际经济对其经济稳定十分重要,才会选择汇率作为中介指标。还有一些发生恶性通货膨胀的国家也利用将本国货币与硬通货强行挂钩的方式来增强对本国货币的信心并克服通货膨胀,这也是采取汇率作为中介指标。

除了汇率之外,贷款量也可以充当货币政策中介指标。它适用于金融市场发育水平较低的国家和地区,控制了贷款量也就控制了货币供应总量。

三、货币政策工具

货币政策工具是中央银行为了实现货币政策的最终目标而采取的措施和手段。中央银行的货币政策工具可分为一般性政策工具、选择性政策工具、直接信用控制、间接信用指导等。

(一) 一般性政策工具

一般性政策工具也称传统的控制工具,包括存款准备金政策、再贴现政策和公开市场业务,俗称"三大法宝"。这三大工具能对货币供给总量或信用总量进行调节,是影响整个经济的最为重要的工具。它的实施对象普遍,影响广泛,效果显著。

1. 存款准备金政策

存款准备金政策是指中央银行在法定权限内,通过规定和调整商业银行交存中央银行的存款准备金比率,来控制商业银行的信用创造能力,从而调节市场货币供应量和利率的金融政策。存款准备金政策的具体内容还包括规定存款准备金制度适用对象;规定存款准备金计提范围;规定可作为存款准备资产的项目;规定存款准备率和允许变动幅度;规定准备金计提的方法等。

存款准备金政策是影响货币供应量的强有力的政策。根据货币供给的基本模型,货币供应量的改变取决于货币乘数与基础货币的调整,而调整存款准备率不但影响基础货币,而且影响货币乘数。以中央银行实行扩张政策为例,当法定存款准备率降低时,货币乘数变大,商业银行的应缴准备金额减少,超额准备金则相应增加。法定准备与超额准备两个项目的一减一增,无疑使基础货币的构成发生了改变,增强了商业银行创造信用与派生存款的能力,从而使货币供应量增加(即银根放松),利率水平降低,社会投资和支出都相应扩大,从而达到扩张的效果。同样的道理,提高法定存款准备率会使信贷规模和货币供应总量得以紧缩。

存款准备金政策最大的优点是中央银行具有完全的自主权,它是三大货币政策工具中最容易实施的一种,而且中央银行利用存款准备金率这个工具,可以有效地调节整个社会的货币供应量。但是这种政策也有不少缺点,最主要的缺点是这种手段的作用过于猛烈,准备金率微小的变动都会使货币供应量发生重大变化,可能给国民经济带来巨大的震荡。

中国人民银行下调存款准备金率

2024 年,中国人民银行的存款准备金率经历了多次调整。2024 年年初,中国人民银行决定自2024年2月5日起,下调金融机构存款准备金率0.5个百分点(不含已执行5%存款准备金率的金融机构),调整后金融机构加权平均存款准备金率约为7.0%。此外,自2024年1月25日起,分别下调支农再贷款、支小再贷款和再贴现利率各0.25个百分点。9月27日,中国人民银行再次下调金融机构存款准备金率0.5个百分点(同样不含已执行5%存款准备金率的金融机构),调整后金融机构加权平均存款准备金率约为6.6%。这一系列的调整政策,旨在加大货币政策调控强度,提高货币政策调控精准性,为中国经济稳定增长和高质量发展创造良好的货币金融环境。

2. 再贴现政策

所谓再贴现政策就是中央银行通过制定或调整再贴现利率,来干预和影响市场利率及货币资金的供求,从而调节市场货币供应量的一种金融政策。通常,再贴现政策包括两方面的内容:一是再贴现率的确定与调整,二是规定何种票据具有向中央银行申请再贴现的资格。前者主要着眼于短期,即中央银行根据市场的资金供求状况,随时调低或调高再贴现率,以影响商业银行借入资金的成本,刺激或抑制资金需求,从而调节货币供应量。后者着眼于长期,对要再贴现的票据种类和申请机构加以规定,区别对待,可起到抑制或扶持的作用,从而影响商业银行及全社会的资金投向,具有结构调节效应。

此外,再贴现政策有较强的告示效应。再贴现率的变动在一定程度上反映了中央银行的政策意向。若贴现率提高,则意味着政府判断市场过热,有紧缩意向;反之,则意味着有扩张意向。这对短期市场利率有导向作用。

相较于存款准备金政策,再贴现政策较为温和,但也存在着某些局限性。一是中央银行在使用这一政策工具时,处于较为被动的地位。商业银行是否申请再贴现、再贴现数额多少,取决于商业银行而非中央银行。二是再贴现政策效果有一定局限性。在经济繁荣或经济萧条时期,再贴现率无论高低,都无法限制或阻止商业银行向中央银行再贴现或借款,所以它的调控效果并不是很好。三是再贴政策不宜频繁使用。再现率的频繁调整,会导致市场利率的经常性波动,这会使企业或商业银行无所适从。

3. 公开市场业务

公开市场业务也称公开市场操作,是指中央银行在金融市场上公开买卖有价证券,以此来调节货币供应量的政策行为。当中央银行认为应该增加市场货币供应量时,就在金融市场上买进有价证券(主要是政府债券),而将货币投放出去;反之,在金融市场上卖出有价证券,将货币回笼。

同前两种货币政策工具相比,公开市场业务具有明显的优越性:

(1)中央银行主动性强。公开市场操作的目的是调控货币量而非盈利,所以为了达到操作目的,中央银行可以不计证券交易的价格,即可以用高于市场价格的价格买进,用低于市场价格的价格卖出,不像再贴现政策那样较为被动。

(2)政策操作灵活。中央银行可根据金融市场的变化,进行经常性、连续性的操作,并且买卖数量可多可少;如发现操作方向有误,可立即进行反向操作;如发现力度不够,可随时加大买卖的数量。

(3)政策效果温和。公开市场操作以交易行为出现,不是强制性的,加之中央银行的操作灵活,所以对经济社会和金融机构的影响比较温和,不会像调整法定存款准备金率那样对国民经济影响幅度大。

正是由于公开市场业务具有这些优点,它已经成为大多数国家中央银行首要选择,是经常使用的货币政策工具。需要注意的是,公开市场业务要有效地发挥其作用,必须具备一定的条件:一是中央银行必须具有强大的、足以干预和控制整个金融市场的资金实力;二是中央银行对公开市场业务的操作应具有弹性操纵权,中央银行可根据客观经济需要和货币政策目标的要求自行决定买卖证券的种类和数量;三是金融市场必须证券种类齐全并达到一定的规模,同时具有相当的独立性。

央行票据

央行票据,是指中央银行为调节商业银行超额准备金而向商业银行发行的短期债务凭证,其实质是中央银行债券。之所以叫"中央银行票据",是为了突出其短期性特点,中央银行发行的央行票据是中央银行调节基础货币的一项货币政策工具,目的是减少商业银行可贷资金量。商业银行在支付认购央行票据的款项后,其直接结果就是可贷资金量的减少。

(二) 选择性货币政策工具

选择性货币政策工具是中央银行对信用进行结构性的控制,即在不影响货币供应总量的情况下,通过对不同信用形式的管制,鼓励或抑制某一部门的发展,从而达到结构调整的目标。这类工具主要有以下几种:

1. 消费者信用控制

消费者信用控制,即中央银行对消费者分期购买不动产以外的各种耐用消费品的贷款规定首次付款的比例、偿还期以及耐用消费品的种类,对无担保的消费者信贷还提取一定的准备金。调控的方式是:在需求过旺及通货膨胀时,中央银行可以对消费者信用采取一些必要的管理措施,例如,提高各种耐用消费品贷款的首付比例,缩短贷款最长期限,使社会用于购买耐用品的支出减少,缓解通货膨胀压力。相反,在经济衰退时期撤销或者放宽对消费信用的限制条件,以提高消费者对耐用品的购买力,促使经济回升。

2. 证券市场信用控制

证券市场信用控制是指中央银行对有关证券交易的贷款、交易保证金比率等进行规定,以控制和调节证券市场资金流动的行为。证券保证金比率是指以信用方式买卖有价证券时必须支付现款的最低比率。保证金比率愈高,付现款的比重愈大,可以向银行贷款的比重则愈小。当证券价格上涨,中央银行认为证券交易投机过度,有出现危机的可能性时,就提高保证金比率,反之,则降低保证金比率。

3. 不动产信用控制

不动产信用控制是中央银行对商业银行等金融机构对房地产等不动产贷款的限制措施。中央银行通过规定贷款最高限额、最长期限、首次付款金额以及还款条件等,来达到控制目的。

4. 优惠利率

优惠利率是指中央银行对国家重点发展的某些经济部门、行业或产品实行较低的利率,以使其获得更多的信贷支持,促进其快速发展,实现产业结构和产品结构的调整。

(三) 其他货币政策工具

1. 直接信用控制

直接信用控制是指中央银行以行政命令或其他方式,直接对金融机构尤其是商业银行的信用活动所进行的控制。直接信用控制的手段主要有:

(1) 利率限额,是指通过规定贷款利率的下限和存款利率的上限,防止金融机构为谋求高利息而进行风险存贷或过度竞争,是最常见的直接信用控制工具。

(2) 信用配额,是指中央银行根据市场资金供求及客观经济需要,分别对各个商业银行的信用规模和贷款规模加以分配,限制其最高数量(贷款最高限额)。一般发展中国家经常使用该项政策工具。

(3) 直接干预,是指中央银行直接对商业银行的信贷业务、放款范围等加以干预。直接干预的方式主要有:限制放款的额度;干涉商业银行对活期存款的吸收;对业务经营不当的商业银行可拒绝再贴现,或采取高于一般贴现利率的惩罚性利率;明确规定各家银行的放款和投资的范围以及放款的方针,等等。

(4) 规定商业银行的流动性比率。流动性比率是指商业银行持有的流动性资产在其全部资产中所占的比重。一般的,资产的流动性愈高,其收益率愈低。中央银行对商业银行实施流动性比率限制,商业银行就不能任意把流动性资金过多地用于长期性贷款和投资,甚至必要时还得压缩长期贷款所占的比重,以提高其资产的流动性比率,从而可以达到限制商业银行信用过度扩张,促使其稳健经营的目的。

2. 间接信用指导

间接信用指导是指中央银行凭借其在金融体系中的特殊地位,通过与金融机构之间的磋商、宣传等,指导其信用活动,以控制信用规模的措施。主要方式有窗口指导和道义劝告。

(1) 窗口指导,窗口指导是指中央银行根据产业行情、物价走势和金融市场动向,规定商业银行每季度的贷款增减额,并要求其执行。如果商业银行不按规定的增减额对产业部门贷款,中央银行可采用削减对该银行再贷款的额度,甚至停止向其提供再贷款等制裁措施。

(2) 道义劝告,道义劝告是指中央银行利用自己的地位和声望,经常以发出书面通告或口头通知,甚至与金融机构负责人面谈等形式,向商业银行等金融机构通报行情,婉转劝其遵守金融法规,自动采取相应措施,自觉配合中央银行货币政策的实施。

窗口指导和道义劝告均无法律效力,属于温和的、非强制性的货币政策工具。但因中央银行处于特殊地位,并且中央银行的政策目的与商业银行的经营发展总体上是一致的,商业银行又对中央银行有依赖性,所以在实践中间接信用指导的作用还是很大的。

四、货币政策的传导机制

货币政策的传导机制是指货币当局从运用一定的货币政策工具到达到预期的最终目标所经过的途径或具体的过程。一般来说,中央银行通过各种货币政策工具的运用,将对商业银行的存款准备金和短期利率等经济变量(操作指标)产生比较直接的影响,这些经济变量的变动将影响货币供应量和长期利率(中介指标),货币供应量和长期利率将对实际的经济活动产生比较直接的影响。因此,如果货币政策操作得当,则其最终结果将是达到其预定的货币政策的最终目标。这一过程大致可用图11-5来表示。

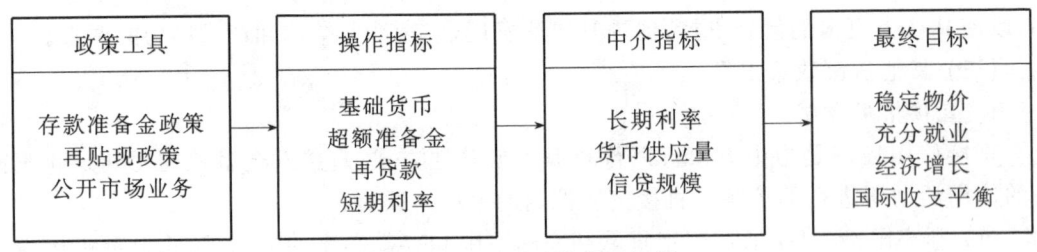

图 11-5 货币政策传导机制

例如,中央银行在公开市场上向商业银行买进一定数量的有价证券,则商业银行的准备金将增加。由于商业银行的准备金是基础货币的重要组成部分,因此,在货币乘数一定的条件下,商业银行准备金的增加将使货币供应量成倍增加。从其具体的过程来看,当商业银行通过向中央银行出售有价证券而获得准备金后,它即可通过发放贷款或从事投资而引起存款货币的成倍扩张。另外,中央银行在公开市场上买进有价证券不仅会导致货币供应量的增加,而且会导致利率下降。这都将引起总需求的增加,尤其是引起投资规模的扩大,于是,其最终结果通常是物价上涨、就业增加和经济增长。这就说明,中央银行通过这一货币政策的执行,在一定程度上达到了充分就业和经济增长这两个最终目标,但未能达到稳定物价这一最终目标,这是由货币政策最终目标之间的矛盾所决定的。

但是,货币政策的传导机制并非如此简单。首先,货币政策工具很多,操作指标也很多,各种政策工具对各种操作指标有着不同的影响;其次,操作指标对中介指标的影响比较复杂;最后,在货币政策的执行过程中,货币政策工具对操作指标的影响、操作指标对中介指标的影响以及中介指标对最终目标的影响,都有可能达不到预期的结果,甚至有可能偏离预期的方向,所以必须通过对操作指标和中介指标的观测,对货币政策工具的运用作出必要的调整。

引例解析

从"稳健"到"适度宽松",货币政策基调调整的背后,是我国内外部环境已经发生重大变化。当前,国内有效需求不足,企业经营压力较大,与此同时,欧美发达经济体货币政策转向宽松。

实施"适度宽松"的货币政策,意味着明年还会继续降准降息,这将进一步降低企业和居民综合融资成本,为推动经济持续回升向好营造良好的货币金融环境。

2024年以来,市场普遍感觉我国货币政策已处于稳健略偏宽松的状态。2024年,中国人民银行两次下调存款准备金率共1个百分点,释放长期流动性约2万亿元;贷款市场报价利率(LPR)三次下降,至11月份,1年期贷款市场报价利率(LPR)已累计下降35个基点,5年期以上贷款市场报价利率(LPR)已累计下降60个基点。在此带动下,贷款实际利率进一步下行。我国企业贷款加权平均利率已来到"3"时代,居民房贷利率也降至历史低位。

货币政策的作用,终究是"有效但有限"。无论是扩大有效需求还是防范化解风险,还需要财政政策、产业政策等,与货币政策协同发力,努力促进经济恢复回升,从根本上稳定经营主体信心、激发市场有效需求。

第三节 财政政策与货币政策配合

> **引 例**
>
> **中国财政货币政策组合现全新提法**
>
> 2024年12月9日召开的中央经济工作会议指出,2025年要"实施更加积极的财政政策和适度宽松的货币政策"。
>
> 财政政策"积极"与货币政策"宽松"组合,是自2011年以来首次提出;此次"更加积极"的财政政策和"适度宽松"的货币政策,是财政货币政策组合的全新提法。
>
> 中国官方此前其实已提前向市场释放信号。中国财政部部长称,2025年要实施更加给力的财政政策;中国央行行长透露,2025年中国央行将继续坚持支持性的货币政策立场和政策取向。有观点认为,"更加给力"对应更加积极,而"支持性"则与适度宽松相关。
>
> (资料来源:中国新闻网)

> 财政货币政策组合全新提法传递了何种信号?

财政政策和货币政策并称为宏观经济调控的两大政策。两者都是通过调控总需求来实现宏观经济目标的,共称为需求管理政策。要实现国民经济宏观调控的目标,仅靠财政政策或仅靠货币政策都是难以奏效的,这需要各种经济政策的相互配合,特别是需要财政政策与货币政策的相互配合。

一、财政政策与货币政策配合的必要性

财政政策与货币政策配合的必要性主要是由财政政策与货币政策的功能差异所决定的。财政政策与货币政策的功能差异,主要表现在以下几个方面:

(一)侧重点不同

财政政策的侧重点是解决通货紧缩和结构性平衡问题,而货币政策则主要是调节货币供求总量,解决通货膨胀问题。

(二)透明度不同

财政政策的透明度高。因为财政征税减税,增加支出压缩支出,是结余还是赤字,都是非常清楚的。而货币政策有些透明度高,如利率;有些透明度低,如公开市场业务是十分隐蔽的。

(三)可控性不同

财政政策可以由政府通过直接控制和调节来实现,如调整税率,缩减政府支出等。而

货币政策通常需要有较长的传导过程,并且有可能在中间出现偏离目标的情况,政府纠正偏离目标问题的难度也较大。

（四）时滞性不同

时滞性是指在制定和执行政策的过程中所出现的时间滞后现象。政策的时滞有三种：认识时滞、决策时滞和执行时滞。财政的认识时滞短、决策时滞长,而执行时滞较短。这是由于财政政策中存在的问题通常能够被人们尽快地把握,但决策却需要花费相当长的时间,如税率的调整、公共支出的增减等问题,需要经过立法机构的审批或经过预算程序,还要考虑选民的意愿等,但财政政策一旦被决定下来,通常付诸执行实施的时间就比较快,自上而下,传导过程较短,漏损也较小。货币政策与财政政策正好相反,有着认识时滞长、决策时滞短而执行时滞较长的特点。货币现象的透明度较差,令人难以准确把握,一旦把握住实质,中央银行制定相应对策的时间较短,但是政策付诸实施后,传导过程较长,漏损也较大,可能会出现偏离目标现象,执行所需要的时间较长。

二、财政政策与货币政策配合的方式

财政政策与货币政策是政府实施宏观调控的两项主要政策,两者的协调配合问题是政府宏观调控目标能否实现的关键。

财政政策与货币政策都可以分为扩张性、中性和紧缩性三种,两者的组合就有九种模式,但在实践中的运用主要有五种模式。

（一）扩张性财政政策与扩张性货币政策的配合模式

扩张性财政政策是指通过减少税收和扩大支出来增加社会总需求,它可以刺激投资,促进经济增长。扩张性货币政策是指通过增加货币供应或降低存款准备金率、降低再贴现率,在公开业务市场购买有价证券等措施来扩大信贷规模,从而刺激投资,使社会总需求增加。

这种配合模式主要适用于社会总需求小于社会总供给、通货紧缩、经济陷入萧条的状况。它可以强有力地刺激社会总需求扩张,降低失业率,促进经济复苏。但若长期使用这种模式,将会出现大量财政赤字和货币供应过多,引发通货膨胀,影响经济稳定发展。

2009年双松的宏观经济政策

2009年的政府工作,要以应对国际金融危机、促进经济平稳较快发展为主线,统筹兼顾,突出重点,全面实施促进经济平稳较快发展的一揽子计划。

实施积极的财政政策。一是大幅度增加政府支出,这是扩大内需最主动、最直接、最有效的措施。2009年财政收支紧张的矛盾十分突出。一方面,经济增速放缓、减轻企业和居民税负必然会使财政收入增速下降；另一方面,为刺激经济增长、改善民生和深化改革,又需要大幅度增加投资和政府支出。为弥补财政减收增支形成的缺口,拟安排中央财政赤字7 500亿元,比上年增加5 700亿元,同时国务院同意地方发行2 000亿元债券,由财政部代理发行,列入省级预算管理。全国财政赤字合计9 500亿元,占国内生产总值比重在3%以内,虽然当年赤字增加较多,但由于前几年连续减少赤字,发债空间较大,累计国债余额占国内生产总值比重20%左右,这是我国综合国力可以承受的,总体上也是安全的。二是实行结构性减税和推进税费改革。采取减税、退税或抵免税等多种方式减轻企业和居民税负,促进企业投资和居民消费,增强微观经济活力。初步测算,全年全面实施增值税转型,落实已出台的中小企业、房地产和证券交易相关税收优惠以及出口退税等方面政策,加上取消和停征100项行政事业性收费,可减轻企业和居民负担约5 000亿元。三是优化财政支出结构。继续加大对重点领域投入,严格控制一般性开支,努力降低行政成本。

实施适度宽松的货币政策。货币政策要在促进经济增长方面发挥更加积极的作用。一是改善金融调控。保证货币信贷总量满足经济发展需求,广义货币增长17%左右,新增贷款5万亿元以上。二是优化信贷结构。加强对信贷投向的监测和指导,加大对"三农"、中小企业等薄弱环节的金融支持,切实解决一些企业融资难问题。严格控制对高耗能、高污染和产能过剩行业企业的贷款。三是进一步理顺货币政策传导机制,保证资金渠道畅通。充分发挥各类金融机构的优势和特点,创新和改进金融服务,满足合理资金需求,形成金融促进经济发展的合力。四是加强和改进金融监管。各类金融企业都要加强风险管理,增强抵御风险能力。处理好金融创新、金融开放与金融监管的关系。加强跨境资本流动监测和管理,维护金融稳定和安全。

(资料来源:《中华人民共和国2009年政府工作报告》)

(二)紧缩性财政政策与紧缩性货币政策的配合模式

紧缩性财政政策主要通过增加税收、压缩支出等来限制消费与投资,抑制社会总需求。紧缩性货币政策主要通过提高存款准备金率、提高再贴现率等来增加储蓄,减少货币供给,抑制社会总需求。

这种配合模式适用于社会总需求大于社会总供给、通货膨胀、经济过热的状况。它可以有效压制社会总需求,缓解通货膨胀。但若长期使用这种配合模式,将会产生经济增长减缓,社会总需求不足等问题。

1993—1995年双紧的宏观经济政策

(1)政策背景:从1993年到1996年。该阶段中国经济的市场化程度开始迅速提高,经济总量不断扩大,微观经济主体的活跃程度也在提高。但与此同时,在有效供给不足的背景下,经济过热也导致了通货膨胀的风险积累。通货膨胀压力开始上升,金融业进入无序状态,国内金融市场,大量资金集中于沿海地区的房地产市场,银行、金融机构和地方政府为了实现各自不同的利益,逃避央行的规定和监管,为房地产大量融资,使得货币量超量投放,信贷规模一再突破计划。再加上国内巨大的需求压力,在高涨的投资需求下,财政赤字和货币供应超常增长,通货膨胀全面爆发。

(2)具体内容:国家从1993年开始采取宏观调控措施,当年9月发布16条措施,其中包括提高存贷款利率、控制信贷规模、制止乱集资、发行国库券、削减基建投资、通过审核排队的方式严控新开工项目、严格审批和认真清理开发区、停止出台新的价格改革措施。1994年,各项措施都更为严厉,并且对部分产品实行直接的价格管制。1995年,又两次提高贷款利率。与此同时,两大政策配合也逐渐获得制度改革方面的基础,其中1994年的税制和分税制改革逐渐奠定了公共财政的基础,而1995年通过的《中华人民共和国银行法》也使得货币政策制定进一步得以独立。

(3) 政策效果:紧缩在1996年之后取得了明显效果,物价指数下降;GDP增长率也有所下降,但仍然保持在10%左右的高位,中国经济成功实现了软着陆。适度从紧的货币政策收到明显成效,通货膨胀得到控制,国民经济实现了软着陆。当年,零售物价涨幅降到6.1%,经济增长率逐步回落到9.7%。宏观调控的预期目标基本实现。

(三) 中性财政政策与中性货币政策的配合模式

在这一配合模式中,财政政策主要为了保持财政收支的基本平衡,货币政策为了保持货币供应量或利率的稳定,两大政策都强调"稳健"的取向。

一般来说,在社会总供求基本平衡、经济运行比较平稳而经济结构不尽合理的情况下,采用这种配合模式。但由于经济周期波动是市场经济发展的客观规律,一旦经济运行发生变化,这一配合模式就应及时作出调整。

2005年双稳健的宏观经济政策

2005年要实行稳健的财政政策和稳健的货币政策,加强各项宏观经济政策的协调配合。要更好地贯彻区别对待、有保有压的原则,更加注重发挥市场机制的作用,更加注重运用经济手段和法律手段,巩固和发展宏观调控成果。

实施稳健的财政政策。1998年以来,为了应对亚洲金融危机影响和国内需求不足问题,中央实行了积极的财政政策。实践证明,这一政策是正确的,取得了显著成效。鉴于目前投资规模已经很大、社会资金增加较多,有必要也有条件由扩张性的积极财政政策转向松紧适度的稳健财政政策。2005年要适当减少财政赤字,适当减少长期建设国债发行规模。拟安排中央财政赤字3 000亿元,比上年预算减少198亿元;拟发行长期建设国债800亿元,比上年减少300亿元,同时增加中央预算内经常性建设投资100亿元。

继续实行稳健的货币政策。合理调控货币信贷总量,既要支持经济发展,又要防止通货膨胀和防范金融风险。改善金融调控方式,灵活运用多种货币政策工具。引导金融企业优化信贷结构,改进金融服务,支持有市场、有效益的企业流动资金贷款需要,增加对中小企业和农村的贷款,合理控制中长期贷款。加强对金融企业的监管。积极稳妥地处置各类金融隐患,严厉打击金融领域违法犯罪活动,确保金融安全高效稳健运行。

(资料来源:《中华人民共和国2005年政府工作报告》)

(四) 扩张性财政政策与紧缩性货币政策的配合模式

在这一配合模式中,财政政策主要采取减少税收或增加支出的措施,货币政策主要采取减少货币供应量或提高利率等措施。

一般来说,在经济增长减缓以至停滞而通货膨胀压力又很大,或者经济结构失调与严重通货膨胀并存的情况下,采用这种配合模式。因为扩张性财政政策具有同时刺激需求与供给能力的效应和通过加强重点建设与基础设施的财政投资达到调整产业结构的效应;而紧缩性货币政策具有控制通货膨胀的效应。两者搭配使用,能更好地发挥财政政策与货币政策各自的优势,既能调节经济结构、促进经济发展,又能有效地控制货币供应量、避免通货膨胀。但这种配合模式如长期使用,容易积累大量的财政赤字。

2007年美国爆发次贷危机后迅速蔓延到英国、日本、欧洲地区以及其他发达国家,同时也涉及中国等发展中国家,最终演变为全球性金融危机,冲击全球实体经济,引起全球经济增长速度放缓。由于危机蔓延至亚洲地区开始影响我国的经济是在2008年,所以我国应对危机的财政政策也开始于那个时候。2008年年初,我国的宏观经济政策依然为稳健的财政政策和紧缩的货币政策,防止经济增长由偏快转为过热,防止价格由结构性上涨演变为明显的通货膨胀。但随着金融危机对我国的冲击日益明显,2008年11月9日国务院出台了《进一步扩大内需促进经济增长的十项措施》,标志着我国的财政政策从"稳健"转为"积极"。自此,我国宏观调控的重点由"双防"转为应对金融危机。

1. 制定4万亿元的投资计划——扩大政府支出规模

扩大政府支出规模从三个方面体现:一是加大政府公共投资力度。我国提出从2008年年底至2010年年底实施4万亿元的投资计划,其中,中央政府增加公共投资1万亿~1.8万亿元,实际的年度计划安排为:2008第四季度1 030亿元,2009年4 875亿元,2010年5 895亿元。国务院扩大内需十项措施中提出了《加快铁路、公路和机场等基础设施建设》,加大城镇污水、垃圾处理设施建设和重点流域水污染防治,加强重点防护林和天然林资源保护工程建设,支持重点节能减排工程建设等项措施。二是加大民生支出。加快医疗卫生、文化教育事业发展,加强基层医疗卫生服务体系建设,加快中西部农村初中校舍改造,推进中西部地区特殊教育学校和乡镇综合文化站建设。增加对低收入群体的补贴,加大对种粮农民的补贴力度,加大对城乡低收入群体的补助力度,实施家电下乡、汽车和摩托车下乡以及汽车、家电"以旧换新"政策。2009年为实施上述三项工作,中央财政共安排预算资金3 758.8亿元。三是加大保障性住房和灾后恢复重建投资。在2008年末增加安排保障性住房、灾后恢复重建等中央政府公共投资1 040亿元的基础上,2009年中央政府公共投资安排9 080亿元,既包括了新增投资的4 875亿元,也包括了原来存量的一部分资金。2008年和2009年两年,中央财政共375亿元用于保障性住房建设,相当于过去10年总投资的5倍。

2. 实施结构性减税措施

从2009年起,我国开始在所有地区和所有行业推行增值税改革,降低小规模纳税人的划分标准和增值税征收率,减轻企业税负;对住房交易实施包括契税、印花税和营业税(现已取消)在内的多种税收优惠或减免;提高纺织品、服装、玩具等3 400多种商品的出口退税率;取消和停止征收100项行政事业性项目的收费;对1.6升及以下排量的乘用车暂减按5%征收车辆购置税。仅2009年实行结构性减税政策就减轻企业和居民负担约

5 500亿元,促进企业增加投资和居民消费。

3. 增加国债发行规模

实行扩张性财政政策的代价是中央财政赤字持续增加,中央政府的负债水平逐年提高。2009年国家安排中央财政赤字7 500亿元,2009年的国债规模较2008年增长一倍,达到1.4万亿~1.6万亿的规模。此外,为增加地方政府的投资能力,财政部代地方发行地方政府债券2 000亿元。

4. 搭配货币政策工具

为了应对危机,中央政府还采用了传统的货币政策工具,如下调基础利率和准备金率。此次金融危机期间,货币政策与财政政策的配合较应对1997年亚洲金融危机期间更加灵活、更加紧密,合力作用效果也更加明显。但政策作用的时间不同步,对货币政策而言,由于贷款投放等政策措施可以在短时间内集中完成,信贷增长迅猛的2009年贷款规模已近10万亿。在货币供应量以及贷款投放快速增长的背景下,通货膨胀压力很大,中央银行不得不考虑减弱适度宽松货币政策与货币政策的配合而更强调协调性,应致力于及时消除经济刺激政策引发的副作用,有效化解积累的金融风险。因此,2010年延续了积极的财政政策和适度宽松的货币政策,应对已经实现V型反转、基础仍然不稳定的经济形势。自2011年以来,我国实施积极的财政政策和稳健的货币政策,利用不完全一致的政策取向,完成在这个特殊时点和重要时期的使命。

(五)紧缩性财政政策与扩张性货币政策的配合模式

在这一配合模式中,财政政策采取压缩财政支出或增加税收的措施,货币政策采取扩大货币供应量或降低利率的措施。

一般来说,在社会需求不足、失业压力较大而物价又相对平稳,或财政赤字较大与社会总需求严重不足并存的情况下,采用这种模式。通过这种配合模式,能更好地发挥财政政策与货币政策各自的优势,可以在控制通货膨胀的同时,保持适度的经济增长。但货币政策过松,也难以制止通货膨胀。

引例解析

财政货币政策组合新提法意味着在2024年9月政策组合拳基础上,将采用扩张性财政政策与适度宽松货币政策相结合。这既充分利用了其他主要经济体政策调整的窗口期,又促进货币政策更好地配合财政政策,通过提升赤字、减税、扩大政府支出等一系列措施刺激社会总需求特别是国内有效需求,使货币政策更能调整基调、更能引导市场预期,实现"支持性"的目的与"适度宽松"的手段的统一。

目前看,中国的财政政策工具还比较充裕。具体而言,一是可扩大赤字,增加国债发行,支持经济建设和民生改善。二是专项债工具,用于支持地方政府经济建设和民生改善。三是超长期特别国债。四是转移支付,利用中央对地方的转移支付,支持地方发展和解决一些民生问题,特别是缓解经常性支出资金困难。

思维导图

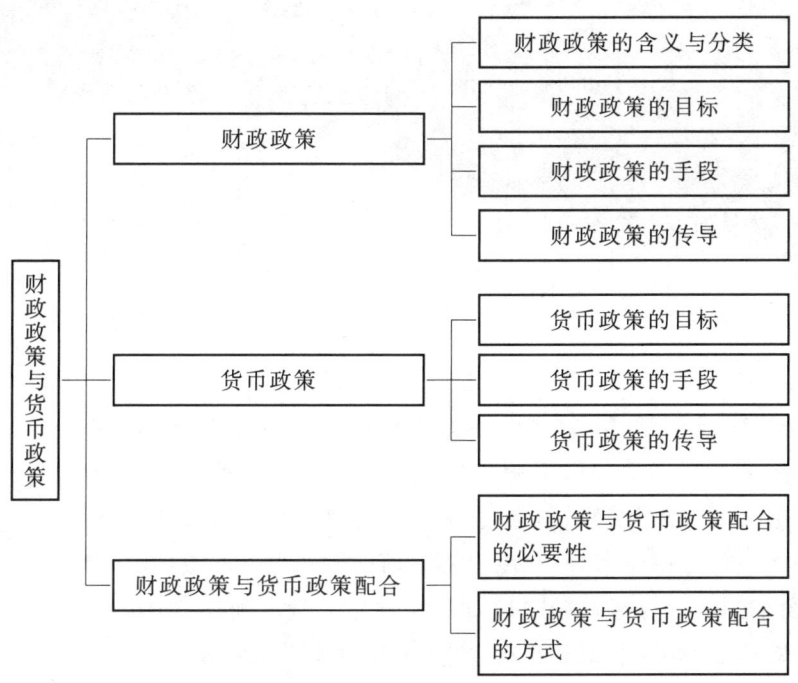

主要参考文献

[1] 黄达,张杰.金融学[M].6版.北京:中国人民大学出版社,2024.
[2] 蒋先玲.货币金融学[M].3版.北京:机械工业出版社,2024.
[3] 戴国强.货币金融学[M].3版.上海:上海财经大学出版社,2012.
[4] 殷孟波.货币金融学[M].2版.成都:西南财经大学出版社,2021.
[5] 潘卫红,杨锐征.金融基础[M].北京:清华大学出版社,2016.
[6] 张晓华.金融学基础[M].北京:经济科学出版社,2018.
[7] 王云云,王海峰.金融基础知识[M].北京:中国财政经济出版社,2014.
[8] 罗焰.金融学基础[M].北京:北京邮电大学出版社,2021.
[9] 朱疆.货币银行学[M].北京:清华大学出版社,2015.
[10] 岳高社,董雷光.金融基础[M].2版.北京:人民邮电出版社,2019.
[11] 朱新蓉.货币金融学[M].5版.北京:中国金融出版社,2021.
[12] 王晓光.金融学[M].2版.北京:清华大学出版社,2019.
[13] 杨志勇.比较财政学[M].上海:复旦大学出版社,2005.
[14] 亚当斯.善与恶:税收在文明进程中的影响[M].翟继光,译.北京:中国政法大学出版社,2013.
[15] 楼继伟.财政改革发展若干重大问题研究[M].北京:经济科学出版社,2014.
[16] 肖鹏.典型国家和地区政府预算制度研究丛书:美国政府预算制度[M].北京:经济科学出版社,2014.
[17] 罗森.财政学[M].10版.平新乔,译.北京:中国人民大学出版社,2015.
[18] 史蒂文.税收公平与民间正义[M].杨海燕,译.上海:上海财经大学出版社,2017.
[19] 刘怡.财政学[M].3版.北京:北京大学出版社,2016.
[20] 贾康,邢丽,苏京春,等.税收101问[M].上海:东方出版中心,2022.
[21] 陈共.财政学[M].10版.北京:中国人民大学出版社,2020.
[22] 马海涛,曹堂哲,王红梅.预算绩效管理理论与实践[M].北京:中国财政经济出版社,2020.

[23]　马骁,周克清.财政学[M].5版.北京:高等教育出版社,2022.
[24]　贾俊雪,刘勇政.现代财政体制建设[M].北京:中国人民大学出版社,2023.
[25]　《公共财政概论》编写组.公共财政概论[M].2版.北京:高等教育出版社,2024.
[26]　董云展.财政学概论[M].5版.大连:东北财经大学出版社,2024.

郑重声明

高等教育出版社依法对本书享有专有出版权。任何未经许可的复制、销售行为均违反《中华人民共和国著作权法》，其行为人将承担相应的民事责任和行政责任；构成犯罪的，将被依法追究刑事责任。为了维护市场秩序，保护读者的合法权益，避免读者误用盗版书造成不良后果，我社将配合行政执法部门和司法机关对违法犯罪的单位和个人进行严厉打击。社会各界人士如发现上述侵权行为，希望及时举报，我社将奖励举报有功人员。

反盗版举报电话　（010）58581999　58582371
反盗版举报邮箱　dd@hep.com.cn
通信地址　北京市西城区德外大街4号　高等教育出版社知识产权与法律事务部
邮政编码　100120

教学资源服务指南

感谢您使用本书。为方便教学，我社为教师提供资源下载、样书申请等服务，如贵校已选用本书，您只要关注微信公众号"高职财经教学研究"，或加入下列教师交流QQ群即可免费获得相关服务。

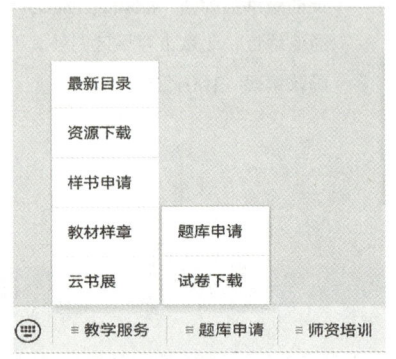

资源下载：点击"**教学服务**"—"**资源下载**"，注册登录后可搜索相应的资源并下载。（建议用电脑浏览器操作）
样书申请：点击"**教学服务**"—"**样书申请**"，填写相关信息即可申请样书。
样章下载：点击"**教学服务**"—"**教材样章**"，即可下载在供教材的前言、目录和样章。
题库申请：点击"**题库申请**"，填写相关信息即可申请题库或下载试卷。
师资培训：点击"**师资培训**"，获取最新会议信息、直播回放和往期师资培训视频。

 联系方式

财经基础课QQ群：374014299
联系电话：（021）56961310　　电子邮箱：3076198581@qq.com